明清江南农村社会与民间信仰

[日]滨岛敦俊 ◎ 著
朱海滨 ◎ 译

厦门大学出版社　国家一级出版社
XIAMEN UNIVERSITY PRESS　全国百佳图书出版单位

图书在版编目(CIP)数据

明清江南农村社会与民间信仰/(日)滨岛敦俊著;朱海滨译.—2版.—厦门:厦门大学出版社,2021.1
 ISBN 978-7-5615-5042-7

Ⅰ.①明… Ⅱ.①滨… ②朱… Ⅲ.①农村—社会生活—研究—华东地区—明清时代②信仰—民间文化—研究—华东地区—明清时代 Ⅳ.①K295②B933

中国版本图书馆 CIP 数据核字(2017)第 251587 号

総管信仰——近世江南農村社会と民間信仰

２００１年 研文出版（日本 东京）

Translated from the original Japanese edition
Published 2001 by Kembunshuppan, Tokyo, Japan

出 版 人	郑文礼
责任编辑	薛鹏志 章木良
封面设计	蒋卓群
技术编辑	朱 楷

出版发行 *厦门大学出版社*

社　　址	厦门市软件园二期望海路 39 号
邮政编码	361008
总　　机	0592-2181111 0592-2181406(传真)
营销中心	0592-2184458 0592-2181365
网　　址	http://www.xmupress.com
邮　　箱	xmup@xmupress.com
印　　刷	厦门兴立通印刷设计有限公司

开本　720 mm×1 000 mm　1/16
印张　18.5
插页　2
字数　320 千字
印数　1~2 000 册
版次　2008 年 9 月第 1 版　2021 年 1 月第 2 版
印次　2021 年 1 月第 1 次印刷
定价　72.00 元

本书如有印装质量问题请直接寄承印厂调换

厦门大学出版社
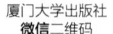
微信二维码

厦门大学出版社
微博二维码

中文版序

滨岛敦俊教授是日本著名的中国史学家,他的著作《明清江南农村社会与民间信仰》经朱海滨先生翻译成中文,由厦门大学出版社出版。这对于中国的社会经济史学界来说,是一件有益于开拓学术视野的喜事。

我与滨岛敦俊教授相识已经有整整26个年头了。那时中国的改革开放刚刚起步不久,中外学术交流依然存在诸多限制,尤其是厦门大学偏隅海滨,域外来客更是如同凤毛麟角般地难得一见。1982年3月30日,滨岛敦俊教授费尽周章,飞机、火车、汽车加上人力车,几经折腾,终于来到厦门。先师傅衣凌先生急忙率领历史系的部分教师和我们这些研究生们与滨岛教授举行了一次很有意义的学术座谈。滨岛敦俊教授的这次来访,使我有幸第一次得以与日本学者如此近距离的接触,并且从与他的座谈中,大概地了解到日本史学界研究明代社会经济史的基本情况。尤其令人难忘的是,他把他的新著《明代江南农村社会研究》赠送给了我们这些尚未入门的研究生们。从此以后,我们始终与滨岛教授保持着密切的学术联系,从他的著作中得到了许多有益的研究启示。

滨岛敦俊教授的《明代江南农村社会研究》于1982年由东京大学出版会出版。这是他自1960年以来,结合江南农村社会状况,就有关水利及徭役制度进行了反复研究的成果总结。滨岛教授在代表日本20世纪60年代明清史研究潮流的小山正明、重田德等人所关心的问题的基础上,对明代江南的农村社会史进行了全新的解释。因此他的这部著作,在一定程度上可以说具有日本历史学界关于明代社会经济史研究的里程碑的学术意义。正如东京大学岸本美绪教授在评述这部著作里所说的那样:"作者最早明确地概括了明末清初江南的水利改革和徭役改革的历史。后来,川胜守等人对这些也研究得颇详尽,于是出现了一股研究明末清初江南徭役改革史的潮流。"

《明代江南农村社会研究》出版以后,滨岛敦俊教授的研究兴趣依然围绕着明清时期的江南区域为重点。他不仅更为广泛地搜集明清时期江南区域的文献资料,而且还经常利用在日本工作之余的时间,深入到江南区域的乡村进行田野调查。随着研究的深入,他的田野调查的范围也逐渐扩大到中国的其他区域甚至于亚洲的其他国家。在此基础上,他撰写了诸如《朱元璋政权城隍改制考》、《明清江南城隍考》、《明清江南农村的商业化与民间信仰的变质——围绕"总管信仰"》等一系列论文,提出了许多具有学术开创意义的新论点。2001年,滨岛教授把他这些年来的研究成果再次做一总结,由日本研文出版(山本书店出版部)出版了《总管信仰——近世江南农村社会和民间信仰》一书。

与《明代江南农村社会研究》不同的是,滨岛教授在《总管信仰——近世江南农村社会和民间信仰》一书中所关注的是江南三角洲农村的公共祭祠问题,其内容涉及的时间始于宋而迄于现代,但以明清时期为主。作者发现了江南三角洲地区所特有的三种土神信仰即总管、猛将、李王,并因存在着典型的"总管"一词,而将此类信仰统称为"总管信仰"。通过对于总管信仰的研究分析,滨岛教授指出16世纪以后江南三角洲地区经济状况的变化,对于当地农村和农民信仰的社会构造也发生了影响。随着商业的发展,该地区在县城之下兴起了许多市镇,小农的生活空间不再局限于原来的聚落,而是扩大到了以市镇为核心的市场圈,这便势必使原来的祭祀活动突破旧格局,以与新形势相匹配。可以说,滨岛教授在《总管信仰》一书里,把作为"宗教学"层面的民间信仰,放到了一个更为广泛的社会空间中去考察。这种考察,对于传统意义上的"宗教学"研究是一个突破。

这次由厦门大学国学研究院出版的《明清江南农村社会与民间

信仰》,就是以《总管信仰——近世江南农村社会和民间信仰》作为原本翻译而成。由于《总管信仰——近世江南农村社会和民间信仰》一书在日本出版以来已有6年多时间,滨岛先生又在江南地区搜集了许多新的资料,他把这些新的资料增补进去,使得全书的内容更为充实。我相信,滨岛教授这部著作中文版的印行出版,一定可以大大加深人们对明清时期江南三角洲地区农村公共祭祀和社会生活实态及其演化的了解。这对于明清社会风俗史、明清宗教信仰史和明清社会经济史等学科研究的深入发展,将起到积极的推动作用。

陈支平　谨序
2008年元旦于厦门大学

写在中文版刊行之际

鄙人还在撰写日文原著之际,应我们邀请,厦门大学陈支平教授前来鄙人当时供职的大阪大学作长期访问学者,从事各种各样的学术交流活动。只要时间允许,他总能出席研究生讨论课,为学生们提出了许多宝贵的意见,对此我们不胜感激。当时,陈教授还主动提出,在拙著日文版出版后,由厦门大学出版社直接出中文版。作为明史的学徒,自20世纪80年代初聆听傅衣凌教授的言传身教以来,厦门大学于鄙人而言一直是神圣的地方。因此,拙著中文版能在那里刊行,是鄙人无上的荣幸,故当即毫不思索地答应了。

自那以来,又过去了八年岁月。期间一直陪伴鄙人作实地调查,对拙著做出巨大贡献的复旦大学沈中琦博士溘然长逝,鄙人的心情受到了沉重打击,出版一事就暂时被搁置下来。不久,此事由在复旦大学历史地理研究所获得博士学位后,再在大阪大学鄙人的指导下学习,取得学位后回到复旦大学任教的朱海滨副教授继续下去。现在中国已有很多优秀之士从事民间信仰的历史研究,累积了让人目不暇接的成果,对于了解20年前研究情况的外国老年学者来说,真有抚今思昔之感慨。朱君便是优秀之士中的一员,是一位在浙江民间信仰历史研究方面自成一家的青年学者。对于曾在大阪大学指导过他的鄙人而言,其日语水平之高,是有着深刻认识的。现在,他完成了非常好中文译文,鄙人有道不尽的兴奋。

在此,鄙人要非常感谢陈支平、朱海滨及已故沈中琦等教授,同时对出版拙著的厦门大学出版社致以由衷的谢意。

大阪大学大学院名誉教授、台湾暨南国际大学教授
滨岛敦俊

日文版原序

读完本书厚重的原稿后，我切身体会到为追求创新所付出的苛刻的严谨及其丰盛得几乎要洋溢出来的成果。在本书作者出版其第一本专著《明代江南农村社会的研究》前两年，即1980年春因学术交流访问中国以来的20年中，我一直与作者共同参加、举办国内外各种各样的活动。

本书运用了上至十二、十三世纪反映南宋史实的文献资料，下至20世纪90年代社会调查所获资料等广泛的材料，对元朝后期至19世纪清末为止的中国江南农村社会的民间信仰现象首次进行了系统性的研究。在此我们遇到了众多活跃于乡村、城镇社会中的活生生的神灵，于是我们不知不觉把其与上述前著中作者所关心的主题低音重奏般地连接起来。也就是说，本书序章里所提示的佃农不交地租的抗租活动，正是前著尾章的主题，当时作者已注意到"农民日常的社会关系"，并指出了从"以总管庙为中心的社村（＝村）结合"中寻找其根基的研究方向。沿着这表现鲜明，但尚属萌芽状态的方向而奋力推进的研究成果现在终于呈放在我们面前。作者在本书终章中总结到，本书考察了"使农村居民产生社会共同性的契机之一的共同祭祀问题"，由此达成了前著尾章所表明的"探求维系农民的共同关系"的决心。问题意识及研究主题的一贯性，才是优秀成果的根源所在。正是作者从历史学向地理学、民俗学、文化人类学及宗教学等不同学科靠近的强烈意欲及向它们谦虚学习的态度，与上述的一贯性相配合，才绽放出了如此盛开的花朵。同时，我对支撑作者研究全过程的几乎要燃烧起来的热情和勇猛无比的斗志，感触至深。要是没有这些的话,要忍受如下所见冰山一角的研究环境的艰难,进行长达20年的研究工作是不可能的。

本书中随处引用的大多数乡镇志、县志,在20世纪80年代时还仅存在于大陆地区,阅览颇为不易,上海、南京等地甚至连摄影都不允许,更不用说复印了,一切都只能依赖于自身的抄写。由作者主持的实地社会调查,以大阪大学文学部出版的调查报告集中所收的1987年至1991年间的成果为首,进行了很多次。作为一位开拓者,获得每一次调查所需的日本国内资助经费、与中国当地各级政府交涉调查许可、选定被采访者及处理语言问题等,都需要亲自出马解决,这实在是件很不容易的苦差。作者的突破口在于一边与国内外学界共享调查成果、前著以来的构想及新的想法,一边努力前进。自1980年开始的我国明清史领域频繁展开的讨论会及主题研究班,有很多出自于作者的发想并由其担任指导者。从大陆、台湾邀请许多第一流的、名实相符的中坚及年轻学者,也是作者努力的结果。作者的刻苦、坚忍不拔打动了周围人,包含实地被采访者在内,国内外许多人都在支持作者的研究活动。在历尽千辛万苦后,作者终于成就了此书。

文如其人的畏友滨岛敦俊出版了此书,对日本的中国明清史研究界而言,实在是一个巨大的收获,在此对他踏入这片未曾开拓的领域和提示新的研究方法一事奉献上我的敬意。

森正夫

目　录

中文版序　/陈支平
写在中文版刊行之际　/滨岛敦俊
日文版原序　/森正夫

序　章/(1)

第一节　主题和研究史 …………………………………………… (1)
第二节　被捆绑的神灵 …………………………………………… (7)

第一章　诸神的来历（一）
　　　　——苏州府常熟县/(12)

小　序 …………………………………………………………… (12)
第一节　总　管 ………………………………………………… (12)
第二节　李　王 ………………………………………………… (22)
第三节　周神（周孝子） ………………………………………… (36)
第四节　猛将（刘猛将） ………………………………………… (40)
小　结 …………………………………………………………… (51)

第二章　诸神的来历（二）
　　　　——常州府江阴县/(53)

小　序 …………………………………………………………… (53)
第一节　知县黄傅和正德《江阴县志》 ………………………… (54)
第二节　江阴诸神 ……………………………………………… (57)
第三节　江阴陈总管（一）——显灵传说 ……………………… (60)

第四节　江阴陈总管（二）——传说批判 …………………… (63)
小　结 …………………………………………………………… (68)

第三章　由鬼向神的转变
　　　　——产生总管信仰的契机和结构/(70)

小　序 …………………………………………………………… (70)
第一节　"神"的要素——义行、灵异、封爵 ………………… (70)
第二节　巫孙——萨满和诸神 ………………………………… (76)
第三节　漕运和商船——总管信仰形成的社会基础 ………… (80)
小　结 …………………………………………………………… (86)

第四章　明朝的祭祀政策与乡村社会/(87)

小　序 …………………………………………………………… (87)
第一节　祭祀体系的整备 ……………………………………… (88)
第二节　州县一级——"城隍"的当为与实态 ………………… (96)
第三节　乡村一级——里社和土地庙 ………………………… (109)
第四节　庙界——土地庙和聚落 ……………………………… (122)
小　结 …………………………………………………………… (139)

第五章　商业化和城市化
　　　　——宗教结构的变动/(143)

小　序 …………………………………………………………… (143)
第一节　商业化和乡脚的形成 ………………………………… (144)
第二节　施米神——总管传说的变化 ………………………… (155)
[附]　关于明末江南白莲教起事的意义 ……………………… (162)
第三节　"解钱粮"——信仰社会组织的变迁 ………………… (164)
第四节　镇城隍庙的出现——作为宗教中心的市镇 ………… (175)
小　结 …………………………………………………………… (190)

终章　信仰和社会经济/(196)

参考文献 ………………………………………………………… (200)
史料篇 …………………………………………………………… (209)

附　录　浙江省萧山县小城隍庙调查报告
　　　　——城隍庙研究纪要（一） ……………………………（256）
自　跋　/滨岛敦俊……………………………………………………（277）

地　图　目　次

地图 1　道光年间昭文县抗租暴动参考地图 ………………………（11）
地图 2　清末常熟、昭文县城图 ………………………………………（52）
地图 3　青浦县朱家角镇马家埭行政村简图 ………………………（140）
地图 4　青浦县练塘镇泖甸行政村简图 ……………………………（141）
地图 5　湖州市双林镇兴隆桥行政村相关地名参考图 ……………（142）
地图 6　清末常熟、昭文两县镇城隍庙分布图 ……………………（178）
地图 7　长洲县黄埭镇城隍庙全图 …………………………………（187）

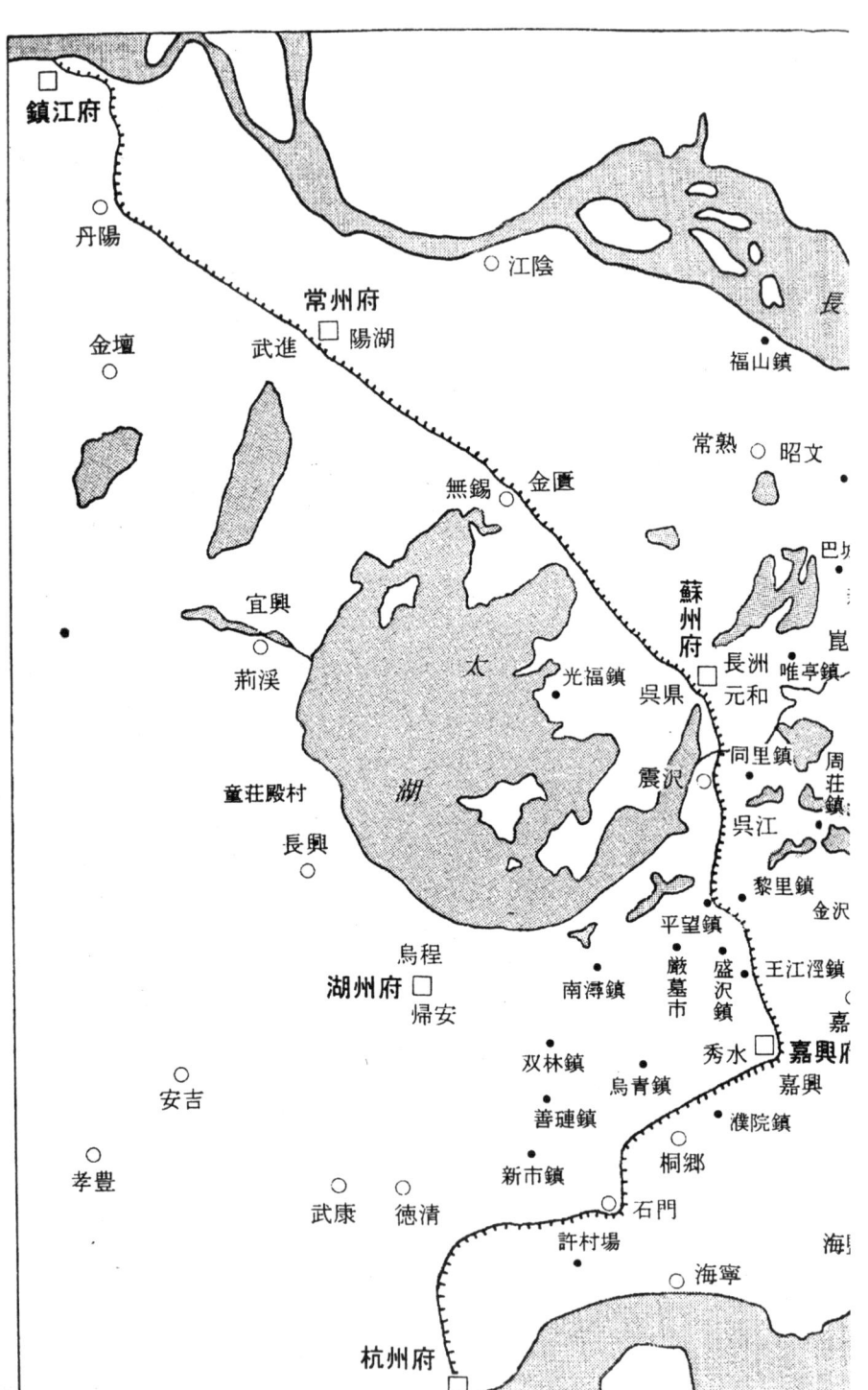

序　章

第一节　主题和研究史

（一）

一般而言，近代以前的农村社会中，有着共同生活空间的人们，组成了有着某种规范的社会集团，由此人们才有可能生存和再生产，也正因如此，人们之间产生了归属于该社会集团的群体意识，如果把这一社会现象称之为"村落居民的共同性"的话，那么这样的情形，在程度上虽有深浅之差，但可说是各种文明中都能找到的普遍社会现象吧。

在传统的中国农村，为了维持日常的生活，人们之间到底形成了什么样的社会组织？在那里是否存在着"村落居民的共同性"？历代王朝政权对此到底采取了何种应对措施？日本、台湾及欧美的历史学界多年以来一直都在探讨以上这些问题。在传统中国，大多数人口都居住在农村，并以农业谋生。宏观上，包括财富的主要来源、历史上长期以来就已不可分割的手工业在内，都是农民家族的劳动，国家财政基础也主要构筑于农业税之上，因而，探索农民、农村社会的共同性问题就成了不可回避的事。本书最大的关心也基于此。

众所周知，最早试图探讨这些问题的是，1940年前后展开的华北农村社会调查。研究表明，日本的村落共同体是由聚落、耕地、山林原野等组成，拥有界线，并能找到各种各样的共同体规范。以此类推的话，中国也应存在着村落共同体。这次调查活动便以这样的假设为前提而展开的。但让人意想不到的是，通过调查得知，当时华北农村的共同性非常稀少。现在可能已经成为常识,汉语中的"村"字,其寓意仅相当于日本的"聚落",因而不存在着什么村与村之间的"界线"。

可能也有史料方面所限的原因吧,在传统中国,历史上是否存在着"村落共同体"这样的社会组织,由历史学界所积累起来的看法是非常少的。就现在来看,20世纪的调查中,并没有找到明确的"村落共同体"。虽然这样,但因此马上断定历史上并不存在着共同体,也同样是不可取的。因为这次调查的对象,是经历了宋代以来的低地开发、16世纪开始的商业化和始于17世纪的人口大爆炸,19世纪又被席卷进资本主义世界体系之后的社会和经济。如果说村落共同体是与农民的生存密切相关的社会组织的话,那么它就与生存相关的自然、生态环境及社会环境的变化及其状态密切相关。因此,我们应该把开发、人口、流通甚至祭祀、信仰等领域也考虑进去,构筑一个共同体理论。人口、流通、信仰等这些课题对于二战之后以资本主义萌芽问题为考察核心的中国史学而言,无论是大陆,还是日本,都只把它们作为考察的前提条件,而没有把它们当作分析的对象(如人口等),或本来是很重要的东西却被看作是无关紧要的东西(如流通、开发等),或干脆视而不见〈参照滨岛1987,或 p.165 注①〉。

(二)

在没能确证存在"村落共同体"的情况下,日本的近世中国社会经济史研究学界,出现了探索使得农业生产成为可能的组织或关系的倾向,尤其是在水利方面,试图找出这种共同体的研究方向似乎已产生,其中的顶点之一便是与江南三角洲相关的"连圩结甲"论。依笔者之见,牵引近世中国经济发展的是江南三角洲的低地开发,而这是通过构筑圩田而实现的。"连圩结甲"论者把"圩"(四周被水路所包围)被水淹没时所出现的、伴随着规范的共同排水作业,当成了共同体的惯例,并把"圩"看成是村落共同体。但是,也有不少圩完全没有聚落、住屋的分布,那里的排水作业是由耕种该圩田土的农民临时组织的。我曾经详细论述过,只要把村落共同体看成是人类(农民家族)的组织,我们就不能把圩当作共同体〈滨岛1982:533-540〉。

对于那些资源有限,确保与分配资源已成为深刻问题的地区,如华北,虽然也出现了一种水利团体(水利会)的社会关系,即水利共同体,但这正如近世近代日本水利史研究所表明的那样,它并不等同于村落共同体。对于积水过剩才成为水利问题、不存在着用水不足的江南三角洲低地而言〈Fei

1939:157-158〉,确保水资源与分配根本不会成为农村居民的共同关心。与此相反,在江南三角洲,为了保护耕地、聚落,把降水、积水尽快地排泄出去,"濬筑"(浚泄水路及修筑圩岸)就成了需要处理的水利课题。从圩田开发的初期开始至十五、十六世纪为止,这里存在着被称为田头制的负担惯例,要找到与该职能相关的、民间自生的村落共同体是非常困难的。圩田开发结束时,伴随着圩内土地生产率的均质化,其负担惯例也向照田派役制转变。但这种变化并不是自发实现的,而是不得不依赖于国家权力来实现水利惯例的再编〈滨岛 1982:第一部;1990〉。在 20 世纪 90 年代前期所进行的江南实地社会调查中〈滨岛、片山、高桥 1994〉,也没能找到以水利为中心的固定的共同体关系。也就是说,通过农田水利来寻找共同体的研究方向,至少在江南三角洲而言,不能说是成功的。

在经历了以上的研究过程后,笔者现在所能追溯的是共同祭祀或者说是信仰领域。提示这一研究方向的是,下一小节将要介绍的关于 19 世纪前期抗租斗争的两则史料——同治《双林镇志》和郑光祖《一斑录杂述》。本书将以这两则史料作为最初的研究线索,以明清时代为中心,对江南三角洲农村的民间信仰进行探索。

这里所说的"江南三角洲",是指太湖周围的冲积平原低地部分。就明清时代的行政区划而言,这一区域相当于江南五府,即南直隶(江苏)的苏州、常州、松江三府和浙江的嘉兴、湖州二府。上述五府在自然环境(圩田地带)、产业(夏季种植粳稻、养蚕、缫丝业或棉业)、流通(缺乏定期市的历史)、财政等各个方面都有着共同的历史。其共同祭祀、信仰方面与周围地区相区别的特征,将在正文中进行探讨。

(三)

一般而言,如要整体考察传统社会的某种文明,分析存在于那里的民间信仰可能是一项非常重要的工作。因为它在体现着民众的思维方式、社会结合、价值观念,说明文化变迁的同时,往往也反映了经济结构。在对传统中国或汉人社会的考察中,这一情形被认为十二分地适合。现阶段主要由道教或民众思想研究者,外加社会学者、人类学者等,通过文献及田野调查两方面的手段来进行研究的①。后者大多以香港、台湾或新加坡为中心的东南亚地区为研究区域,而对中国本土的研究,现阶段尚有明显的空白。这是由于在中国共产党一党支配一切的状况下,"战斗性的无神论"这一意识形态成为一般原则,加上20世纪50年代后期开始的"反右派"斗争中的对所谓的"资产阶级的思想、学术"进行了各种各样的批判、禁压等,造成在问题关心、研究对象、方法等方面,把这些主题当作一种禁忌已成为常识,迄今为止其影响仍然深远。与此有着相同渊源的,现代中国历史学界对农村(包含市镇)聚落地理、社团组织的漠不关心也重合在一起。大陆各地民间信仰的历史研究,原本应由当地研究者才能有效进行。但除了近年来以厦门大学、中山大学等为中心的华南地区优秀研究者展开一些研究活动外,就全国而言,至少在这一分野方面还是很欠缺的,江南三角洲当然也不例外(这里所反映的是我撰写原稿时的20世纪90年代中期的情况,在那之后,陈春声、赵世瑜、郑振满等许多优秀中青年学者在不断地填补这些空白领域,这让我不得不表示由衷地祝贺)。

无论对于都市还是农村,各国及日本的近世社会经济史学界都不只是考察"经济"现象,也把众多的文化事项包含在考察对象之内,从广阔的视角来整体把握历史世界。与此相对,近世中国社会经济史可以说还留下很多应予填补的领域。正是因为这一近似于白纸的研究前提,才迫使笔者不得不开始自己的考察。

近年来以传统中国或现代华人社会的信仰结构为主题的研究中,有三项研究特别引起了笔者的注意。其一是森田宪司关于文昌帝君的研究〈森田宪司1984〉。原本不过是四川梓潼县的一个地方神,到了宋代由于位于科举考场旁边这样偶然的原因,其灵异传说不断被积累,终于成为以科举合格为目标的士子们信仰的全国神。这一过程为研究明清时代诸神形成提供了有益的启示。接下来的是林美容关于台湾中部南投县草屯镇祭祀圈的各项研究。包含国内外先行研究的精致介绍在内,其对祭祀圈的重层性的具体论证等也是充满启发性的〈林美容1987〉。第三,最近V. Hansen的力作。在经历了唐宋变革、商业革命的宋代,她把地方上诸神的形成过程与商

---

① 20世纪80年代初以前的研究论文,参照野田、石田1983的参考文献。林美容1997则料详细地介绍了台湾的研究论文。对扩展到东南亚的汉族信仰,其先驱研究则有Elliot 1955,近年则有Cheu 1993。

业、商品流通相关联,描述了由当地神(local gods)向区域性神(regional gods),再向全国神(national gods)转变的过程〈Hansen 1990〉。虽然我早已谈到过诸神(土神)的诞生、成长过程及"神"从国家政权那里获得权威认证〈滨岛 1983a〉,但通过她的研究可知宋代已存在这一模式。不过,当我们把她所提示的史料与原文进行对照的时候,发现她对汉文史料存在着一些重大的误解。她对宋代商业化的评价也有再做探讨的必要。加上她的研究基本上缺乏巫师(shaman)的视角,与笔者的研究视角、观点有着较大的差异。鉴于上述三点,读者在采用她的观点时,应三思而行。

在此如先把结论亮出来的话,那就是通过接下来的考察,清晰地浮现在我们脑海中的是巫教(shamanism)的问题。汉人社会中"神"的产生,即灵异传说的成立,与灵媒巫师密不可分地联系在一起。关于这一点,Clammer 在探讨东南亚华人的论考中,对"华人宗教"作过如下简洁明了的定义:

"华人宗教"这一用语,应理解为把大乘佛教、道教,甚至是些许的儒教风味(a dash of Confucianism),与大量的灵媒(a great deal of spirit-mediumship)进行很有特征的融合(a very characteristic amalgam)〈Clammer 1993:199〉。

Hansen 所引用的史料,虽然包含有显示存在巫师的部分,由于她完全舍弃这些内容,因而不得不说她的理解是有局限性的(在其著作的词汇索引中,甚至没有巫及与此相类似的字句)。

(四)

大陆对民间信仰研究漠不关心,甚至可以说回避其研究已成为普遍情况。再者,无论是什么文明,用文字记述的史料里,有关民众信仰的内容相对而言有着不易保存的性质。但如去大陆、海外华人系统的庙的时候,通常可注意到人小各样、数量繁多的神像被安置在那里。这些神像中,有像玉帝、东岳、关帝、天后、梓潼君、二郎神等闻名全国的,完全没有或基本没有地域性的神灵。与此同时,常常还可以发现大量不太有名的神像。在地方史料中,通常把它们记述为"土神"。虽然很少被混用,这里的"土神"与守护或管理一定地域的"土地神"①或"土谷神"在概念上是有明显区别的。与关帝等"全国神"相对,也可把它们称之为"地方神"。也就是说,"**土神**"基本上可定义为:"产生于某一地区,并有着该地特有的灵异传说,因而在该地受到信仰的神"②。

在基层社会过着普通生活的庶民,在崇拜著名且普及的全国神的同时,各自通过当地的巫师、巫婆等媒介,把各地不太有名的土神当作其主要的信奉对象的情况可以说是极为普遍的。无论是谁,如要总体上把握近代以前中国农村的社会结构,都绕不过探明生活在基层社会的民众到底有着什么样的信仰、这些信仰与基层社会的共同关系有着什么样的关联等研究课题。因此,对农村共同信仰的主要对象——"土神"的考察,不只是宗教史的领域,对于社会、经济史的领域而言,也有着极为重要的意义。

不用说,这样的土神,通常被俗称为"民间道教"系统的神。他们很少被《道藏》等经典、《搜神记》等神灵传说集收载进去。尤其是从全国的角度来记载的史料中,地方性的而且是最土俗的信仰及神灵的记述经常被漏载。因此,由上而下鸟瞰式的道教研究的视野中,很难把他们也放进去考察〈如石井昌子 1983〉。

本书首先用中国近世史学的传统研究手段,梳理地方志、文集笔记类等史料,对土神及其信仰、祭祀进行探讨。与全国性宗教(道教)的资料相区别的是,如果用心去阅读的话,在这些史书中也包含有关于土神的各种珍贵的记载。但是这类在传统中国大量被保留下来的文字资料,大多都是用生活在城市里的士大夫的眼光来记载的,因而其关于乡下田间的小人鄙事的记录只占有极少的一部分。反过来也可以说,关于土神的记述,大多是通过民众的记忆及传说来保存的。为能填补这一空白,虽然面临种种困难,笔者还是打算尽可能利用点点滴滴收集起来的民间传说类的资料。

---

① 关于土地神的形成,北田英人 1996 有详细的论证。正如北田所说的那样,应该"否定土地神产生自社"。但同时也有必要确认"社"是"土地神"的代用说法。

② 金井德幸对"土神"的定义是:把它想定为处于县级城隍神与村极土地神中间的,属乡一级的神灵〈金井 1985〉。与此不同的笔者的理解是:土神是指在某地形成,有当地相应的灵异传说,并在该地得到信仰的地方神,其对立的概念可称为"全国神"。这里所说的地域范围有大有小,有村落层次上的土地神,也有乡镇、县级层次上的,甚至更为广阔的领域(如江南三角洲全域)上的"土神"。

第二节　被捆绑的神灵

（一）

江南地区佃农（佃户）抗租（拒交地租）斗争在经历了十六、十七世纪的高涨期后，入清后趋向平静。但到了19世纪时，抗租活动又迎来了高潮期，甚至比上一次更为活跃。下面试看两则史料。

在江南地区，往往存在着佃农给地主家交纳年贡的惯例，但双林却无此俗，必定是地主亲自驾船前去收取。……这也许是过去佃农比较柔顺，也有视收成情况而减额的情况，根据实际情形协商解决。道光十二年（1832）头茬作物的水稻遇上了大凶年，国家税米也只好改为下一年度征收。［年贡自然有所减免］尽管如此，租米每亩收取三至四斗［一般1～1.5石］。二十一年（1841）由于雪灾，［地主交给国家的］税被免除，农民们也连圩结甲，甚至连一升一合的［租谷］也没有交纳。当收租船到乡下时，农民马上鸣锣聚集，围船起哄，或者扔石子，或者泼污泥。收租船不得已只好返回，但船却被绑住无法移动。地主们只有伺机逃脱。从那时起，凡收成稍有不好，佃农们就互相约定参拜"总管"，自己定下交纳年贡的数额，不得违反。顺良的佃农稍微多交一点，要么被捆绑挨揍，要么其家被毁坏。就这样，佃农们也以此为借口要挟地主，使地主不敢向他们多加收取。［史料001A，同治《双林镇志》卷一三"农事"］

住在镇上的人家，如在农村拥有田地，不得不给佃农耕种。不管怎样尝试，收入都不抵支出，其情形如下。如下大雨，不得不付给从事排水作业的佃农费用。春社赛神时，其费用按所拥有的土地摊派。如果稍有歉收，佃农们马上结党拒交佃租。此时鸣锣壮势，耀武扬威。所以大家都说"田，就是累字头也"。农村必定有庙（土地庙），祭神叫"总管"。正、二月间，要演一至二日的社戏。费用按耕地面积均摊。［笔者认为，这里并非由地主负担，而是由农民负担。］那些贫困有衣食之忧的孤寡之人，也不得不勉强筹措。社戏期间，亲戚、友人都要来造访，往往不得不接待他们。贫困人家不得不靠典当来筹资。社村的人每年［一次？］聚在一起举行宴会，并有一定的惯例规定，如稍不合，其当值者就要受到指责,众目睽睽之下,受到训斥。"社"中(所集资金)如有剩余,就分给各户以收取利息。期限到了没有返还的话,就要接受严惩。各村中都可看到这一情形。[史料001B,同治《双林镇志》卷一五"风俗"]

从上述史料中可看出,作为农民的地缘性社会组织,当时出现了"村"、"社村"、"社"等相互可以置换的用语。关于这一点,将在正文里论证基层社会的时候再加以详细说明〈第四章第三节〉。当时社会结合的核心是被称为"总管"的神灵。顺便再说明一下,抗租斗争的形态虽用"连圩结甲"四字来表现,但作为斗争基础的组织或集团并非是"圩",而是建立于"村、社村、社"层面上的。

(二)

要解决明清时期江南三角洲的这一课题,其中最为有效的线索可能是郑光祖《一斑录杂述》卷七所收的道光二十六年(1846)夏天发生于苏州府昭文县①张市一带的抗租暴动的记载,这里也出现了总管神。小林一美曾介绍过这次暴动,并清晰地分析了其经济史方面的意义〈小林一美1967〉。

张市是一个位于长江三角洲东部长江沿岸高乡(微高地)地带的小市镇。众所周知,元末以来,微高地就成了棉作、棉业地带。到了19世纪,这里的农家夏季主要种植棉花,并从事使单纯再生产成为可能的、必不可少的家庭手工业——棉织业。引发这次大规模抗租暴动的契机是,社会上出现了一个(1)增加冬季轮作小麦的租金;(2)延滞时的加征;及(3)更新租佃合约时需交礼金的谣言。

在农民们的不满发展到抗租暴动状态之前,当地农村的土神信仰起到了很大的作用。因此后来官府的镇压活动,除了以俗世的指导层为对象外,还延伸到了冥界的四种神灵,并出现了捆绑他们的神像的这一有趣的事件。按照郑光祖的记载,道光二十六年(1846)抗租斗争的情形大致如下:

四年前(1842)的冬天,常熟各地因"军租"②而引发了争对"大户"人家的"打抢"事件,事后只有极少数首谋者处以死刑,普通的参加者并没有受到

---

① 与江南三角洲的许多县一样,雍正四年(1726),在常熟县东半部新置昭文县。出于以征税为中心的行政方面的需要而划分出来的,故其县衙设在常熟县城。因此过去的常熟县仍然作为一个地方社会而存在。在本书中,把昭文县的领域也并称为常熟县。

② 具体情况不明,可能是屯田的田租。

任何惩罚。二十六年(1846)正月,针对交纳漕米①一事,县衙门前出现了游行示威的抗租活动,官府对此也没作任何处罚。也就是说,数名曾经发动过暴动、并可说是有着成功经验的"恶棍"分布在常熟县东部一带。其首领金德润让鬼神②附身到五、六名蒙着眼睛的童子身上,让鬼神的旨意通过童子的口说出来。事后逃亡途中,他以行医为业,是所谓的"巫医"。他们看到了"众情不平"的现状,就居住在当地,与"无恶不作"的金山桂商谈。听了"要做,索性做得大些"的建议后,其意更为坚决。于是他们在距张市西边五里处的"承吉庵"③的墙壁上,贴上了"于二十一日滋事,以打凶租为名"的告示。尽管如此,当时还是出现了有点犹豫不决的气氛。于是他们向神询示是否采取行动,连续抽了几次签,结果都是大吉,到其他庙宇占卜也都是大吉,因此众意坚定。为慎重起见,他们约定"如二十一日天晴,即为老天佑助",二十一日早上果然红日高照,空气中无一丝阴气,于是佃农们就大胆行动了。

就这样,昭文县东部张市、陆家市、老吴市、东周市、归家市、何家市、老徐市、董浜市等地〈参照地图1〉,爆发了袭击主要分布在小市镇的地主收租设施(提到名字的乡绅地主,其系谱都在当地,但本人居住在县城,乡村中只有义庄等收租设施)、收租代理人、收购棉布商人的行动,并持续了三天。二十四日早上行动开始前,天突然下起了雷雨,向神询示是否天助已经结束,果然没有出现"吉"兆,于是袭击行动骤停。

知县能够直接指挥的唯一武装力量——"乡勇"此时已毫无能力,因而对这次暴动没有采取什么有效的对策。于是在二十二日,知县亲赴苏州,向知府桂超万求救。知府在亲自率领抚标(巡抚直属的绿营军队)中军的同时,还要求驻扎在常熟县长江沿岸要地(福山镇)的绿营部队出兵相助〈关于驻屯在江南三角洲的绿营,可参考太田出 1998〉。镇压部队小

---

① 明中期以后,对土地所征的农业税(称为"税粮")由交纳现物转变成纳银,但继续征收发放给官僚的米谷。这些现物的大米叫做漕米,把它们运往北方的行为称为漕运。事实上,这一用语与本文的主题密切相关。

② 鬼神是死者的灵魂(鬼)与神的统称。关于鬼、神,在第三章有详细说明。

③ 1987年冬,笔者获日本三岛海云财团之研究经费资助,在对华中、华南农村田野调查的准备阶段,与复旦大学历史系魏嵩山教授一同考察了常熟县。当地老人带我们参观了大跃进时期被破坏掉的,现已成为耕地(棉田)的一处遗址,老人清晰地记起其为"承吉观音"。

心翼翼地前进,到八月初四日终于到达张市,并开始逮捕有关人员。这时,知府认为"妖魔托宣惑众",于是下令捆绑坐镇在各村小庙中的"总管、周神、猛将、李王"四种神像,并把他们押送到县城,搁放在昭文县城隍庙的路头堂,"以示签筶惑众之咎"。也就是说在抗租暴动中,在决定是否行动时,农民们向这四位神灵占卜。

被捆绑的四种神像示众一年(可能相当于现世的枷示之刑)的场所是城隍庙。昭文城隍神,作为该县冥界的行政官,与现世的昭文知县一道"分理"该县。因此,对乡村神灵的处刑,其权限自然属于县城隍神(详见第四章第二节)。虽然遭受此刑,但服刑完毕后,他们仍旧是神灵。一年后,这些神灵被送回各自的乡村小庙中,并有"鼓乐"相伴,即以礼迎送。[以上参照史料002]

官府在动用军队(绿营)对现世有关人员进行镇压的同时,还不得不对民众们的心灵世界进行禁压。也就是让民众晓谕,现世国家政权的力量位于"神"的灵力之上。尽管如此,从中我们不难看出常熟县农民对这些神灵信仰之虔诚。

在此,探索四位神灵的由来,就成了本书最初的考察课题。

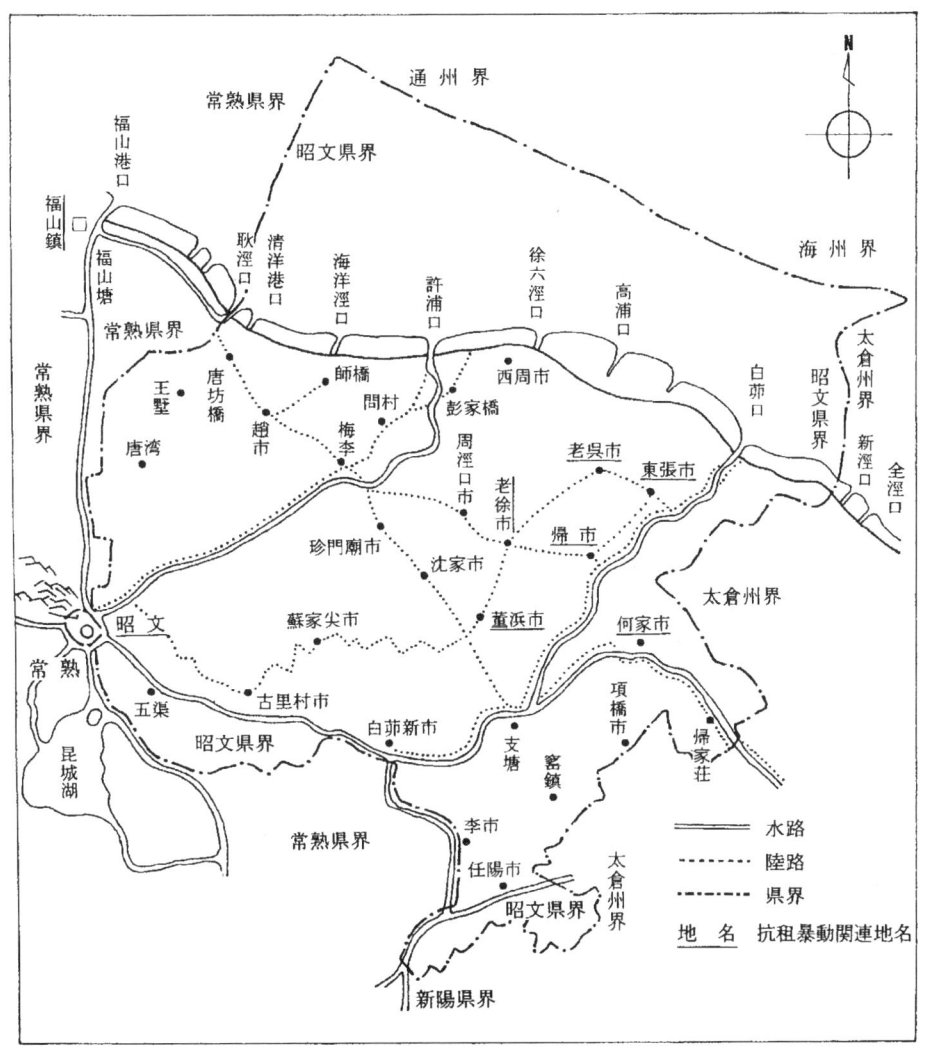

地图1　道光年间昭文县抗租暴动参考地图

据许可宝辑《江苏全省舆图》昭文县（清光绪二十一年，1895）绘成。

第一章

诸神的来历（一）
——苏州府常熟县

小　序

在19世纪前期江南三角洲东部的农村，分布着牢固扎根于民间，以至于官府不得不捆绑其神像来示众的民间信仰。具体提到的四种神灵中，除"猛将"外，都是当时当地人才得以知情的信仰（《道藏》等文献中没有记载），因此他们完全没有成为历史、宗教、民俗等方面的研究对象，是没有什么名气的土神。

不过早在20世纪30年代时，Werner就曾谈及"总管"（Tsung-Kuan）的土神，并译为"知事"（governor），对其中的金总管及王总管还有过简要说明，并也介绍过"猛将"来源的各种传说。在记述中国民间信仰的国内外各种著作中，只有该书提到过"总管"。在此，我对他如此精心提到没有什么名气的土神一事表示敬服。当然他的说明还过于简单，可以说还没有弄清楚这些信仰的内容、性质等。另外，我们有必要探讨一下把"总管"译为"知事"（governor）这一做法是否恰当。

本章将考察这四种土神的"身世"。

第一节　总　管

（一）

如果我们检索一下常熟县及其所在的苏州府，甚至江南三角洲其他各地的众多方志,就可以发现有着"总管"名号的神的许多记载。其中大多数都以"金"为姓,也被称为"金总管"。如后所述,其他姓氏的总管神也有,但在江南三角洲数量最多的要数金总管。

现存的方志中,洪武《苏州府志》尚未有总管神(金总管)的记载(洪武年间的方志没有记载这一事实,也与该神的形成历史有着关,该情形本身是非常重要的)。就我所见,现存方志史料中最早出现金总管记载的是正德《姑苏志》卷二七"坛庙上·总管庙"。

> 在苏台乡真丰里,神开封人,姓金。最初有名为"和"的二十相公。他在(靖康之际)随驾南渡,定居在苏州,死后成神。他的儿子叫细,(排行)第八,为太尉。理宗朝尝显灵异,于是被封为灵祐侯。灵祐之子名昌,第十四,开始被封为"总管"。总管之子元七,仍为总管,元至正间,善用阴力庇护海运。起初都被封为总管,后再次进封,昌为洪济侯,元七为利济侯。[以下原注:……一(庙)在阊门外仙塘桥下,一在常熟县致道观,一在嘉定县安亭镇。][史料003]

这里出现了"和(幼名?二十相公)→细(排行第八,封爵为太尉、灵祐侯)→昌(排行第十四,总管、洪济侯)→元七(总管、利济侯)"的金总管家系、事迹传说的基本形态,后世的记载基本沿袭于此。任何一位"神",都是曾经在这个世界上生活过的"人",死后在冥界为现世的百姓显示出"灵异","阴翊海运",因而成神并获得封号。这里构成关键三点是(1)由人变成神;(2)显灵;(3)海运(漕运)。苏台乡真丰里,就是位于昆山、吴江县境的周庄镇。

就我所见方志以外的史料中,关于金总管最早的记载是叶盛(昆山县人,永乐十八年—成化十年,1420—1474)《水东日记》卷一八"各姓宗图"的"毛澳邵氏"。夹注[ ]的内容是其配偶的记载。

> 毛澳邵氏。七官[金氏]、仲达[顾氏]、德名[余氏、宋氏]、显。
>
> 邵氏为盛荡之族,七官人娶了金元七总管的第六女。按公(金元七)生了五男二女,官人所娶乃是五个男子之后的(第六个出生)长女乎?按照乡俗,排行顺序中似无男女差别。[史料004]

我们无法知道邵氏到底是什么样的一族,邵七官是什么样的人①管家。与叶盛同时代的人物可能是列在最后的邵显或邵德名,而他们的曾祖母或祖母出自于金总管家。首先伪造三、四代之前系谱的可能性不大,这里的昆

---

① 或许邵氏也属巫师家系,并很可能有与金总管连谱的意图。〈参照第三章第二节〉。

山邵氏与自称为"总管"的金姓家族所结成的婚姻大概是事实。由此可以证实,昆山县存在着自称为总管的金姓家系。虽然我们不能了解这一记载的确切年代,但如从叶盛的生活年代(1420—1474)及其在这里并非要表明金总管的产生,而是作为既定的事实来叙述这两点来看,可以断定金总管的传说在15世纪中期之前既已产生。我们虽然不太清楚对城隍庙的世俗化持批判态度(参照第四章第二节)的、属于正统派士大夫的叶盛对总管传说到底持何种态度,但其记载对仅有两位女儿的金元七总管的"第六女"的疑问,我们也可以把它理解为叶盛对金总管传说自身持怀疑态度的一种反映。

上述两则记载中,金总管的存在都与昆山县相关。如果检索一下昆山县的方志,现存最早的明代方志——嘉靖《昆山县志》卷三"坛庙"中,确实可以找到总管及金氏的相关记载。

> 总管堂,在景德寺东面。按总管姓金名昌,其子名元七,俩人死后都成了神。元至正间阴佑海运,都封总管。现还有子孙,照理应由他们祭祀。小民(无缘的其他人)不应祭祀。[史料005]

上述传说的骨架完全承袭于正德《姑苏志》。可以确认,至明代后期昆山还有金总管子孙存在,金总管也深受昆山民众的信仰。正德、嘉靖年间正是批判淫祠的高潮时期,先后在昆山县及其邻县常熟任知县的杨子器,曾彻底批判并扑灭淫祠(嘉靖《常熟县志》收载了其批判淫祠的许多内容)。该记载的末尾写道:"今子孙尚在,自当祀之,非小民所宜滥祭也。"即金总管不过是"鬼",并不是应予祭祀的"神"①。既然存在着男系子孙,那就应由他们来祭祀,与之没有血缘关系的外姓人来祭祀,于情理上讲不通。这完全是按照儒教正统的教化理念而提出来的看法。对于同一时期,与常熟相距不远的常州府江阴县知县黄傅对迷信活动的批判,在后面将会详细述及(第二章)。黄傅在江阴县展开的毁灭淫祠活动,正如他自己所感叹的那样,"然所去,犹不能十二、三也"[史料006],并没能取得成功。从明末的方志来看,一点也看不出昆山县金总管信仰有过衰弱的迹象。

下面介绍一下万历《常熟私志》卷一○"叙族·晏林朱氏"记载的一则金总管显灵的传说,以之作为金姓总管传说的形成及其与地方上有权势的人的关系的证明。

---

① 对淫祀展开彻底批判的江阴知县黄傅不认为诸种土神是"神",而把他们视作是纯粹的死者或死者的灵魂=鬼。(第二章、第三章第二节)有详细论述。

朱骥，字汉房。……壬戌年(正统七年，1442)中进士，当时还刚满二十岁。……(广西布政使参议任上)……曾经飘浮于海上，遇到一船。有投递名片的人说："金爷过来拜访。"见面时，只见其红衣抹额，心里感到奇怪。且吩咐骥说："我船可行，先生之船须缓行。"于是离开而去。骥想回访，但其船已随风飘扬而去，只看见金七总管的标帜。过了一会，出现大风浪，别的船多被颠覆，只有骥的船平安无事。……返朝上奏此事，皇上赐予圆帽、红抹。现世世代代供奉其画像。[史料007A]

据宋代高承《事物纪原》中所引的《二仪实录》可知[史料007B]，海神用红布抹额。《二仪实录》不见于《旧唐书·经籍志》，但在《新唐书·艺文志二·仪注类》却有记录(在此要感谢井上进教授的教示)。由此可知唐代时已产生关于海神服装的传说。万历《常熟私志》(东洋文库所藏抄本)卷一〇"叙族"详细记载当地有势力的家族，上述记载也许采自常熟朱氏家谱。正统年间进士合格的朱骥家族也许属于通常所说的粮长阶层。上面所记的内容虽是毫无根据的传闻，但从这一传闻中可看出金总管信仰与地方社会上有权势的人(粮长层)的关系。

（二）

前面已证实，至迟在15世纪中期时，金总管传说及其信仰便已产生，但在元末明初的14世纪中叶时，金总管的传说尚未形成，这可从以下两点得以证实。

第一，洪武《苏州府志》中没有任何关于金总管的记载。从正德《姑苏志》开始至民国时为止的各种方志中都屡屡提及总管神，但对祠庙记载得相当详细的洪武《苏州府志》中却一点也找不到其蛛丝马迹，更不用说宋元方志了。

第二，关于元末昆山的金氏，虽然存有同时代的重要史料，但均与漕运、总管不相干。至正《昆山郡志》卷五"人物·神灵·本朝·金应龙"条中，曾把金应龙作为同时代有灵力的人物来介绍：

> 原居住在府城之草桥，现则居住在郡(昆山州)之㴲川乡。高祖锜以英伟刚烈闻名，死后成神。世代显示灵异，祭祀隆盛。到了应龙的时候，其灵迹尤其显著。降书、托付、卜算死生祸福，无不像所回答的那样应验。从浙江以至江淮、华北，家家户户奉祀，没有一个地方不立庙设像。近代神灵之中，很少有能有与之匹敌的。[史料008]

方志中,"神灵"条目极为罕见,该志此一条目下只有一个僧侣与其并记。事实上,可认为该条目是专为金应龙而设的。拥有杰出灵异能力的金应龙,正如"附托"二字所显示的,可以推定其为凭依型的巫师。我们应该注意到,该方志中无一处提到"和→细→昌→元七"的系谱,同时金应龙的灵力是预言一般的"死生祸福",与漕运毫不相涉。

基于上述两点理由可以断定,明代以前尚未形成以漕运、总管为关键内容的金姓神的传说或信仰。

至此,金姓总管传说尚未产生的下限及出现的上限基本可以框定。关于其形成,虽然没能找到更具体的史料,但我们可以进行若干的逻辑推理。首先,元末江阴县存在着数位与保佑漕运相关的称为总管的土神〈参见第二章〉。在近邻常熟县,元末时最受信奉的是以保佑漕运为核心的李王。与元明鼎革定都南京相伴,依靠海船向北方输送漕粮的必要性急遽减低。与漕运体制的变化相关联,元代可能形成于常熟州等地的超级大土地所有制也随之瓦解〈参照本章第二节〉,这样以保佑漕运为特征的总管信仰的基础也就变弱了。正德《江阴县志》卷一一"异端·淫祠·李太尉"载:

> 元末时鬼族妄自立庙,后废。国朝宣德年间,妄民李谊贞,号为鬼六世孙,重新兴建,妄称宋元皆有封号。[史料009]

如上所载,明初时保佑漕运传说的信仰有衰退的趋向,其原因可能就在这里。众所周知,永乐迁都北京后,向北方漕运的扩大是以江南农村社会的支配阶层——乡居地主的存在为基础的。15世纪前期,正当漕运成为当地最苛酷的负担之时,可以推测保佑漕运的传说也因此再度复活。昆山金氏断然抓住这一时机,为自己的祖先伪造了保佑漕运的显灵传说,并为粮长阶层所用,借此成为江南农村社会最受信仰、祭祀的对象。

(三)

永乐、宣德以后,就像赋予刘姓神以猛将〈本章第四节〉,周姓神以孝子一样〈本章第三节〉,昆山金氏以外的金姓巫师中也产生了把自己的神和总管称号结合起来的趋向。他们在把自己的家系和昆山县联系在一起的同时,还把与漕运相关的传说引入到自己的家系传说中去。常熟县东北部的金村,有着明初由昆山移居而来的开辟传说。关于其始迁祖,民国《金村小志》卷三"传略·金启明"条说:

> 曾经充任粮长,海运中失于风。为编户(负担漕粮者)赔粮,不惜清

理其家产。[史料010]

这里虽没有记载金氏是否为巫师,但可确定有着与漕运相关的传说。关于现代青浦县章练塘镇(曾为吴江和青浦两县交界处)的金氏,民国《章练小志》记载:

> (卷三"祠堂·金家堂")土谷神祠,位于二十八都九图口字圩,俗名金家堂,祭祀刘猛将"锐"及金总管灵祐侯(细)、洪济侯(昌)、利济侯(元七)、杨照天侯(文圣)、钱英烈侯"七"。

> (卷四"人物·金日章")先世由彭城迁移到汴梁,宋南渡时护驾,占籍浙江。明正统年间,有松轩者以勤学成了监生,卜居吴江章练塘。住宅濒临要渡,地形弯曲,故俗称其地为金家湾。明代选拔粮长督察运粮,责任甚重,富户往往设计逃脱,连累普通人。松轩亲自负起白粮之役,节次督运。后溺于长江,归葬家乡。元配朱氏于是在住居旁建焚修所,称观音阁。……时成化二年也。[史料011]

在章练塘别的地方也分布有祭祀金总管的庙宇〈滨岛、片山、高桥1994:149-152,157-158〉,而且也都没有直接明示与昆山金氏或金总管的关系。但是,从没有逃避役务,而是担当起漕运,最后以身殉职的故事情节来看,与以漕运传说为核心的金总管传说不是没有关系的。

上述常熟县、青浦县的两则史料中,我们应予注意的是,民国以前流传的,与明代金姓人物相关的传说的神都不是从天而降保佑漕运,而是由那些献身于漕运,不给编户、普通百姓带来麻烦的人转变而成的,即都是俗世社会的事。正如后面所述,由于16世纪发生在江南三角洲的深远而广泛的商业化,引起了社会变动,进而给金总管信仰带来了巨大的影响。这时新生成的传说故事的核心是,如后面将要论述的〈第五章第二节〉,金总管本人承担着漕运实务,为了庶民而悲壮地献身。从偶尔找到的这两个与漕运相关的金姓人的史料,我们可以找到它们与后来相关的传说接近的特征。与明末社会、经济的变化相适应,显灵传说也极可能发生了变化。

此外,嘉定县纪王镇(现为淞南镇)的康熙《淞南志》有如下记载:

> 金城神庙,在金城里,俗名金宅,内奉土谷神。俗传金兀术九驻扎于此,曾筑土城,这是不对的,实际上应为吴王阖闾所筑,用以抵御越兵。……金家神堂,在周家墩南,内奉金元六、金元七总管及金宅历代祖先。[史料012]

从中我们可以看出"金"姓巫师居住在这里,并把自己与金总管传说联系在一起。同时可以推定,金——完颜氏的联想也附会到了金总管传说上面去了①。

(四)

我已经证实,明后期嘉靖年间以前,昆山存在着金总管的后裔。清代的情况又是怎样的呢?周庄镇方志、嘉庆《贞丰拟乘》卷上"人物·金二十相公"描述了19世纪其后裔子孙的情况。

> 名和,其先本汴人,高宗时随驾南渡,居贞丰里,死后成神。其子名细,为太尉。理宗朝尝显灵异,封灵祐侯。灵祐之子名昌,封总管。总管之子曰元七,总管。元至正间能阴翊海运,亦封总管,与昌之从子名应龙者同封。(昌)再晋封为洪济侯,元七为利济侯,应龙为宁济侯……所谓金家神道也。里民奉为家堂神,今子孙尚在,俱为乡农矣。[史料013]

总管传说是15世纪前半期伪造的,但在第一手史料——至正《昆山郡志》中却赫然存在着不能与之相吻合的有关金姓巫师的史料,那么如何解决这一矛盾呢?正如发生在江南"刘猛将"身上的那样〈本章第四节〉,对传说进行改编,把两者改为亲戚关系。据江南三角洲的实地考察可知,当地人把神与神之间扯上关系的行为称为"攀亲戚"〈本节(五)中的双林镇例子〉。

如上所示,把金应龙当做金昌的从子(兄弟之子),也就是金元七的堂兄弟。本来有其人其事的金应龙,却以虚构的金元七为主角,两者之间结上了亲属关系。元七应该是辈分的排行而不是本名,笔者在此猜测,或许小名(排行)元七的名字是应龙,即金元七就是金应龙。

19世纪以后仍然存在着金总管信仰。1990年11月,笔者采访了昆山县周庄镇西北的"金家荡"(也被称为"金家堂")村,得知当地居民中仍有许多金姓人(约为60户总人口中的20户)。原来的金家堂早已被毁,其遗址成为林地。就在它的近旁,当地老人把原来是生产队养猪饲料库的两间草房改造成祭祀"金家太太"的小庙。与有华侨汇款捐助的华南的村落不同的是,没有财力建造木像、塑像的老人们,只能把红布挂在墙上当作神像并献上香烛、供物。(1995年10月中旬,当笔者再访时,发现原来的草棚已被

---

① 由于联想到金=完颜,这一传说附会上了金国的武将完颜兀术。同样的事例,在湖州也能找到。参照第五章第二节中所引用的《浙江风俗简志》相关记载。

毁,在同一地点稍靠后一点空地上新建了两间简陋的瓦房,里面供奉着在中国极为普遍的,各地均可以买到的高约40厘米的陶制小神像。)

据采集残存于现代杭嘉湖地区的民间传说,特别是神歌(招神之歌)的顾希佳教授(曾任职于海盐县文化馆,现在杭州师范学院工作)的研究,在招请的神中,"金府总管"列在"高筵"之下"正筵"第四位,居第三位的刘王之后,第五位的李王之上〈顾希佳1990:536〉。"高筵"的三位最高神——三世如来、三天上帝、玉皇大帝,是到处都有分布的神。就土神而言,重要的神无疑是"正筵"上的。这里排在第一的是城隍,第二是"南朝圣众",接下来的便是上述三位神灵,可见他们在江南土神中的地位。

总之,直到20世纪的今天,仍可以确认金总管传说及其信仰的存在。

(五)

至此我们已论述了金总管。在被称为总管的神灵中,也有金姓以外的神灵。

由前述同治《双林镇志》的抗租记载可知,双林镇范围内总管信仰非常兴盛。该志卷一五"风俗、岁时"中还有如下记载:

> (七月)初六日,为化成桥总管神诞日。庙前搭建小屋挂灯,演戏祝献,抬神像出巡(位于镇入口处的)四栅。第二天的初七日为东林总管神诞日,乡民筹钱演戏祝献,抬神像巡行各村,并至镇。
>
> [续记]自明万历四十四年(1616)始赛会。乡镇之民,各自宰杀鸡、猪,盛情击鼓作乐,张开缦帐,迎神于市,晚归剧饮,可以说比化成桥庙会更为隆盛。按:俗以化成桥总管为六总管,东林庙为七总管。两处赛会,彼此互相往来。[史料014]

如把时代再往上推,乾隆《东西林汇稿》卷二"建置志·祠庙"(上海图书馆藏稿本)把位于化成桥的庙叫做"陆总管庙",东林村(过去曾是镇的中心部)的庙叫"戚总管庙"[史料015]。在当地方言中,陆、戚两字的发音分别为lok、che,与数字的六、七同音,可能与其庙会日期六日、七日有关。但通过该史料可以确认存在着戚姓、陆姓总管神。

另外,在康熙《归安县志》卷二"坛庙志·元吴总管祠"中还有双林镇吴总管的记载。按此记载,有个名叫吴宪卿的人,于元贞二年(1296)被任命为"提举象州一路兵甲巡检公事护军"。去世后的延祐二年(1315),在天空中显形镇压民乱,被仁宗封为"总管"。其子孙迄今尚存,并承担起该庙的土地税。乾隆《东西林汇稿》也列举了位于堂子湾的"吴总管祠",与"禹王庙"一同在吴氏的始祖祠内〈卷二"建置志·祠庙"〉,并记载了"吴千一总管"的墓〈卷二"建置志·冢墓"〉,把他当作为元朝服务的巡检〈卷五"征献志·例仕"〉。同治《双林镇志》卷九"庙寺·禹王宫"则记载说吴总管的后裔吴伯明于成化年间梦见禹王,因而建庙。就这样,江南的神有子孙存在的现象并不罕见①(金总管也不例外),其意义将在后文述及。一般而言,凭依型的萨满为了提高自己所依赖的神的权威和信用,伪造祖先的灵异传说并产生出"神"是普通的〈参见第三章第二节〉。吴总管的显灵传说,极有可能是由吴姓子孙(可能是巫师)伪造出来的,表面上伪装成祭祀祖先灵魂(鬼)的"祠堂",其实质是"庙"(关于此事在下面的采访中已得到确认)。另外,吴和五同音(ngo),如与前面所介绍的庙合在一起考虑的话,可知在双林镇存在着五、六、七总管。

1988年笔者到当地采访的时候,这些总管庙的建筑已不复存在。陆总管庙的遗址位于面向运河的仓库,戚总管庙址已成了桑田。当时实施了如下所述的采访,有趣的是,关于七(戚)总管庙,虽然也有说是"戚"姓的神,但不如说"金元七"总管神来得更多一些。传说中,所祭神灵由"戚"向"七",再进而变成"金元七"的同时,也出现了把六、七总管结合起来的传说。

A:据上代流传下来的说法,东林的总管姓金,六总管和七总管属"攀亲戚"的关系,也就是他们的子女结成婚姻。每年七月七日,把东林金(七)总管的神像抬到化成桥(塘桥)的庙,并在那里上演戏剧②。

B:也有说法是,化成桥=塘桥的六总管及塘(堂?)子湾的总管(吴总管)是兄弟,按顺序分别把他们称为"大亲爸"、"二亲爸"、"三亲爸"③。镇南边的农民去得更多的是塘(堂?)子湾的庙会,并抬神像巡回,举行演"草台

---

① 〈Hansen 1990〉所引用的史料中,也可找出许多"神"拥有子孙的事例。
② 根据1988年12月20日镇文化站主任虞廷龙及吴伯良、施育奋、施传贤、钱树绪等先生的谈话。〈滨岛、片山、高桥 1994:278-281〉。
③ 另外还有12月29日居住在与双林镇连接的基本上已成为街区的镇南村杨怀玉先生的谈话。他出生于1921年,22岁时与钟表修理师的父亲一道从南浔移居于此,1955年合作化之前以修理钟表为业。在养蚕地带,修理农民们所持钟表的业务较多。〈滨岛、片山、高桥 1994:278-281〉。

戏"活动①。

乡村的农民(乡民)抬着各自总管庙的神像,在巡回完各自的"村",即农村聚落后,抬到双林镇总管庙集合一事,在前述的双林镇志的岁时部分有记载。镇里存在着数个总管庙,可能是乡村的总管庙(祖)集中到镇里举行宗教活动后(产生于万历年间的说法是非常有意思的),为了避免产生互相之间的矛盾,把各自的传说进行整合后而变成了上述的说法。

此外,苏州郊区分布有王总管传说及其信仰,且有两种版本王总管。第一说:称所祭祀的神是王积翁。正德《姑苏志》卷二七"坛庙志·总管庙"在记述完金总管庙后,说祭祀元代王积翁的祠,"亦名总管庙"。清中期私撰苏州方志《吴门表隐》卷三也在金总管记载后面说祭祀元代王积翁的祠"又名总管"。据《元史》卷一八四"王都中传",王积翁是投降元朝,并把福建八郡图籍献给忽必烈的高官,此后作为使节,在被派往日本途中遭到船夫的杀害。虽然他是高官,但并非是"路"的总管。他死在海上这一情节,恐怕与"总管"称号有关〈参照第三章第三节〉。到目前为止,笔者尚未收集到更具体的史料。第二说:称所祭祀的是"宋太尉王皋"。据顾震涛《吴门表隐》卷一〇"宋太尉王皋墓"可知有其墓葬。卷四"王太尉祠"称"子孙代代为神"。据卷一〇,"王总管祠"在城外荻扁村,子孙王彦洋于明正统四年(1439)兴建、康熙二十四年(1685)十八世子孙王省重建,并有祭田、族谱等。表面上看,这也是宗族的祠堂,但从被称为"总管祠","子孙代代为神"来看,仍可把它放入到总管庙的范畴中去。如后所述江阴知县黄傅激烈批判的淫祀中有"王太尉",传说称从苏州荻扁村移居而来一事,也印证了上述的推断。

(六)

美中不足的是,迄今未能找到有关双林镇的吴、陆、戚总管,苏州王总管的灵异传说。在双林镇的采访中,也没能得出个究竟。在没能遇到宗教职能者,要从大多数是有着基层干部经验,基本上是党员的被采访者的老农身上,打听出属于"封建迷信"范畴的细节,可能有一定的难度。而且采访时还有镇政府干部陪同,情况就更加复杂了。就以绝对优势普及开来的金总管

---

① 12月28日对出生于1928年,1949年前经营小菜馆,1949年后在剧场工作的许文华先生的采访。12月29日对出生于1932年的镇南村村长、农民李子元先生的采访。〈滨岛、片山、高桥 1994:278-281〉。

而言，显然属于有着保佑漕运的灵异传说的神灵，这一点从文献方面也能得到确认。那么这些神灵为什么会附会上"总管"的称号呢？这一问题将留到后面探讨〈第三章第三节〉。接下来我们将要探讨一下李王。

[补记] 本节所探讨原本是保佑漕运的总管神，都是局限于江南三角洲的土神。但1995年初夏，笔者应邀前往台南成功大学作演讲，在回到台北的飞机上，翻开了白天参观过的"天坛"（天后庙）介绍——《台湾首庙天坛沿革志》（1990年版），其中有位于台南市的"总管宫（总赶宫）"的简介，称其主神是倪姓"总管"，属海运保护神。

到了1997年，笔者终于有机会考察了位于台南市中正路131巷、起着当地土地庙机能的总管宫。在那里，笔者收到了汇集20世纪六七十年代各种地方杂志上发表的有关论考的《总管宫沿革志》（1980年）。据此，倪总管的名字不详，生前是"海舶总管"，死后成神，在漳州、泉州一带深受船民崇拜。另外，过去总管宫前逼大海，自古称为"圣公庙"，建庙时期可追溯到郑成功时期（但倪总管信仰何时发生则不详）。现在，该神已成为当地普通的社神。

也就是说，江南以外的地区也存在着有着保佑水运传说的总管神。原本是否为大陆漳州或泉州的土神，为何有总管称号，郑成功时期已有还是清朝收复台湾后进入的，与江南三角洲的总管神有何关系，等等，很多问题尚待今后探讨。

第二节 李 王

（一）

我曾经在一篇题为《中国村庙杂考》的短文中对常熟的四种神灵作过简单的描述〈滨岛1983a〉。当时我把"李王"当成是传说建造四川省成都灌县都江堰的秦蜀郡太守李冰，现在灌县已恢复其庙的李王＝二郎神[①]（或云其次子，或云是他们父子两人）。但查阅方志后得知常熟县城及下属市镇存在

[①] 也有说法是，二郎神并非李冰，而是赵昱〈参照窪德忠1986：260-262〉。另外，〈桑秀云1978〉对二郎神有过最详细的研究。

着数个与"李王庙"有别的二郎庙,才知四神之一的"李王"并非是全国神的二郎神,而完全属于别的系统的土神。在此先订正旧说之谬,接下来再考察没有任何先行研究的江南的李王信仰。

光绪《常昭合志稿》①虽是近代之作,但它反映了早已得到高度评价的清代常熟的文化水准,精心汇集了古代资料,为我们提供了大量非常有价值的信息。尤其是卷四五"金石志",精心收集了古代碑刻。关于李王,则有编撰之时,即20世纪初尚存的至正年间的二件石碑,该志介绍了其内容。两者都存留在县城的"致道观"②。传说该道观由张天师第十二代裔孙张裕建于梁天监元年(502),在常熟属级别最高的道观,明代的常熟县道会司即设于此。

(二)

首先我们来看一下存于致道观李王庙大门东壁的至正六年(1346)由孟昉所撰的《李王狱级田碑》(以下简称为碑记A)。其大意如下:

大元朝敕封灵惠英烈福济王行香＝出巡之际,每年都有狱级来作随从。狱级苦于经费不足,于是购入田地以充之,提供田地者为常熟巨族曹氏。曹氏奉神(李王)极谨,故爽快地答应了舒泽等十名狱级用私财购入曹氏之余田的要求。曹氏仅以半价售之,故狱级经费足够。

狱级本是有司为罪人而设,不得任意充当。但相神者(见得到神的人)假托阴府之命(告知审判不利),令好讼者慎重从事。官府也不得无视其善意。

舒泽说:"我等平时在衙门里从事敲扑,调查取证。虽说奉上司之命(从事残酷之业),但我们的子孙不受饥饿、病灾之累,全仰神(李王)之庇佑。……"又说:"曹氏五兄弟提供田地。长兄积中为监修国史长史,其次善诚为太师府掾史、之逊为镇江路钞库副使、必达为平江路长

---

① 虽然被台北成文出版社的方志丛书第一期收录,但我一直苦于无法理解为何其名为"常昭合志"。《常昭合志》是乾隆年间(嘉庆重印、光绪铅印)和民国时期编纂刊行的书,与光绪《常昭合志稿》不同。

② 1987年访问了常熟。当然城墙已被拆除,但街路还是旧中国的规划,并沿用其名字。〈参照地图2,清末常熟县城图〉。白粮仓故址已成为县文物管理委员会,该委员会把"文革"后收集的碑刻横向堆积于县城东部方塔公园的文化宫(由旧总管庙改建)旁边。致道观已成为解放军医院,因而我们不能参观。

洲县尉、有永为分湖巡检。圣朝频颁明昭,凡领内山川中,祇灵(自然的灵力)彰显者,都许以祀典祭之。"况李王乃"救人于水火之灾"者,理当祭祀。过去海漕之官于风雨不测之际,亲眼看见李王运饷于风浪中,此乃有助于国家者。(因此应当祭祀之)。置狱级(于李王庙,虽不合法),乃出于民意,不得已而为之。

据梅原郁教授告知,文中的"狱级",即为"狱吏节级",是狱吏的头目(看守长)。为筹措李王庙出巡时随行常熟州衙门狱吏的各项经费,常熟曹氏和常熟州狱吏各出半资而置祭田。

第二件是浙东顾盟于次年的至正七年(1347)所撰的《李王纪绩碑》(以下简称碑记B)。光绪合志稿〈方志丛书本,页3071〉所录的是碑文节略,而弘治《常熟县志》卷二"庙·长兴李烈士庙"有更详细的碑文,因此引用后者。另外,弘治志没有提及石碑位置,而光绪志则说是在致道观第一道门的西侧。如后所述,李王祭祀于致道观西庑,可说自元末以来就没有移动过该碑。

> 海虞＝常熟之民,有祠于李王者,故为之记。南宋嘉定十七年(1224)王显灵于吴兴。王生于长兴,生前有灵力,老百姓询问其水旱、福禄之事,必有正确的回答。18岁时,对乡人说:"我要勤于王事,将到山东之胶西,不会回来了。"当场端坐而逝。

> 老百姓认为王神化,都不知道他往何处去了。归还之时,不知在何处安顿其住宿为好。于是设置嘉祠,种下荣木,以待神的归来。此后,有祷必答如响。

> 宝庆年间(1225—1227),理宗践祚后,以其兄为济王,赐邸第于吴兴。含山人潘壬、潘丙,暗通李全(降元的汉人武将),准备挟济王以北渡。李全之兵误了时间,不能如期而至。叛乱失败。潘氏兄弟惧怕阴谋泄漏,立即在吴兴拥立济王,此事被丞相史弥远闻知①。史弥远准备派军屠城。理宗梦见有白衣人来到床前告诉说:"臣李姓,吴兴□□(无法判读)也。使济王僭越者,乃二位潘姓者。应当诛杀潘氏。至于屠城,让一城之人死绝,则为无辜之杀,难道忍心为之?"理宗觉得此事奇怪,召丞相史弥远并告之,史弥远也做了同样的梦。于是命军队返回,只戮杀二潘。吴兴之民得以保全,故都告戒子孙报答李王之恩。

---

① 关于济王的阴谋,《宋史》卷四一"理宗本纪一·宝庆元年正月庚午"条有记载。

现惠及天下之民,辅佐水衡,保卫海漕,使雨阳有时,息灭灾厉。礼部著其于祀典并加封爵,乃当然之事。虞山＝常熟靠海特近,因而常熟的百姓最知王之能显灵于海漕。于是在致道观西庑置像事之,祈祷者络绎不绝。[史料016]

此外,20世纪初时尚存的石碑还有至正十二年(1352)的《李王灵签残石》,在经历了咸丰年间的战火后,最后归入某举人家中〈方志丛书本,页3071～3072〉。当时发生了一起非常有名的事件,即常熟县城落入太平天国忠王李秀成统治之下,李秀成保护地主收租,地主们建"报恩牌坊碑"以示谢意①。"灵签"的碑刻就是由否定一切旧宗教、信仰的太平天国所截断、损弃的。

第三件石碑已不存在,因而光绪合志稿没有收录,但弘治《常熟县志》卷二收录有差不多同一时期(不会早于至正六年)的郑东(昆山人)的碑记(碑记C)。除了济王、长兴屠城等传说基本同于前述碑文外,还增加了大致如下的传说。

海虞离吴兴甚近,神(李王)之利泽,通畅流播,常熟百姓之信奉,几可比拟于吴兴。

曾经疫病流行,百姓参诣神灵,取庭前之柏叶,汲取井水,炊(柏叶)饮之,而病立愈,以至于井枯叶尽。国朝财政甚巨,每年漕江南、湖广诸郡三百万石谷物,通过辽海(渤海湾)而运达首都。冒险涉远,涛风蛟鱼顷刻变乱之时,只有依托神救危于平安,化险为夷,万艘船舶陆续安全抵达。神有功于朝廷如此者,比照先王祭法,实在是应当祭祀者也。

至正六年(1346)夏六月,同儿侯就任常熟知州,听了神的灵异事迹后,即参诣祠下,且说:"人所不能为者,神能为之;神所不能为,而人能为之者,这不正是本官的职责吗?"故侯之治政,只是去除民之所恶,为民之所欲,以求无愧于神者。[史料017]

(三)

由元末的三件碑记可知,元末时已广受信仰的常熟李王原本是吴兴(湖州)长兴县的土神。在元代平江路常熟州,无论其信仰多么广泛,但他不属

---

① 〈小岛晋治 1961:150—151〉;"报恩牌坊碑"现存于常熟,参照新编《常熟市志》(上海人民出版社,1990年)卷首照片。

于被列入国家祀典（正式祭祀的名单）、地方官有义务进行正式祭祀的"神"。碑记A、碑记B都反映了这一点，两者都强调虽然李王没有载入常熟祀典，但他是功绩巨著的神，理当受到祭祀（不属于毫无根据的淫祠）。另外，碑记C中说，新任知州听说州民笃信其神，于是就去了李王庙，但却没敢参拜。新任知州闻儿的态度或许是遵照汉族士大夫的规范，但也有可能是基于非汉族的行动理念，毕竟这与当时所谓的俗世地方官和"神"的分理（即明界与冥界的分治）不同的汉族儒教官僚的论理并不矛盾。

李王庙不是专庙，不过是在致道观的西侧回廊中放置神像而已。弘治《常熟县志》卷二"庙·长兴李烈士庙"条说："大（泰）间道士邓道枢塑像以祀"，同卷的"观·致道观"条说"元泰定间（1324—1328）道士邓道枢立李神祠于西庑，以为护法"，李王是14世纪时传播到常熟的。原来不过是道观护法神而已的李王，转眼间拥有了无数的崇拜者，不知不觉中致道观陷入"鸠居鹊巢"状态，到清末时致道观俗称为"李王宫"，以至于出现了并非因祭祀李王而称李王宫，"唐代凡祀老子祠，皆曰宫，故致道观称李皇宫"〈光绪《常昭合志稿》卷一五"坛庙志·李烈士庙"〉的似是而非的谬说［史料018A］。

就我所见，李王的灵异传说中并无刑狱、词讼的内容。李王出巡时有狱吏随从一事，可能是延续致道观主神玉皇大帝出巡时的习惯而已。东岳、城隍等冥界统治者、管理者的神灵出巡，模仿现实世界中的官府巡游，由"肃静"、"回避"等牌开道，并有众多属吏、衙役随行①。

就上述的传说来看，长兴县时期的李王传说的主要内容是：其生前、死后都有灵力，在告诉了去前线参加抗金行动后逝去（神化），死后把湖州老百姓从屠城的危机中拯救出来等等。这样一个没有什么特异之处的土神，传播到常熟后，却演变成了护佑漕运（海运）的海神。

毫无疑问，元代起自江南的海运，是在苏州漕运万户府的主管之下，从常熟州刘家港出发来进行的〈藤野彪1954等〉。明弘治年间，从常熟等县析地设置的太仓州，其州名就源于曾经是漕运仓库所在一事。也就是说，元代常熟州处于漕运（海运）的第一线，李王演变成海神一事，充分反映了常熟特殊的区域特色。去世前李王亲口告知的目的地，也与长兴县的传说有所不同（后述），常熟的传说是去了胶州（胶西县），这可能也反映出其与海运相关

---

① 苏州市民俗博物馆用无锡泥塑复原了苏州城隍神出巡城外商业区——山塘街的情形，并放在橱窗里展示。

〈藤野彪 1954:3-4〉。

（四）

　　就漕运来看，其重要之处是常熟曹氏的参与。如碑记 A 所说的那样，除了庶民之外，李王也获得了常熟地主曹氏的崇拜。曹氏是拥有"每岁租入三十六万石"的广袤土地，财富甲于吴下的超大型地主〈弘治《常熟县志》卷二"宅·曹氏废宅"〉。碑记 A 中，出现了曹氏的具体人名并显示他们有官位（后世史料中虽说他们是"富民"，但要是没有官位，令人难以想象的土地聚集是不可能做到的）这样重要的史料。从他们献土地于以护佑漕运的传说为主的李王神来推测，常熟曹氏本来可能与元朝的海运密切相关。元代常熟县除了曹氏外，还有徐姓的超大规模地主①。与前、后两个朝代有别的超大规模土地所有的形成，单纯用宋代以来的地主制发展的内在逻辑是很难说得通的。曹氏等地主发财致富的缘由完全不明。入明后，大土地所有完全解体，何止是曹氏子孙的去向，就是有无子孙留存也弄不清楚。元朝统治下的江南，突然出现的、夸称富强而短时期内就消失的泡沫般的大土地所有，很可能与负担漕运而带来的特权相关联。起初组织元朝漕运的海商兼海盗的朱清、张瑄聚集了庞大的财富，拥有广阔土地一事已非常有名〈藤野彪 1954、植松正 1965〉。

　　该事可从一代之前的常熟曹氏的关联碑记中得到证实〈第三章第三节〉。同时，考察当时常熟的另一户大地主徐氏（被称为徐半州）也可弄清楚这一点〈第三章第三节〉。

　　元代突然出现，明初骤然消失的常熟县异乎寻常的大土地所有，与海运相关联一事是有理可据的。长兴土神李王演变成常熟海神的社会经济基础，与身处元代海运前线基地常熟州，处在漕运万户府管下，承当漕运实务的像曹氏一样的社会阶层的崇拜与支持是分不开的。

　　明代后期李王护佑水运、漕运的传说似乎仍在流行。万历《常熟文献志》"记类"中的常熟乡绅钱岱（隆庆五年进士）所撰的《神舟记》中说：

---

① 清代中期常熟人王应奎叙述说虞姓（虞宗峦）在常熟支塘镇夸称豪富，洪武中大理卿熊概"抚吴"之际被抄没。与其他二姓不同的是，虞氏不见于方志记载〈王应奎《柳南随笔》卷二〉。大理卿熊概巡察江南是洪熙至宣德之间的事〈《国朝献征录》卷五四〉。一般而言，王应奎《柳南随笔》的错误较多，但其关于元代常熟本地除了曹、徐二姓之外，对于其他异乎寻常地致富的富翁传说的记载还是值得关注的。

> 万历二十一年(1593),由于道士的不小心,发生了火灾,正当火要烧到(致道观)大门的时候,烈火中巨船出现在正殿前庭,船楼、帆柱及船员们礼拜之状,可以看得非常详细、具体,大火没有越过(没有延及正殿)。[史料018B]

钱岱是隆庆五年(1571)进士,属16世纪末至17世纪初常熟乡绅中的长老级人物。万历三十年代,常熟知县耿橘主持大规模的兴修水利。在他制定延续至20世纪初的江南三角洲低地水利体系典范的维修水利的新规范时,因包含有废止乡绅免役特权(优免)的内容,遭遇了困难。正当此时,明确持支持态度的钱岱努力说服乡绅,耿橘也提到"获得了以钱御史为首的乡绅们的支持"〈滨岛 1982:429-431〉。在此,我们应予注意的是,像他这样的正统士大夫也堂而皇之地记载如上的灵异传说。虽然该记载可理解为防火的传说,但火焰中出现屹立前行、永不沉没的船(神舟),可认定与水运传说相关联。

(五)

如前所见,元末常熟州最重要的神灵——李王本来是太湖西岸,湖州府长兴县(元代湖州路长兴州)的土神。那么,在长兴县,他又是怎样的成神的呢?确切的史料记载首次出现于明初。洪武《湖州府志》(《永乐大典》卷二二八一"湖州府")"庙·长兴县·李王庙"中有如下记载:

> 李王庙,旧志无记载。宋名显应庙,在城西五峰山下。神姓李,讳禄,字福公,居长兴县之安化乡童庄里。大观二年(1108)正月十八日神出生时,赤光照空,里人惊异。神幼小时颖悟,性情刚直。宣和七年(1125)死于海陵赤岸,时年十八。其灵异首次显示于两淮,波及江浙。举凡淫雨、干旱、灾害、疫病,有祈祷必应验。开禧年间(1205—1207)县令赵澟上其功德于朝,(朝廷)赐其庙额,封太尉。宝庆二年(1226)复封威济侯,累加灵惠、广佑、福济、忠正之王号。元至顺(1330—1332)间,加封英烈,其事迹有碑为证。宋朝毁于火,吴元年(1367)重建。[史料019A]

旧志(洪武《湖州府志》引用《吴兴志》和《吴兴续志》)中没有记载一事,说明开禧、宝庆年间的两次宋朝加封爵号的传说,其可靠性令人怀疑。

曾经存在过的人物要成为不让人怀疑的神,需具备数个条件〈第三章第一节〉。首先一定要得到整个宇宙的统治者——天(天帝、上帝)所认可的地上的代理者,即皇帝的认证(表现为庙额、封爵)。当然,现实世界中数不胜数的庙、神绝对不可能都获得了皇帝的认证。因此,伪造前代的封爵就成了平常的事(自然不太可能伪造当代的封爵)。弘治年间激烈抨击淫祠的江阴知县黄傅〈第二章第四节〉曾引出自己青年时代在故乡金华府兰溪县的经历,痛斥各庙(淫祠)的封号的欺瞒和愚劣。正德《江阴县志》卷一四"杂辨·李太尉辨"中写道:

> 在我还是生员时,与友人黄吉福前往圣寿寺(兰溪县最大寺庙),询问主持僧在哪里。小僧回答说:"主持出去敕封东峰太祖去了。"东峰太祖乃东峰庙之神。不久主持回来,我们问了他关于敕封的情况。他答道:"黄纸上写字,书体与诰命相似,陈牲祝献,加上爵号便好了。"我们俩人不禁相视而笑,问道:"这难道是你所做之事?"僧答道:"丛祠野庙遍及山泽,没有一处没有封号。我们如果不做,那只有等朝廷来做了,那样的话,朝廷也很忙了吧。"借此,我们可知世间所谓敕封为何物也。

[史料020]

吴兴(湖州)诸神在宋代时因显灵而受到朝廷赐封的事例很多,《两浙金石志》中也有很多记载,但从中却找不到关于长兴李王封爵的记载。宋元时期方志中没有记载,也印证了伪造一事。

关于这一点,Hansen教授曾引用大德二年(1298)原刊、光绪十二年(1886)重刊的《祠山志》卷七,认为1209年(嘉定二年)时授予"李侯"匾额plaque〈页194,表3长兴县庶民Commoners条〉。有关这点,笔者完全不能苟同。《祠山志》明代时也得到过重刊,但我们现在所能看到的只是清末光绪的重刊本(笔者利用的是京都大学人文科学研究所藏本,Hansen教授可能也一样)。同志卷八"李王"条说本庙在长兴县童庄,关于其由来,则转载自现存的碑刻。如后所述,现在(20世纪90年代)长兴县后漾乡童庄殿村的现场,政府虽然禁止,但李王庙还是在艰难地恢复,正面左侧仍存有该石碑。笔者曾努力阅读此碑,发现这是康熙年间的东西。这里所记载的1209年(嘉定二年)赐额(包含上申、审查、决定等过程),我们不能不加置疑地去相信。我们基本上可以断定宋代给李王加封的传说是后世伪造的。

该神也像其他众多的土神一样,是有名有姓的人物。但是,名"禄"字"福公"这样的称呼太过俗气,让人难以接受这是现实的名和字。因为华中、华南一带的土地神(土地公)一般被称为"福德正神"或"福公",而且在民间,福、禄二字通常被认为是很吉利的字,很容易被看重。如明末董其昌在拜访常熟县城友人时,其友人的知交,住在乡下的"田舍翁"专程来城里向他索字,董其昌"为大书福、禄二字与之"[史料019B](王应奎《柳南随笔》卷一)。这样的名和字不能不让人想到该神本来不过是安化乡童庄里的土地公而已。

为使该神原来是土地公这一推理更为可信,我们来看一下碑B,其中写到"设嘉祠,树荣木"。据先学的研究,起源于原始聚落的"社"的标志,"像茅那样捆绑……上面涂以血并立之",到了后来演变成"后代……束木变成单木、生木,在木下面设置土坛"的样子〈守屋美都雄 1950:290〉。作为古代聚落、共同体的祭祀或祭祀对象、祭祀组织的"社",大致在魏晋南北朝时,演变成特定的人格神,并归入到城隍神、土地神的道教系统的祭祀。后世之人也说"土地即里社之神",意识到由社向土地庙的延续、变化〈邓琳《虞乡志略》卷三"土地庙"〉,因而常常把土地庙称为"社、里社、村社"。在乡村实行"里社坛、乡饮酒礼"制度的诏文是明初颁布的。但实际生活中,传统土地公的信仰、祭祀的牢固现实无法被中断的,因而表面上大家像诏敕所说的那样行事,实际上仍在延续传统的土地公信仰、祭祀〈第四章第三节〉。

但在土地庙信仰中,仍可看到"社(社坛)"遗制的存在。在江南三角洲,1949年后彻底批判了"封建迷信",现在已看不到土地庙的真实情形。但在珠江三角洲的村落中,随处可见拥有土坛和大木的"里社、土地"。在此不得不说的是,碑记B中"设嘉祠,立荣木"的记载,暗示了长兴的李王庙就是土地庙。

(六)

从名禄、字福公这样的名字,并有树木存在等可以推定,长兴县的李王原本就是土地公。那么,李姓到底意味着什么呢?康熙《长兴县志》卷二"祠庙·长兴·显应庙"有关李王庙的如下记载:

> 即李王庙,有二。一在童庄,其所生之地;一在城西五峰山下。[夹注]:神姓李,名禄……洪武《湖州府志》同……其在童庄者,明嘉靖中王裔孙圆香建禅堂三间,后废。康熙八年(1669),裔孙李鸣周、李鸣竹、李耀如等,首倡修祠,并于祠前建台(戏台)一座、门楼三间。其在五峰山者,日久倾圮。顺治年间裔孙李绍泉乐助田四亩六分(坐落安化区朱家庄东南和尚圩),以为修葺之费。[史料021]

与昆山金总管〈本章第一节〉、常熟周孝子〈第三节〉、江阴众神〈第二章〉的事例一样,该神也有子孙存在。有一度也曾称为禅堂,说明修建及维持该庙并不是一般宗族祠堂的活动。长兴县志的祠庙记载中,第一条是由羽士管理的城隍庙〈法制上是不许道士参与的。第四章第二节〉,第二条就是李王庙的记录,接下来还有十六座庙的记载。如紧接着的"云头庙"有如下记载:

> 相传许二郎在此地耕种,后忽然为神,乡人立庙祀之,有祷辄应,俗称为云头菩萨。[史料022]

这也是通过一定的灵异传说而炮制出来的人格神。这里所记载的神庙,如按国家的正统教化礼制,大多属于"非其所祭而祭之"的淫祠范畴〈第四章第四节〉。李王庙也属于此类,维持其庙日常活动的李姓人,可能是庙祝或是巫祝①。从金总管及江阴诸神的事例来类推的话,应当是南宋至元代之间,长兴县安化乡童庄村有李姓巫师,为了抬高自己所凭依的、预测吉凶祸福的鬼(亡灵)的权威,假托先祖并伪造灵异传说。明清乃至民国时期,江南众土神几无例外都拥有自称是其子孙后裔的人群,这并不是偶然现象。并非是成"神"的故人曾经在世上生存过,然后有子孙,而是先有子孙,然后子孙把祖先改造成神。换言之,没有子孙的话,也就没有"神"本身。

毫无疑问,作为长兴县某一小范围内的土地神的李王,与保佑漕运没有任何关系。并非是长兴县与漕运没有关联,在利用大运河进行漕运的明代,粮长的徭役也被赋课到长兴县。明末推进限制并废止乡绅优免特权的徭役改革的乡绅丁元荐,在其《西山日记》上(收于《涵芬楼秘笈》)中有如下的说法〈滨岛 1982:474-475〉。

> 吴兴(湖州府)的乡绅、名家大半起身于粮长,其子孙至今繁盛。长兴县除了我们丁氏之外,尚有朱氏、孙氏、李氏都曾充任粮长并起家②。就这样,从前的富翁亲自投身于徭役,千磨百炼,成为一大家。现在的

---

① 1995年夏参观了长兴县后漾乡童庄殿村(李姓居多数),据当地有关人士说,这年正月,有一位姓李的妇女突然进入出神状态,诉说李王的托付,并说了一些不稳重的话,后被官方拘留。钢筋混凝土造的庙宇已被建立,并塑像祭拜。1996年夏,我们与复旦大学一同去调查,由于省里的指示,调查被迫中止。1998年乘调查湖州西部地区水利的闲暇时间,我们去看了该庙,结果塑像已被拆毁,代之而起的是画像。破坏神像是由乡政府进行的,当地居民没有一人愿参与其事,结果不得不雇外地民工。误把我们当成是政府干部的一位年轻人用土话朝我们喊:"还会造的。"2000年春再度去看时,发现神像再度恢复。

② 关于"起家"之意,查阅各种辞书后找到三种含义:(1)应召出仕。(2)发家成名。(3)奋起(动身)。这里应指庶民通过参与科举上升为乡绅。丁元荐屡屡主张有着官僚身份的人应该负担徭役,这也是为了他本人及家人好。

富翁,大家都设法规避徭役,尽力逃脱。其面子、气魄,十分之一都不到。五十年前,尚有财主如吴十万、臧恭三,以布衣之身,替长兴独发一年兑粮[①]。现在士大夫中,有这样的人吗?(现在的乡绅)输纳税米时,都用混有糠的下等米充之,甚而用他物代之(本该由粮长送到县衙,现却购买现物米,增加麻烦),非常之可笑。先父曾经说过:"大家巨室,乃一方之元气(活力之所在)。随着他们在各地的消寂,国运(国家命运)也随之而去矣。"[史料023]

从中可以看出,明代长兴县也与其他县一样,当粮长成为重役时,也出现了逃避倾向。但在由漕运万户府组织海运的元代,长兴州与漕运没有任何直接的关系。也就是说,从逻辑上而言,元代产生于长兴的土神李王,不存在着与保佑漕运相关的必然性。

另外,现存长兴李王的史料中,常熟的元代碑文是最早的,湖州本地的史料,最早的是洪武初年的《湖州府志》。也就是说,灵异传说的原型要通过常熟的史料来判明。关于他的灵异,元末常熟史料所载的传说只停留在拯救湖州百姓于屠城危难之中,也就是他是一个保护特定地区居民生命安全的土神,即所谓的"乡曲保全"的神。虽然流入常熟后发生变异,但在长兴本地依然是与漕运无缘的乡里保护神。就是说同样的一个长兴李王,在其功用方面,同时存在着另外一个神。

但在洪武初年,为响应朝廷诏敕而进行的祀典申请中,在长兴县本地,李王也由一个保全乡曲的神转变成献身于国事的护国神。洪武《湖州府志》所见到的明初李王传说,如本节开头所引用的那样,被设定成生于大观二年(1108),宣和七年(1125)18岁时,死于海陵即江淮泰州的赤岸(所在地不详)。

洪武《湖州府志》中列举了明初载入祀典的湖州府下属乌程、归安、武康、德清、安吉各县的祠庙,奇怪的是,只有长兴县没有记载祀典。在一县之中,除了规定的城隍庙外,没有一所地方官有义务祭祀的庙是不太可能的。如弘治《常熟县志》卷二记述"长兴李烈士庙"那样,该神相当于洪武元年(1368)十月诏敕(第四章第一节)中所说的"忠臣、烈士"之神,该神或者被载

---

① 明代漕运经历过数次改革,明中期开始,粮长应把漕粮运送到指定的"水次"仓库。"交兑"给专门负责漕运的卫所部队(运军)。"兑粮"是指其"交兑"行为。关于漕运体系,〈星斌夫1994〉有详细论述。

入祀典,或者至少曾经申请过。如是这样的话,就不得不使其传说的构成与"烈士"相应。碑记B中,在说了"适山东之胶西"后,就在自宅中正座而死,一点也看不出"忠烈"的迹象。于是就不得不再编出如下的传说:在北宋危在旦夕之际,宣和七年死(阵亡?)于泰州,"发灵始于两淮",也就是在南宋同金、元对峙的主战场的江北显示灵迹。洪武《湖州府志》的简单记载,或许采自于长兴知县根据洪武元年的诏敕,向礼部申请把李禄列入祀典的事迹调查书。

就这样,以保护乡里的显灵传说发迹的土神李禄,在元代传入常熟县时,演变成了与长兴没有任何关系的"海神",同时,进入明代后,本里的李禄又演变成在对金元行动之际,显灵援助南宋的"烈士"①。

(七)

至此我们已经得知,只有乡曲保全传说的纯粹土神,传播到其他地方后,又重新获得了与原来传说毫不相干的漕运传说,完成了巨变。但为何长兴的李禄会与漕运传说联结在一起呢?虽然已无法找到能够说明这事的史料,但我还是找到了一则或许成为解开这个谜团的线索的记载。正德《姑苏志》卷二七"坛庙·显应行祠"中,列举了位于葑门内(苏州城东南)李王庙及常熟李烈士庙二处祠庙。关于其祭神,在说了李禄之后,又提到"或云宋名将李观忠"。在此我们来介绍一下这则引人注目的异说。

据《宋史》卷三六七,李观忠出身于绥德军世袭武将之家,金军占领延安后,绥德沦入其统治之下。之后他逃了出来,并在绍兴九年(1139)归服南宋。此后活跃于南宋抗金战场,屡获胜利,成为南宋有影响的武将,淳熙四年(1139)69岁时死去,并被赠予忠襄谥号。只有正德《姑苏志》及同系统的史料才记载李王就是李观忠这一说法。由于李观忠是传奇式的人物,被后世的汉人改造成神并加以崇敬,也没有什么不可思议的。虽然他有渡江作战的经历,但他自始至终都是一个从事陆战的武将,把他作为一位保佑漕运的海神来崇拜是很难想象的。

---

① 元代长兴还有一则与李王有关的史料。加藤繁在其有关"行"的著名论考中,引用元延祐五年(1318)的《长兴州修建东岳行宫碑》(《两浙金石志》卷一五所收)介绍了元代长兴的同业团体。这里也出现有"李王祠",记载有"度生行"的五位业者(加藤 1935:448-449)。度生行可能是从事丧葬行业的组织,这里的李王是否就是我们探讨的"长兴李王",在此尚不敢武断。

尽管如此,这一异说也提示我们,江南李王甚至李姓神,仍然存在着并非是长兴李禄的可能性。如果我们以李王(李观忠)这一说为契机,搜索一下宋代李姓武将的话,可以找到一位与海神相称的人物。即列传于《宋史》卷三七〇中的李宝。爱宕松男教授在其考察来自于福建莆田巫师的乡土神妈祖,在元代时转变成保护漕运的海神的论文中,其关于"东支那海的海上交通"一节,引用《建炎以来朝野杂记》,谈到了"从江阴出发到胶西海上的李宝远征"〈爱宕松男 1943:117-118〉。李宝是打败金兵取得胜利的水军武将这一点已弄清楚,接下来我们再来看一下其与灵异传说的关联。《建炎以来系年要录》一书中也可找到许多关于李宝的事迹,另外李幼武《四朝名臣言行别录》卷一二的"李宝传"中,有其他史书没有记载的内容。在此我们先据《宋史》来整理一下李宝的事迹:

> 河北人①,家乡沦陷时逃出,经海道来归。完颜亮违背(和平)盟约,向淮、浙奸民学习造船技术,并在他们带路下,以苏保衡为帅,准备从海路袭浙。敌情传来,高宗对丞相说:"上次召对李宝,问其北事,他的应答非常清楚。而且只身逃出来归,召对时毫不胆怯,肯定是个能干的人才。"于是授予他"浙西路马步军副总管"的官位,驻扎平江(苏州),与守臣一道督察海船,防御海面。……绍兴三十一年(1161)八月,李宝来到江阴(南宋最主要的舰队基地),先派儿子李公佐潜入北方侦察敌情,公佐与将官边士宁一同先行。李宝即将出发之际,西北风很大,(因逆风)不利迎击,部下马上停止前进。但李宝却下达了阻挠该计划者斩首的命令,从苏州出发。在大洋上前行三天后,大风非常强盛,舰队被吹得东奔西散,不能连接一起。李宝慷慨地环顾左右说:"现在是上天考验我们的时候了,但我们的心必须如铁石一般坚定不移。"于是斟酒祭祀,亲自发誓,大风骤然停止。第二天,被吹散的船队又聚集在一起了。不久,部将边士宁回来报告说金军消耗很大,李公佐辅佐魏胜在海州取得大胜。士气倍增,大家乘机追击。正当此时,又刮起大风,海涛如山般涌过来,李宝神色未变。不久风波渐小,舰队继续前进,停泊在东海(海州对岸,东海县)。此时金兵已集结并包围了海州。李宝率兵登陆,拔剑画地,厉声喝道:"此地能否成为我大宋的领土,就看你们是否浴血奋战了。"亲自指挥,身先士卒,将兵勇猛战斗,金军不意间受到

---

① 《四朝名臣言行别录》卷一二载"乘氏之人"。

冲击而败退。守将魏胜出城相迎,李宝夸奖其忠义。李宝一边让将士休息,一边派能说会道者四处宣扬,其声威在山东流播,豪杰们相呼而应。李宝向朝廷上报他们的名字,并下令众武将到胶西会合,命令李公佐同行,把行政交给魏胜托管。从东海出击,到达石臼岛时,金军已经出港,停泊在唐岛。当时北风很大(对由南向北行驶的南宋军不利),李宝就向石臼之神祈祷,风突然从船尾舵楼中吹出,其声如钟铎。将士们一下子兴奋起来,扬帆持刀,做好战斗准备。金军的船员全是中原遗民(其内心忠于宋朝),虽然从远处看见南宋舰队,但欺骗金军,不让他们走到甲板上,使其不知宋军来袭。金军舰船的帆布都是用柔软的绢做的,被风浪卷成一团,李宝用火箭射其所在,数百艘船被焚毁,李宝取得大胜。李宝准备乘胜席卷之,公佐劝谏说,海陵王此时已攻克通州、泰州,战况是远得近失,如果继续前进,应该考虑腹背受敌的危险。同时建议后退驻扎东海,取得机动。李宝接受了忠言。高宗听到捷报,非常高兴,自夸有重用李宝的眼力。海陵王听到胶西败绩,顿时激怒,聚集武将,严命三日内渡江,后在内乱中被杀。如果没有唐岛的大胜及海陵王的横死,钱唐(首都临安)就将危险了。李宝功绩如此之大。①

虽然在蒙古的统治之下,但由汉族士大夫考证、记叙的正史,仍然采用荒唐的灵异传说,并把它作为历史事实堂而皇之地加以记述一事,很让我们吃惊。虽然如此,通过这些记载,明白无误地浮现出来的是一个在海上作战行动中,发挥了超越常人的奇异能力,克服海上困难环境的司令官形象。

另外,据李幼武《四朝名臣言行别录》,高宗先于绍兴三十年(1160)授予李宝"淮西马步军副总管兼知黄州",接着改任他为"两浙西路副总管、平江府驻扎兼副提督海船",三十一年(1161)李宝因上奏而入朝,请求驻地由苏州改成江阴并获准②。毫无疑问,与其说李宝活跃于陆战,不如说更擅长于海战。不用说,当时的长江口比现在更接近江阴,而江阴是南宋重要的海军基地〈曾我部静雄 1973:251〉。江南特有的海神及保佑漕运的传说——"总管神",最早于元代江阴形成〈第二章有详细论述〉。曾把江阴作为其所率舰队基地的提督李宝,其事迹的传说是不是会对总管传说的形成起着很大的

---

① 显然像神一样记叙其灵异、奇迹。本应是收集经严密考证的事实的《宋史》=正史,却收录这样的灵异传说,这是非常有意义的。

② 〈李幼武前揭书〉。《宋史》李宝传,基本上依据本书,但省略许多情节。本书详述了李宝跟随岳飞,而《宋史》中却完全不见其叙述。

作用呢？如果大胆进行推理的话，元代从事漕运（海运）的船员中，有许多人来自南宋水军或其后裔，以被神化的李宝的海上奇迹为主的英雄传说，会不会被改变成保护海运的传说呢？

当然，吸收李宝的史实或传说，伪造灵异传说来炮制"神"时，李姓神要比他姓神来得更为恰当。而且当时江阴有自称是李禄的子孙，传说是从长兴移居江阴的李姓巫师，及李太尉信仰的存在〈第三章第二节〉。

与长兴土神李王有异，常熟海神李王的灵魂所去的地方是"胶西"。正如李宝军事行动中所看到的那样，这里也是军事要地，同时也是元代漕运要地。再者，南宋与金朝对峙之时，这里设置了榷场，是宋金贸易的重要场所〈加藤 1937：251；爱宕 1943：118-119；曾我部 1973：256-257〉。金灭亡至南宋亡国前夕的这段时期，后来成为元朝漕运担当者的江南海商们，理应继续着与北方的贸易。无论是元代保佑漕运之神，还是明初洪武年间击破外敌对国家有功绩的神，胶西在逻辑上都占有重要的地位。常熟海神李王并非把泰州，而是把胶西编入传说，也是完全合乎情理的。

迄今为止，本人虽未看到直接把李王信仰与李宝联系起来的史料。上述的论证，基本上还是根据具体情形而展开的推论。作为南宋水军主要基地的江阴，存在着李宝传说，通过江阴李姓巫师作媒介，融合长兴的李姓神信仰，编成迎合担负着常熟州海运的海商们的需要的海神李王传说的可能性还是非常高的。

第三节 周神（周孝子）

（一）

周神正如其名所示，是周姓神。常熟县城及乡村中分布最为普遍的便是此神。与金总管、李王及下节将要介绍的刘猛将所不同的是，其信仰圈基本限于常熟一县，其他地区仅有零星分布。由于是常熟本地土生土长的神，因而经常被称为"常熟土神"。

从至正重修《琴川志》卷一〇"庙·灵惠庙"可知，元末时已有周孝子庙。

在县治东南百步，本县土神周太尉①之祠。神姓周名容，生前事母

---

① 金井德幸说是"周朝时的太尉容"〈金井德幸 1983：199〉，不知何据。

甚孝,死后告母曰:"儿已为神,当输忠义于朝廷,尽力于乡里。"宋淳祐初年,县人乡贡进士陈権簿①建祠祀之。后报慈寺僧人耀观为首倡者,(在正殿之后)置寝室,奉神父母之像于庙。淳祐十二年(1252),进士赵必鏽等,奏神灵迹,敕赐庙额,其牒文至今尚存。[史料024]

该记载说南宋淳祐初年庙已建成,并在淳祐十二年(1252)被赐予庙额。迄今笔者不能确证此记载是否属实。光绪《常昭合志稿》卷四五"金石志"尽力收集了元代以前的碑刻,如关于李王,有前节所介绍的元末碑记为我们提供了宝贵的史料。关于周孝子,该志也汇集了十三种碑记,但最早的一件是明正统七年(1442),没有比这更早的碑刻。

有关周孝子神的文献资料,明初洪武《苏州府志》卷一五"祠祀、庙貌·灵惠庙"除了记载上述内容外,还有:

旧传淮南发生大疫,神往那里施舍紫苏汤,性命得全者甚多。有渡江答谢者,总算看到庙貌,始知(救济者)为神。至今据说县民有病,亦求紫苏煮饮,其病即愈。本朝(明朝)登录其于祀典,每年于九月二十一日祭祀一次,常熟县官致祭。[史料025]

洪武三年(1370),周孝子神以"周孝子之神"名义被正式认定为神(列入祀典),并由官府祭祀。在认定之前,县官向礼部提出申请时,必须要记载其有利于国家、地方的灵异事迹。光绪《常昭合志稿》卷一五"坛庙志·周孝子庙"也记载有宋代上奏其功绩的梗概,即周神在水旱、疠疫、"军期往来"(指定时间前完成军队调动)等方面有灵异,具体有五项[史料032]:①淳祐元年(1241)救蝗灾;②淳祐二年(1242)冬天使"虎退治";③使淳祐二年夏秋之间的大雨及时停止;④淳祐三年(1243)帮助击退福山对岸通州的盗贼;⑤保佑军队渡江及船只运送军粮。至于这些内容的来由,则说"原牒文刻石见金石志"。光绪《常昭合志稿》卷四五记载有各种碑文的存目,并极其简单介绍一些内容。与周神有关的碑文中,第一件列举出来的是正统年间的《重修周孝子祠记》,这些灵异传说可能在该碑文中得到记载。但正如后述,宋代说法完全是伪造出来的,其功绩调查书并非是宋代的东西,可能是把洪武初年向上申请时所说的内容假托为宋代的事迹。

---

① "権簿"并非名称,権=专卖(宋代这一现象很多)、簿=主簿?这里可能是指与権场有关的下级官员。

（二）

由前述至正《琴川志》及洪武《苏州府志》的记载，已知元末时确实已有该神及庙。但是否能真的追溯到宋代呢？对于该神庙在宋代得到赐额的传说，我们切不可轻信。

迄今为止尚未能找到宋元时代的碑刻，使得我们不得不产生这样的想法。此外，由于其子孙们伪造的事迹，反而使其传说"原形毕露"。弘治《常熟县志》卷一中，除了记载其墓之外，还说子孙现存，并有系谱［史料026、028］。卷一"古迹·宋·周孝子谱牒"称：

> 在莫城周氏家。宋时治水利监察御史姜源诗云："按图稽古有余年，宗派流芳世世传。自是子孙贤且盛，至今瓜瓞永绵绵。"

"治水利监察御史"并非宋代官名（关于这一点，我曾咨询过梅原郁教授，他也持同样看法）。而在明代，监察御史被经常任命为"巡按江南水利"①，被派遣到江南三角洲，作为横跨南直隶和浙江省，统括三角洲全区水利的巡按御史。检索现有各种索引，无法找到姜源此人。借此我们可以推定该诗是明代中期的伪作，谱牒的可信度让人怀疑。

再往下追索明代周神的有关资料，可以看到一个很有趣的现象。首先元末时出现了"父母"（名字不详）。如前所述，至正、洪武的史料中完全没有关于其墓的记载，而到了弘治年间时，常熟县城西北部虞山②〈地图6〉的宣化门外出现了周容之墓，并首次出现父母名字，即父为伯乙（或伯十），母是朱氏［史料027］，居住在宣化门外［史料028］。接下来的万历年间，又出现了其父伯十职业是宋代点检的说法［史料030］。点检＝点检文字是中央、地方各级衙门中上等的胥吏。万历年间还出现了周容外祖父朱太尉的墓［史料031］。其地当时已是佛堂，可能有姓朱的宗教职能者利用常熟繁盛的周神信仰，伪造传说，使之结成亲戚关系，即所谓的"攀亲戚"。

众所周知，神话、传说虽为后世人所伪造的，但不断假托为更早的东西，即添加、加上是较为常见的。就在这位周神身上，我们也可以找到"加上"的

---

① 如吕光洵〈滨岛 1982:41〉、林应训〈滨岛 1982:151〉。都是专门派到江南三角洲实施水利事业的巡按御史。

② 建于南朝梁时的常熟县城，并非位于三角洲的低地，而是在残丘虞山东南麓，由一支突出来的丘陵所包围。以苏州为首的江南三角洲历史悠久的县城，如用大比例尺的地形图，好像位于江南三角洲低湿地，实际上多数是设在与上述类似残丘相连的地方。

具体事例。除了加上了系谱外,还增加了一些有关地点。如前所见,元末明初时,只记载过县城的神庙。到了弘治年间,县南部莫城镇〈地图1〉出现了其系图和公文,即其本家所在的周氏。并出现了其居住地和县城西北郊的墓地。到了清末,又出现了县东南部东唐墅①〈地图6〉的市泽(时泽)有其故居的说法(第四次加上)[史料032、033、132]。东唐市的周孝子庙,据说创自宋代,但很难把它当作历史事实加以相信。明末,著名的复社文人张采撰写过如下碑文:"神固唐墅人,吴地处处建庙,常熟在祀典,而唐墅事孝子尤专。"〈光绪《常昭合志稿》卷一五"坛庙志·周孝子庙"〉同条记载的注称"邑境周神庙,东乡尤多,不胜详记",在常熟的乡村地区也广泛分布着周神信仰。可能是看到了周孝子神信仰盛大样子后,居住在东唐市的周姓巫师,策划出了其系谱。通过同样的附会,产生出第四处的关联地,并追加上周容死后附葬于县城东部镇江门外报慈里的父母墓中的说法[史料033]。如果大胆推测的话,这些地点可能是姓周人家聚居的地方。

(三)

为响应洪武元年(1368)的诏敕,常熟县向上申请把周神＝周孝子加入祀典,并获得了许可,以"周孝子之神"的名义,每年由国家举行祭祀,成为国家公认的"神"。洪武元年(1368)诏文的要点是,"有功德于国家、人民者"〈第四章第一节〉[史料080]。为了与此相应,伪造出来前述①至⑤的灵异传说②(宋代该神已得到国家认定一事也是伪造的)。但五项事迹中,没有一项传说与"孝子"相合。

上述事迹中的第⑤项,实际上是保佑漕运、水运的传说,拥有与前述金总管、李王相一致的内容,可能这也反映了江南社会的地域特点。但就①至④而言,是极为普通的,江南以外的任何地区都有可能产生同样的灵异传说。这恐怕是为应付朝廷而已的传说,另外还存在实际生活中的周神传说。

这就是如"周孝子"称号所示的那样,以孝养母亲为主要内容的孝养传

---

① "唐"字音同"塘",不用墅而用市的情况也比较多。常熟、江阴两县的境界上也有唐市＝西唐市〈地图6〉,为了区别,把它叫做东唐市。市泽隔着运河,与东唐市共同形成了一个市镇〈光绪《常昭合志稿》卷五"市镇志·东唐墅"条〉。另外,东唐市还有一个有趣的宗教现象,〈第五章第四节(二)、(三)〉将会有详细考察。

② 另外,还有一个有关正德年间的刘六、刘七之乱时,歼灭了准备在福山登陆的贼军的灵异传说[史料034J]。

说。弘治《常熟县志》所载的灵异有如下内容：(1)用紫苏治疗母亲的病（因此，庙中仍有大量紫苏堆积）。(2)年少时父亲去世，一边在县衙当胥吏，一边尽力供养母亲。(3)到顶山①办差时，得到了一些栗子，挑选其中又大又好的给母亲，其余小的、极普通的给妻子，妻子把大且好的栗子藏匿起来。回家时，母亲在吃剩下的栗子，周容看见与自己给她的不一样，于是知道妻子不孝，就以此为由，休了妻子。

这些都是些琐碎的传说，本身并没有任何灵异的要素。到了清末时，又追加上了如下极为常见的孝养传说[史料033]。(4)父亲生病时，割下自己的股肉做成羹给他吃；(5)尽管如此，父亲病不能治愈，就向天号泣。在不到时节的秋节，居然下起了雪，父亲吃了雪后，病就治好了。

正统士大夫对这些信仰、传说展开批判的痕迹也可找到。光绪《常昭合志稿》金石志存目的碑刻中，极为简单地提及过正德五年沈钺撰的《周孝子辩》的要旨，称"孝子去妻不专为□佳栗。其孝亦不专在去妻"，对此说法，该志编撰者加上了评论："其论甚正，但其死后托梦于母成神一事，似为荒诞，应该批判。"[史料034H]在此之前的弘治年间，江阴知县黄傅对淫祀展开了精到的批判，其文体也是"辩"。现虽不能找到常熟县的原碑，如果尚存且能判读的话，《周孝子辩》将是极为珍贵的史料。

可能是常熟周孝子非常有名之故，近邻的江南各县的周姓土神中，也都出现了附会孝子传说的倾向。如昆山县有周孝子津〈嘉靖《昆山县志》卷三"冢墓·周孝子津墓"〉，苏州有周孝子泰〈顾云涛《吴门表隐》卷五"周孝子庙"。其注记中说并非是宋周容②〉。

第四节　猛将（刘猛将）

（一）

猛将，正如一般称其为"刘猛将"那样，该神也是有姓有名的。但是，前

---

① 顶山是虞山的西北峰。宋代（可能在这之前）有祭祀龙神的庙，有着与昆山之神飞来飞去的传说。元丰（绍熙纂、绍定续修）《吴郡图经续记》卷中，"祠庙·常熟县龙堂"。

② 是否有关系，现不能断定。但宋代宜兴确实存在周姓的土神信仰。见〈Hanson 1990:58、68〉。虽然她没有提到，但在这里确实存在周姓宗教职能者。他被当成是晋代历史人物周处，可能是灵异传说创造出来的。神被叫成"周孝侯"。

面三节所考察的神灵都是江南的土神,其中周神还是常熟一县的土神,与此相对,刘猛将的情况则有所不同。如果先把结论说出来的话,那就是江南地区原来存在着土神刘猛将,入清后,作为全国神的官制的刘猛将(刘猛将军)进入该地区,并产生了一些混乱。首先我们看一下这位外来神。

雍正二年(1724),清朝敕令各省所有州县都要建立驱蝗神"刘猛将军"的庙①。泽田瑞穗教授《驱蝗神》一文曾经搜引各类随笔、笔记中的有关史料,详尽论述过该事件及"刘猛将军"(泽田 1978)。与中国众多民间信仰一样,雍正帝下令天下祭祀的这位神,也是曾在世上生活过的、有姓有名的人格神——刘承忠。敕令中说,刘承忠是洪武初年徐达攻打元大都时,投河自杀为元朝殉职的汉族武将。但检索各类元代人名索引,却找不到这样一位人物。或许实际上有其人物原型,那也是产生于河北民间的悲剧性人物吧。

有许多史料记载,在雍正帝发布敕令之前,直隶总督李维均曾上奏说刘承忠在预防、消除蝗灾方面有灵异。此后,两江总督查弼纳上奏说:"江南地方,奉敕建有刘猛将军庙的地方,则无蝗蝻之害,没有立庙的地方,则不能无蝗。"而雍正帝则责令说:"防止水旱蝗灾本为地方官之任,专恃祈祷以消弭灾祲之方也。尔等讥讽朕惑于鬼神。"[史料 035](《光绪大清会典事例》。《雍正硃批谕旨》、《宫中档雍正朝奏折》、《雍正实录》中则找不到相应记载。)在此,有才干、厌虚饰的雍正帝对下属的叱责很有意思。从另一方面来说,这样充满阿谀之词的奏折能够出炉,足以让我们想象雍正帝对推进刘承忠祭祀是多么的热心。

如果允许稍加想象的话,身为汉族武将却为元朝殉死的情节,对满洲王朝的统治者而言,那可能是让他们乐不可支的事。从该奏折中可看出,江南地方并没有顺利地接受官制的"刘猛将军",虽然有敕谕,但却出现官员不建其庙的事实。正因如此,此后才会屡屡颁布同样的敕谕。

北京的刘猛将军庙建在顺天府衙门东北。乾隆年间私撰方志、吴长元《宸垣识略》卷六"内城二"中记载:

> 顺天府衙门,在鼓楼东,灵椿坊安定大街之西,即元大都路总治的旧址。刘猛将军祠,在府治。据传神名承忠,吴川人②,元末官居指挥,

---

① 〈Werner 1932〉谈到康熙年间敕令禁止祭祀各位刘神(尽管如此,其庙仍存在),但没有谈及雍正二年(1724)的敕令,可能有误解。或许是谈江南巡抚汤斌禁压"淫祠"。

② 北京古籍出版社排印本(1984)当作"吴州",可能有误。如泽田瑞穗教授介绍那样〈泽田瑞穗 1978:5〉,其出生地"直隶河间府吴桥县",同县有"吴川镇"。

有功,后殉节投河,受百姓祭祀。本朝雍正二年(1724)敕建。○八蜡庙,在顺天府治东北。长元按:……刘猛将军相传主蝗,祭祀其又为八蜡遗意。[史料036]

文中○以下的部分,是吴长元引自《日下旧闻考》卷五四所载的"八腊庙,在顺天府治东北(明《顺天府志》)。臣等谨按,八腊庙今无考"的记载。《礼记·郊特牲》中记载的天子为农事实行"八腊"祭祀已经荒废,在此建立驱蝗神之庙,正如吴长元所说那样,可能并非出于偶然。

在雍正帝的敕谕中,不只是首都,还要求全国各知州、知县都要在其治所建立刘猛将军庙,祭祀列入国家祀典的、正统的"神"刘承忠成为他们的义务。清代后期的方志中,随处可见类似记载。

但除此之外,有"猛将"称号的刘姓人格神还有数位。泽田瑞穗教授曾列举出刘承忠以外的刘猛将有:A. 刘錡、B. 刘锐、C. 刘宰、D. 刘翰、E. 刘章等神。此外,道光年间私撰苏州方志、顾震涛《吴门表隐》卷一"瓦塔",在谈及苏州府城猛将庙所在的"吉祥庵"〈参照后揭正德《姑苏志》〉,说 B 刘锐是主神,A 刘錡、D 刘翰说是错误的,除此外还举出刘信叔及 F 刘仁瞻(五代南唐)的说法。[史料037]

清代江南存在着如上数位刘姓神。至少在江南三角洲,刘承忠完全是个无关的外来者而已。但在正统礼制上,只有刘承忠才被天子认定为"神",严密地说其他刘姓神都不是"神",而是鬼,即属于"非其所祭而祭之"的淫祠范畴。

就这样,数种有影响的刘猛将信仰与官方强制祭祀并存的情况在当时似乎也产生了问题。除了泽田教授所介绍的随笔之外,道光年间的邓琳《虞乡志略》(构成为光绪《常昭合志稿》的基础)卷一五"刘猛将军庙"条及同治《赣州府志》卷一一"刘将军庙"条所收的魏瀛《移建刘猛将军庙记》等都有较详的议论。

这些清人的探讨、议论都模棱两可。因为天子的敕谕是应当接受的,绝对不可能去否定国家典制。尽管如此,民众所热衷的信仰,是有着悠久历史的,而且是非常稳固的。这一进退两难的状况,确实搅浑了清人。

(二)

就我所见,泽田所列举出来的刘姓神中,在太湖周边各地比较常见的是 A 刘錡、B 刘锐,两者基本平分秋色。此外,C 刘宰说的分布以其出生地的金坛县等三角洲北边地区为中心。

我所见到的江南三角洲中最早的史料是洪武《苏州府志》卷一五"吉祥王庙"的记载。该史料只说建于南宋景定年间,神姓刘,并没有谈到其具体名字[史料038]。现在已无法知道其为何只载姓而不载名。可以设想两种可能:其一是他原本可能是一个无名的小神;其二是已存在着各种说法,无法确定采用哪种。无论如何,洪武初期刘姓神有多少,单靠洪武《苏州府志》的记载是无法断定的。这里要提醒注意的是,"猛将"号并没有被记载。

第二条史料是正德《江阴县志》卷一四"杂辨·坛祠·城隍庙"条所引的天顺《江阴县志》的记载:

> 《颜志》说,(元代)飞蝗入境,农作物受害。江阴州同知刘侯向神祈祷,连着下了数十天雨,蝗全部腐烂而死。[史料070]

该记载无其名字,又是城隍神(第四章第二节),到底是不是猛将,确实让人捉摸不定,但可以肯定的是,他是一位有着驱蝗传说的刘姓神。有关江阴县的土神,是下一章的主题。刘同知的传说首次出现在《颜志》即天顺年间的县志中,此前的永乐、洪武、至元(洪武重刊)各志都没有记载(正德《江阴县志》将在第二章第一节中详细论述,其编纂者知县黄傅精心追迹过有关传说)。可以肯定,至少在江阴县,永乐年间刘姓驱蝗神的传说尚未形成。

刘姓神与猛将的结合,首次见于正德《姑苏志》卷二七"猛将庙"的记载。该史料首次表明神为刘锐,并介绍说是刘錡的弟弟。

> 神本姓刘名锐,也有说是宋名将刘錡弟,曾为(其哥军中的)先锋,陷敌保国土者也。曾经封吉祥王,故庙亦名吉祥庵。[史料039]

就这样,虽然把苏州的刘猛将说成是"刘锐",但正如正德《姑苏志》记载的那样,江南还存在着另一位有影响的刘姓神——刘錡。如常熟就把刘姓神当作刘錡[史料040]。但奇怪的是,"莫知神之姓名、事迹",刘錡传说终归是民间说法,采用含混不清的说法,可能是这一时期知县杨子器禁压淫祠活动的反映吧。弘治《常熟县志》的祠庙志各条中明确记载,此前他任昆山知县期间进行过打击淫祠活动,接着又在常熟进行类似活动。嘉靖《常熟县志》以下的历代县志确实都把该庙的祭神当成是刘錡。

明代史料中,没有一处明确记载刘锐何许人也。正德《姑苏志》虽记载其名为锐,但没说他是什么人,只是用"或云"把他当成是刘錡在军中的弟弟刘锐(《宋史》"刘錡"传中确有其人)并附加上去。对此,清中期顾震涛《吴门表隐》把他说成是"端平三年(1236),知文州,死元兵难"的人物[史料037]。

如搜寻与神相称的现实生活中的人物的话,确实有被《宋史》列入忠义传的刘锐其人。《宋史》载:

> 知文州。嘉熙元年(1237)北兵(蒙古军)来攻,锐和通判赵汝鐇坚守城墙,率军民七千余人,昼夜奋战,杀伤甚多。过了一个月……觉得城终就要沦陷,聚集其家人,让他们饮毒药而死。此后,聚其尸及公私金帛、诰命等焚烧。其家(士大夫)一直遵守礼法,幼子同哥才六岁,给他毒药,他还(守士大夫之礼)下跪接受,左右为之恸哭。[史料041]

也就是说,在南宋士大夫中有一个名为刘锐的人,于1237年任利州西路的文州知州。在1234年金朝灭亡后,蒙古人进攻陕西时,他举家殉国。

另外,刘錡也是历史上的人物。《宋史》卷三六六为其单独立传,是一名对金战争中的驰名勇将[史料042]。

以上两位都是抵御外敌(北族)入侵而为汉族王朝殉忠的汉人,两者共同之处在于其死都有直接或间接悲剧性。正德《姑苏志》介绍说刘锐是刘錡的兄弟,并且是其先锋。这样的说法在其他各种方志、随笔中频频可见。两者的讳都只有一个字,且其偏旁都是金字,而且《宋史》"刘錡传"中又存在其弟刘锐,因而促成了两个人是兄弟的传说。但是,弟弟刘锐和哥哥刘錡,在级别上是有差异的。与成"神"所需要的义行、悲剧更相适应的,可能是顾震涛所介绍的、知文州期间殉国的刘锐①。

如果说刘猛将的知文州刘锐说能压倒其他刘姓神的说法的话,那就不会再产生任何问题了。但是,在江南,"刘錡"和"刘锐"两者的信仰势均力敌,任何一者都不能居于另外一者之上。正因如此,(可能是巫师等宗教职能者)把两个传说进行荒唐的整合,把他们说成是兄弟,借此回避两者的矛盾。我们已经知道,在浙江省湖州府双林镇,数位异姓的总管神,通过创出姻戚关系(攀亲戚)的传说,避免了相互的争斗〈本章第一节〉。也许我们可以把刘錡和刘锐看成是攀亲戚的关系。

(三)

我们应予注意的是,有关明代江南的这些刘姓神,都没有特别提到过驱

---

① 虽然没有明确的史料,关于此"神"本身,笔者推测为知文州刘锐,前文〈1990b〉我曾提出此说。那时看漏了顾震涛《吴门表隐》的记载。这次改写时,再次注意到了顾震涛认为理所当然的知文州之类的记述。从逻辑上判断,这也是很自然的事。

蝗传说。刘猛将为什么会成为驱蝗神呢？迄今为止其具体原因还是不明。

泽田指出，浙东萧山县民间俗称其为"莽将"（江南三角洲中，咸丰《南浔镇志》卷二八所收的《蒸字圩社庙记》也可看出这一点），同时猛与蟒相同，因而"对驱蝗神猛将的名感到亲切并不偶然"。但这毕竟是以被雍正帝列入祀典，强制祭祀，刘猛将＝刘承忠＝驱蝗神的王朝公认灵异传说通过国家权力在民间普及这一情况为前提的议论，与早期江南刘姓神没有关系。也许是河北河间府附近刘承忠庙偶然地与驱蝗发生关系并产生出传说，在民间渗透以至于影响到地方官，最后通过李维均的上奏，并经礼部认定。这一点有待今后进一步搜索资料作证明。另外，虽然没有史料证据，透彻一点说，用殉忠于蒙古王朝的汉族武将来代替刘锐（于《宋史》卷四四九立传）及刘锜那样顽强抵抗蒙古、女真的汉族英雄，强制建庙祭祀，从中不难看出满洲王朝统治的良苦用心吧。

在江南，除了刘锜、刘锐外，还有比他们更有名的历史上的人物的另外一说，即把刘宰（号漫塘）当成刘猛将。邓琳《虞乡志略》卷三"祀典·刘猛将军庙"引用《金坛县志》，记述了下列传说：

> 宋嘉定二年（1209），由于干旱，飞蝗蔽天。当时太常丞刘宰住在家里，他写了一封书信，叫仆人到城北钟秀桥见两黄衣客，跪着呈上书简。到了桥，果然看见身穿黄衣的人。打开书信阅毕后，对仆人说："我借路，不借粮也。"作为事实，果然没有蝗灾。由此，如有蝗，就到漫塘祠祈祷。［史料043］

刘宰（1166—1239）是绍熙元年（1190）的进士，《宋史》卷四〇一卷有其传记，是一位被赐予"文清"谥号的著名文人、正统士大夫，在金坛县被当作先贤来祭祀。民众对其祠庙的信仰，不知什么时候把他当成了驱蝗神，即转变成了淫祠。《宋史》所载的地方官刘宰及其事迹中，也包含有"毁灭淫祠八十四所"的积极从事禁压淫祠活动。正如常熟王应奎（1684—1757）在其《柳南随笔》卷二所感叹的那样。

> 南宋刘宰，号漫塘，金坛县人。俗传死后成神，掌蝗之职，被称为猛将。长江以南，其专祠很多。只要春秋祭祷，就无蝗灾，而丐户热心奉事，实在不可理解。过去宋枢密使赵蔡作《刘宰文集》《漫塘集》序，称其"学术本于伊洛，文艺过于汉唐"。死后何以变得如此不经，这无疑是后人所附会的。［史料044］

该传说到底最早什么时候产生，迄今无法确认。与其他传说一道，探讨其形成的过程将留待今后进行。但无论其产生于哪一地区,可以肯定,把"刘"姓神与"驱蝗"神、"猛将"号这两个要素结合起来的趋势大致上始于明代后期,并于清代前期走向普遍化。

(四)

最后再来探讨余下的几个问题。

首先,这些刘姓神到底是什么时候取得"猛将"的称号。确切的"猛将"号始于正德《姑苏志》[史料039]。该记载的本文部分并没有涉及"猛将"称号,但其题目叫做"猛将庙",可以断定刘姓神(刘锐)已经获得这样的称号。也就是说,现在所能找到的最早的"猛将"称号是16世纪前期。

但是也有南宋景定四年(1263)刘姓神被敕封为"扬威侯天曹猛将之神"的传说存在。前面已提及的魏瀛《移建刘猛将军庙记》〈同治《赣州府志》卷一一"刘将军庙"条所收〉、嘉庆《石冈广福志》①卷四"集类考·寺庙·拈花庵"条所载的里人赵晓荣《重修刘猛将军庙碑》等引用清褚稼轩《坚瓠集》所引的陈继《怡庵杂录》,说宋代已有这样的敕封。泽田瑞穗在没有提示典据的情况下,把宋代有"扬威侯天曹将军猛将"的敕封不加疑问地当成历史事实来叙述〈泽田1978:7〉。如果确实存在陈继(1370—1434,号怡庵)的记载的话,明代前期则已存在宋代刘姓神被授予"猛将"号的传说。但现行的陈继《怡庵杂录》中却找不到这一记载②。因此,仅以这些记录为据,很难让人相信宋代已有敕封的事实。

一般而言,江南无数的神灵在宋代(特别是理宗朝较多)及元代的灵异传说及以此为据获得敕封的传说是很普遍的,而其中大部分可说是伪造的。对这些随笔杂记的记载,特别是与"神"有关的东西,我们不得不慎重,千万不可不假思索地把它们当成是历史事实。

苏州西边的灵岩山因有范仲淹的范氏义庄而特别有名,民国《木渎小

---

① 江苏省太仓直隶州嘉定县石冈门镇、宝山县广福镇的共同方志。上海图书馆藏有嘉庆十二年(1807)刻本。不用说,就地理形态来看,这两个镇实际上是一个镇。市镇跨越数个行政区域的例子非常多。关于市镇与祭祀结构的关系是第三章第三节阐述的重要课题。

② 康熙二十九年(1690)序刊本不见于内阁文库。收入民国《笔记小说大观》。柏香堂书屋也有铅印本,1986年浙江人民出版社影印了此本。这两种刊本中并没记载此事。即便康熙刊本中有,也应该属后人篡改。

志》卷六有与此相关的如下记载：

> 作为吴俗，乡村多祭祀猛将，灵岩山丰盈庄，有宋景定二年(1261)敕封刘錡为天曹猛将的石刻。也许是好事者附会，不足为据也。[史料045]

可以说木渎镇（苏州西南）志的编纂者下了一个非常合理的判断。

另外，明朝创立前的1364年，在张士诚军队的攻击下，镇守长兴的朱元璋（"朱吴国"）军的武将刘成被追封为怀远大将军，并在长兴立庙祭祀〈太祖实录至正二十四年九月甲申条〉。或许猛将号的产生与此相关吧。

（五）

接下来要考察的是刘錡、刘锐等刘姓神的显灵传说。驱蝗神的传说，可能是由于清代官府的强制而混入其中的。元明以来至雍正以前，他们到底是如何显灵而成为有影响的地方神呢？迄今未能找到相应的能够说明该问题的史料。当然，很有可能像总管、李王、周孝子等神那样，拥有通行于全国的与水旱、疫病、寇盗等等之类极其普遍问题有利害关系的普通显灵传说。但前三节中所探讨的三种江南土神，都拥有保佑漕运的传说。那么，刘王的情形又是如何呢？

著名的南宋判牍《清明集》卷一"惩恶门·淫祠"中，胡颖（字叔献，号石壁，《宋史》卷四一六中有列传）《不为刘舍人庙祝保奏加封》中记载了如下一段话：

> （13世纪的）湖南有一位刘姓船户，由于年老，就在洞庭湖畔一庙做堂守，并逐渐对参拜者进行说教、预言，以至大家都以刘某为神。去世之后，对其崇拜越来越盛，产生出"救护网"的传说，商人贸易、贡纳税物、官员往来，凡通过此地之时，都献牲祈祷水路安全。[史料046]

胡颖是绍定五年(1232)进士，历任知平江府兼浙西提点刑狱、湖南兼提举常平、广东经略安抚使等。任职期间，"恶神异，所经之处毁淫祠数千以正风俗"，属于正统的士大夫官僚。他努力想阻止愚昧小民们的荒诞无稽的信仰，但却无策行之，对于申请敕封，并被认可赐予庙额等事，他展开过强烈的抗议活动。

由上述记载可知，南宋时湖南存在着以保护水运（含"郡县之供输"）为显灵核心的刘姓神。由于时代及地区的间隔，似乎没能与元明江南联系上，但事实上仍可找到证明其些许可能性的线索。

浙江嘉兴县北部王江泾镇方志、宣统《闻川志稿》（收藏于上海图书馆）卷二"祠庙·刘王庙"条中，对位于该镇东北部湖泊"连（莲）泗荡"东北岸刘王庙*的祭神，在介绍了承忠、锐、宰各说之后，谈到了：

> 正月二十日开印，八月十四日则为诞辰日。届时江浙一带渔船，全部集中到（莲泗）荡中，以数万计。演剧献牲，到二、三月之交，聚集的船特别多，叫做网船会。[史料047]

[附注] *刘王庙，虽然神名、由来已被忘却，但1988年末开始的江南三角洲农村田野调查得知，有关刘猛或刘王神的记忆，到处都能得到确认。"文革"结束后，出于公认的宗教政策，江南三角洲也兴建了佛寺。1989年年底，在上海市青浦县朱家角乡调查时，乡政府带我们参观了青浦县最西边的淀山湖岸边的复建（新建）的"报国寺"。它位于由淀山湖向东流的主要水路——淀山浦的入口处，旧时这里有关帝庙（通过民国时期的地形图得知）。复建的是上海著名的玉佛寺的下院佛寺，有数位常住僧人。像过去的传统那样，这里陈列着许多很难界定属于佛教还是道教的诸神，刘猛将也位于其中。用宽25厘米、长52厘米的上等彩色洋纸印刷的刘猛将，是上部有"普祐上天王"的匾额的"刘承忠"。虽然是"猛将"，但其面貌初看却容易与女性相混的、垂着福耳的表情柔和的文官。其下部所记的七言二十四句的画赞中，开头部分如下："《嘉兴府志》有史记，闻川志稿亦明表。莲泗荡畔刘王庙，江浙沪地早知晓。元末嘉禾遭蝗灾，民不聊生难温饱。长胜名将刘承忠，率部灭蝗传捷报。"这种对传说的自由自在的改篡、合成，让人有一种天马行空的感觉。国家公认的刘猛将军，应该是在元朝灭亡之际（大都陷落），殉于元朝而投河自杀的汉族武将。但这里却被当成在嘉兴率领部将竭力灭蝗的神。通过偶然看到的这个刘猛将军画像赞，笔者深信莲泗荡畔的刘王庙已得到恢复。

1992年春，在复旦大学历史地理研究所吴松弟教授的配合下，与时为东京大学博士生的青木敦（现任大阪大学副教授）访问了嘉兴莲泗荡。虽然是在清明节后的第二天，但还是有数也数不清的渔民、农民，显得非常热闹。

1994年、1995年夏，在浙江省社会科学院和复旦大学历史地理研究所的配合下，对当地进行田野调查。详细情况将在别稿中叙述，大致弄清楚了以下的几点：(1)现在以刘承忠为主祭神的庙已完全恢复。(2)该庙原来有刘姓的"神歌手"，即有从事降神的宗教职能者。现在那人已成为该庙的主任,自称是刘承忠的子孙。关于子孙的意义,可参照第三章第二节。(3)刘承忠出身于江淮的指挥使,来江南赴任,此时发生了大旱灾和蝗灾。……乘船巡视,但士兵多是北方人,不习漕艇,结果翻船,刘承忠也落水而死。(并没有记载"死而为神")〈嘉兴市民间文艺家协会、荷花民主刘公园管理处编《刘公园入场券、刘承忠将军传说》199? 年,1993 年 4 月得到该资料。〉(4)庙现由嘉兴市郊区荷花乡民主村村民委员会管理。(但如称庙的话,当然与禁止"封建迷信"政策相抵触。)(5)于是"刘承忠并非是神,而是历史上的实在人物,为人民而献身的英雄",因此应予表彰,就以"刘承忠纪念馆"、"刘承忠纪念公园"的名义建立了庙宇。(顺便提一句,同行的浙江省社会科学院历史所的某位教授对当地干部断定说:"刘承忠不是神,而是人,为了人民献出自己生命,可说是我们共产党员的模范。")(6)"公园"门票是 10 元。民主村的财政收入很充裕,并向上交纳巨额的税款。纪念馆二楼墙壁上挂着"先进党支部"的锦旗。(7)本殿的对联中,可以找到"护漕运"的文字。

从张榜公布的捐助名单来看,其信徒遍布整个江南三角洲地区。

我敢这样说,如何对待土神信仰,很可能为各级地方政府的判断所左右。

《清明集》中的"救护网"与莲泗荡畔的刘王庙的"网船会",会不会有所关联呢?

虽然没有深入探讨过江南三角洲的渔民,但从笔者近几年的采访中所留下的印象来看,该地渔民很多是由江北或湖广一带流入的,他们在船上生活,没有陆地上的居住点,当然也有一部分拥有陆上定居点并向农民转化(上升?)。现在的渔民以信仰天主教的人较多(反过来也可以说,农村中信仰天主教的大多是渔民),这一现象可能与他们无缘加入当地农民社会中的共同祭祀相关[①]。不管怎样,其地来由不明的刘王,或许是由湖南的船户或渔民所带进来的。随便说一下,费孝通所考察过的开弦弓村的位于村口水

[①] 1990 年 9 月,在浙江省湖州市双林镇田野调查中,与四名渔民(水产村民)举行了座谈,他们全都是天主教徒(其中一人时任渔政站站长,即干部,不得不放弃自己的信仰。其妻不当干部后,又恢复了原先的信仰)。该镇有两个水产村(新中国成立后,让渔民都定居于陆地),总共 141 户居民中,有 99 户是天主教徒。非信徒中,也有参拜刘王庙的人。〈滨岛、片山、高桥 1994:277-278〉。

路处的、夜间关闭的栅门的修理费用,是由承包河虾采集权的湖南渔民所负担的〈费孝通 1939:175-177〉。

由于史料匮乏,不可能进行缜密的考证,但上述这些事实,仍然暗示着江南刘姓神有可能于明代获得保佑漕运、水运的传说。这一推论可用浙江省嘉兴市郊区荷花乡民主村所恢复的刘王庙的现状来补充。1993 年以来,我们曾进行过数次采访、调查。该庙正殿柱子上的对联中,确确切切能看到"保佑漕运"几个字。

[追记] 从南宋洞庭湖刘舍人的传说以及清代至现代的嘉兴刘王庙的传说中可看出,刘姓神也有可能拥有保佑水运的显灵传说。后来笔者又偶然找到了可能与此相关的明末史料。笔者以前曾经论述过浙江嘉兴县乡绅李日华(嘉靖四十四年—崇祯八年,1565—1635)及其日记《味水轩日记》〈滨岛 1983 b〉。最近得知《嘉兴谭氏遗书》中收录有其详细的行状——谭贞默的《明中议大夫太仆寺少卿李九疑先生行状》。行状前言写到受李日华长子肇亨之托,以其所撰之"行略"为基础,作成李日华的行状。李日华于万历二十年(1592)进士及第,并被任命为江西省九江府推官,在任五年后,与"监司"意见相左,受挑拨离间者之谗言所害,最终他被"左调"。当地居民对此展开了恳求其留任的运动,九江"耆齿"数十人连舟渡过鄱阳湖,向巡抚(驻地南昌)陈请。行状中写了如下的经过:

> 夜晚碰上暴风雨,船断了维,摇晃着将要倾翻。有刘姓某人跪拜说:"如果我们不是为触犯谗人之廉吏得到昭雪的人,就让暴风掀翻我们的船。"不久,乌黑的天空中出现三点像笼烛的流火,其中一点特别大。聚集到桅顶,就像有人的手拉着一样。船员借此找回柁,平安无事地到达岸上。当时作了《神灯传》,记载这一灵异之事。[史料 150]

在此我们注意一下其中出现的"刘姓"人物以及记述其灵异的文章或书籍《神灯传》。李日华儿子肇亨提供给谭贞默的"行略",可能是从《神灯传》中引述的。嘉兴莲泗荡刘王庙的起源虽然不详,但那里存在着如前所述的自称是刘承忠子孙的刘姓宗教职能者。在此能看清的是,嘉兴刘王庙的宗教职能者刘氏的祖先,通过假托当地代表性乡绅李日华,伪造了保佑水运的显灵传说。毫无疑问,该行状不会早于崇祯八年(1635)。因此,明末清初时,江南刘姓神很可能获得了保护水运的传说。该传说把灵异传说的地点设定在江西鄱阳湖,暗示着江南刘姓神的保护水运传说很可能起源于古代长江中游地区。

小　结

我们已经知道郑光祖《一斑录杂述》所载的常熟县四位神灵,都是起源于明代以前江南本地的所谓"土神"。除了刘姓神存在着不能确定的数位土神外,其余三位神都能精细地框定其起源地。他们的共同特点可概括为:

第一,曾经是在世上生活过的、有名有姓的人格神。

第二,除了不能推定为单一神的刘姓神外,任何一者都有子孙存世。即便是刘姓神,也可找到以其子孙身份自居的宗教职能者。

第三,他们都有宋代得到封爵的传说,且让人难以信服,基本可以断定是伪造的。

第四,既然是神,就有显灵传说及施恩传说。他们都有防止不受时代、地区限制的疫病、灾害、外敌的传说。但除此之外,他们也都有着明确时代、地区特色的保佑水运,特别是漕运的传说。

笔者采用其中最为普及的神的称号把这些江南三角洲所特有的信仰称为"总管信仰"。上文主要以常熟为中心对总管信仰进行考察,但实际上,这类信仰并非起始于常熟,周邻地区可以找到其前例。下一章,笔者准备探讨与常熟相邻的江阴县诸神灵。

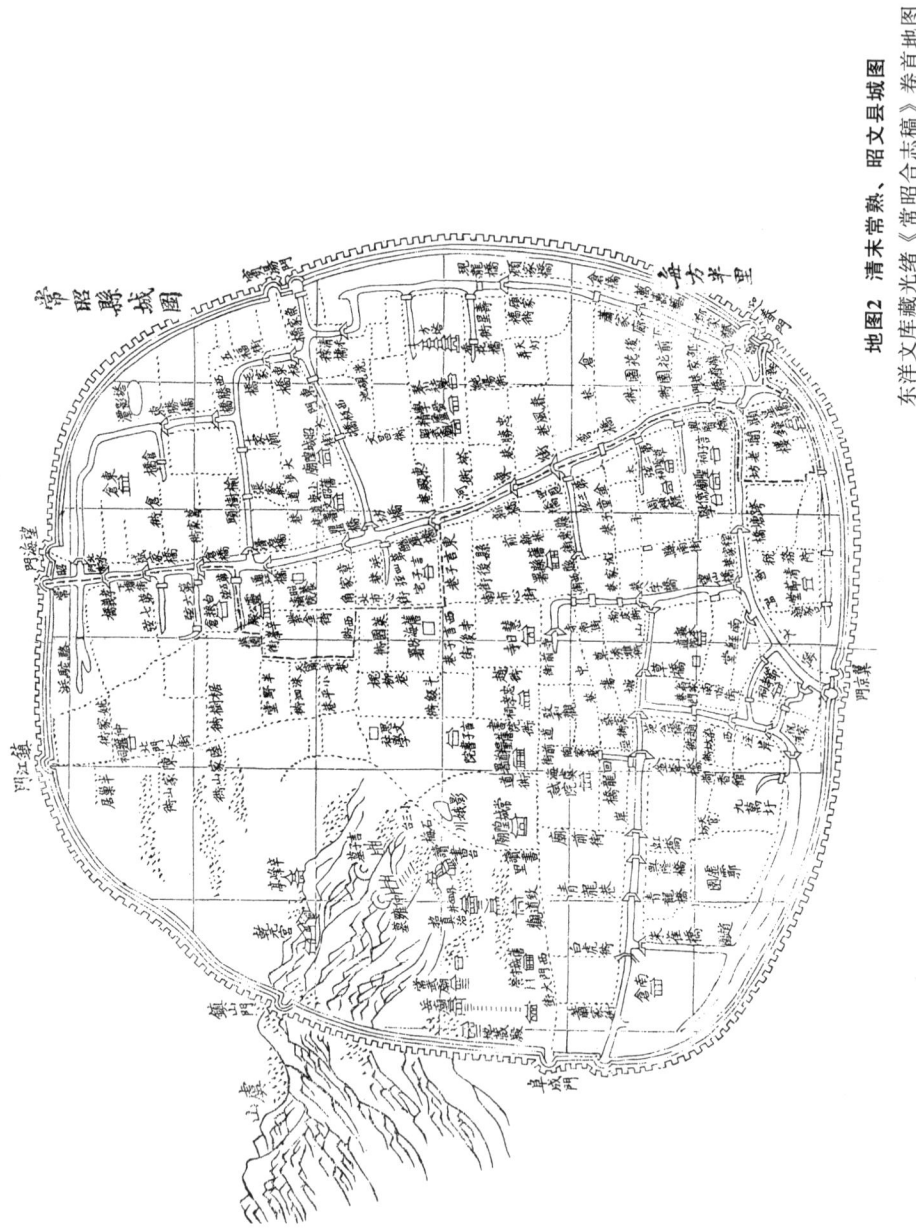

地图2 清末常熟、昭文县城图
东洋文库藏光绪《常昭合志稿》卷首地图

第二章

诸神的来历(二)
—— 常州府江阴县

小　序

　　与江南民间信仰相关的"总管"一语,就我所见,史料上最早见于《元典章》中题为《禁庙祝称总管、太保》的至治元年(1321)二月记录[史料048]。该文是江西行省向下级下达的命令＝"札符",同时也是由中书省送达江西行省的咨文原文。最初提议的王谋,不见于各种索引,现仍不知为何人？上文主要内容为:中书都省向属下的礼部指示审核王谋的提议；礼部因事相关,向刑部照会,然后根据刑部的回答(关),礼部向中书都省提出答复意见(呈);对此中书都省下达了"判",批准了该意见。之后以此为主要内容的咨文被送达江西行省,并指示其实施。该文指出,江淮以南流行的风俗有,庙的住持(也许是下级道士)、巫师之类自称为"太保"或"总管",进行欺骗民众的活动。咨文规定,巫师之类若再自称此类称号,将被定罪。

　　"总管"是本文所要考察的主题〈第三章第三节〉。就"太保"而论,早在南宋时就有"从事怪异祈祷的妖人"、"巫觋做祈祷时,说自身有神附体,欺骗众人"〈宫崎市定 1972:176,中公文库版〉,即出现了从事宗教仪式的"太保"。清代后期江南的、常熟私撰方志邓琳《虞乡志略》卷八"风俗"条所引的贝青乔《催社粮词》中,出现了每当临近庙会之时来到各个村落＝自然聚落征收"社粮"的"太保"[史料120]。20世纪,在江南青浦县章练塘镇(练塘镇)还能发现处于道士和巫师、师娘〈萨满(Shaman)。参照第三章第二节〉之间,与巫师、道士相并列的太保〈滨岛、片山、高桥 1994:124-125、133-134、146〉。

苏州府下的总管称号,最早可追溯到洪武年间。但事实上,该称号早在14世纪20年代之前就已出现,并使得元朝政权不得不下文禁止。检索各种资料后,在元代江阴县确实能够找到它。

第一节 知县黄傅和正德《江阴县志》

(一)

北京图书馆善本室收藏有弘治年间江阴知县黄傅编纂、正德年间刊行的正德《江阴县志》原本。在我所见的各种目录中,这虽是孤本,但上海图书馆收藏有甚至连字体都模仿得毫厘不差的精致手抄本。看其记述,不时可以找到以第一人称展开的、带有强烈个人主张色彩的叙述,可知黄傅不只停留在"编纂"上,有很多内容还是由他本人执笔的。这样的方志,在许多方面,都有其独到特色。

首先是它的体裁与其他方志大不相同。大开本的该书,夹注中有夹注,采用非常特殊的风格。而其内容的特色也不逊于体裁,与一般方志所不同的是,它具有十分强烈的个性色彩。例如,除了极少数之外,大多数的府州县志都没有关于法制、刑狱的记载〈滨岛 1993 b:513〉。但该志却辟有刑法一章①。

风俗、产业等方面的记述也有别于以往方志的那种常规性方式,它记载了作者所捕捉到的非常尖锐的社会现实问题。如卷七"风俗志"中关于"商",谈到了农闲期间,当地经营地主从事远距离贸易的现象,为我们提供了明代中后期江南三角洲开发饱和时向商业化转变,而徽州商人的活动还没达到绝对优势时期的珍贵史料[史料 050;滨岛 1989a:108]。同样风俗中的"农"一项,详细地记述了租佃问题、奴婢(义男)问题及所谓的"一田两主"[史料 051;滨岛 1983b:7-8]。年轻知县黄傅用自己机敏的眼光,非常具体

---

① 刑狱与本书并无直接关系。有关明代中期县衙对律的具体运用,可参见史料篇所收载的[史料 049]。滋贺秀三等先学的研究表明,在传统中国,法律上对执行死刑非常慎重,即便是最高审判官皇帝的裁决下来后,还要经过朝审、秋审的减刑措施。正因如此,该史料提供了"本县自国初至今,犯法被诛者十人"这样有趣的信息。但由于牢狱的条件非常恶劣,能在狱中生存多年,是接受该恩典的前提,可能有很多人死在狱中。该史料在谈了十人后,马上说:"其狱成而瘦死者不在数",暗示了有相当多的人不等官府执行减刑,就已死在狱中这一状况。

地记录下向来为士大夫所不屑的民间鄙事。

黄傅出生于浙东金华府兰溪县,自幼就显示出卓越才能。他曾从师于同乡硕儒章懋(1437—1522),"潜心义理之学",不满足于训诂,而是立志探索道的本质,且"以名节自砺",想成为有崇高节义的人物。在故乡,其文章、学术和政绩都被寄予厚望,并被称为"金华三大担"。弘治三年(1490)进士合格,随即被任命为江阴知县,任职五年后,由于县民的请愿,再任知县。任期满后,中央把他列为"行取"(即从会试第三甲中被任命为地方官的人员中挑选优秀行政官员)对象,并被举为御史,赴任北京。京城"朝贵"了解黄傅作风后,尽量想回避(歆避)他。但不幸生病,回故乡休养,39岁就英年早逝了。其家属抱怨说带回故乡的行李大都是书籍,没有积财。对此他悠然深叹"溪山饿死鬼亦清"〈正德《兰溪县志》卷三、康熙《兰溪县志》卷四〉,他就是这样一位甚至让亲人困惑的,过着清苦生活的所谓"清官",是一位非常讲究原则的知县①。

众所周知,宋元时代的金华是朱子学系统的"浙东朱子学派"的大本营,朱元璋建立王朝时,建构其理念基础的便是以宋濂为首的出身于该地的儒者。那时所制定的礼制,特别是其中的祭祀制度,可以说带有非常强烈的复古或原理主义色彩〈第四章第一节〉。可能是黄傅生长于这样一片精神风貌的土地上之故,弘治年间任知县时他把这种精神带进了江阴治政中。对于自古以来便笃信土神的县民而言,清官黄傅所进行的批判和扑灭淫祠运动,不啻是一场从天而降的、令人难以适从的灾难。

(二)

由黄傅亲自编纂并撰写的正德《江阴县志》,其很大一部分篇幅用来尖锐批判淫祠活动。一般而言,大多数方志对祭祀土神的祠庙的记载比较简略,只有极少部分的方志,记载说显灵传说荒诞无稽,并对这些信仰的兴盛深表忧虑,但其多数只是原原本本地记录显灵传说而已。对此,黄傅不留任何情面地彻底揭露该县土神是由巫师别有用心地伪造而产生的,并断定它们为"淫祀",必须加以禁止。他拒称这些土神为"神",并自始至终都称其为"鬼"。

---

① 方志的传记中提到,黄傅著述除了《江阴县志》外,还有《白露集》。无法断定该书是否遗佚或已刊行。

其尖利的笔锋不只是批判土神本身,而且还直指那些不加批判地接受巫师及民众所编造出来的荒唐无稽的显灵传说并原封不动地记载到方志中的前任官员及该县读书人。据黄傅说,此前江阴县曾编纂过以下几种方志〈正德《江阴县志》卷一四"诸志列序次第"〉:①洪武九年(1876)重刻的元至元年间刊本;②洪武二十四年(1391),由知县贺子徽编纂的县志(《贺志》);③永乐年间,由罗某编的县志(《罗志》);④天顺年间,知县颜疢瑄所编县志(《颜志》)。另外,还有⑤成化年间编纂的常州府志——《毗陵志》(《郡志》)。上述方志中,包括中国大陆在内,都已找不到前面四种。只有⑤成化《毗陵志》收录在台湾刊行的方志丛书第三期中,在日本也容易看到。随便提一下,如把它与正德《江阴县志》相对照的话,可知黄傅精确引用成化《郡志》,没有一字之差,以此类推,黄傅也是正确地引用了其他县志。

其中,黄傅的批判主要集中在②洪武(二十四年)志、④天顺志及⑤成化府志。对③永乐志仅有简单的涉及,完全没有把它当成批判的对象,也许是该志没花多少篇幅介绍土神之故吧。以下,把成为黄傅批判对象的三种与江阴相关的方志分别叫做②《贺志》、④《颜志》、⑤《郡志》。

除了批判土神本身外,黄傅还责骂那些在编纂方志之际,采录其显灵传说,并不加批判地记载进方志的人为"纵笔浪书,儒者气象消失殆尽"。对前人进行如此尖锐的批判,这也是不见于同类方志的本书特征。

正德《江阴县志》这种破天荒的风格,却为后人所批判。接下来所编纂的嘉靖《江阴县志》,张衮在序中概述了该县历代方志的叙述情况,称赞他们煞费苦心,而对黄傅的正德志,却加了如下反常的批判:

> 或者说黄志过于繁琐,虽然采入了众多的史实,但必要的事实却记载得不充分,尽收录异例现象,真实情况却弄不清楚。[史料052]

由于持有这样的立场,因而嘉靖志的编纂、叙述风格就完全不同于正德志,重新回到俗套的体裁、记述。在嘉靖志中一概不见有关土神现象的黄傅的庞大的描述,恢复成平常的(通俗地说,一点也不有趣)叙述方式。作为后世历史学者的我们,不得不感谢黄傅意外地为我们留下了有关那个时代的珍贵史料。

但是,黄傅的有关土神的记述中,完全没有涉及至元志(洪武重刻),这一现象对考察土神的形成历史而言具有重要的意义。从重刻至元志到黄傅就任江阴知县之为止,已经过了120年,完全不能排除至元志当时已佚而无法阅览。但如从至元志的编纂时点(至元年间,1264—1293)来看,这些土神

(如后所述,这些神都可归入"总管信仰"的范畴)或许还未产生,或许还是些微不足道的小神,而没能为至元志所记载进去①。

第二节 江阴诸神

(一)

黄傅叙述了许多江阴县土神,但他的批判主要集中在李、陈、沈、王四姓的神灵(黄傅把他们称为鬼)。他们有着"太尉"、"烈士"、"总管"等称号,这些称号可相互置换。其中黄傅用力最多的是陈烈士(陈总管、陈太尉)。洪武初年该神被成功申请加入到祀典,成为江阴县官祭祀的"江阴陈烈士之神"。对陈烈士的探讨,将在下节进行,本节将要讨论其他三姓之神,在此把黄傅的记述分成以往方志所记载的"传承"及黄傅对它们的批判两个部分来介绍。之所以不载书名、卷数等,是因为都引用自黄傅的正德《江阴县志》。

(二)

李太尉

【传说】 名兴祖。曾祖父禄死后成神,宣和中被授辅德助顺广福忠正王之号。祖祈锡,礼泽翊惠侯。父彦聪,昭应敷泽侯。侯生于宋末,由长兴迁到青阳乡。据《颜志》,李兴祖出身于长兴,其曾祖父名李禄,死后为神。南宋时,以阴力在江上击败试图渡江的元军,入朝谨封为"昭应敷仁侯",授太尉号。元末时"鬼的子孙"建庙,明初时衰退。宣德年间六世孙李谊贞复兴,现有八世孙李晟奉之。[史料053、054]

【批判】 生时有威德,死后而为神。田野草莽小人,朝廷又怎能知道他,又怎能骤然间授予其封号。即便有赐号,子孙代代被封为土、侯,国家给予祭祀,这可能吗? 驱逐蒙古军队,带来和平的大宰相(徐达),其追赠不过到祖父、父而已。浅薄污浊之形田野郎,其亡灵之子孙,代代享受国家恩典,

---

① 正如〈Hanson 1990〉的题目"变迁之神"那样,经历了唐宋变革,诞生出了许多神。这些产生于宋代的神灵,到了元明时期的江南三角洲,好像被新的神灵所替代。如后所述,元代以来江南三角洲占有绝对多数的总管信仰,是以元代的海运为契机而形成的。

肯定是"梦国、幻郡的梦君、幻相、风太常卿(太常寺处理礼制事务)、醉礼部尚书"所定典制。……(伪造封号)……旧志(可能是洪武九年重刊志)关于祠庙,无所遗漏地收录微细的内容。以灵力击退南下渡江的元军这样光辉的功绩,为何旧志没有收录呢?而非得要等数百年之后的颜氏才首次记述,这是否太奇妙了。[史料054]

虽然存在子孙,但黄傅特意强调并非是"神"的子孙,而是"鬼＝死者、亡魂"的后代。弘治十一年(1198)[史料006],黄傅还毁坏其庙。"李太尉神"把其系谱跟长兴李禄联系在一起,由长兴迁徙而来是不是事实,尚不能肯定(当然,也没理由否定)。前面已谈到过长兴土神李王,经由江阴县的李太尉,引进南宋李宝的传说,形成元末常熟海神李王的可能性〈第一章第二节〉。在这里,并没有直接记载漕运保护的传说,但是,在江上击败渡江船队一事,除了说明它是保全乡曲传说之外,也可以说是保佑水运、船舶的传说。

(三)

沈总管

【传说】 据《颜志》,南宋绍兴年间,高宗观览了著名的杭州湾大潮。正当那时,沈姓神与"沈千一显应"的旗帜一同从江涛中涌现。高宗宣其入朝,封为"总管"之职。元代以灵力护佑海运,被元朝授予"宋府都督获运沈总管"的封号。[史料055]

【批判】 沈氏是人吗?如是人的话,在高潮的波涛中与旗号一同显现,到底是不可能的。如果不是人的话,是神吗?如是神的话,接受皇帝的宣召而入朝,此事绝不可能发生。这样的事情,只要是能辨别菽和麦的人①,都羞于说出此类事情。[史料056]

洪武初年,沈氏也同陈氏一道申请加入祀典,但由于贿赂县衙的钱不够多,没能取得成功[史料065]。书中明确记载,这位神也有同姓的裔孙,黄傅把他们称为"巫孙",即当巫师的裔孙,即宗教职能者。这位土神有着在逆

---

① 以《左传》成公十八年"不辨菽麦者"为典据。这是用来表现极其常识性的事物时的古典套句。

转的波涛中显形保佑水运、漕运的传说。

（四）

王太尉

【传说】 名九三。始于汉博士谏大夫王吉［《汉书》卷七二］，谱系中代有王姓名人。十八世孙为太尉，靖康之变时南渡，居住在苏州长洲县荻扁村。死后，王太尉屡次在宋金战场上显现灵异。《宋史》详录有其史实。自那以来，王氏子孙代代在疾疫、灾异、贸易、漕运中显示灵异。［史料057］

【批判】 颜氏之子（颜瑄）啊，你真以为天下的后世治学者不读书了吗？是否以为《宋史》到时就逸失了呢，不可能利用该书考证这一事实吗？到底在《宋史》的什么地方记载这一事实呢？金戈铁马，现身于云霄乎？颜瑄当时正在为其执马鞭吗？无论疫病还是漕运，只要祈祷无不灵验，颜瑄（与儒者士大夫不相称）是巫师还是庙祝？偶尔子孙王祥二辈有灵验，祥三、祥四……无极限地都有灵异吗？（竭尽所能把有名的王姓历史人物说成是其祖先。）把为廷尉张释之结袜的王生附会成其祖先，武帝王夫人（王生的姐姐，身为婢女被武帝所幸）也被附会成其姑婆。……鄙夫真是无所忌惮。这类货色，适用于律之"左道惑众"①，可以治罪了。［史料058］

第八代子孙孟珪由长洲县迁居到江阴，建立祠庙，自称宋代已有其庙［史料057］，在此可知出现了同姓裔孙。他们建立祠庙，而长洲县荻匾村王氏是宗教职能者〈第一章第一节之五〉一事来看，其裔孙可能是所谓的"巫孙"。虽没有记载其封号，但王氏的灵异也是在交易＝水运和漕运方面。

（五）

黄傅花精力最多的是对"陈烈上"的批判，对其的考察将在下节进行。就从已考察过的李、沈、王三姓的神来看，他们有着如下的共同特征：

第一，伪造的传说中都称是宋代，但实际上产生于元代。如前节所述，黄傅没有论及洪武重刻的至元《江阴志》，正如他指出并无李太尉记载一事

---

① 《大明律》卷一一"礼律一·祭祀·禁止师巫邪术"条："凡师巫假降邪神……一应左道乱正……扇惑民众，为首者绞，从者杖一百，流三千里。"

所暗示的那样,该志编纂时期(至元年间,忽必烈时代),这些土神可能还没有出现。

第二,与第一章所考察的常熟诸神相同,上述三位神灵也都是有名有姓的人格神。

第三,这些神都有同姓子孙。如黄傅称其为巫孙那样,他们的裔孙都是宗教职能者。

第四,这些神灵都有显灵传说,其显著的特征是,都有保佑水运、漕运的传说。

在弄清楚上述共同点后,接下来再来考察江阴县势力最强的陈姓神。

第三节　江阴陈总管(一)——显灵传说

(一)

江阴县最普及的土神,好像是"陈总管"。洪武二年(1369),朝廷颁发诏书:凡全国各州县,均需向中央申请祭祀有功于国家、有惠于百姓的"忠臣、烈士",经礼部审核其显灵事迹,敕封其为"神"并列之于祀典,由官府承担其祭祀。前章所考察的常熟县,周容神此时向县里申请,由中央下文认定为"常熟周孝子之神",著入祀典。至于江阴,据黄傅说,巫师陈氏积极贿赂县官,并获得成功。江阴县向中央申报了陈烈士,由此陈烈士被列入到祀典中。黄傅对陈烈士尤其痛恨,他原原本本抄录了前面方志的有关内容,详细介绍其传说,并加上了淋漓尽致的批判(辩驳)。他之所以要批判,是因为存在着如下的理由:

> 陈氏庙不过是一淫祠罢了。(有人以为)费数千数百字来辨明,只会伤了自己的脸面。(不是这样的。)确实,无论是其事实,还是其文言,都是拙劣荒谬的,甚至我等厮役也不屑于去争辨。尽管如此,秽德往上流传的话,会贻误国典,孽毒往下流播的话,会残害生民。怎么能避而不谈呢。而且这样丑缪的东西,而没有一人察觉的话,则还能指望那些辞善饰巧者(自己会改正等)呢?这就是我之所以痛心疾首、不遗余力地搜挖其深奥处所隐藏的东西。[史料059]

作为朱子学原教旨主义的门徒,黄傅有着强烈的使命感,所以花了大量篇幅,对陈总管展开批判。为了能展开彻底的批判,黄傅首先抄录了传说的全文。这节先介绍其传说(正德《江阴县志》卷一四"杂辨·陈烈士庙辨"),下节再介绍黄傅对传说的批判。

黄傅所摘录的显灵传说,按时代顺序排列如下:①洪武末年的《江阴县志》(编者贺子徽=《贺志》)所收的黄常《碑记》。以下仿照黄傅做法,称其为"贺志黄记"。该记可能为纪念洪武二年(1369)认证并列入祀典一事而作。②《贺志》。③天顺年间的《颜志》。④成化年间的《郡志》=《毘陵志》。⑤"新录",可能是弘治年间编纂方志时重新采访的记录。

(二)

①《贺志黄记》：江阴城西约七八里，长江南岸有一处名为"新村"的村子，那里有"沿江显应陈总管"之神。洪武二年己酉，父老记载了其灵异事迹，向朝廷申报。朝廷下敕，封"江阴陈烈士之神"。因此县官每年八月初八日，备好牲牢祭祠。据神灵嗣孙陈兴一等说，世代相传烈士有灵异。到了兴一，委托江夏黄常(我)撰写碑文。虽然一再推辞，但不得已还是撰写此文。

按烈士名忠字肖一，其祖先是宋朝人。出生时似有英姿，有异于常人之才。二十岁之前，农忙期为耕农送中饭。虽然隔着河浜投掷食物，但从来没有倾覆过，人人都称其为神童。

宋亡之时(入元)，附近笠墩①有乱徒结集。守将李宣慰公正要讨伐之时，烈士在途中迎接，忠告说乱徒会乘虚袭击县城。李宣慰公不听，仍旧出伐。结果正如烈士所预言。李宣慰公把罪过转嫁于他，并处死了他。烈士死后，一道白气直升上天，下起了大雨。

找墓穴的阴阳先生断定说烈士已成为冥界的官。那天晚上，烈士家属梦见某神站在一边告诉说，"我本来是龙子，被渔夫捕获，得神=烈士放生得活。今后，我将保佑你的子孙。"(因此)元代以来，往来于南北的商船、运粮的漕船如履平地般安然无恙。舟人暗夜中迷失道路，只要直呼神号，神马上会显威灵，在帆桅上挂匕旗，舟人得以保安全。真乃有功于民者。[史料060]

(三)

②《贺志》：陈烈士名忠。宋末县内叛乱、盗贼频发之时，烈士之父陈三

---

① "墩"在江南三角洲低地中是指非常小的土丘。

率义兵镇压,使县内安定,因而朝廷赠予其"太尉"之号。烈士生于宋末元初,他继承了父亲的灵力。每当海上运粮船舶遇上暴风雨之时,船夫大呼神号,在桅杆上便会显现烈士率领文武百官,挥舞旗帜,风波顿时平息。对于上述的显灵之事,元朝政府认可了运粮万户府的申报,并封之以"沿江救民陈总管"神号。进入国朝,有关的灵异之事上报后,幸受朝廷加封其为"江阴陈烈士之神"。每年八月初八日,官民洁斋于其庙祭祀。祖居在县城西边的顺化乡。全文。[史料061]

③《颜志》:陈烈士庙,在顺化乡新村,洪武元年江阴侯吴良、靖海侯吴祯①捐资新建。讳忠字世杰……(父太尉的传说)……(投壶传说)……(风波中护佑粮船、商船传说)……元朝封"沿江救民陈总管",本朝洪武元年封"江阴陈烈士之神"。洪武三十一年,十世孙公敏在夏浦东岸建行祠。[史料062]

④《郡志》(成化《毗陵志》卷二七"祠庙·江阴·陈烈士庙"):陈烈士庙位于县城北七里新村。烈士讳忠字肖一。生于宋末……(投壶等等)……(笠墩镇压时忠告、处死)……(保佑海运商舶及水旱疫病扎瘟)……宋朝赠"江阴护国济民陈总管",元朝增"沿江都察使陈总管",国朝洪武二年县父老上奏其事,敕封为"江阴陈烈士之神",命有司于每年八月初八日以豕一头致祭。[史料063]

⑤《新录》:……笠墩僧反乱,忠告,处死。白气升上天,下大雨。父老说"天雪涕"。渔夫捕获赤鲤并放了它。梦见赤鲤告曰"给你的子孙以灵力保佑民众、海洋"。该渔夫就是烈士之父。[史料064]

(四)

以上记述可整理如下:

第一,江阴的陈姓神是由曾在世上生活的人死后变成神的。这些记载

---

① 吴良与吴祯是兄弟,在洪武三年(1370)分别被封为江阴侯、靖海侯。他俩长期奋斗在与张士诚抗争的前线上《明史》卷一三〇"吴良传"、卷一三一"吴祯传"》。作为战时状态下的守城武将,保护受当地居民崇信的祠庙,是极常见的现象。再加上吴祯在制压盘踞海上的方国珍及福建时,从海上展开作战行动,很可能会重视保护海神信仰。还有明军的海上武装的成员中,有很多可能来自于自宋代以来便成为水军基地的江阴居民。因此,虽然《贺志黄记》、《贺志》没有记载,到《颜志》时始有记述,但作为史实,还是很现实的。有关这一点,黄傅并没对其展开批判。

中,其名一致为"忠",但字却不一致:①字"肖一";②没有出现字;③字为"世杰";④字又回到"肖一"。黄傅对其名字中所表现出来的矛盾、荒唐进行的批判将在后面叙述。

第二,与其说他有子孙,不如说由于子孙的活动才造出了"神"。虽然这些方志没有明确说,但从子孙传说有灵力来看,我们几乎可以肯定他们是巫师。正如后面所述,黄傅把他们称作"巫孙"、"世巫",可知他们是宗教职能者,也就是灵媒(spiritual medium)。

第三,作为称号的"太尉"、"烈士"、"总管"出现了。首先,太尉之号是因率领民团镇压反叛①而被授予的。烈士之号的产生更晚,它来源于洪武二年(1369)诏敕中的词语。元末以来的总管确实与保佑漕运、海运传说有关。

第四,在传说扩大过程中,出现了许多"加上"的现象。①仅出现本人。②出现了父亲。⑤出现了祖父。与第一章中的常熟周孝子一样,传说中时代更早的东西,其实是后来新产生出来的。虽然是些琐碎的事例,但富永仲基(日本江户时代著名的佛经学者)、内藤湖南(日本杰出的汉学家,他在批判传说方面继承了富永仲继的学说)以来的批判传说的视角——"加上"学说,在这里还是得到了较好的验证。

一般而言,如用我们现代的眼光来看待传统中国诸神的显灵传说,首先注意到的无疑是它的非理性。尽管如此,对于这样的记载,如果抱着善意去看待、评价江阴的传说的话,我们的感觉就像天马行空一样,想象力完全放开了。但如果用严肃的态度去看,这些记载实在荒唐无稽、愚蠢透顶。作为一位谨慎的士大夫学者,黄傅那痛心疾首的批判,就是生活在现代的我们看来,也是深有感触的。

第四节 江阴陈总管(二)——传说批判

(一)

黄傅对陈烈士的批判,其激烈程度远甚于对江阴县的其他神灵。为此,

---

① 以江南三角洲为首的长江下游流域至浙东地区为基盘的朱元璋政权的阶级基础,是宋代以来的乡居地主阶层。元末发生反乱时,他们组成武装集团,开始时与元朝地方政府合作("义兵"的称号即由来于此),后来与朱元璋政权合流,在成为政权基础的同时,他们还确保了自己在农村社会中的支配权〈滨岛 1982:25-37〉。

他在展开批判之前,先是介绍了传说全文。接受了巫师贿赂的县官,把臭名昭著的(神)列入国家祀典中,由此该神在县内备受百姓信奉,从农民、商人们那里敛取了大量的钱财,作为知县的黄傅因此产生了危机感和义愤。前面已谈过黄傅为何要批判该神[史料059],在此对其动机再作更详细的说明:

> 江阴陈氏之事反复,更增添了此事的疑点。通常古人传说中,总有一事可书写,即便是猥杂的戏谑之谈,也有片言只语让人可喜可愕者。但至于陈氏之事,哪怕是点画偏旁,都不足以挂在嘴边。
>
> (编纂方志之际)曾聆听过当地"父老、大夫、士"①的说话,基本上都说因陈氏子孙行贿而得到封爵、祀典的。据说国初朝廷准备选定应予祭祀之神。陈氏世代巫师家系。欲借国灵(王朝公认的神)资助巫业。故与同伴沈氏一同申请各自的"巫祖"为神。不久,沈氏资金不支,满足不了官吏的贿赂要求而失败。陈氏贿赂了,故县官向朝廷申请,得到许可(此事在《罗志》=永乐志中有述),谅是这样。
>
> 如果好好想一下的话,在这里也可看出,毫无根据的传说多数都是巫师策划的。
>
> 也就是说它的产生,在陈忠死后一百多年,妄称宋元皆有封号,到处都有丛祠,寻求供养,其子孙、同类借此为生计手段。如果好好考究,不过是狐鼠之类尔。怎会成为正统神灵,可资教化呢。当时接受申请的县官如果在世的话,应该处以斩刑。
>
> 对其由来进行调查,首先说出荒唐话的是黄常的碑记。接下来助虐的是《贺志》。尽管如此,(黄常)过于荒唐,不足使邪说膨胀。《贺志》似有小聪明,为之剪裁妆缀,但其底可见。但一旦到了府志,如灵丹一粒,点铁成金。在府志中,丑伪痕迹尽化融,终于无法考究。
>
> 就这样,其势焰乘风越来越盛。陈氏身穿大红袍,头戴大帽子,乘大船浮于江,设祭坛、灯香,自称是"神的子孙",倡导说"我的作为神的祖先,治愈疾病,能使人活过来,在烈风中灭火,在狂风怒涛中救船,防盗贼,作兽医,没有办不到的事儿"。因此抱有疾病、难仪、死亡、失物、

---

① 一般而言,"父老"是指庶民身份的高龄有声望的人,"士大夫"是官僚资格者(时代再往后,他们被称为乡绅)。"士"指的是为了通过科举获得官僚身份而学习的人,狭义上是指县学的生员(秀才)。

猪鸡有病等问题的乡民,拿着壶(装满酒)、笼(装了食物)前去祈祷。陈氏一族顺次迎接,以卖香、存剩烛为恒业,取供物营利。

其结果是江阴之民,家家都供奉着陈烈士的像,村村都筑有其庙,男女都用其名来取名。祷告陈氏后才行婚嫁。治病及死后葬仪全交由陈氏处理。这样农民所赚来的钱有一半花在庙里供神焚纸钱,商人储财消失于供羊、供猪中。

怎么会是这样的呢?问其根源,我们(士儒)的同类自己逃避"儒"的责任(这期间的方志的执笔者们……)。现在不嫌其污秽纸面,记下旧说,逐条加以反驳,使贤者能够理解。希望敝人之见得以实施,并受到改善改正,使县民有幸。[史料065]

就这样,黄傅丝毫也不容认"陈烈士之神"的神性。虽然属于明初获得太祖裁可而列入祀典的"神",但黄傅对此并不回避。在申请列入祀典过程中,由于存在着被看漏的不正行为,因而黄傅并没有认可祀典的正当性。就是在这样的前提条件下,他按照事实、封号、名字、祭祀的顺序,对该神展开了如下的批判。

(二)

第一,就"**事实**"而论:(1)"烈"是指守忠节,贯义愤,即便粉身碎骨,也绝不屈服。报告叛乱危险一事属于人之常情,被杀应属不幸,并非义烈。现在伪造的封号中,完全没有显示忠烈的字句。(2)"冥土官僚"如是真实的话,那是山川内在灵力使然,并非由于本人生前的忠魂所致。(3)龙子有能力阴佑他人子孙,难道不能拯救自己吗?陈烈士虽救了龙子,自己却不能阴佑子孙吗?他人怎能知道托梦一事的真伪。(4)保佑船舶一事即便是事实,此后长江的海难、水难断绝了吗?这一点可以去问一下渔民、舟人。

以上来看,陈氏并非"烈士",而是竭力编造出来的传说。这还不够,委托贺子徵,伪造了"父亲陈三太尉",却忘掉了最重要的陈忠遇害死义一事。由愚昧的巫师编撰出来、连乳臭未干的三岁小孩都不能骗过的低劣传说。在此出现了迂儒,即过了八九十年后,颜瑄把并非自己所见,纵笔浪书"神出现在天空,将吏挤向河里……"儒者的气质到哪里去了?以至于载入府志,陈氏的营业活动有了更可靠的保证。当初通过贿赂官员,雇佣鄙儒来编造的计划至此完成。

最近的采录,则又有各种各样的说法。(6)老天为陈忠一人悲泣而下超过一个月的淫雨,那么焚书坑儒、党锢之狱,下雨也许应该超过百年了吧。(7)鲤鱼是虫类,它能决定人的贤愚、贵贱的话,那上帝在哪儿工作呢?应该是没有地方了吧。……[史料066]

(三)

第二,就"**封号**"而言——《黄常记》称"沿江显应陈总管",没有说哪个王朝的典礼。《贺志》说元朝增加了"沿江救民陈总管"。《颜志》相同。《郡志》说"江阴护国济民陈总管",元朝赠予"江阴都察使陈总管"。

【批判】(1)一般地说,忠臣烈士号必定会有与此相关的赠号。"沿江显应"、"沿江救民"、"护国济民"、"沿江都察"中,又有哪处出现忠烈之号呢?(2)四家说法中,《郡志》最后出来,封号增多,文字中也增加了美号。前三书怎会弃而不录呢。时代越近,事情却越来越详细,这与理不通。(3)况且黄常明确说"宋亡,笠墩乱起",宋朝理当没有时间赐予其封号吧。啊,(《郡志》的编纂者们)你们应该恨自己出生得太晚。如果你们与黄常同一时代出生的话,你们被委托执笔的话,就不会写这样(无理)的东西。(4)《贺志》说"陈三太尉",太尉位极人臣,是秦汉以来的三公。这样一个小小的州(元代江阴州)的范围内发生的暴乱,一介乡民为首击散的话,这不是什么大事,论功行赏的话,给予绢布是通常的封赏吧。马上就授予崇班极阶,即便是倡优演戏,臧获说梦,也不至于此。而且(5)黄常的记中也未所闻的事实,《贺志》到底从何得知。颜氏从《贺志》继承,《郡志》涂墨(陈三太尉的事勾销),这《贺志》的记述实在有点过火吧。[史料067]

第三,就"**名字**"而论——陈忠死时,年仅17岁(原注:……在《罗志》中可见到;同时,还记载说注者自己亲眼看到陈家所藏的文书),加之又是田野间的一介小民,可能没有字,"肖一"应是辈行,而黄常却误认为是字。此后,陈氏子孙认为此字太奇怪,于是便使颜氏伪造出字,称之为"世杰"。[史料068]

第四,就"**祭祀**"而论——都说在八月初八日祭祀。《黄常记》、《贺志》、《颜志》三书没有说是"敕命",到了郡志却说"天顺年间令有司"。天顺年间又怎能把国初、宋元时史籍中都没有出现的传说,更为细致地加以解说呢?

朱元璋即位后展开了祭礼的改革〈第四章第一节〉。在有关祭祀忠臣烈士的诏敕下达之时,巫师陈氏贿赂了县官,县官以前代有封号为名,把虚假的陈氏传说申报上去。虽然荒唐的称号在洪武三年(1370)神号改制中被改掉,但申报还是被原样采用,知县贺子徽甚至煞有介事地把其和延陵季氏并列祭祀。此后,光顾季氏庙的人越来越少,庙也逐渐荒凉,陈氏祠却在巫师的煽动下,其香火日趋繁盛。虽然说有诏书令行祭祀,但却怎么也找不到当时的案牍①。[史料069]

就这样,黄傅下结论说:"以季子这样的高风亮节,可以扫清世上的尘芥。而曾是其封邑的江阴县的百姓却懈怠了其祭祀。而对陈忠这样实不足取,甚至连充当季子下仆资格都不够的昏童妖鬼,天子的命吏、读圣贤书的士人,都郑重其事地供奉、祭祀他。这简直像让自己的父母挨饿,而去供养盗贼。"

(四)

至此,我们已经了解黄傅不留任何情面地批判了土神信仰、迷信。以黄傅所留下的资料为基础的考察,在下一章中还要进行。在此,需要从别的角度,对史料中的黄傅本人进行论述。

众所周知,中国士大夫、文人在撰写文章时,有引经据典的传统。这并非只见于艺术性较高的韵文,就是为政治甚至社会目的而作的散文的叙述方面,也经常是这样。在此,除了从经典中引用章句外,有时不一定明示,但却沿袭晚近时代先辈的文章的主题、论证方式、措辞等。当然,由此而产生的观点等,也并非完全落入俗套。虽然以先人文章为基础而执笔,但描写与先人时代完全不同的、新时代、新空间的特征的情况也不罕见。

作为其典型的事例,可以举出笔者曾经介绍过的抗租史料。浙江嘉兴万历《秀水县志》的风俗项中的抗租记载,自从藤井宏发现它以来,该史料已变得非常有名。明末经常发生的抗租斗争,并非是因饥饿而引发的,而是源自于小农的以纯粹商品生产为主的再生产结构以及从事远距离商业的外来商人集团的出现等因素,它提示了特定社会结构的性质。该记载中所包含的几句文言,也为清代的抗租记载所沿袭。我已得知该记载的执笔者是乡绅黄洪宪。但是,表现存在集体抗租现象的主体部分的文言,却好像引用自南宋吕祖谦(号东莱)《吕东莱文集》中的抗租记载。毫无疑问,黄洪宪以吕

---

① 黄傅关于祀典的议论,有些难懂。关于明初陈忠以"江阴陈烈士之神"列入祀典一事本身,黄傅似乎极力否定。但与前代之事不可相提并论,同属明代,而且洪武年间,恐怕不会是知县自己伪造的吧。或者当时江阴县衙门中,并没有保留当时的文件。

祖谦的记载为铺垫来架构万历《秀水县志》的抗租记载。当然,这并不是说,该记载所显示的社会新事象并非南宋时已有,而是借用先人文章的表现手法,来描写黄洪宪所处时代的社会新事象和经济结构〈滨岛 1982:530-531〉。

黄傅也有着同样的举动。经常被宋代礼制、宗教研究者列为考察对象的陈淳,在朱熹出知漳州时投入其门下,被朱熹称赞为"南来后,吾道得陈淳传矣"的在野学者。陈淳文集《北溪大全集》所收的《上赵寺丞论淫祀》一文,详细叙述了当时漳州民间信仰[史料 074B]。该文非常详细地涉及当时很难处理的问题:如存在着被当作"神"的无数"淫鬼"及祭祀他们的庙宇,其迎神赛会的状况,为解决其经费而进行的无理征收、"正祀"与"淫祠"的区别等等。当然,其文言并非是一样的,而且"巫"的实态等〈下章详述〉也存在着许多陈淳所未介绍的,而由黄傅首次澄清的现象。尽管如此,其主题、口气及文体等方面,我们并不能完全否定黄傅有从陈淳那里继承来的东西①。

小　　结

可能由于有着与普通知县相异的执着,才使得黄傅去彻底地揭露江阴县土神的形成过程。不管其文章结构及表现手法是否承继过宋代先学的影响,他所描写出来的是 15 世纪末江南的情况。

通过本章考察,我们可以得出如下的见解:

第一,元末时已出现拥有"总管"号的土神。其总管号可与太尉、烈士等互相替换。上一章所命名的"总管信仰",在该章中也得到证实。

第二,他们全是有姓有名的人格神,且有同姓裔孙。其裔孙便是"巫师"之类,且世代为巫。

第三,全部都由其子孙(或者是由受其子孙之托撰写碑记的人)伪造出宋元时期的显灵及封爵传说。可以这样说,土神的封爵等传说都是后世伪造出来的。

第四,传说的核心,体现着江南三角洲的区域性质,都是保佑水运、漕运

---

①　黄傅的批判还及于其他各种庙宇。如对于城隍庙,对于《颜志》所载的防护火灾及驱蝗传说,他批判说这是社稷、山川的自然神。

的传说。关于这一点,已在常熟县得到证实,但其祖型、先例却分布在邻接的江阴县。

第五,在常熟县,弘治年间知县杨子器从士大夫的立场出发,把多数土神定为淫祠,并进行禁压。江阴县也存在着类似的情况。

通过上一章及本章的叙述命题,我们在此引导出下面的问题:"鬼"、"神"到底是什么?元末以来江南三角洲的土神,为何都有"总管"号?"巫师"是什么东西?国家礼制与土神之间是怎样发生关系的?下面的各章将对这些问题进行考察。

第三章

由鬼向神的转变
——产生总管信仰的契机和结构

小　序

至此我们已了解很多江南三角洲的神。本章将以前两章通过解读搜集到的史料而浮现出来的历史事象为基础,对"神"、"巫"、"总管"等进行更深入的考察。

第一节　"神"的要素——义行、灵异、封爵

（一）

迄今为止所找到的江南三角洲地区的土神,都不是从天而降的,也不是与天然之"气"并存于自然界的或者突然从深山大海中冒出来的自然神,而是曾在世上生活过有姓有名的人格神。因此,作为曾经活着的"人",每一位神都有其生前具体活动事迹的传说。

先来看一下序章中出现的常熟四神。常熟的金总管,名元七,昆山县是其故乡,并有其祖先、子孙的系谱。常熟李王,源自长兴李王,是故乡位于长兴某一特定村落的李禄,并有子孙。常熟周孝子,虽然随着时代的推移,其故地也在增多,但全都是有故乡,名容,也有子孙（各地陆续增多）,并存在父母、外祖父。只有刘猛将存在着各种各样的刘姓神,在江南主要是刘锜、刘锐或是刘宰,再加上官方所定的刘承忠,全被当作有姓名的曾在世上生存的人物。成为明代中期江阴知县黄傅批判对象的土神中,陈烈士（总管）也有

"忠"的名字,有子孙存在,并逐渐形成其父、祖父的传说。李太尉名兴祖,有子孙,并与长兴的系谱连在一起。沈总管的名字虽然不详,但有子孙现存。王太尉名九三,其系谱与苏州长洲县荻扁村的王氏相连,并存在子孙。

这些土神中,除了极少数不能排除其在活着的时候就可能已成"神"外,其绝大多数都是死后成"神"的。在表明神的由来的传说中,"殁后成神"、"死后为神"等经常可以见到的套话,也证明了这一点。

也就是说,这些土神都曾作为现世的人生存过。那么,他们又是怎么样成神的呢?① 作为汉族的牢固观念,通常认为活着的人是因魂(=灵魂)和魄(=肉体)的结合而存在的,因而人的死,也就认为是魂和魄分离〈加地伸行 1990:16-17〉。分离总归是分离,并不意味着消灭。如是这样的话,死后,人的灵魂将继续存在,死者的魂通常被称为"鬼"②。也就是说,既然是人,无论何时何地,都逃脱不了成为"鬼"的命运。但是,也有成"神"的极少部分死者的存在。那么,他们又是怎样才能成神呢?

如已见过的那样,金总管、李王、周神、刘猛将、陈烈士、李太尉、王太尉、沈总管,虽然程度上有差别,但都有生前义行或悲剧性死亡(或者两者的结合)的传说。这些要素有强有弱,有的时候,也存在像金总管那样强调生前以来的灵力,没有特别义行传说的情况。同时,悲剧性的死也不是必须具备的,上述神灵中只有刘猛将(刘承忠,为殉元而投河自杀)、江阴陈烈士满足这一条件,而如果说前者并不产生于江南三角洲地区,而是形成于北方,经国家政权的强制而进入到了江南的话,那么只剩下陈烈士一例了。江南三角洲的传说中,死后成"神"的"人",生前至死后这段时期,可以说肯定要显示出来的是"义行"(包括灵力在内,有着常人以外的资质)。在此,可以确认作为成神的要素,首先是"**生前的义行**"。

---

① 迄今尚未能判断由"人"变成"神"的这一过程,是直接转变的,还是先经过"鬼",再由"鬼"变成"神"的。而且,"人"是否或多或少都有着"神"的资质,也是个未知数。目前有关这些土神的神学方面所积累起来理论、说法基本上见不到。另外,关于"人"的"神化",〈落合仁司 1998〉运用记号伦理学、集合论来分析基督教"三位一体说"中的"圣灵"论及佛教的"人人皆有佛性"论等,很具启发意义。

② 前章中所见到的江阴知县黄傅,坚决否认"土神"是"神",他不过把他们看成是些死者而已,因此称他们为"鬼",其子孙则称为"鬼孙"。另外,把鬼(死者的灵魂)称作"鬼神"的例子也偶有所见。可参照第四章第一节所引用的《皇明制书》中的《洪武礼制》有关祭祀方面的记载[史料 082;史料 083]。

（二）

曾在现世的"人"中，为他人行义的人数量庞大。但这并不是说，他们死后全都变成"神"，而是绝大多数都变成默默无闻的"鬼"。"鬼"与"神"的区别在于，此后的他是否显灵，也就是根据死后是否表现灵迹来决定。

神灵们显现的奇迹，正如史料中所经常出现的"有祷必应"［如史料026］那样。也就是祈祷者在庙中如要祈求什么，就会得到其相应的结果，实现自己的愿望。汉族的不少庙宇，一进门就可看到"有求必应"的匾额。

大多数的传说都告诉我们，神灵本身可显现出让人看到的身形。但有时也在梦中显现。如长兴李王是让准备屠城报复的理宗皇帝和宰相史弥远梦中见到他站在枕边劝说不该给无罪的市民带去惨祸［史料016］。江阴陈烈士并不是亲自去告诉家人自己成神的事，而是让其他神（龙子）托梦告知其家人。如上所示，我们也可找到一些托梦形式的显灵。

当然，绝大多数的传说都是"神"直接显形。如金总管是自己去拜访别的船而使该船得到保护［史料007A］；李王是在风雨不测之时，显形于波涛中佑护漕运［史料016］；周孝子是在淮南施放紫苏汁［史料025］，并在蝗虫来袭及北军来侵之际显形于空中［史料033］；有着漕运保护传说的江阴沈总管也在波涛中显现［史料055］；王太尉也有海市蜃楼的远方显出骑着铁马的身形［史料057］；陈烈士是在夜间遇险的船夫们仰天长啸时，率着文武将吏出现在帆柱的上空［史料062］。总之，这些神除了不可视的阴力佑助祈求者之外，还以可视的形式显出身形来。

在满足第一条件"生前的义行"外，"神"还需尽可能地以可视的形式显现，创造奇迹。这一现象即"**显灵**"，是区别单纯的"鬼"（死者）与"神"的第二个要素。

（三）

在台湾省台南市西北郊安南地区，有一座祭祀1944年冬因飞机被美军舰击落而战死的原日本海军台南航空队杉浦兵曹长的"飞虎（行）将军"庙。1995年我偶然得到了一份通过采访信徒而得知其由来的介绍文章：

> 自飞机被击落以来，原本是不毛之地的该地，每晚都有杉浦兵曹长的灵魂显现，自那以来，该地稻作丰收，养猪、养鱼等一下子顺利起来，为了报答他的恩惠，当地人于是建庙祭祀。其信徒日益增多，中彩票

("大家乐",六合彩)很灵验一事特别有名。

〈廖东壁《飞行将军——杉浦茂峰海军飞行曹长》,台湾台步二会《创立五周年纪念大会志》,台南:1994年〉

1999年11月初,我花了十几分钟再访当地时,得到了一份日文的《镇安堂将军府缘起》(油印本,1998年冈山县津山市印刷,著者不明),文中写道:"为避免坠落到该地村落而使当地居民蒙受其害,他没有逃离飞机,而是驾驶飞机向大海冲去,与飞机一道沉入海中。当地居民经常梦到他。"

如果没有进行史料批判这道程序,就把这些传说当作历史资料加以引用,可能会存在一些问题。但是,这些记载是否属实,与本书的宗旨并无多大关系。与此有关的是,把死者当作"神"来信奉的人们,到底有着什么样的观念的问题。这里引起我们注意的是产生"神"的类型:生前义行(使当地人免受其害)、悲剧性的死(坠机死)、死后显现(梦中站在枕边),并显灵给予当地居民的现世利益(丰收、中彩)。在此可以确认,这里所具备的义行、悲剧、显现、灵异等关键词,与江南土神诞生的要素相同。

[补记一] 1999年至2000年的半年间,应张哲郎教授的邀请,我前往台湾政治大学历史系讲学。毕业于该校、现在成功大学历史系任职的林德政教授为获得学位,每星期都要来该校,并参加笔者的研究生讨论班,因而我得到了他的诸多帮助。奇巧的是,林教授正好是该庙所在地台南市安南区的区志主编,他赠予我一本1999年6月才出版的《安南区志》。据该志记载,"飞虎将军庙"也叫做"镇安宫"、"镇安堂",受位于同区海尾的"朝皇宫"管辖。传说杉浦兵曹长的飞机被击落的瞬间,他"不忍心飞机掉在村落中而使村民受害,他勉勉强强把飞机驾驶到村落外而坠机身亡。村民们受到感动而建庙祀之,并名之为日本王爷。"

[补记二] 台湾中部西海岸的嘉义县东石乡副濑村土地庙的主祀神虽是福建移民传统的土地神"五府千爷"〈增田福太郎 1935:26-27〉,但在20世纪初,曾驻扎在此地的日本巡查森川清治郎却被当作"神"从祀在这儿,庙中有其穿着当时警服的神像。当地流行着如下的传说(《义爱公传》1999。嘉义初中教师平井新采访其妻森川爱的记录的翻译重刻):森川巡查长在任期间非常和蔼可亲,十分重视当地卫生和教育事业,保护当地居民,甚至让其妻也参加到当地居民的徭役中去。有一年要增税,而住在海边贫困的渔民却无负担能力,因此森川向上级要求妥善处理,但却遭到上级的一口拒绝及

训斥,为抗议此事而自杀了(剖腹说、手枪自杀说)。20年后,村长见到巡查长在他枕边指示说:"最近将要发生瘟疫,你们应注意废水处理。"说完后便不见了。后来村长带领村民们按其指示行事,结果瘟疫发到邻村,而却没有殃及本村。

在此,我们可以完整地见到生前义行、悲剧的死、显灵并带来恩佑的类型。另外,1937年日本童话协会的志村秋翠所著的、官方推荐书《明治的吴凤》中却完全没有谈到增税、抗议、自杀的经过,而是说他在疫病发生时,他尽力救护当地村民,努力劝说那些拒绝避难、隔离的村民,最后自己也感染而死。《副濑富安宫、义爱公传》1992年复刻〉

(四)

有了"生前的义行"、"死后的显灵"这两项要素,"神"实际上也就产生了(如前述飞虎将军那样)。但是,迄今为止所见的所有江南土神还有一个共性,那就是他们都拥有由王朝授予其封号的传说。除了极少数之外,都说其封爵、赐号是前朝(宋元王朝)给予的,没有一例称当今王朝赐予其封号。之所以会这样,是因为这些由王朝授予的封爵、赐号都是伪造的。当然不会去伪造当今(国朝)皇上许可并进行封赐的传说。

那么,为什么要伪造这些封爵呢?虽然没能找到直接的史料,但我们可以从逻辑上进行推测。非常有名的正统价值理念规定,"祭祀不(应或能)祭祀的,就叫做淫祠,淫祀(即便是祭)无福"[史料071;《礼记》"曲礼下"]。加之,朱元璋政权的统治组织虽然大多沿袭元朝,但在属于精神领域的礼制方面,则完全恢复正统的汉族理念,即采取扫除一切"胡俗"的政策。其中的一项便是重组下至各个家庭,上至皇帝的祭祀体系〈第四章第一节〉。其中关于祭祀"人神",规定"天下神祠,无功于民不应祀典者,即淫祀也。有司无得致祭于戏"。[史料072,《神号改正诏》]这一规范当然不是始于明朝的制度,而是传统的理念。把死者当作"神"来祭祀,必须要确认其生前及死后是否有功于百姓。那么,到底由谁来认定呢?传统上这是天子的职责,实际上则是由"礼部"来承担的。我们来看一下当时的诏敕:"朕思天地造化能主万物而不言,故命人君代理之。"[史料073《禁淫祠制》]在正统的理念上,神需要接受天帝在地上的代理者——皇帝的认证才能列入祀典,在接受了封爵、庙号后才成其为神。

自发产生于民众之间的众多土神,其最重要的社会基础便是民众们的信仰,正是如此,第一、第二要素是必不可缺的。但是,如果能获得国家政权顶端的皇帝——创造、统治全宇宙的"天"在地上的代理者——的认证的话,有了第一要素的"义行",第二要素的"显灵",再加上官方的认定,"神"的权威性自然就增强了。传统中国的国家和民众之间,虽然有强有弱,但同时存在着向首都、皇帝凝聚的向心力和背离的离心力的各自作用。如从正统理念来看的话,众多的土神无疑有悖于统治精神世界的皇帝,是一种离心力(可看一下愤怒的黄傅的焦虑)。

尽管如此,民众们并不安心于只有第一、第二要素,他们也在孜求第三要素"**敕封**"。在无法树立起对抗以皇帝为顶点的金字塔形统治阶层的自发权威时,民众,尤其那些与一般信徒有别的宗教职能者(庙祝、巫师等等)把获得国家权力的认证视作是提升"神"的权威。

但正如黄傅故乡兰溪县圣寿寺主持对黄傅所说"丛祠野庙遍布于山泽,无不有封号者,如果我们不做,一定要等朝廷,那么朝廷亦太忙了"[史料020]那样,就全体来看,能够加入祀典的庙毕竟只有极少数。因此,伪造封号一事,与其说是横行,不如说是自然而然的现象。上述从元代至清代的江南三角洲的土神,无一例外都拥有爵位、赐号的传说,可以说其中的绝大多数都是伪造或自称的①。

(五)

至此,我们通过考察众多的江南土神,探讨了其属性,即构成要素。死者除了成"鬼"外,如要成"神",还需要①"生前的义行";②死后的"显灵";③包含伪造(其实占绝大多数)在内的"敕封"等三项关键要素。就这样来看,它与"上帝←教皇←圣者"的天主教的组织很相似。通常天主教,在"列圣"(认证"圣者")时,存在着义行、悲剧的死、死后的奇迹及对其进行的非常严格的审查,经教皇的批准(上帝在地上的代理者)等三项要素。在正统的理念上,与中国的土神或"神"成为直接的崇拜对象相比,天主教并不把"圣者"当作崇拜对象,但在现实生活中,民众们还是把他们当作信仰对象的〈Brown 1981〉。现代日本人在接受欧美影响的同时,在理解汉语的"神"的

---

① 在清代至现代的方志类书能见到模拟皇帝敕封并易混淆的张天师的"敕封"行为。也不排除明代以前就已出现这种风俗的可能性。从社会经济史的关心为出发点来探索土神的笔者,缺乏探讨"教团宗教"的经验,因而未能就这一问题进行更深的讨论。

语义之际,还有必要了解这一点即传统中国的"神"(人格神),是一种与 saint(圣者)非常接近的东西。

第二节　巫孙——萨满和诸神

(一)

我们已经得知江南三角洲的土神都是有姓有名的人格神,同时这些土神大都有子孙后代,且其多数好像是宗教职能者。

黄傅明确地指出了这一点,而且还说在神的形成过程中,不可或缺的传说的伪造,是由这些子孙来完成的,他们是"巫孙";那些有助于"巫业"的传说都是由他们编造出来的。关于"巫",黄傅在正德《江阴县志》卷七"风俗·异教风·巫"中有过如下详细的描述:

巫。如是妇女,则叫做师婆。巫行术之时,雕刻、绘制神像。如在家里做神事,则其家称为神堂。百姓有事于神时,必定带着香、纸钱参拜,称为见堂。完事后跟神告别,肯定要拿牲醴报答,称为谢堂。

(巫师)以帛自缚其脖,两手紧握,佯装做两人左右急拉的样子,让人觉得其脖子好像要被拧断一样。不久(巫师)持杖正座,目视云汉一会,口吐白沫,喉咙里发出冷咽声,说是鬼神附体。(巫师)揣摩人意,乱言祸福,称其为降神。(……甚至挥刀自砍,以示奇异。巫师手中所持之杖,叫龙杖。)

谈及祸福之时,有时说要崇拜某神而让人祭祷该神;有时说某鬼为妖而让他们被除不详。届时,供品、道具,各有定式,无所不备。信徒为了筹措供品、道具,甚至拿衣服、被子作抵押。如果还不够,甚至于卖掉田庐、子女,让父母劳作,卖掉丘墓,沦为盗贼,无所不为。只要是供奉鬼神之事,绝不拖缓。因此终年勤动所得,日夜所作,顷刻之间,像烟、雪般消融化无。只会让父母、儿子、女儿哑然。不久,饥饿、疾病依然如故,要是再碰上讨债的人,那实在太悲哀了。

烧掉纸马,以香灰搅拌,用水调和让人喝掉,说是能治病。(巫师)禁止(患者)服药,如果随便煎药服用,就会遭到神罚,这叫神医。……

打钟击鼓,树立旗帜,让二三十位化妆过的少女,手捧神牌,怀抱香球,抬着神像,出游村落之间,所到之处,让人摆设酒水供奉,这叫"出殿行香"。到时拿着斧头,看到别人家的丘木、庭树,削其干而书之(庙的用材之类),将来充作建庙材料,称为神材。抬着神像,拿着"记历",卖给家家户户,称为"抄化"。

  骑马张伞,头戴大帽,身穿红袍,腰系环带,前往里社,以求赂遗(或是乘舫张篷,饰以灯、香。详见淫祠),称为陈府舍人。大概时俗以官家子孙为舍人,而高官之家称为府。陈巫自称是太尉、总管的子孙,其家为府,而自己则是舍人。……[史料074A]

这里,黄傅较为详细而具体地介绍了陈总管等巫师的活动,其中包含非常宝贵的叙述。与前章末尾中提到的北宋陈淳对土神、淫祀的记载相比[史料074B],其主题相同、文体酷似。尽管如此,但关于描述巫师的详细程度,黄傅则远远超越了陈淳。

这里所描述的巫师,通过卡自己脖子,进入出神状态(史料中称其为"入巫"),借此鬼(亡灵)或神附身于他们,即"凭依"。那些遭遇疾病及各种不幸的人们向这样的巫师询问原因,让附身于巫师的鬼神说出因缘。作为其对策,便是由巫师施行被禳等"法事"[史料075]。当然,要达成此事,他们将不得不准备规定的祭品、道具,同时还要为巫师等宗教职能者备上"谢礼"。

(二)

黄傅谈到了明代中期江阴的宗教职能者(巫师、师巫)通过"鬼神附体"(让鬼、神跑进自己的身体)这一形式,充当人类与鬼或神的媒介的情况。显然,他们这些巫师(或"师婆")都是属于灵媒(spiritual medium)范畴的宗教职能者,这里所呈现出来的宗教现象,应该可以归之为萨满教的范畴。

众所周知,"萨满"(shaman)、"萨满教"(shamanism)这样的概念,原本来自于东北亚通古斯系各民族对宗教职能者的普遍称呼。那一地区的萨满,通常称之为脱魂型(ecstasy type)的萨满。宗教职能者进入出神状态,其魂魄离开肉体游到冥界,与神灵、死者或异类相遇后,魂魄返回其身体并告知托付之意。

黄傅所载巫师的灵媒活动与此相异,进入出神状态后,宗教职能者身体内有鬼、神进入,鬼神借其口进行托付。这样的灵媒,一般称之为"凭依型(possession type)的萨满"。

过去,世界上的萨满研究学界只把脱魂型视作萨满,而没有把凭依型的宗教职能者归入到萨满的范畴。但是,现代学界则扩大了对萨满及萨满教的解释,绝大多数学者把凭依型萨满与脱魂型并列,把它们看成萨满的两种类型〈长野泰彦 1971、佐佐木宏幹 1980 • 1983、Hoppal 1984〉。

自古以来,中国存在着官方制度的"巫"及民间社会中的"巫"俗等等,"巫"是一个由来已久的古语①。

中村治兵卫曾对唐代、五代、宋代的"巫"的变迁有过精心的考证,并得出了如下结论:"宋代对巫的态度与唐代相异","唐代时在太常寺下属的太卜署中安置巫师十五人,以备皇帝及宫廷之用。"与此相对,"宋朝……废除太卜署,也不任命巫师","宋代皇帝和后妃不像唐朝那样相信巫术,过去巫在宫廷中所起的作用也被医师(治病)和道士(厌胜、占卜)所取代"。"到了宋代,上古以来便与王朝相始终的巫发生了变化,逐渐沦落为民间社会的一种存在","但巫在庶民中间仍深受崇拜"。"宋朝继承了五代后周时对巫的打压政策,并向全国推广","通过科举选拔出来的新官僚把巫当作左道,并因其拒用医药这一点,在某些地方遭到了取缔"。〈中村治兵卫 1992:85。这些是他发表于1971年至1978年之间的论述。〉宋代这些民间的巫师"认为其有神灵及凭依的神"。〈中村治兵卫 1992:135〉

因此,巫师的存在及其活动并非是明代特有的现象,而与宋代以来的中国民间传统的巫属同一范畴。但是,像黄傅的批判那样详细的描述则是非常罕见的(20世纪80年代初,当笔者在唐代史研究会的口头报告中介绍这则史料时,中村治兵卫教授是这样说的)。因此,黄傅为我们留下了极为珍贵的史料。

通过这则史料,我们可断定近世江南的巫师、巫婆是凭依型的萨满。如果再看一下现代台湾、海外汉人社会的众多的调查报告,汉人社会中的巫师可能都与此相吻合。

(三)

通过上一章中黄傅对土神的批判及这一章中对明代中期江阴巫俗的描写,我们可以得出如下的想法:

土神几乎无例外地有子孙一事,实际上与这样的宗教活动有着内在的联系。一般而言,这些子孙都是从事招魂、灵媒活动的宗教职能者。对于怀着各种不可能解决的问题而来访的依赖人,巫师让鬼、神附身到自己身上,

---

① "儒"的原型原本是一种摄招祖先之灵的萨满〈加地伸行 1990:18〉。

以托付鬼神的形式,道出问题的起因乃至其解决方法。

当然,他们必须提升自己所凭依鬼神的权威。中国的巫师到底是凭依什么样的鬼神呢?是不是繁杂众多的"鬼"、"神"都是其凭依对象呢?第一,如果说巫的原型是招祖先之魂〈加地伸行 1990:18〉的话,可以推定这些世袭巫师中,凭依最多的是其祖先的灵魂。第二,依赖人如没有指定特定的鬼神(比如招出自己的祖先或其他亲属等①),在咨询神意时,这些专业的、世袭的灵媒所依赖的可能就是他们自己的祖先。

巫师们绝对有必要提升通过自己口说出来的托付的可信度,为此他们不得不提高自己所凭依的鬼神的权威。因此,附身于其身上的祖先,并不单纯是鬼,而有必要把他们塑造成神。正因如此,才会创出有着义行、灵异乃至封爵等构成要素的显灵传说。

如是这样的话,A(神)与 B(子孙)的关系,如从逻辑上而言,应该颠倒过来考虑,即先有 B(子孙),而后才有 A(神)。并非是有"神"的存在,才有"子孙"的存在。首先是有了宗教职能者、灵媒的"子孙"的存在,才会把实在或想象的"祖先(鬼)"塑造成"神"。"神"是子孙创造出来的东西,甚至可以说,没有子孙,就不可能有神。如果把巫师视作凭依型的萨满,那么就可认为凭依现象是巫师们的中心活动,由此我们可以推导出上述的结论。如是这样的话,我们就能说江南土神大多都有子孙的现象是一种必然的存在。

作为巫师的子孙,把自己的祖先=鬼甚至当作"神"来祭拜的现象,到底可以追溯到什么时代呢?笔者没有解答该问题的能力。但考虑到中村治兵卫等人的研究成果,这一现象并非限定在明代,可以肯定至少在近世(宋代以后)时很可能已存在着同样的现象及组织②。

对世袭的巫师而言,这样的宗教活动当然也是营利性的活动。黄傅用"巫业"来表现该活动,以伪造传说为"衣食之源"[史料 066],也就是为便于灵媒这一营利活动的展开而进行的工作,使其以后的乱言更具权威性。关于灵媒活动,信徒及咨询者必须支付"谢礼"〈史料 074A"见堂"、"谢堂"〉。

---

① 这种活动在现代台湾等地经常能见到,当地叫做"牵亡"。在江南三角洲,"摄招魂魄,与先人问答"的行为,被叫做"关亡"〈民国《盛桥里志》卷三"礼俗志·风俗"〉。

② 如果仔细阅读〈Hanson 1990〉所提供的史料,就可发现宋代也有许多神灵拥有子孙的例子。我们是否也可认为宋代也有着与元明清江南三角洲一样的宗教现象呢?Hanson完全没有从萨满教的角度进行分析(末尾所附索引中完全不见"巫"等用语,而且也没有参考中村治兵卫 20 世纪 70 年代的各项论考),很可惜她未能进行深入地考察。

巫师在接受了托付后,当然要采取相应的措施,信徒也就必然要花费一定的钱财〈史料074A"祭祷"、"祓禳"〉。这样一来,农民们所挣的钱财,半数就花费在庙里供神及焚烧纸钱等,商人们所赚的钱也多花费在购办羊、猪等供品上。黄傅还指出：

> 有所谓"陈老太"、"沈老太"之神(即陈总管、沈总管),其祠宇之所在,不能一一列举,其神像数不胜数,几与庶民之数相等。凡有聚落之处,无不有其庙。家宅的壁、梁上,没有一家不刻画有其神像。全县人口十余万,其中仕宦数十家,故旧仕宦数十家。还有衣食足的(中等)人家有数百家。其他则大抵是巫家,除外便是事巫之家。(他们)的吉凶、缓急,全都听从巫。……(不服药,饮其符水)……巫师的"龙杖"[史料074]一挥,百姓家终年所得便被拿来用了,法事(祭祷、祓禳)一定,其多年积蓄便花光了。[史料075]

也就是说,"土神"的子孙,是为了营利而出现的凭依现象的专业宗教职能者＝灵媒。

第三节　漕运和商船——总管信仰形成的社会基础

(一)

通过凭依鬼神从事灵媒、招魂等营利活动的宗教职能者的巫师,为了提高自己所凭依的鬼神的权威,伪造了有利于其巫业活动的祖先显灵传说。但是,前二章中所见到的江南土神的显灵传说,讲述了疫病、蝗害、水旱、外敌等属于与时代、地域没有特别关系的汉民族共同的现实利害关系。除了这些以外,还可找到江南三角洲(狭义的江南五府)固有的、特有的显灵传说,那就是保佑漕运乃至水运的传说。从方志、笔记小说乃至先行研究中,看不出宋代江南的土神有着这样的特征。也就是说,这样的传说是元代以后产生的。元、明的显灵传说中,都说到宋代因护佑漕运有功,得到宋朝的奖励＝封爵。毫无疑问这些都是伪造的。保佑漕运的传说是元明时代产生的。

也就是说,元明时代江南三角洲的巫师们,在伪造自己祖先的传说时,都把重点放在了保佑漕运、水运的方向上。元末时丝毫没有保佑漕运传说的昆山金氏,在明代前期也创造出了漕运传说。

作为一种常识,从事入巫营利活动的职业巫师所讲述的传说的内容及方向,对于通过巫师询问神意,并通过他们避免一切灾难和寻求保护的依赖人的需要,产生了巨大的影响。与同时代其他区域不同的是,强调保护漕运的传说,在国家收取米谷主要基地的江南得到了认可。不单如此,除了**地域**的因素外,我们还有必要考虑到从保护漕运中受到恩惠的**阶层**的问题。保护漕运传说与自耕农及佃农毫无利害的关系(关于这一点,第五章将作详细的考察)。如是这样的话,能从漕运或水运的灵异传说中找到切身利害关系的人,到底是什么样的阶层呢?一般而言,从事专业水运的社会集团首先会成为其支持者。但从宋代到元代,属于这样集团的人们,大多是妈祖(天妃)的信仰者〈爱宕松男 1943〉。而在江南三角洲,如黄傅等明人所条述的那样,各种各样的总管神,并不是在专业水运集团中,而是在农村社会的广大居民中维持其强固的信仰基础。

(二)

我们已经在元末常熟州(元代海运的出发地)"海神李王"的热心支持者、后援者中,找到了当地大地主常熟曹氏(在购买为备庙会出巡费用的祭田时,他们承担了一半资助)。史料《李王狱级碑》中谈到了具体的人名:"曹氏五兄弟提供田地。长兄积中为监修国史长史,其次善诚为太师府掾史,之逊为镇江路钞库副使,必达为平江路长洲县尉,有永为分湖巡检。"其中曹积中、曹善诚二人的官职是"监修国史长史"和"太师府掾史",这两项职位都不是实位,只是名号而已,大概两人都是在老家从事经营活动的。但是,曹之逊、曹必达、曹有永的官位应是实职。其中长洲县尉和分湖巡检都是从事警察任务的,我们应予注意的是镇江路钞库副使这一官职。钞库(交钞库,至元十九年后称为行用库等)管理更换新旧交钞的"倒钞"事务。与明代宝钞瞬间就变得毫无价值不同的是,因为存在着足够的准备金制度或与食盐专买相连动①,直到很晚交钞还在流通,而"倒钞"在其间发挥着极为重要的作用〈前田直典 1973＝原 1944:59〉。设置在商业交通要道镇江的钞库,其地位应该是很重要的。在元代这样的官府里任职的曹之逊,他应该是拥有相

---

① 元朝的食盐专卖制度与纸币制度(钞法)相关联,起着一种准备制度的机能,在维持交钞价值方面发挥了一定的作用。与此相对,明代虽然也继承了榷盐制度,但那是以"开中法"的形式,与北方粮草相关联,基本上没有采取维持大明宝钞价值的有效举措。北事、周边环境的差异,可能对元明的纸币制度产生了影响。

当的经济知识及处理财务的能力吧。

关于常熟曹氏,还留有一则很有意思的记载。即弘治《常熟州志》卷二"文庙·大成殿"条所引的唐泳涯撰的《碑记》,如题目所示,这应该是与常熟州学孔子庙有关的碑文。至大二年(1309)知州韩居仁、教授唐泳涯在重建孔子庙时,"福山曹万户南金、弟司承进义(校尉)艮玉、总管承值(郎)济满、平准副使友仁"等四人提供了经费。福山是位于常熟县城正北二十公里处的面向长江的河港城市,也是第一章探讨的常熟诸神的显灵传说中经常出现的地名。曹南金、曹艮玉、曹济满、曹友仁四兄弟①,与碑记A中的曹氏五兄弟是不是同族,由于史料所限,现还无法判定。但他们既然是富裕得能承担修筑学宫费用的常熟曹氏,则很可能与曹氏五兄弟同族。

这里也出现了"平准副使友仁"。平准库,正式称呼是平准行用库,是管理接受新发行的宝钞,并与金、银相兑换的官府〈前田直典1973＝原1944:59〉。从常熟曹氏两代人都出过管理交钞业务的财务官员一事,我们不难想象曹氏一族的经营活动可能与商业贸易有关。

同时我们还应该注意"万户"一词,毫无疑问这应该是位于苏州的漕运万户府的官员。另外还有"总管",从"承值郎"这一文职散官(正六品)的级别,可以肯定不是路总管(上路正三品、下路从三品)。也许和其兄南金的"万户"一样,同属与漕运相关的官职。

虽然缺乏决定性的史料,但元代突然出现,明初迅速消失的超大规模土地所有,应该是与海运相关。长兴县土神,且是单纯土地神的李王,到了常熟后演变成"海神",其社会经济基础应该就是属于漕运万户府管辖的元代海运的前线基地——常熟州的担当漕运事务的海商阶层的崇拜与支持。

(三)

元代常熟除了曹氏之外,还有拥有常熟州一半耕地的,被俗称为"徐半州"的徐姓超级大地主。无论是曹氏还是徐氏,与前后时代迥然相异的超大规模土地所有的产生、存在,用宋代以来的江南三角洲的地主制或开发史的理论是不能解释的。虽然曹氏等人的来由、发财的经过等完全不明,而进入明代后,其大土地所有解体了,甚至连曹氏的后代也不知去向。从所残留下

---

① 在汉语,尤其是古代汉语中,其含义远比现代日语狭义的兄弟广泛得多。我们应该留意也有指男系同姓集团的同代人(同辈行)的男性的情况。

来的历史记载、史料来看，江南的大土地所有制是在元朝统治时突然出现，后来又迅速消失。这不得不让我们想象其聚积土地的基础很可能与负担漕运的特权相关。最初组织元代漕运的朱清、张瑄，其积累巨大的财富及土地一事，是非常有名的〈藤野彪 1955、植松正 1965〉。

与曹氏比肩的常熟徐氏，明初时虽然失去往日的富有，但其子孙因创设徐市等而留下了名，并作为开发地主活跃在当时，甚至还出了进士，成为常熟有影响的地主、官僚，其权势延续到明代〈徐栻《仕学集》所收的行状〉。其元代时的家长徐珵，位居佩带"金虎符"的"元海道万户"〈滨岛 1989：107 所引吴宽《鲍翁家藏集》卷五八"传·徐南溪传"；史料 076〉。作为漕运万户府长官的"万户"，是正三品的高官，因而前述的"元海道万户"不能认为就是指该官职。也许与常熟的"万户曹南金"一样，都带着漕运万户府所辖的官职，从事海运实务。由于自汉代以来，金虎符是指挥军事行动的标志，因此可认为他是海运船团的指挥官。尽管该徐氏在元末明初时一下子衰败，但后来家道还是再兴。该徐氏在饥馑发生时，"遣人糴麦江北，得六百石，悉就舟次散给"，像这样具有在外地收购并通过水上运送粮食能力的人，无论其拥有多大的财力，都不太可能是单纯的当地地主，正如所载的"率其僮奴，服劳农事"[史料 076]那样，徐氏也直接经营农业，但另一方面，也有从事着商业活动的可能。也就是说，元末常熟的超大规模地主徐氏，也很有可能参与了漕运实务。

（四）

在确认元代以后江南三角洲土神信仰的核心是漕运传说的基础上，我们证明了海神李王支持者之一的曹氏很可能从事着漕运活动。

但另一方面，这些土神都有着可以相互置换的"总管"、"太尉"、"烈士"等称号。我们已经知道，其中的"太尉"称号与镇压反乱或保全乡曲相关，"烈士"的称号也有类似含义，尤其与洪武初年发布的有关地方祀典的诏敕相关[史料 073]。那么，"总管"到底是什么呢？

众所周知，相当于宋代州、明代府一级的元代行政区域的"路"的长官是"总管"。元代官制中，存在着许多总管。对地方上的居民而言，最耳熟的恐怕是"路总管"。因此，关于大量存在于江南的总管神庙，清代后期有一种似是而非的谬论说道：

> 元代官制，各路都设有总管府。达鲁花赤之下为总管，总管之下为

同知、治中、判官。如是散府，达鲁花赤之下置知府或府尹。扬州、杭州都是上路，有总管而无知府。黄宗羲说："今绍兴、杭州多有总管庙，全是过去知事之生祠。"我们常熟县亦有总管庙几处，都说神是金昌或其子元七。……我认为本来是苏州长官的生祠，而后人附会成金神。〈王应奎《柳南随笔》卷四"总管庙"〉，[史料077]

关于浙东地区的总管庙，笔者尚未专门收集过有关史料，因此无法断定这种说法的正确与否。但如若一定要谈的话，由于拥有漕运传说的土神仅存在于江南三角洲地区，黄宗羲对浙东地区总管祠发表的看法也许是恰当的。尽管如此，至少在江南三角洲，可以肯定王应奎所持的说法完全是附会的谬论①。正如江阴的事例所示的那样，除了府一级地方行政长官的"路总管"外，还存在着其他的总管。

在此让人想到了最初包办元朝海运的罗璧、朱清、张瑄，也被称为"上海总管"一事，以此为线索，我们来探讨该问题。

明代商船组织中，出现了"总管"一职。明代后期，介绍海外情况及海上贸易的著名的概说书——张燮的《东西洋考》中谈到了如下的情况：统括包含各商船交易在内的全体事务的是"舶主"，他也是"商人"的中心。居次席的则是"财副"一人，从事书记事务。他们与其说是船员，不如说是贸易商人及其仆人。与此相对，总管一人则"总理船中事务，代替舶主传呼"。也就是说，领导船舶航运的，即实际的船长似乎是总管②[史料078]。

张燮记载的事情，从嘉靖年间竭力禁止浙江、福建沿海走私贸易的朱纨向上请求"获财"的报告中也能得到证实。

> 王老、苏老、陈总老"三师老"，乘大船四只、草□二只出港。……（捕获一船的组织是）贼首黄老才富、二总黄连，他们都是漳州府诏安县人。总管、舵工方汉元，泉州府同安县人。直库王记，松门卫军余。〈朱纨《甓余杂集》卷四"五报海洋捷音事"〉

"总管"也散见于由朱纨记载的其他文献。这里的"才富"，也许与"财富"相通。商品主人"财主"并不乘坐货船，因而财富可能是船上的最高领导者。这样的"总管"，也存在于清代商船中〈松浦章1972〉。

"总管"称号也有源自此的可能性，但以此就下断论还稍嫌过早。第一，

---

① 王应奎《柳南随笔》收集的是俗说，错误很多。
② 可能相当于近世英国的商船（Navigater）。

现在还不能知道明代中期以前的船舶中有无"总管"一职。现在所能发现的元代商船的规则中,有"财主"、"纲首"、"梢工"、"杂事"、"事头"、"头领"、"火长"等名称,完全不能见到"总管"一词〈《大元圣政国朝典章》户部卷八 课程、市舶、"市舶则法二十三条"〉。第二,就包办漕运全体事务的朱清、张瑄的地位、职权而言,用各船舶的船长或航海长来称呼他们,似嫌过低。

接下来我们以朱清是"管军万户,兼管海道运粮船"〈《元史》卷一四"世祖本纪·至元二十三年十一月乙丑"条〉、被叫做"总管"一事〈《元史》卷一二至元二十年四月壬辰条〉为线索来考察。就源头而言,唐代的"总管"、"行军总管"是出征作战而编成的战斗组织——军团、部队的高级指挥官的称呼〈菊池英夫 1961〉。我们已经考察过宋代以江阴为根据地,指挥水军与金军作战屡获胜利的武将李宝,并推定江南三角洲土神的保佑漕运传说的产生与李姓相关〈第一章第二节〉。关于李宝的传记史料中,说南宋主力舰队指挥官李宝曾被任命为"两浙西路副总管、平江府驻扎,兼副提督海船"〈李幼武《四朝名臣言行别录》卷一二"李宝传"〉。宋代的总管是身居总司令部的军政长官及其参谋团的武职〈梅原郁 1990:130〉,即属于幕僚之类。完全可以想象,那些有"总管"(幕僚)实职的武官经常被任命为应对特殊事态而临时编成的战斗组织,即临时职务的指挥官(级别)。不用说,作为一项国家财政行为,从江南往华北的运粮船团采用的是模仿水军舰队的编成与组织方式。模仿军事行动而组织的海运船团的指挥官才是"总管"。

这里再介绍一下两则有关的旁证史料。如先学所考证的那样,朱清、张瑄最后落入了被籍没的悲惨命运,其子孙自然也在江南消失,但在浙江嘉兴府濮院镇却存在着自称是其后裔的朱氏。嘉庆《濮川所闻记》中载道:

朱氏宅:位于长水乡。元时籍产,只有朱旸谷一支留在镇上,其裔孙迁住石条街。〈卷二"宅第"〉

世宦祠:位于幽湖之南,朱氏家庙,祀宋元明及国朝同宗之人,故称世宦。〈卷二"祠墓"〉

元·朱旸谷:<u>总管府提督海运诸路总管兼理军务总制</u>。朱氏籍产后戍边,子姓畏惧而迁徙他处,只有一支留镇、郡,都称是朱旸谷之后。〈卷八"人物·仰达"〉

史料可能来源于濮院镇的朱氏"族谱",由于该方志是 19 世纪的史料,因而不能全盘相信。但我们可以注意该传说中把漕运与"总管"称号直接联系在一起这一现象。

虽然现在还没能找到铁证,但笔者在此还是要做出如下推论:拥有漕运传说的江南土神的称呼"**总管**",来源于元代**海运船团指挥官**的称号。

小　　结

在本章中,主要以第一、第二章中具体土神中所获得的见解中抽象出共同因素,确定江南土神的性质。

被比定为曾在世上生活过的人物的这些土神,全是有名有姓的人格神。普通的人,死后不过是变成亡魂=鬼。在变成神的过程中,其子孙所编造的显灵传说发挥了极为重要的作用。其传说通常由①生前的义行;②死后的灵显;③王朝的敕封三个因素构成。毫无例外这些神的子孙都是凭依型的萨满——巫师,他们为了抬高自己所凭依的灵魂的权威,伪造了传说。换言之,没有子孙,就没有神灵。

这些土神灵显传说的地域特征是保佑漕运。他们常有的"总管"称号,来源于元代海运船团指挥官的称呼,与保佑漕运传说的内在联系就在于此。

由于这些"神"具有这样的性质,在以儒教为根基的统治理念看来,这些土神都是些"非所祭而祭之"的典型的"淫祀"。那么,明朝的祭祀体制与他们发生着什么样的关系呢？这一问题将在接下来的章节中探讨。

第四章

明朝的祭祀政策与乡村社会

小　序

　　国家与社会或政权与民众之间的，统一与悖离，即"当为"与"实态"的游离且又并存的状态，是近世以来的传统中国历史中屡见不鲜的现象。特别是在宗教、祭祀方面，这一特征表现得非常明显。而另一方面，存在着以朱子学为基础，从礼教的立场来批判民间信仰的做法，在极端情形下，甚至会否定教团宗教的道教、佛教①。

　　而另一方面，如前面所见的那样，形成了以巫教为基础，不但与国家礼教、正统理念没有任何关系，甚至与一切教团宗教也无联系的民间信仰，并经久不绝。

　　至此我们已从民众的视角，对江南的土神信仰进行了挖掘、考察。接下来，我们要从国家正统理念的角度，看待、考察一下乡村社会中"小民"的祭祀、信仰到底是些什么样的东西，应该变得怎样才行。前面章节中，以黄傅为例，曾涉及过该问题的一角。本章将从国家层面上的典章制度开始探索，并把触角延伸到乡村社会中的现实中去。

---

　　①　士大夫家族在制定原理主义的规范时，经常可见到不允许道士、僧侣参与家里举行的各种仪式。如吴宽《匏翁家藏集》卷五"传·徐南溪传"中提到"凡释道巫觋，一切屏绝"［史料076］，另外该书所收的其他传记中也经常能看到类似的记载、文句。极端的情况下，明正德年间御史马玺提出了废除天下所有佛寺、道观的奏文〈间野潜龙 1979：366-367 所引《孝宗实录》弘治元年十二月丁酉条〉。

第一节 祭祀体系的整备

（一）

无论哪一个中国王朝，在其创立之际，作为国家组织原则具体化的一环，通常会制定礼制。除了普遍存在的王朝初创期的情况之外，明朝还把克服"胡制"列为一个重要课题，在衣冠、日常拜见、集会座次、丧葬等礼制的各个方面，都实行了大规模的改革。作为其中较为重要的一环，在《太祖实录》中可以找到大量实施改正祭祀制度的事例。

朱元璋政权对祭祀礼制的改正，在他即位之前就已开始。丙午年（1366）十二月时，"国之所重，莫先庙社"，他亲自主持祭祀了"山川"。作为自古以来的观念，祭祀领域范围内山川是被授予封土的各地诸侯的权利与义务。毫无疑问，"国"指的是诸侯领邦。从形式上而言，这一行为表明朱元璋还没有自立，仍然用白莲教政权＝大宋的年号"龙凤"。可以说，该行为是奉大宋正朔的吴王朱元璋的分内之事。

第二年秋天，随着主君小明王的死而形式上得以自立，朱元璋建成了圜丘（天坛）、方丘（地坛）、社稷坛《太祖实录》吴元年八月癸丑）。按汉族传统的规范，"天"只允许天子祭祀。在他即位后的诏书中谈道："前代＝元代……祭天者数不胜数，亵渎礼仪，僭越名分，没有比这更大的"［史料073］，批判了由北方游牧民族带进来的，与身份没有关系的祭天胡俗。这一年（吴元年、1367）的建造圜丘这一只能由天子祭祀的设施一事，可以看成是朱元璋和其领导的集团准备建立新王朝，在礼制方面的表白。

朱元璋一即位，就于洪武元年（1368）二月己亥，命中书丞相李善长、翰林学士陶安等人对圜丘、方丘、宗庙、社稷等四项祭祀，即天子应予亲祭的"国大祀"提出相应的看法。虽然其具体日期不明，但以此为基础，朱元璋要求"礼官"（后述）及翰林院、太常寺制定与"郊社、宗庙"有关的制度。接下来的三月己亥，他又命令礼官、儒臣完成了汇集历代帝王祭祀及各种感应、祥异事迹的《存心录》。由于"祀为国之大事"，这是编集"郊社、宗庙、山川等礼仪及历代帝王祭祀"及"感应、祥异"中引以为鉴的内容的书，可把它看成是此后制定礼制的基本路线（该书已佚）。

十月丙子，朱元璋命令中书省，要各地地方官将各州县"应该祭祀的神祇,名山、大川、圣帝、明王、忠臣、烈士"的具体事实上报上来,(经过礼部审查后)著之于祀典,令有司祭祀。[史料080]十一月庚子(冬至),他首次在天坛祭祀了上帝,十二月已丑颁布了府、县社稷坛的制度。洪武二年(1369)正月丙申,制定了城隍庙制度〈本章第二节〉。正月辛丑,对忠臣烈士等记载于祀典的"神"之外的祠宇,规定"尝有功德于民,事迹昭著者,虽不致祭,其祠宇禁人撤毁"。正月戊申,与太岁(金星)、风师雨师、岳镇海渎之坛祀一道,制定了城隍(坛)的祭祀〈本章第二节〉。此后,又陆续制定了其他各种祭祀制度。

(二)

这一系列祭祀制度的改订,其理念的最终归结是洪武三年(1370)六月颁发的《神号改正诏》[史料072]和《禁淫祠制》〈史料073〉。如下所示,前一诏书首先从批判历史上延续下来的制度的现状开始。

> 自前元丧失统治能力以来,群雄竞立,天下分裂,教化崩溃。朕奋起于布衣,以安民为己任,训练将兵,平定华夷,使天下统治归于正统。如要使天下得以永续统治,则必以礼为根本。此事就历代祀典而论,授予五岳、五镇、四海、四渎封爵一事始自于唐,此后历代王朝崇加美号。

对于上述的现状——沿袭历代王朝的、给予自然神以人君封号的这一做法,《神号改正诏》认为与自然神的性质不符,并作出如下批判:

> 朕认为不该如此。岳镇海渎,原本都是高山广水,天地开辟以来以至于今,汇聚英灵之气而成神,肯定(直接)受命于上帝,幽微绝非人类可测,何以国家(人君)会赋予其封号呢。亵礼渎经,莫甚于此。忠臣烈士之类(因原本就是人类),可以加封,但只宜当初之封号。"礼"本来就用来分别"神"与"人",正名分,不该僭分(封自然神为王侯)。自今以后,宜遵古时定制。

正是基于这一理念,如下所示,他命令剥夺或改正过去的神号:

> 凡岳镇海渎,除去所有前代加封之号,只留山水本名以称神。府县城隍之神号,全部改正。历代忠臣、烈士,也以初封为实号,后世溢美之称号,全部革去。只有孔子,善于使先王之道明,为天下之师,绝非有功于一地、一时之人所能比,故所有封号都照旧。

> 如若这样,神、人境界分明,语言顺当,于礼为当,此才可以称得上是朕的事神之意。

　　　　五岳称为东岳泰山之神……四海称为东海之神……四渎称为东渎
　　　大淮之神……各府州县城隍称某府某州某县城隍之神。历代忠臣、烈
　　　士,其名爵都依当时之初封。

　　　　天下神祠,于民无功,不应祭祀者,即为淫祠。有司不得草率致祭。
　　　明有礼乐、幽有鬼神,则鬼神有别(秩序得保)。其礼(现世与冥界)同
　　　一,其"分"自然当正,故此诏示,使天下臣民尽知。[史料 072,邓 1935
　　　所引用的是弘治《大明会典》。]

接下来发布的"禁淫祠制",则作出了如下的规定:

　　　　在朕看来,天地造化能主万物,但并不言语。故命(地上)人君代
　　　行。前代(蒙古王朝)意识不到这点,允许民人祭祀天地,不知适可而
　　　止。(因此)繁殖于天下的人民,一日之间,祭天者到底有多少,实不可
　　　尽数。(随意祭天)污祀僭分,莫此为甚。古代天子祭天地,诸侯祭山
　　　川,官僚、官僚候补者、庶民各自所应祀者,皆有定制。今后,民间应予
　　　祭祀的神,由礼部定议后,颁布民间,有违者以罪论处。故中书省官僚
　　　等奏,所有庶民祭祖先,岁除时祀灶神。乡村春秋祭土谷之神。凡有灾
　　　患,祷告祖先(不该祈祷杂多鬼神)。乡厉、邑厉、郡厉之祭,由里社及郡
　　　县(的城隍)各自为之。佛僧建斋,道士打醮之际,不许上表章奏,投拜
　　　青词。不许塑造、描绘天神、地祇之神像。禁止白莲社、明尊教、白云
　　　宗、巫觋等行扶鸾、祷圣、书符、咒水诸术。如是这样,左道不兴,民不惑
　　　志。天子诏可。[史料 073]

(三)

　　就这样,明王朝制定了带有非常浓厚复古色彩的祭祀制度及政策的基
本原则,并把规范祭祀体系的基础归结到理念中。洪武三年六月癸亥发布
的《神号改正诏》及第二天甲子的《禁淫祠制》,共同构成了明王朝的宗教、祭
祀政策的纲领。这些规范,从制度而言,因洪武十四年(1381)正月诏书而使
里甲制成为通制的半年之后,通过颁发《洪武礼制》,而成为定制〈和田博德
1985:414-415〉。

　　首先,天子对天的祭祀居于所有祭祀的顶端。它把北方民族中极常见
的君子以外的人祭祀天的行为看成是最大的不敬,对之坚决予以禁止。按
照古制,在首都南郊设置了露天的坛,并由皇帝祭祀。现代明信片上所介绍
的北京"天坛",并不是天坛,而是位于其北部的,天子祈求丰收的地点——

"祈年殿"等建筑,其错误是显而易见的,因为"天"不需要覆盖任何东西,北京的"天坛",应该是露天的圆台〈参考后揭翰林院学士陶安的覆奏〉。

其次,按各行政区域的级别,规定其祭祀对象。州县层面,以祭祀城隍神〈本章第二节〉为中心,由知州、知县各自负责祭祀山川风雨雷霆城隍坛〈后述〉、社稷坛、城隍庙、邑厉坛〈后述〉及其他祀典所钦定的人格神。在乡村层面上,从里社坛、乡厉坛到最基础的各户祖先及灶神[①]的祭祀被许可,并责成是义务。

这里我们应当特别注意的是,如严密地说,祭祀上述这些以外的神及信仰,都应属于"淫祀"理念的范畴,即便该神并没有什么怪诞之处。《礼记》的陈澔注明确说:"淫祀(对象的神),并非全是不正之鬼。即是正神,自家不该祭祀而去祭祀的,便是淫祀。"[史料071]也就是说,淫祀不只是通过祭祀对象——祭祀什么神,而且还通过祭祀主体——什么人祭祀——来规定。

然而像社稷、岳镇、海渎、山川、风雨(及城隍)那样与自然之气同存的自然神,由于完全没必要避开风雨、阳光,应该用坛来祭祀。与此相对,曾是现世中人的"神",即人格神,则在具有屋顶及四壁的"庙"中祭祀。用"坛"还是用"庙",在当时是一个很现实的问题,太祖曾要求中书省及翰林院讨论"社稷坛建屋以御风雨"的问题,士大夫官僚领袖、翰林院学士陶安答辩说:"考之诸礼,天子大社应受风雨露沾。"主张不应盖屋祭祀〈《太祖实录》洪武元年二月壬子〉。

关于众多的人格神,洪武元年十月丙子的诏敕定下了祀典之神的申请、许可制度[史料080]。没有录入祀典的人格神,"无功于民",祀之属"淫祀"[史料072]。如果照本宣科实施这项规定,那么分布于全国各地的绝大多数祠庙、祀神都属于淫祠、淫祀。就方志记载来看,当时各州县中载于祀典的人格神基本上是每州每县一座,其数量非常稀少,绝对不可能达到二位数。换言之,该规定衍生出数量庞大的淫祠。如果原原本本地执行该命令,那么就完全没有必要像后世的黄傅(江阴)、杨子器(昆山、常熟)那样,由知县来实施废弃、改祀。作为操作者、执行者的众多地方官,对于这一原理主

[①] 关于灶神,自狩野直喜《支那の竈神について》(1919年)一文开始,迄今已有一系列的论考。"在中国找不到像灶神一样普遍的神,每家每户的灶台上必祭祀着灶神"〈石井昌子1983〉,存在着灶神于每年十二月二十四日直接向天帝报告他所在家庭情况的任务的传说。这一诏敕规定了年终时的祭祀。与城隍神、厉坛等相同,这一诏敕意味着首次定下了灶神在国家制定的法的祭祀秩序中的位置。

义的、理念的规定,应该会向中央政府提出各种疑问、质疑,甚或是反对意见。国家政权也不得不对相关的规定作必要的修正。因此,洪武二年(1369)正月辛丑的诏敕中宣布"没给予祀典的,但如证明过去尝有功绩于民(即便没载于祀典),其庙不必要(作为淫祠)撤毁"[史料081],即采取了一种缓和措施,数不胜数的淫祠由此有了得以残存的法律依据。大多数没有载入祀典的神、庙的相关碑记中都会主张:"尝有功德于民,非所谓不当祀者。"其原因可能就在于此。

（四）

"禁淫祀制"规定的、义务化的祭祀中所包含的"乡厉、邑厉、郡厉",是一项在中国历史上首次作为国家制度而定下来的祭祀。"厉"指"无祀之鬼",即子孙断绝的亡灵。唐代死于安史之乱的忠臣张巡(在江南三角洲他的祠庙也有不少)在守城即将陷落之时,"臣死虽为鬼,誓与贼为厉,以谢明恩"《旧唐书》卷一八七下〉,他的誓词说明鬼与厉是有区别的。也就是说,厉是一种与他人有仇的存在。明太祖下达的祭祀厉鬼之令〈收于《皇明制书》卷七,《洪武礼制》卷二"祭厉"〉中说:

> 无祀之鬼神,过去都曾经为生民,不知何故而死。其中有遭兵刃之伤而死者,有因水火、盗贼而死者。……死后没有子孙的人。……这些鬼魂,有的是前代而亡的,也有的是近世而死的。因兵戈而流移他乡,或人烟断绝(全体死亡),长久以来缺乏祭祀。没有留下姓名,祀典也不载,这些孤鬼,虽死无依托之所,精魄不散,结成阴灵,或倚附草木,或作为妖鬼。[史料082A]

也就是说由于有权有义务祭祀鬼(先祖的灵魂)的唯一子孙(同姓男系下辈亲属)也断绝了,"厉"就不能享受死后祭祀,因而成为作祟的鬼灵。在元末明初的战乱中,产生了无数的"厉"。

正像Taylor所指出的那样,"朱元璋相信世界上充满着死者的灵魂"〈Taylor 1977:34〉。迄今为止所能找到的、明朝厉坛制度的最早史料就是"禁淫祠制"。该史料的前半段,明确说定议应予祭祀神一事源自太祖的指示。这一不见于历代王朝的新制,可能源于出身于贫困家庭,在悲惨战乱和凄冷饥饿中成长起来的朱元璋本人的意志。

第二年(1369)二月戊辰,根据"礼官"的答辩,厉坛祭祀被制度化《太祖实录》洪武三年二月戊辰条〉。在首都建立"泰厉"(祭祀古帝王中无后者)、王国建立"国厉"之坛的同时,各府州建立"郡厉",县里建立"邑厉",各里建立"乡厉"之坛,并令每年都要祭祀①。其仪式制度见于《皇明制书》所收的《洪武礼制》中,每年由各府州县的地方官及各里的里长实施祭祀[史料082b;083]。我们应该注意的是,执行邑厉、乡厉祭祀的主体应看成是"城隍"、"社神",人世间的地方官、里长等只是代理城隍、社神实行而已②。如分属吴江、震泽两县的盛泽镇那样,在清代仍能找到这样的制度[史料141]。

(五)

在这些祭祀制度的制定及法制化中,显而易见的是,除了严禁邪教(白莲教等)外(这一点是不言自明的),它还要求本身并不对现存体制构成威胁的普通民众的信仰、祭祀,去除巫俗,回归古制。由黄傅的批判中所谈到的土神信仰的隆盛情况可知,上述原理主义政策根本没有顺利地在民众中得到接受、渗透并扎下根。针对洪武元年十月的禁令[史料080],数个月后就不得不采取了缓和措施一事[史料081],就是最好的说明。像这种不切实际的,甚至可以说不可能实行的政策,为什么会制定出来呢?

有关这些礼制、祭祀制度的制定者,经常所能见到的是"礼官"。如前所述,"礼官、儒臣"们编集并呈上了其考证历代祭祀制度的《存心录》一书。这些"礼官、儒臣"主要是一些出身在江南,尤其是浙东地区的属于正统朱子学派③的儒教官僚。虽然出自诏敕,以皇帝朱元璋的意志来表现,但我们并不

---

① "厉"如果指的是"无祀之鬼",那么既然是人鬼,如台湾乡村中常见的"万民庙"、"有应庙"那样,不在坛上而在庙中祭祀也行。关于该问题,迄今尚未有人讨论过,可能是厉坛没有受到重视之故吧。

② 城隍将在下一节中考察,我们应该注意到如下两点:府州县官发给城隍的告文,即"移文",采用的是一种对等官衙、官员间的文书(平行文书);虽然主祭官在祭祀前要斋戒沐浴,但祭祀时却用"常服"。

③ 关于"浙东朱子学派"的政治史、社会经济史上的意义,元明交替期可参照檀上宽1995第二部《元·明革命と江南地主の动向》所收的各项论考〈原1982至1983〉,时代稍后以建文帝为中心的时期,可参考同书第三部《浙东学派の思想と明初の政治》〈原1982至1994〉。

能因此把它与实际的朱元璋本人的意志、思想混同起来①。

朱元璋曾经对成立王朝之前就已参加其政权的以金华宋濂为首的"浙东四先生"说:"为天下而称您们为先生。"以礼盛待他们,这是明朝成立史上著名的史实。但是事情并不这样简单,朱元璋对他们这些儒教官僚,还抱有挥之不去的反感。即位后不久,在他给曾是北宋及白莲教政权(大宋)首都,当时也曾是名义上的首都北京〈本章第二节〉=开封第一任知府的诏书中说:

> 今丧乱之后,中原草莽,人民稀少,所谓田野阔、户口薄,此正中原今日之急务。若江南,则无此旷土流民矣。汝往治郡,务在安辑民人,劝课农桑,以求实效。勿学迂儒但能议论而已。《《太祖实录》洪武元年十二月辛未〉

这则史料明确告诉我们,在经历了惨烈的战乱后,明初华北地区出现了"村落遍荆棘,千里无人烟"的情形,原来的社会经济结构荡然无存(消灭了),与之相反,江南地区则沿袭了以往的社会经济结构。从行文来看,迂儒(迂腐无用之学者)与江南相连,这是朱元璋对忠于朱子学哲理的儒臣们的不满的表现②。

这样的朱元璋,与其出身于江北下层庶民的身份相应,宗教方面,对道教可能抱有更多的亲近感。他经常在宫中召见受到了同样是出身于江北的宰相李善长支持的道士周玄初,聆听其对鬼神、雷霆的讲解。此后,他又任命周玄初为管理祭祀仪式及其讲习的神乐观提点〈滋贺高义 1963b:36-37〉。明朝原本是禁止僧侣、道士参与祭祀的,但管理礼乐的太常寺长官太常卿却多年让武当派道士邱玄清担任,滋贺高义把它看成是怀柔武当派之策〈滋贺高义 1963b:41-42〉。其背景可能在于有一批与儒臣相对抗的,更亲接于道教的文武官僚存在,而朱元璋在感觉上也与他们更接近。

---

① 过去的很多研究都把明初政策制定视为朱元璋自身的行为,尤其在中国大陆,这种倾向更为强烈。1995 年在朱元璋故乡安徽省凤阳县召开的第四届明史国际学术讨论会上,笔者指出对制度、政策的政治形成过程进行分析是必不可少的,是否源于朱元璋,还须做进一步的思考。

② 这一指示,在《太祖实录》中记载为"谕曰",对于被记载为朱元璋发布的命令、指示、规范,我们应该把经过文书行政的手续的"制"、"诰"之类和行政文书化之前的口头指示区别开来,现尚无法确认《太祖实录》有无记载。但就"谕"而言,很有可能是被官僚们文书化前的、即朱元璋个人意志的表白。

礼乐中当然包括舞乐。早在吴元年(1367)七月朱元璋视察道童的乐舞时,其扈从朱升(当时是翰林学士的儒臣们的领袖)平时说自己能辨识五音,但实际却没能做到,朱元璋叹息说:"近世儒者知音律之学者鲜矣。"《《太祖实录》吴元年七月乙亥朔条》正由于此,道士们在仪式上的优势是明显的。

(六)

《太祖实录》记载了让宋濂深受感动的一则轶事《《太祖实录》洪武元年闰七月丁卯。滋贺高义 1963b:34〉。朱元璋与宋濂对话时说道:

> 至秦始皇、汉武帝,好尚神仙,以求长生,疲老精神,卒无所得,使移此心,以图治天下,安有不理。以朕观之,为人君能清心寡欲勤于政事,不作无益以害有益,使民安田里,足衣食,熙熙皞皞而不自知,此神仙也。

读了这则史料后,我们知道朱元璋除了拥有与出身于江北农村贫困家庭相适应的非常通俗的信仰的同时,也拥有由儒臣们策划而形成的统治理念的王朝的统治者的意识,即他的精神状态上存在两种自相矛盾(ambivalence)的结构(笔者早在1988 b中就提到过这一见解)。

但是,我们知道这则史料存在着伪造的成分。众所周知,此后宋濂卷入了蓝玉之狱,虽然免死,但在流放途中去世。在那不久(即洪武年间)而作成的,比实录更早的"行状"中收录了许多与朱元璋的对话《《国朝献征录》卷二〇 郑楷《翰林学士承旨、嘉议大夫、知制诰、兼修国史、兼太子赞善大夫、致仕、潜溪先生宋公濂行状》〉,其中也有关其信仰的对话。他曾举出汉武帝热衷神仙、梁武帝潜心佛教,作为人君这些行为是不应有的。作为告诫的一方就是宋濂而不是朱元璋。明太祖本人更有可能倾向于由来已久的民俗信仰。

即位后不久的洪武元年(1368)正月己亥,朱元璋派道士周原德前往山东登州、莱州祭祀海神。周原德回朝后上奏说:

> 原德到达前数天,沿海之民看到波涛沉静,听到空中像有神在缓缓说话一样的声音。正当吃惊之时,原德来到并举行祭祀。当时云香聚集,异香浓郁,灵风清清地吹,海潮仿佛与之相应和。祭祀结束后,父老皆大欢喜,相互祝寿,陆续至原德处报告。"海涛已有十数年不息,圣人应天运而巡视(结果海涛沉静),这真是太平之兆,对海边之民而言这是最大的幸事。"(我也)亲眼所见。原德返还上奏,皇上喜悦。[史料

084］

派遣道士前往祭祀自然神一事,是非常有意思的,这也说明朱元璋没有被正统派儒教官僚洗脑。同时通过朱元璋欣然接受这种掺杂着露骨的阿谀奉承的灵验谈,我们可知朱元璋本人是倾向于民俗信仰的。

洪武初年进行的,忠于朱子学教条,讲求原则的,因此与过着日常生活的庶民们的心理甚相背离的一系列的祭祀制度的制定中,我们看不出朱元璋本人的情感,从中所能看到的只是浙东学派,即儒臣们的思想。

第二节 州县一级——"城隍"的当为与实态

(一)

如上节介绍的那样,《禁淫祠制》规定了各户祭祀祖先、灶神的制度,乡村里社坛、乡厉坛及其上层州县的"城隍"祭祀。即便在现代,大陆及其他华人进出的地区都可遇到为数甚多的城隍庙,可以说是汉人普遍的信仰。

"城"的原义当然是指城墙(wall)。由于中国古代的城市无一例外都是为城墙所包围的"城墙都市",因则"城"的字义也就衍生出了城市(city)的意思。"隍"是指聚落周围的壕沟。因此,"城隍"原本是指城市聚落的防御设施,后来转义为城市本身〈"那波利贞1934下"引用了大量敦煌文书〉。到了南北朝时期,从防御设施派生出了"城市守护神"的城隍信仰。这些城隍神"或迁就附会,各指一人当作神的姓名"［史料085］,被比定为某一特定的、有姓有名的人物是极普遍的现象。

关于城隍神信仰的产生、展开及其作用等,早在19世纪30年代中期,那波利贞〈1934〉及邓嗣禹〈1935〉二位学者差不多同时发表过有关论考。近年中村哲夫〈1976〉、David Johnson〈1985〉又作了更为详细的探讨。城隍神出现于南北朝时期是现在学术界的共同见解。但是关于什么地方首先出现,大多数人赞同华北(中原)说。与此相对,中村哲夫认为从关中经汉中,再沿汉水南下,到达长江的通道是南北交通最主要的路途,当然在南北朝军事对抗中,这条通道经常被用作侵攻之路。因此,在6世纪南朝梁代末期,北方筑城技术向南传播到了长江中游或汉水流域,并与传统的民间人格神信仰相结合,由此出现城市守护神城隍。关于城隍产生的议论并非是本书探讨的对象,因此不作深入介绍,但中村哲夫教授的说法是非常有意思的。

除邓嗣禹外,这些以文献为基础的考察主要集中于宋元之前,基本上没有论及明清以来的变化及其展开。邓嗣禹的论文虽然有丰富的明清城隍信仰的论述,但其对性质变化的认识尚还谈不上很充分。

但正如接下来要论述的那样,在城隍神、庙的历史中,明初是一个重要的转折点。关于这一点,R. Taylor以朱元璋与其功臣们的关系为焦点,对其作过考察〈1977〉。

元代之前,城隍信仰已扩大至全国各地,其时城隍神普遍已有了以某一城市为中心的一定领域的守护神这一特征,而且都拥有由国家授予的封爵,由有司进行祭祀。但是,这些国家政权的祀典,都是给予具体某位神及某座庙的,在元代尚未出现天下通制的城隍制度。梅原郁所复原的宋朝首都的皇帝祭祀体系中就不存在城隍祭祀〈梅原郁 1986〉。元代新建的大都虽有城隍庙〈那波利贞 1934:558 所引的虞集《大都城隍庙碑记》〉,但《元史》祭祀志中,没有以皇帝为首的各级行政单位的城隍的存在。

程颐等宋儒认为"既有社,莫不须城隍否",对城隍神及庙的存在,尤其是由官府、有司祭祀、尊崇城隍的现状持批判态度[史料085、史料086]。城隍神可说是与道教同步发展,由民间主导自发产生并走向兴盛的。

城隍神的历史,到了明初出现了质变。除了王朝建立之初的普遍现象外,特别是克服"胡制"成了朱元璋政权的重要课题。明初实行了大规模的礼制改革,作为其中的一环,制定了城隍制度。

(二)

洪武二年正月丙申朔(1369年2月7日),朱元璋下令"封京都及天下城隍神"。当时京都(南京应天府)的城隍神被封为"承天鉴国司民升福明灵王",此外北京开封府的城隍神为"承天鉴国司民显灵王",临濠府(现安徽省凤阳县)的城隍神为"承天鉴国司民贞佑王",太平府(现安徽省当涂县)的城隍神为"承天鉴国司民英烈王",和州(现安徽省和县)城隍神为"承天鉴国司民灵护王",滁州(现安徽省滁县)城隍神为"承天鉴国司民灵佑王"。开封府以下的五位城隍都是正一品。

这时首都应天府城隍之所以没有授予官品,是因为首都的城隍被比拟为皇帝。如后所述,一年半后城隍制度进行了改革。但新建的首都城隍庙所配置的城隍木主(牌位)仍然用龙纹镶边,庙中举行仪式时"用王者之仪仗"[史料088]。此事也印证了首都城隍神被比定为皇帝这一事实。

至于上述一都五府之下的其他地区,府城隍封为"鉴察司民城隍威灵公",为正二品,各州城隍神被封为"鉴察司民城隍灵佑侯",为正三品,各县城隍神被封为"鉴察司民城隍显佑伯",为正四品〈史料087;邓嗣禹1935:259〉。

这一制度(以下称为"二年新制")可以概括出如下四个特征:

第一,产生了有史以来、首次由国家政权制定的作为天下通制的城隍制度。正如"宋以来其祀遍天下,或锡庙额,或颁封爵"〈史料085《太祖实录》洪武二年正月戊申〉那样,对于民间自发形成,并遍及全国的城隍,朝廷个别予以爵号、祀典的现象,如前述那样常见。叶盛在任桂林知府时,曾经介绍了宋儒张栻虽然对城隍祭祀、信仰进行了批判,但由于是祀典所载,只好说不得不祭祀[史料086]。当时南京应天府城隍神的封号"升福明灵王",如翰林官所撰的封爵制文中谈到的那样,是以其宋朝时封爵="升福侯"为基础的。尽管如此,过去从未有过把全体城隍神都置于国家祭祀制度中的事例[史料087]。这次改制,城隍祭祀首次作为统一的制度,出现于国家的祭祀体系中。

第二,对于明=现世秩序中的"礼乐",幽=冥界中有"鬼神"与之相对称,正是基于这样的逻辑,才形成了城隍神的制度。虽然地方官祭祀城隍的义务及庙制等详细规则,有待不久的将来制定,但在逻辑上,城隍神成为与现世地方官对称的冥界地方官的现象正式出现了。城隍神不只是某一都市的保护神,而且是包括周围农村在内的一定区域的守护神或管理者这一事实明代以前就已出现,地方长官的参拜、奉祀习惯也早已存在①,但这种参拜、祭祀并非是他们的职责。至元年间,浙东兰溪知州梁栋(山东东原,今山东东平人)重建了荒废已久的城隍庙,但赴任之初,州吏告诉他来这里任职的官,一定要参拜城隍,于是才第一次去参拜城隍[史料089]。从中可知,当时城隍和知事的关系只是习惯,而不是法定的,而且这种习惯也不见得普及(当然,也有可能是由于元朝刚刚占领南宋,出自"汉人"的新知州不熟悉南方习俗之故)。

第三,由于是继承前代各地原有的城隍神,并进行了加封,这些神的人

---

① Hansen把《两浙金石志》卷七所收的《越州修城隍庙碑》中的"谒者"翻译为"those who visit",即指一般的参拜者〈Hansen 1990:52〉。从前后文意来看,显然是指历代知州,应译为"the prefects who had visited"。

格神性质并没有改变。前面已谈到过各个城隍神都是被比定为某一特定人物的人格神。是否继承其原有的特定的人物,还是重新比定为别的什么人物,洪武二年的新制并没有具体规定,很可能是默认了其原有的人物。同时,据 Taylor 的推定,根据城隍神的等级规定其章服,其前提条件是各城隍庙中都存在着城隍神像。也许绝大多数的城隍庙都是沿用其原来的神像。

第四,将城隍神设定为(A)首都应天府;(B)开封、临濠、太平、和州、滁州;(C)府;(D)州;(E)县五个级别,一方面使城隍神与行政级别相对应,但插入了(B),又不致形成单纯的阶层序列化。开封为北宋的首都,又是白莲教政权的首都、明王朝首都的候选地之一《《太祖实录》洪武元年八月己巳及洪武二年九月癸卯〉,受到特别待遇,是可以理解的。但其他四处虽和朱元璋集团的历史有着密切的关联①,但在大明王朝统治下的行政序列中,其地位并不高。因此,这一序列中,既有作为皇帝统治的公的一面(A→C→D→E),同时又有报答授恩于朱元璋集团的神祇这种私的一面(B)。结合前述第三点来看,二年新制与其说观念上进行改革的意思淡薄,不如说一点也没有,只是继承了传统的城隍信仰作为国制,并使之体制化而已。

(三)

但就在前述封爵颁发后不久,正月戊申(二月十一日)基于礼官对祭祀天神(太岁＝木星、星云、雷雨)和地祇(岳镇、海渎、山川及城隍)的答辩,在首都南郊建造一座坛,每年春秋在此祭祀这些神灵[史料085;邓嗣禹1935:260 根据的是《春明梦余录》]。洪武三年(1370)二月,又重新合并天神、地祇为一坛[史料090],但其本质并未改变。

关于首都城隍,把已有的城隍神封为京都城隍神一事,在有关其爵号由来的制文已明确谈到过。虽然过去的庙"卑隘"[史料088],但早已存在。尽管如此,该规定要求在天神、地祇坛中祭祀城隍,使之成为天子郊祀的一部分。虽然实录没有明确记载,但从各地的方志记载可知,不只是首都,各府州县城也实施了该制度。

过去的先行研究都没有特别注意过庙(神像)和坛两种不同种类的城隍

---

① 临濠＝凤阳是朱元璋的出生地,太平＝当涂是1355年朱元璋渡江后最初的根据地,和州是临渡江前的根据地,滁州是1353年冬朱元璋自力组成集团后的第一个据点城市。李善长也是朱元璋进攻滁州途中加入其幕下的,此后成为朱元璋政权中枢的许多文武大臣也都是在这一时期加入朱元璋集团的。

祭祀并存这一现象。但是,在把"**城隍庙**"规定为国家典礼的同时,又把"**城隍坛**"规定为国家典礼这一事态,绝不是能够忽视的现象,我们应对其进行详察。该问题还未被考察之前,如果让我谈谈看法的话,我从这件事中所能管见到的是,二年新制(庙、神像)还没能完全整合,还存在着其他的城隍理念。

另外,Taylor曾谈到"城隍神虽被作为人格神(human spirits)来理解,但与自然神一道(together with the gods of nature)接受郊祀(annual capital sacrifices)"〈Taylor1977:41〉。他没有明确提到城隍坛之事,而且是在介绍了"三年改制"之后提出上述见解。如果是在洪武二年(1369)正月的时点来说坛、庙并存,那么用"一道"(together with)一语就是错误的,因为庙(人格神)与坛(自然神)接受着不同的祭祀。如果是谈三年改制后的情况,那么此时城隍神的人格神(human spirits)属性已完全被剥夺。另外还有一种把城隍改制说成是洪武二十年(1387)改制的说法,但其根据不明〈石井昌子1983:161〉。就我所见,城隍制度是在洪武二年及三年形成的,而不应是洪武二十年。

(四)

明初确实存在过有关礼制、祭祀的观念上的对立。

前面已谈到在"二年新制"过了一年半后,洪武三年(1370)六月癸亥(二日),对岳镇、海渎及各种城隍神的封号进行了改正(以下称为"三年改制"),出现了与传统的城隍神即人格神不同的完全是非人格神的城隍神[前节(二)史料072;邓嗣禹根据的是弘治《大明会典》]。

"三年改制"和"二年新制"的本质区别,在此一目了然。三年改制后,城隍神自产生以来长期保留的作为人格神的基本属性完全被剥夺了。如前所述,历代王朝封赠的称号爵位,在二年新制中按级别加以整理,但在三年改制中,封神授爵被全面否定。《神号改制诏》没有说到否定城隍封号的根据,也许是出于这样的观念,即城隍神作为冥界一定区域的管理者,和岳镇、海渎、山川诸神一样,不待国家＝人君的封爵而自成为神。否定封爵的现实效果将在后面叙述,但在这里,城隍神的观念产生了重大的改变。朱元璋出生地、安徽凤阳的方志,在记述"二年新制"和"三年改制"后,对前者加上了"盖其时皇祖尚未有定见"〈史料091〉的评语,强调了三年改制的意义。

就这样,废除一切爵号的变革,意味着取消了"二年新制"的城隍序列中所插进去的与朱元璋集团有利害关系的(B)。既然是废除所有的封爵,天下的城隍庙就简化为京都＝应天府、府、州县三级,形成与现世皇帝统治相对应一元化城隍序列。

全面否定人格神这一观念上的重大改革,要求在庙制上也进行质的改变。接着六月戊寅(二十一日)的诏敕《《太祖实录》洪武三年六月戊寅》,对天下府州县的城隍庙规定(丘濬《大学衍义补》卷六一记作六月二十三日):"其制,高广各视(相应的)官署厅堂,几案都(和官署)同,置神主于座。旧庙可用者,修改为之。"[史料092]也就是按现世地方衙门的格式、规模建庙,什器配置也仿照衙门公堂,长官席置木主＝牌位。实录中见不到该事的记载,但天启《凤书》卷四"中都城隍庙"记载到:

> 又令除去城隍庙内的各种神像。城隍神旧有泥塑像在正中者,以水浸之(使之融化),泥在正中壁上,壁上画云山图。神像在两侧回廊上者,泥在两廊壁上。此令一行,天下之陋习,为之一新。[史料091]

弘治《常熟县志》卷二"城隍庙"条所载吴讷的碑记中,有此时"颁格式"的记载。《太祖实录》中虽然没有记载,但六月戊寅诏敕(法令)的格式(＝实施细则)在同时或此后数日内颁发,实行了毁坏原有神像的运动。关于这一时期城隍神像被毁,其泥涂于正壁,不少方志等文献都记载了其事。

就这样,洪武三年(1370)六月的改制,带来了非人格化、废除封爵、毁坏神像等观念上的重大变革。

(五)

另外,"三年改制"规定了城隍庙的规模及内部设置仿照相应的官府衙门,这就更强化了二年新制中正式规定的城隍神作为"冥界一定区域的守护神、管理者"的性质。这些功能的扩大,使城隍神带有"与现世行政机构相对应的冥界行政官"的性质。

道光年间私修苏州方志《吴门表隐》,提供了官修方志所没有的详细材料。其中谈到了清代中期江苏省会苏州存在的特殊城隍。清朝继承明制,在官制上,城隍庙也只有首都、府、州县三级,但在苏州城内,除了苏州府、吴、长洲、元和三县的四座城隍庙之外,还有巡抚都城隍庙、布政财帛司"城隍"庙、按察纠察司"城隍"庙、粮巡道城隍庙。也就是出现了巡抚——布政使、按察司及苏松分巡道(按察副使,是管辖苏州、松江两府及太仓州的行政官员)。此外,长洲县的城隍还兼"七省漕运都城隍",即漕运总督的城隍。

另外，赤兰相王庙兼苏州的江南织造城隍神（织造都城隍）〈顾震涛《吴门表隐》卷三〉。

这就是在"天下＝皇帝＝都城隍"和"知府＝府城隍"之间，产生了和省（＝巡抚）、道（＝分巡道）相对应的各个行政级别官僚序列（line）的城隍。而且，实质上可以说是巡抚幕僚的布政使、按察使及专业行政官僚的漕运总督，也分别出现了城隍。连皇帝直属情报官僚的宦官也在冥界有了对应的神。

就上述情形来看，这些神与其说是行政级别系列的"行政区域的守护神、管理者"，倒更具有专业人员系列的"冥界的专业官僚"的性质。这类城隍神到底可以追溯到什么时候，还有待今后考察。但是，和现世平行的冥界官僚机构的出现，毫无疑问是在"三年改制"观念上延长而出现的。

（六）

城隍制度由"二年新制"向"三年改制"这一观念上的变革，是在怎样的背景下发生的呢？Taylor 称"这些改革的理由不明"，因为没能找到谈及此事的相应资料。但笔者认为，通过考察这一时期的政治历程，还是有可能触及其变革背景的。

如前所述，关于明初的城隍改革，《太祖实录》有四条记载：①二年（1369）正月丙申之诏（城隍封爵）；②同年（1369）同月戊申的礼官上奏（与风雨山川坛并祭）；③三年（1370）六月癸亥之诏（剥夺封号，毁坏神像）；④同年（1370）同月戊寅之诏（庙制）。其中③和④显然是相伴措施，两者可放在一起考虑。就其观念来看，显然②和③、④属于同一系列。用一句话来概括这些规范性质的话，①是人格神，而②、③、④是非人格神（自然神）。

观念上根本对立的，绝对不能并存的两种提案差不多是同时被提出来的，而且两者都形成制度。即在同一时期存在着两种截然不同的意见。

在此把采用历来就有的民间信仰的城隍并使之形成为制度的①的官僚集团称为习惯派，参与制定②、③、④的官僚集团称为观念派。

记载发布诏敕①的实录中记载了"明有礼乐，幽有鬼神"，要求中书省及礼部检讨城隍神庙的封爵的事实［史料087］，朱元璋命中书及礼官研究城隍神的封爵。②的上奏是关于太岁等南郊祭祀的坛制，命礼官"考古制以闻"的回复［史料085］。大概①的决定是根据中书的回复所作的，而同时咨询的礼官儒臣，因考证花费时间，未能及时回复，所以①有反映礼官的意见，后来礼官单独回复,这表现为②、③、④中。

如果是这样的话,那么可以认为,习惯派＝中书省、观念派＝礼官。洪武二年(1369)正月时,右丞相徐达带兵出征(只在冬季回京),中书省处于左丞相李善长的支配下。位次于他的副宰相＝左、右丞,《明史》宰辅年表中不见其记载①。接下来的参知政事除了汪广洋外,还有刘惟敬、蔡哲,后两人在《明史》中无传。这年夏天刘、蔡两人分别转任广西参政和福建参政,汪广洋成为实际上的副宰相。下属六部,在明初受中书省管辖《明史》卷一三八"陈修传"〉。而据阪仓笃秀推定,洪武三年(1370)前后,省、部之关系出现了由统辖向相对自立的转变〈阪仓笃秀 1977〉。洪武元年(1368)十二月,由崔亮接替钱用壬任礼部尚书。

在此,我们把关键人物锁定在宰相李善长、副宰相汪广洋、礼部尚书钱用壬、崔亮上进行有关的考察。无须赘述,关于出身于临濠府定远县,最早参加朱元璋政权的文臣**李善长**,本身"善法术",正如下台时的弹劾文中说其"始由小吏"《《太祖实录》洪武二十三年五月条〉,虽说是文臣,不如说更接近胥吏,很难算入"士大夫"范畴。**汪广洋**是江北高邮出身的进士,在太平加入渡江不久的朱元璋幕下,洪武元年十二月至次年三月任参知政事,后派任陕西参政,又马上召回,升任中书左丞,并于洪武十二年(1379)末被逼自杀。他被评价为不热心政事,"但浮沉守位而已"《《太祖实录》洪武十二年十二月条〉。他虽然出身于江北,但作为一位走正规士大夫之途的汪广洋却在制定政策时没有发挥大的影响力。**钱用壬**是广德人,元末南人榜进士第一,为翰林编修,可说是江南士大夫的正宗。他出使张士诚时被留并为其服务,朱元璋军攻占淮东时(至正二十五年十月至二十六年四月)归服。吴元年(1367),在翰林学士陶安主持的礼制讨论中崭露头角,洪武元年拜为礼部尚书,十二月致仕,可能在回广德途中逝于湖州《明史》卷一三六"陶安传附钱用壬传"〉。洪武二年(1369)正月基于中书省提案而制定城隍制度时,钱用壬是否参与策划显然存在问题。就下面所见的史料来看,作为正统士大夫的他也没有发挥什么影响。后任**崔亮**,河北藁城县人,以江浙行省掾史的身份,于至元二十六年(1366)归服朱元璋,任中书省礼曹主事。当时"即位、大祀诸礼皆其所条画","一切礼制,先钱用壬所议者,亮皆援引故实以定其

---

① 继承元代官制而设的副宰相左丞、右丞,很难认为都是空缺。有人充当此职,或许属于白莲教系统的官僚,在肃清白莲教时一切记录都被抹去。

议,考证详确逾用壬"〈《明史》卷一三六"崔亮传"〉。关于礼制中的城隍制度,估计是掾史出身、详于"故实"的崔亮使之具体化的。按上述的探讨,我们可以断定习惯派=中书的李善长、崔亮,即出身于江淮或华北,其阶层、文化背景上近于胥吏的人物是其中心人物。

另一方面,观念派大概就是礼部、翰林等所谓的"礼官及诸儒臣"〈《太祖实录》洪武元年三月己亥条〉,如陶安、钱用壬等,大多是广义上的江南(特别是浙东及其邻近地区)的正统士大夫。而且洪武二年(1369)八月,为编撰礼书,推举了年龄为四十多岁的徐一夔等九名儒生《太祖实录》〉。这样一批"礼官、儒臣"集团,为什么能把理念上的、观念色彩浓厚的方针推向制度化呢?其实,洪武三年(1370)的上半年,中书省非常混乱,以至于领导的意旨不能贯彻实行。首先是中书省因李善长生病,无人主管,召还出任陕西行省参政的汪广洋任中书左丞,成为宰相代理。但他并不热心政务,反对李善长的右丞杨宪掌握着实权,双方持续明争暗斗。六月汪广洋以不孝于住在故乡高邮县的母亲为由遭到弹劾,虽被罢官但马上又复职,呈现出一派混乱之态。也就是说,洪武三年(1370)春夏之间,中书省上层被置于一种流动、混乱的状态。可以推定,原理主义色彩浓厚的三年改制得以成功的政治条件,可能在于中书省首脑部的混乱=弱化。

习惯派与理念派的对立,另一方面也是道教与儒教的对立。习惯派的李善长,早在洪武元年(1368)夏,就召请道士周玄初祈雨〈滋贺高义 1963b:35〉。元代虞集的《大都城隍庙碑记》中有"以道士段志祥筑宫其旁,世守护之"〈那波利贞 1934 下的 558 页及邓嗣禹 1935:270〉,过去的城隍庙可归入"道观"的范畴。洪武《湖州府志》《永乐大典》二二八一〉中的"庙·长兴县城隍庙"条中也记载说"惟旧载道观下"。早在南宋时期,城隍神已归统括鬼神咒法的张天师管辖,道士担负监管之职〈松本浩一 1982:344-345〉。如后所述,〈次项(七)〉,明代中期,虽然存在着作为国家典制的城隍制度,但已完全成为一纸空文,由道士主持城隍庙的例子数不胜数。也正如后面将要介绍的,清代丛生于江南市镇中的城隍神,可以找到从张天师处接受封爵的例子〈第五章第三节〉。三年改制,是从儒教的立场,否定了传统的、习惯的祭祀。

(七)

洪武三年(1370)六月用朱子学观念对传统的城隍信仰进行的大改革,

在现实中是如何开展的呢？这里以江南为中心加以探讨。

洪武《湖州府志》（永乐大典本）详细记载了洪武三年府县的城隍改制。府城隍在元延祐三年（1316）被封为"灵惠协顺大王"，洪武二年（1369）封"威灵公"，洪武三年（1370）按规定改称，庙有前门、中门、两庑、正堂、穿堂、后堂，全部照（府衙）制式，搬去土偶神像，用其土涂壁，正面画山水，中央设木主，前面放几案，一如公署。每年二月、八月，祭祀山川坛的次日，守土官（知府）率属官，供上猪、羊各一头来祭。县衙门设在府城的即所谓的"附郭"乌程、归安两县，洪武《湖州府志》并没有其城隍记载，湖州府城所在地的城隍神、庙就成为该府唯一的城隍。作为都市的守护神，城隍本应如此。长兴县的城隍，旧志记在道观项中，洪武三年如制改建，只是设立了只记有"城隍之神"的木主。武康的旧庙焚于元末兵火，后再建，洪武三年颁布改制时，拆去塑像，中设木主，题"武康县城隍之神"，前面放几案，一如公署。德清的神，南宋绍兴年间封阜俗保闛大王，洪武四（三？）年改号，按定式造庙，撤去塑像，正壁描云山图，设木主、几案如公署。安吉县的城隍庙元末毁于兵火，依洪武三年改制建造〈以上见《永乐大典》卷二二八一"湖州府·庙"〉。

苏州有唐代流传下来的祭祀春申君的城隍庙〈绍熙《吴郡志》卷一二"祠庙"；洪武《苏州府志》卷一五"庙貌·春申君庙"〉，可能在二年（1369）新制中改为正规的府城隍。但三年（1370）改制时，又另选新地建了府城隍庙。同样吴江在洪武三年（1370）也新建城隍庙，取代了原有的城隍（昭灵侯庙＝曹王庙）。其他常熟、昆山、嘉定各县也在洪武三年（1370）建了新庙〈洪武《苏州府志》卷一五"庙貌"〉。和湖州府附郭乌程、归安没有独立的城隍一样，吴、长洲二县在洪武《苏州府志》及正德《姑苏志》中也没有县城隍的记载。但万历二十二年（1594）吴县建了城隍庙〈崇祯《吴县志》卷一九"坛庙"〉，长洲也同样〈顾震涛《吴门表隐》卷三〉。松江府也在洪武三年（1370）建了新城隍庙取代旧庙〈正德《松江府志》卷一五"坛庙"〉。常州府城隍庙在洪武初去了封号，以木主代替塑像。府治武进县没有城隍，无锡县是洪武三年（1370）重建，宜兴、江阴是洪武初移筑改建〈成化《毗陵志》卷二七"祠庙"〉。类似的事例在江南以外的各地都有，可以认为，三年改制得到过实施。

就这些记载来看，洪武三年（1370）的改制，即依靠国家强权对长久以来就存在的民间自发的信仰的改制似乎有秩序地实施，但实际效果如何呢？光绪《常昭合志稿》（方志丛书题为"常昭合志"，误）虽说是近代作品，但却提供了古代的丰富资料，其卷一五"坛庙志"详细记载了有关诸坛、祠、庙的情形。关于城隍庙,有"风云雷雨山川城隍神坛"〈参照前引洪武二年正月戊申的上奏〉,及"常熟县护国城隍神庙"、"昭文县护国城隍神庙"(其庙额都是经历了太平天国常熟攻防战后由清政府授予的),另外在南门(翼京门)外还有"社稷城隍神庙",关于其由来,邓琳《虞乡志略》卷三"祠庙·社稷城隍"记载如下(光绪《常昭合志稿》也曾引用):

> 社稷坛在北门(镇江门)外,距庙甚远,不应称为"社稷城隍"。旧传明洪武年间有诏,城隍神只立木主,禁革土木神像。故邑人将城内城隍神像,移至南门外坛斋宿房①内,谓之小城隍庙。后禁令稍松弛,城内城隍庙重塑神像,而小城隍庙之神像,于是称之为"社稷城隍"。盖土人误认风云雷雨山川城隍坛为社稷坛,因庙近坛,故以名之耳。[史料093]

民间自发形成、长久崇拜的神庙,在人们还没事先预知的情况下,突然被强迫改变形式,于是虔信的土民(可能与道士一起)就冒犯毁坏神像的敕令,作出保存神像之举,以维持其信仰。其后弘治年间(十五、十六世纪之交),在常熟、昆山彻底禁毁淫祠的知县杨子器,一方面对城隍斥之以"神岂有两庙",另一方面还是和坚持城隍有灵异的父老相妥协,"神既有灵,予与父老徽其福疆",甚至还为其撰写碑记〈光绪《常昭合志稿》卷一五"社稷城隍神"条所载,碑记略。明代方志未记此事〉。

通过这一史实,可知三年改制所依据的只是儒臣的观念,没有任何现实的社会基础。如果说二年新制是将民间信仰包摄到有序的体系中去的话,三年改制则是以国家权力强行剥夺民间的信仰。如果是这样的话,那么改制的现实效果也就可想而知了。太祖所定的祖制,作为理念还在存续,但许多史料表明,明代中期以后,城隍神恢复了神像(即人格神),并赋予其姓名、称号,往往由有司、缙绅塑造神像,并有主持庙宇的道士等〈邓嗣禹 1935:270-272〉。

天顺年间(15世纪中期),时任两广巡抚的叶盛(昆山人、永乐十八年生,成化十年死)有如下记述:

> 国初孔庙、城隍都用木主,现在即便是太学(即国子监的文庙)都以塑像为常,不知其自何时始也。难道是流俗传讹,袭有此敝而使之然(绝非只有民间的原因)。听说广州城隍庙旧设木主,景泰(三年至四

---

① 知县举行祭祀前斋戒的建筑物。

年)中左都御史(出任两广总督),现吏部尚书王翱公塑其像云。[史料094]

天启《凤书》卷四"中都城隍庙"则有如下记载:

> 此令(三年改制)一行,千古陋习为之一新。真可惜啊,现今之有司,多不能这样,往往望为衣冠之像,甚者又为夫人以配之。习俗之难变,愚夫之难晓,遂使《皇明祖训》变为空话,可罪也。[史料091]

这些批判全都停留在出现神像并代替木主这一点。这样的违法行为,虽然说是起因于庶民,但地方官宪本身也无视洪武三年(1370)的改正诏书,只是感叹有违祖制而已①。

弘治十二年(1499),苏州府城隍庙的主持戈原广向知府曹凤说,"庙祀载在令甲,凡守土官始莅事及朔望,必躬谒祠下,其严如是。而岁久就坏,栋腐桷摧,墙颓砌圮,肖像黑昧,不称瞻仰",要求重修。知府说"唯神与予分理吴郡,予理其明,神理其幽,吴下频年风雨调顺,稻麦丰登,寇攘帖息,疫疠不作,兹神之赐,予其敢忘",于是发动义捐,以义官②某任董事。曹凤离任后,由后任林世远完成,请王鏊撰写碑记[史料095]。答应撰写碑记的士大夫王鏊,对于苏州府城隍庙存在神像并由道士主持这一现状,没有作任何批判。常熟县城隍庙于正统七年(1442)由知县郭南修复,据说当时曾搬掉土偶,说明此前神像已恢复〈弘治《常熟县志》卷二所收的吴讷碑记〉。接着成化三年(1467)知县甘泽又重修,有钱溥作碑记〈弘治《常熟县志》卷二所收的吴讷碑记〉。其中虽然没有特别提及神像,但估计此时已有(光绪《常昭合志稿》所引何孟春《余冬序录》中,说成化中前令郭君屏土偶等,应为误)。弘治七年(1494)知县王伦重修,钱仁夫(当时还是举人,弘治十二年进士)的碑记中明确提到"有道流守之",修复时"肖像易新"〈弘治《常熟县志》卷二〉。据

---

① 1993年8月,在陕西省西安召开的明史学会上,会长刘重日教授带领笔者参观了其故乡三原县修复的城隍庙(这次大会上笔者作了题为《朱元璋政权城隍改制考》的报告)。在其朝着正殿前庭的右侧(东边),有正德年间知县所建的石碑,碑的背面刻着"社首"的名字。2000年9—10月,作为日本学术振兴会短期派遣学者,笔者以"华北地区城隍信仰的历史学研究"为主题,访问了北京、山西、陕西、天津等各省市,考察了各地的城隍庙。在重访三原县城隍庙时,再次确认了正德八年(1513)的碑刻。该碑文的正面原原本本地刻着洪武二年元旦的诏敕,即"二年新制"。也就是说,该知县确实无视洪武三年六月的诏敕,即"三年改制"。

② 关于弘治年间的江南义官、义兵,可参考〈滨岛 1982:72、78-79〉及〈滨岛 1987b:56〉。

《常昭合志稿》,清代两县改建、重修城隍庙多由主持道士主导。

阳奉阴违(理念和与之乖离的现实共存)的现象,在近代前的中国政治中是常见的。尽管现状如此,清朝也还是继承了三年改制的原则,同治七年(1868)颁布了"城隍之祀列于地祇,并非人鬼,今后不得用公侯伯爵等字样"的命令〈邓嗣禹 1935:261〉。

例如,雍正四年(1726),割苏州长洲县新设元和县时,县民提出:"元和既分县,阴阳一理,应添设县城隍司以昭祀典",提议让已有的张明庙兼理城隍。知县江之伟一方面向府申报,同时和举人、生员商议①。结果提出了"以城隍当祀,而他神兼摄为非,宜移张神于左之便殿,而以正殿立元和城隍神像。署其门曰:元和县城隍之神。似属妥洽"的折衷案,并经上级批准而得以实施〈乾隆《元和县志》卷六"城隍庙"〉。设置神像在清代已经普及,士大夫对此已无可奈何,但把特定的人格神当作城隍,作为士大夫的绅衿层仍不能不反对。尤其是在"地方公议"时,他们不得不显示出作为儒者的见识。就这样,原来的主神被搬迁到廊下,不知何人的城隍神却堂而皇之地进来了。那么这种因循守旧的弥补措施能否被民间接受呢?当然不会。顾震涛《吴门表隐》卷三"元和县城隍庙"记载说"庙即汉忠孝张公专祠……国朝雍正四年改为邑庙。神姓张名明",现实生活中元和县城隍神仍被视作张明。顺便指出,顾震涛记载的苏州城隍神中,除了府城隍神"例无姓氏"外,其他城隍神都被比作某一特定人物。《吴门表隐》作为私撰方志,充分地记录了当时社会现实。但在正规的官修方志中,即便到了清代,仍冠冕堂皇地讲大道理:"洪武三年诏,天下城隍止立神主,称某府州县城隍之神。今吴中土谷之神,分配古贤名姓,塑像奉祀,如任彦升、蒋子文,褒莫甚焉,宜依洪武之制,革其陋习。"〈乾隆《长洲县志》卷一一"风俗"〉

总之,三年改制根本无法在民间牢固的城隍信仰中扎下根,可以肯定最后都流于空泛化,只能作为一种干涉观念而存在。

[补记] 复旦大学朱海滨副教授发现《神号改正诏》收在义乌出生的王祎的文集《王忠文公集》卷十二中。关于此事,在他的新著《祭祀政策与民间信仰变迁:近世浙江民间信仰研究》中有具体的说明。因此,我们可以确信,洪武三年(1370)改制完全奠基于浙东朱子学派的想法。

---

① 关于知县与乡绅、生员"公议"县里大事的情况,可参照〈滨岛 1982:480-481〉及〈滨岛 1983:8〉。

第三节　乡村一级——里社和土地庙

（一）

我们已经知道，在制度上，朱元璋政权以里社、乡饮酒礼为中心，对乡村的秩序进行了整理〈本章第一节〉。作为国家祭祀体系的规范，在县、县城一级的城隍祭祀的下面，里社坛祭祀成了村落一级的义务。但是，自南北朝以来，已在农村居民中普及的共同祭祀却是以土地庙、土地神＝土地公信仰为中心的。就我所见，没有任何一则史料表明里社坛制度的实行是出于民间的需求或与社会现实相适应的。如是这样，针对乡村社会的里社坛制度，显然是运用国家权力的一种强制做法，与县级城隍祭祀改祀同出一根。照这样来看的话，那么探讨这一制度与以往就有的土地庙信仰之间的关系就显得非常必要。

作为探讨村落一级共同祭祀、信仰的前提条件，我们有必要弄清楚该地的村落、聚落的形态、结构。但由于中国大陆特殊的学术状况，相关的信息、资料与其说少，不如说很欠缺。中国人自身已谈到过去一段时间内地理学分支的"聚落地理"属于学术"禁区"，"人文地理"也成了"讳语"〈《地理知识》1981年第9期中对首次人文地理学讨论会的介绍〉。此后除了极少数研究外〈金其铭1985〉，聚落地理学的研究看不出有什么大的进步。

在此，就我所收集的为数甚少的史料，沿着其细微的线索，对此问题展开考察。

（二）

费孝通曾经发表过关于苏州南边吴江县的一个"村"——开弦弓村的详细的社会人类学调查。在其有关村落内部社会集团的记述中，用一节介绍和分析了"宗教和娱乐团体"。这个有着三百六十户人家的"村庄"，是一个坐落在环绕着小河的四个圩的圩岸上的聚落〈Fei 1939:18-20;中译本:13-15〉。村的北面、西面各有一座庙，各户选择离自家近的庙，每月定期祭拜二次。〈Fei 1939:104;中译本:74。原著中该处的记述是方向相反的南、北面。〉这个属于养蚕、制丝地带的村子，在第一次世界大战后的20世纪20年代中期的经济萧条中受到了巨大打击，结果秋收后以村为单位而举行的庙会被无限期地延迟了,而在十年前甚至20世纪20年代前期还依时举行。那时以两座庙①的主神"刘王"为中心,把各个要祭拜的神像抬到临时搭建的戏台前,雇一个戏班子演戏。为搭这个戏台,开弦弓村的全体村民(家)被划分成叫做"台基"的五个集团,每年轮流由一个台基负责搭建戏台〈Fei 1939:103-104;中译本:73-74〉。

除了这些农民的共同信仰、演戏外,在这个"村"内还可找到数个群体组织。雨季时的共同排水作业②,虽然是以各"圩"为单位实施的,但选定共同排水劳动的时间等各种安排,是在开弦弓村全体村民的领袖的统筹下进行的〈Fei 1939:172-173;中译本:122-123〉。虽然"村"内及周围水域的水及各种水产的受益权属于村民,但当时该村为了修复夜间设置于村口河道处的闸门,把捕捞水产的权利租借给某位湖南人,并出现了捕捞对象是否包含除虾外的鱼类的纷争〈Fei 1939:175-177;中译本:125-126〉。就这样,直到依赖出口生丝的20世纪前期,开弦弓村尚还保留着共同惯例、共有财产的痕迹。如果把这些都考虑进去的话,我们可以充分地想象"村落居民的共同性"。

作为一个永远都指聚落本身的名词,中国的"村"与近世至近代之间日本的乡村制的"村"有着本质不同。尽管如此,如果在直接同资本主义世界联系在一起的20世纪的江南三角洲,仍能找到这种村落共同体性质的话,那么毫无疑问,在19世纪开放之前,甚至在(其内因在于区域开发成熟、外因在于大航海时代而引起的)16世纪革命性的商业化〈参照后述第五章第一节〉之前,这个地区的"村"里就应该存在着牢固而明确的"共同体组织"。

费孝通在记述开弦弓村这一聚落共同惯例的同时,他还谈到"村"并非是村民宗教活动的完整单位〈Fei 1939:103〉。况且开弦弓村是个三、四百

---

① 1998年夏参加苏州中国社会史学会时,随团参观了开弦弓村,得知两座庙还作为仓库留在原来的位置,虽没能看到神像(据说新造神像放在某位农民家中保管),但看到蜡烛、烧香等,作为一个庙的功能显然已恢复。

② 费孝通用common pumping for drainage来表现。中译本没有对照原文,把它译成"共同排泄作业"。可能原文是指地方志中所常见到的"大棚车","棚"的意思是指简单的小屋〈滨岛 1982:14,28〉,也是清代华中、华南山区极为常见的"棚民"的语源。费孝通原著中配有共同排泄作业的照片〈Fei 1939:plate Ⅵ〉。但从其水位上看,似乎并不是汛期的真实情况,可能拍于冬季枯水期),上面设有简单的屋顶。1982年我直接问过费孝通,费教授说已不记得原文了,但明确说"大棚车"这一用语有着那样的感觉。

户的"江南少见的大村子"〈费孝通 1984〉。一个村竟然有两座土地庙[①]。用这种为数不多的大村落作为事例,把其土地庙和村落的关系当作普遍现象,当然是很危险的。况且与华北所不同的是,江南农村中的聚落未必都能形成这样的"集村",如后所述,也可找到大量的散村。

(三)

迄今为止,尚未找到一则能够显示明代至清代中期这一时期江南三角洲自然村=聚落的具体形态及其规模的史料。就我所见,清末至民国初期则有二则史料。幸运的是,一则是关于三角洲东部的高乡(微高地)的史料;另一史料则属于低乡地区。接下来通过它们来考察三角洲的聚落=自然村。

首先是低乡地区。位于清代苏州府长洲县北部的相城镇,与常熟县南境相连,在三角洲中仅次于太湖的大湖沼——阳澄湖的北岸。民国十九年(1930)刊行的镇志——《相城小志》卷三"户口"中,记载了各聚落名称及其户口、人口的详细统计数字。全镇共有 72 个聚落(村),8334 户、30033 人。村名中含有"街"字的聚落(即意为商业街的汉字)共有 3 处(陆巷 176 户、相城 241 户、消泾 125 户),湘城镇的街区可能就由它们组成。除了三个"街"(合计 542 户)外还有 69 个村 7792 户,平均每村共 113 户。其中最少的村落有 40 户,最多的村落有 223 户。从地理学的聚落形态来看,它们都属于"集村",其分布情况如表 1 所示。其中一半左右的聚落,其户数在 80 至 120 户之间,经历了清代前期的人口膨胀期后,江南三角洲圩田地带的村落平均户数可能在 100 户左右。

表 1 苏州府长洲县湘城镇周边农村聚落、户数分布情况表

段阶	200 以上	199～160	159～120	119～80	79～40	合计
村数	2	8	14	35	10	69

[①] 另外,也有可能在历史上原本是两个不同的聚落,在明末开始的人口增加过程中,各自的范围在膨胀,融合而成开弦弓村。费孝通写的关于开弦弓村这一村落较为详细的民族志(ethnography)当然是很宝贵的工作。但从历史学者的眼光来看,不够重视历史是其显著缺点。即便到现代,其调查没能得到外国学者普遍认可,他并没有解答这些问题。

接下来看一下高乡＝微高地地区。位于上海东北部的盛桥镇,其领域的大部分已并入上海市和宝山钢铁厂。行政区划上它原本属于嘉定县(明代苏州府、清代太仓直隶州),后来成为清代析置的宝山县的农村地带。关于盛桥镇,民国初年刊行的《盛桥里志》(上海图书馆藏)也记载有各个聚落的户口、人口统计数字。19世纪之前,该地区属于该县月浦乡,尚未形成一个独立的地域社会[①]。清代时因开发新涨土地,江南三角洲微高地、棉作地带的人口也在增多(其结果是出现了新县)。可能是由于人口增加之故,道光二十三年(1843)水灾时,由当地"绅、士"组织了独立于月浦外的煮粥活动,形成了一个独立的地域社会。以此为基础,民国初期实行地方自治制度时,该地形成一个"乡"〈民国《盛桥里志》卷一"舆地志·区域"[②]〉。

与微高地这种地理状况相适应,其夏季作物是"棉七稻三",是一个棉作地带〈民国《盛桥里志》卷三"实业志·农业"〉。其中心地盛桥镇发挥着集散棉花的商业机能〈民国《盛桥里志》卷三"实业志·商业"、卷三"礼俗志·风俗·牙行"的相关记载〉。关于饥荒时赈灾活动核心的煮粥,明末崇祯年间曾在浙江省嘉善县举办过同样活动的乡绅陈龙正,在其遗集《几亭全书》中有过详细的记述〈滨岛 1982:537-538〉。作为其基础工作,首先要确定聚落(村、浜)位置,在此基础上再弄清楚其户数、人口。清末盛桥地区可能也进行过同样的工作。民国《盛桥里志》卷三"舆地志"中,年代虽然没有明记,但"村庄、户数、口数"却有详细的记载,从中可知其聚落总数236、户数2449、口数12148。如简单平均的话,每个聚落由10.38户构成。即使这个单纯平均值,其与低乡地区的差异也是非常显著的。顺便提一下,其地聚落称呼以"宅"占据压倒性多数,236个聚落中,"村"12,"镇"、"桥"各2,其余8(店、楼、角等),剩下来的214个聚落都称为"宅"(某家宅)。聚落中,不满5户的极小聚落(包含只有一户的孤立庄宅在内)也占有76个。在此,为了能更接近实际状态,先进行若干的处理。首先,扣除11个很有可能构成盛桥镇街

[①] 关于地域社会的概念及其实体,第五章第三节中有详细叙述。
[②] 在形成以镇为中心的地域社会的同时,市镇一级的方志,除了记载作为城市聚落的镇区之外,还记述其周边一定范围内的农村。第五章第三节有详细论述。

区的 30 户以上的聚落 11 个、529 户①。把剩下来的聚落进行分级的话,其结果就如表 2 所示。由此可知,这是一个小村(疏村)数量占绝对多数的地区。

表 2　太仓州盛桥镇周边农村聚落、户数分布情况表

段阶	总聚落数	29 户以下	19 户以下
总数	236	225	212
户数	2449	1920	1633
平均	10.38	8.53	7.70

以上在缺乏决定性史料的前提条件下对江南三角洲的聚落＝自然村的形态(集村、疏村抑或散村)及其规模(户数)进行了考察。就清末民初的史料中得出来的结果来看,呈现出了三角洲西部低地的集村、东部微高地的小村(包括散村)这样的趋势。如果概观一下现存民国时期的地形图(五万分之一、二点五万分之一),也能发现上述结果的这一特征。另外,经历了新中国成立后的人口增加(基本上是新中国成立时的两倍)及聚落的统合再编后,在实地调查中,低乡和微高地之间的差异也能清晰地看出来,不会出现任何的矛盾。也就是说,在低乡浙江省双林镇、上海市青浦县朱家角、练塘镇,经常是一个聚落下面划分为数个生产队(现在叫村民小组),与此相对,微高地＝上海市嘉定县娄塘镇,绝大多数的情况是,一个生产队由数个聚落组成〈滨岛、片山、高桥 1994、参照各村落概况〉。在此,设定三角洲低地为集村(户数中心值是 100 户)、三角洲微高地为"疏村"(10 户未满)来进行下面的论述。

(四)

即便在只占有辽阔中国极少一部分的江南三角洲,由于地势的微弱差

---

① 大村宅 140、大曹家宅 88、盛桥镇 86、草庵严家宅 44、赵家宅 43、川沙镇 40、金家宅 36、十图角 34、庙头村 32、小赵家宅 31、大陆家宅 30。其中大村宅和赵家宅,大曹家宅和盛桥镇属同一图("县——都、保、区——图"这样序列中的地理区划),并记在一起,可能中间隔着一条水路,共同形成了一个市镇。或者很有可能四者共同构成盛桥镇。"图"与人文状况基本上没有关系,而是根据地理条件(其中江南三角洲地区多以水路为界)来划分的,一般横跨水路而形成的镇,很多情况下都分属于数个"图"。

异,其地聚落形态及其规模竟然存在如此大的差别。虽然没有达到像开弦弓村(360户)这样超大聚落的程度,但既然是集村,其"村"中总会举行某种什么共同活动,其地"村落居民的共同性"也是可以想象的。但是,在5户未满的极小村落、孤立庄宅中,就不能想象这样的共同性。

当然,这并不是说要否定微高地的疏村地带的共同性。该地也盛行以巫师为媒介的鬼(亡灵)、"神"的祭祀、信仰,秋收后的报赛、演戏活动被当作与欠租相关联的一般习俗被记载下来［史料096］。当然,实施这些活动的单位并非是"村"。

本书最关心的课题——"村落居民的共同性"有可能存在的"基层社会"中,对高乡＝疏村及低乡＝集村不加区别,统一用"村"这一用语来概括是不可能的。

有一种说法提到,"在旧中国(清),无论什么,如把它看成具有普遍性,那是不太可靠的。只有一样东西具有普遍性且可靠的,那就是全国各个村落中都有庙。其中最为普遍的庙是土地庙和关帝庙。有可能达到数万处的清朝村落都满足于这两种庙。……村落中没有庙的情况可看作是极为罕见的现象"〈金井德幸 1983:174-175。最初可能是亚瑟·斯密斯的说法。Smith 1899:137〉。在聚落形态以集村占有压倒性多数而且盛行关帝信仰的华北地区,这一说法也许是妥当的。但是中国(汉族居住区)的聚落、村落的状况非常复杂,如已考察过的那样,江南三角洲微高地的疏村地带,完全不能想象每"村"都有庙。即便在江南三角洲低地的集村地带,有庙村的数量也远比无庙村少。如果大胆地说的话,在江南三角洲"大多数村落是没有庙的"。另外,关帝信仰也盛行于南方,市镇以上的聚落中并不是没有专庙［史料132］。但在农村聚落中,并祀其神像的情况是有的,但以之为主神的专庙,则基本上见不到。

那么,在高乡与低乡聚落形态差异极大的江南三角洲基层社会,到底能够用什么名词来统一表现呢?即便在低乡地区,也并非都能形成大规模的聚落,也会存在一些小聚落〈可参照滨岛、片山、高桥 1994 第74页的朱家角乡沙家埭村及第285页双林镇坞塍村等〉,并非所有的自然村都能起到"基层社会"的作用。甚至在低乡的内部,是否存在能统一用来把握其情况的名词也是有疑问的。

有关该问题,在此能够提供的答案之一是本书开头〈第一章第二节(一)〉中所介绍的同治《双林镇志》卷一五"风俗"的记载［史料001B］。在那里,以总管祭祀为中心,存在着演戏、宴会等共同活动,并有相关的制裁措施。这样的共同性促使它成为抗租斗争的基层组织。在能够明确找到"村落居民的共同性"的基层社会中,其文中往往会出现"社"、"村"或"社村"这样相互可以替代的用语。在此,我们认为"社"是能被当作表现基层社会的统一名词。

关于"社"的内容将在下一小节中叙述。这样的命题在时空上并非只限于明清时代的江南,虽然尚不清楚其起源(可能是出现土地庙的南北朝时期以来?),但可能适用于前代以来的所有汉人居住区。征服南宋的元朝,其地方基层单位采用了"社"这一名词,很有可能是简单地追认当地的现实而已。关于元代"社制"的论文中,对其渊源或基础的考察以井之崎隆兴的研究最为详尽〈井之崎隆兴 1956〉。他认为元代"社制"与唐末五代混乱时期自由结成的"社"、"善社"相关联这一点,与其对社的意义的看法相比,笔者更不能同意。元代的社,并非来自于任意结成的"善社",而是以建立在祭祀土地神传统上的地缘结合为基础的。

关于清代抗租斗争时发挥着基层组织机能的"社",前述同治《双林镇志》有如下的说明〈序章第二节〉:道光年间以来,愈演愈烈的农民抗租斗争的组织是以"总管"神信仰、祭祀为中心的。以"总管"神为祭祀对象的地缘性社会集团,也成了举行雨季时的排水、包含演戏(社戏)在内春季报赛活动的组织。报赛时,这一集团的全体成员聚在一起举行宴会。对违背宴会规矩的成员的惩罚是非常严厉的。当为举办报赛而筹集的资金产生节余时,把节余部分交给专门的成员保管,一年后连利息一道返还。对不能返还的人,其惩罚是很残酷的。

像这种实行强制性制裁的地缘性社会集团,史料中也是以"村"、"社"、"社村"(社或村)这种可互相置换的用语称之。我们认为,这种用语的不统一,正是反映了有的地方"一村一社",有的地方"数村一社"这样的复杂状况。作为存在于江南农村的地缘性社会集团,能够用来统一包容集村和散村双方的名词,我们认为是"社"。

关于"社"或类似的地缘性团体成为清末抗租斗争中的基层组织一事,还存在着其他的史料。关于最终出动新军炮舰加以镇压的清末抗租暴动,民国《巴溪志》(昆山县巴城镇)的"杂记"中记载说"数十村民,啜血会盟①,誓以死抗"。"会盟"的夹注说"俗谓结福土地"[史料097]。大多数情况下,土地神常用"福德正神"等含有"福"字的叫法来称呼,因此这里可释为"造福于当地"。无论如何,这里也是以土地庙为中心,集结各村农民展开大规模的抗租活动。咸丰《当湖外志》(浙江平湖县新仓镇。上海图书馆藏有稿本,但该书没被收入到1985年版的《中国地方志联合目录》)卷八中谈道:"我湖抗租之风至近日益甚",关于咸丰三年(1853)八月邻境金山县以一名叫沈掌得的人物为首组织的抗租,记述说:"提议结社,坚定不交租。如有不从者,就殴打之。"[史料098]这里也是通过联合基层组织"社"来进行抗租斗争的②

现在所能找到的史料都是零星的,只好用当代的采访记录来补充说明上述的鳞爪之见。钟伟今编的《湖州风俗志》(1988年末偶然于湖州铁佛寺购入)的后记中谈到,1984年春,受托执笔编写《浙江风俗简志·湖州篇》初稿约七、八万字,收集撰写folklore(该书序文中原本照用这一用语)民间传说。包括《浙江风俗简志》中未收录的部分在内,实际上撰成了15万字,所以后来重新编写与湖州市有关的部分而成此书。其第六章《社会风俗》的第四节"村、庄及议事"中有如下的叙述:

> 村、庄是农村基层社会组织。清末民初,自然村不设村长,而是公推年岁较高,品行端正,有威信的人主管村事,称他为"阿爹"。村上一般事情甚至重大事情,都由"阿爹"说了算。若干个村合成一庄,一般以一个总管庙为中心划分一个庄。庄以地理位置编号,如第十五庄、一百廿六庄等。庄头就是钱粮保长。庄上大事,如完粮、做戏、出会(庙会)、修庙、修桥铺路等等,召集各村阿爹商议解决,称为"议事"。议决事项,由阿爹分头落实。[史料100]

---

① 显然袭承了崇祯《吴县志》卷一一"沿湖三十余村刑牲誓神"的记叙〈滨岛1982:533-534〉。

② 关于江南三角洲稍稍往北的江南农村中村与社的关系及报赛(祭祀、演剧)的组织单位,民国初期的小学乡土史教科书中有如下明确的记载:"迷信鬼神,以乡人为最甚,各乡镇有社庙,每届春季相率为迎神赛会之事。或一村为一社,或合数村为一社,大率在四十八社而建一庙。赛会之时,每社树神旗一,鸣锣击鼓,兴高采烈,敛钱演戏,肆行赌博。其所社之神,亦诞妄不经,似亟宜禁止为是。"[史料099,在参观日本关西大学图书馆原增田涉教授(已故)藏书时偶然看到的]。

遗憾的是没有注明采访的具体要素（记录者、被采访者、地点、日期等），作为史料使用时，不得不作若干保留。但它反映了民国初年实施地方自治制度以前江南三角洲农村的状况，至少提示了地缘性社会集团在湖州地区（包括双林镇）乡村老百姓的观念中是怎么一回事。

在阿爹（不禁让人想起里老人制的规定）领导下的单独聚落的"自然村"、"村"，首次作为一个地缘性社会集团而存在。但是，有关农村日常各项问题的处理，一般是在比"村"更高一级的社会集团"庄"的"庄头"领导下进行的。这里的"庄"，带有番号，显然不是聚落称呼的庄（村庄的庄），而是清代前期实行"顺庄法"后出现的行政村的"庄"。这里没有出现"社"的称呼，但更高层次的地缘性社会集团是"以一个总管庙为中心"，即它是一个建立在由祭祀、信仰的共同性而构成的地域社会并以此来区分的地理范围上的。如已详细考察过的那样，总管神是江南三角洲农村最为常见的土神，也是本书中心考察对象的神。这一史料告诉我们，土地庙主神中最为普遍的是总管神。也就是说，小聚落（村）中没有庙，数个聚落联合在一起，共有一个土地庙（总管庙）。共同享有这个"土地庙"的区域，构成为顺庄法中的"庄"①。同时，如庄头即首领被当作保长那样，它也与清代里甲制全面解体之后，为了掌握户数、口数而组织的保甲〈松本善海 1939：155-165〉相重叠。

---

① 川胜守 1980：第十一章《清朝赋、役制度的确立》第三节《顺庄编里法》是考察顺庄法的唯一专论，但还留下一些应予探讨的课题。不用说，顺庄法是"按庄"，即依据"聚落"（如果用"村落"的话，其含义有行政村落，即或数个聚落构成的地缘集团或单独的聚落，因而不敢用"村落"一词）为原则。笔者早在 20 世纪 60 年代至 70 年代曾对均田均役法的改革进行过分析〈滨岛 1982〉，按照笔者的思维逻辑自然会引导出顺庄编里法的问题。尽管如此，至少在 20 世纪 70 年代末之前，由于缺乏江南聚落、村落的考察，我们当时判断只有在弥补这一缺陷后，才有可能去探讨顺庄法，因而前著〈滨岛 1982〉中没有特别提出这一问题。由于川胜守没能注意到关键的聚落、村落理论及其实证的必要性，只是罗列、解释史料而已；加上他对"把握土地（所有地）"和"把握户（所有者、纳税者）"不加区别，并缺乏它们之间相关联的视点，因而在我读了川胜守关于顺庄法的论述后，如果说得坦率一点，在我脑海中实在浮现不出顺庄的形象。如川胜守说"圩（聚落）是社会、历史中形成的典型聚落"〈川胜守 1980：614〉，这完全是根据错误的认识来论述的，因而不可能正确理解顺庄法的演变。即便是"自然聚落"，也完全是历史上人类社会活动中形成的结果，如是这样，那它也就能成为人文地理、历史学、社会学、民俗学等探讨人文现象的各种学科的研究对象。川胜守在该文中只说"圩是（江南三角洲低地）聚落的典型"，但圩显然不是聚落〈可参照滨岛 1982：534-540 及滨岛、片山、高桥等 1994〉。另外，即便同样是圩，应该把作为地理形态的由人工而形成的地形的"圩"及在丈量、制作图册时，为了标示所在位置而设定的所谓的"字圩"、"字号"的土地区划区别开来。

这样，我们可以确认清代以来江南三角洲存在着如下的现象：第一，单一聚落的"村"也保持着或残留着地缘性社会集团的性质。第二，农民的社会共同性，建立在比村更高一级的，以一个土地庙为中心的地理范围之上。

（五）

清代民国时期存在于江南农村的，以土地庙为中心的地缘性社会集团以及所形成的地域社会，到底可以追溯到什么时代呢？迄今所积累起来的史料尚未能解答该问题，因此不得不作若干的推理。

虽然华北或江北地区（由于人口锐减、移民等，人为形成的新村落占有不少）的情况还不太清楚〈本章第一节（五）所引的《太祖实录》洪武元年十二月辛未条〉，但在延续了宋代以来社会结构的江南地区，里甲制的"里"，可能也是由数个聚落以共同信仰、祭祀的对象——土地庙为核心而形成的地缘性集团为基础而产生的。先行研究已揭示出，作为把握户口、收夺赋役的里甲制，明初洪武十四年（1381）形成天下通制之前，在继承了元代的组织体系后，可能事实上已经形成〈鹤见尚弘 1964〉。与里甲制产生过程相关的记载，在征收赋役的基础——赋役黄册中能够找到〈鹤见尚弘 1964:37-42〉的同时，如已看到的那样〈第四章第一节〉，与乡村仪礼、祭祀及自律结合相关的"里社"、"乡饮酒礼"，或"耆老"等也出现了。这些东西经过理念、制度上的整备，其结果表现为《教民榜文》、里老人制〈松本善海 1939：明代〉。这一制度，与其说是自上而下的创出、强制，不如说是追认构成明政权主要基盘的华中地区当地的现实，并用朱子学的理念对其进行整序化〈滨岛 1982：30-34、633〉。

作为乡村结合的中核，土地庙早已出现。虽然这是众所周知的，但关于土地庙的起源、产生及其开展，或者古代的"社制"怎样演变成聚落守护神等等，迄今尚未能弄清楚，更不要说有定说了。不过大致上可以推测，土地庙与城隍信仰差不多，都产生于公元2世纪末3世纪初，5世纪时逐渐扩大，7世纪时全国各地都已出现土地庙〈窪德忠 1984:29。最近的研究则有北田英人 1996〉。在北宋政和元年（1111）首都开封进行的禁压淫祠中，发生过没收"土地（神）像"并集中到城隍庙去这样的事件〈金井德幸 1984：189-190〉，可以说此时的民间信仰中，已逐渐产生城隍神——土地神这样的冥界地域统治体系〈中村哲夫 1976〉。

朱元璋政权利用这种以土地庙祭祀、信仰为中心的结合组织，推行意识形态上的统制。从原理主义朱子学的祭祀观出发的淫祀批判,其矛头当然也指向了古代祭祀体系中所没有的城隍信仰。结果以洪武三年(1370)六月颁发《神号改正诏》的方式,撤底否定了传统的城隍信仰的人格神性质及由此而产生的神像。关于那时进行的城隍神的制度化——非人格神化、毁坏神像、剥夺封号等,前面已有过详细的考察〈本章第二节〉。

如果从理念出发,元代以前已在中国全土普及开来的"土地庙"毫无疑问是淫祠。该神与城隍神一样,都被比定为某一特定的人物。从理念及法制上而言,特定的人格神均须经过礼部的审查、天子的许可才能成"神",其祭祀权只限于其子孙或有司(地方官),并非其子孙的庶民把特定的人物当作"神"来崇拜,无论属于"城隍庙"还是"土地庙",都是不被允许的行为。中村哲夫曾经谈到过明初时确立了城隍庙、土地庙这样的等级〈中村哲夫1979:244〉,但至少明初时还不能确认有此事。在国家政权的祭祀体系中,虽然有城隍庙,但却没有包括土地庙。当然在民间的习俗、观念中,县级管理神＝城隍神与村落级管理神＝土地神是有隶属关系的,①但这与国家制度无关。关于此事,我们的理解应该明确分别开来。

理念上不能把历来就有的"土地庙"列入祭祀体系的明初朱元璋政权,另一方面又想把当地自律的地缘结合作为统治基础吸收到统治组织中去,于是就设定了"里社坛"制度。早在洪武元年(1368)十一月丙午,就指定"里社、土谷之神"与"祖父母、父母"、"灶"一道,允许"庶人"祭祀〈和田博德1985:419所引用的实录记述〉。如已看到的那样,接下来的洪武三年(1370)六月的"禁淫祠制",又规定乡村一级祭祀为以"土谷之神"为对象的

---

① 2000年10月,在张正明教授的陪同下,笔者访问了山西省平遥县城并考察了城隍庙。该县城是被联合国教科文组织列入世界文化遗产的著名城市。除了商店街外,县衙、城隍庙也完全得到修复。在经过大门、二门、戏楼后,向正殿方向望去,西厢是列着四十位从祀的土地公的神殿。四十这一数目并非是偶然的,清代平遥县分成八坊、三十二里,即相当于四十个行政村。在每个土地神像的后壁上,都画着记着"某某里土地神位"的木主。正殿再往后走,是二层楼的"寝宫"。前文已说过城隍庙是模仿现世县衙的建筑。一般县衙的"大堂"后面是知县的执务室＝"二堂、后堂",再往后是个人宿舍。这里的一楼是城隍神的执务室,城隍神的神像坐在这里,面朝办公桌。执务室的左右两侧墙壁上,残留着乾隆年间描绘的壁画。画中,左右各有划分成二十档的文书架,写着各自的里名,画着账簿(生死簿)。能够追溯到明代的里的名字,究竟相当于现在的哪个地方,由于县域有所变更,故无法确定其具体所在。但至少从观念上可以看出,城隍神(＝县域)和土地神(＝村落)之间有着统属关系。

"里社"祭祀,根本没有土地庙存在的余地。

明初从事礼制改革的以浙东金华学派为中心的南方儒教官僚,准备实施复古的"社"〈先秦至古代的社,可参照守屋美都雄 1950〉及"乡饮酒礼"〈其在中国古代地方社会上的意义,可参照西屿定生 1961:430-436〉等,因而制定了非人格神的"里社坛"制度。于是,方志就把制度的、当为的"里社坛"、"乡厉坛"当作实际存在的设施来记载。但乡村一级的共同祭祀、信仰,实际上仍是多年以来就牢固存在的有着神像,因而有其庙屋的、祭祀特定人格神的"土地庙"。

过于观念化的城隍改制,由于没有任何实效,在很短的时间内便流于空泛化。虽然一直存在着非人格神、禁止神像,甚至禁止道士参与等貌似严肃的成文规范,但实际生活中却完全被无视。如前所述,比拟为特定的人格神、有着塑像及由道士主持等故态早已复发〈本章第二节〉。笔者的判断是,"里社"也走了一条与城隍类似的道路。位于县城以上的行政都市,由知府、知州、知县等管理的城隍庙,随着洪武三年(1370)的命令,其过去的神像不得不被毁掉,庙也不得不改筑。但即便在那个时点,在苏州府常熟县,仍然发生了县城居民把神像藏匿、保存起来的事例。更不用说乡村虽然新设了里社坛,但仍然存在着土地庙祭祀代替里社坛祭祀的可能性。

如已介绍过的那样,正德《江阴县志》的编纂者、知县黄傅,无论是学问、宦业,还是文章等各个方面,都被金华府兰溪县的乡党们寄托以厚望,称得上是浙东集团的正宗人物。在他就任知县后,进行了彻底地批判、禁压淫祠〈第二章〉。因此,他当然把"土地庙"放入到"无端淫祠"的范畴,针对"土地庙"他说道:"土地庙,乡村里社,到处都有,不能尽举"[史料101]。也就是说,现实生活中的江阴乡村遍地都有的、发挥着"里社"作用的,即构成为乡村地缘社会集团中心的仍是"土地庙"。

万历《常熟私志》卷六"叙神·里社"条中把"洪武定制,凡乡里百户内,共祀五土五谷之神,不能尽举。聊志所知"[史料102]置于前头后,按神名、所在地的顺序,如"宋将军、毕泽"、"白八郎、黄泾",共举出了120座庙(其中12至15座左右位于城内或近城)。如上述例子那样,有姓的人格神占绝对多数,同时有许多神都称呼为"大王"。这些显然都是"土地庙",而非"洪武定制"中的里社坛。该方志没有提出任何的疑问,叙述了当时还规定的"当为"的"里社坛"和现实中的"土地庙"的乖离这一情形。

无锡县的乾隆《锡金识小录》卷一"备参上·补订节序",即岁时记的八

第四章 明朝的祭祀政策与乡村社会

月条中,有如下的叙述:

> 八月初五日,大王的神诞日,庙祝集钱设祭。每里都有(大王),即里社神也。其名号甚不可解,其有姓氏者……春申君……诸葛孔明……,特别让人奇怪的是,其无姓氏者或称王、称司徒、称大夫、称郎君,不一……莫知其所由始,然姑记其略。[史料103]

这条记载如实地谈到"里社"是祭祀有姓有名人格神的庙(土地庙),且多有"大王"称号。这里也把祭祀人格神的"土地庙"归入"里社"的范畴。

常熟县邓琳的《虞乡志略》卷三"祠庙·土地庙"中载:

> 后世废除里社,才有各图之土地庙,也就是说土地即为里社之神也。[史料104]

就这样,土地庙被当作里社的延长,并常用"里社"来称呼它们。这里邓琳所说的"后世废里社",从文理来推测,应是明初之前的事。也就是说,对邓琳而言,洪武初年里社作为官制而恢复这一事实,如果放在历史长河中来看,是完全可以被忽视的。从很早的近世以前直到当代,"土地庙"一直牢固存在的这一观念还在邓琳的脑海中。

(六)

和田博德指出,正德年间随着里甲制的衰退,里社坛也开始衰败,到了嘉靖年间,各地地方官展开了复兴里社坛的活动〈和田 1985:426-430〉。这一说法把"里社坛"制度当作曾在乡村居民中确实实施过这一点,与笔者的想法大相径庭。确实,嘉靖年间尝试"复兴"里社坛的例子,除了和田所举出的地方志外,笔者在残存于吴江县同里镇和黎里镇的石碑中也能找到。但是,在发现了城隍庙的制度化几乎没过多久就出现空泛化这一现象后的现在,笔者很难认可像国家规定的那样,各地乡村曾设置里社坛,并在某个时期(与里甲制一道)发挥过作用,不久走向衰退这种模式(就单独从残存的文字史料来看,这样的说法也并非是绝对不可能成立的)。经历了南北朝以来(江南三角洲是宋元以来)的数百年中,农民把特定的人格神当作聚落或地缘性社会集团的守护神来崇拜。很难相信,农民们能在一夜之间放弃自己原来的崇拜,改信自上而下强迫接受的非人格神祭祀。明代前期昆山县叶盛的《水东日记》〈卷二一"乡饮酒礼",中华书局《元明史料笔记丛刊》版,页209〉也引用江西省《余干县志》来说明"里社"的乡饮酒礼并没有马上得到实施的这一情况。假使乡村居民听从命令,那也是"阳奉阴违"的。也就是说,形式上进行里社坛的祭祀,实际上仍在进行原来的土地庙信仰、祭祀。明代中期以来的"里社"的实际状况及城隍庙历史的追溯,很强烈地暗示了这一点。

明代中期出现了可以说是极端的复兴原理主义观念的社会状况。像上述黄傅等人还须通过其文理来把握。极端的情况下,甚至出现了要求废弃天下寺院、道观的上奏文《《孝宗实录》弘治元年十二月丁酉条、御史马垩的上奏》。这一时期的复兴里社坛活动,可以说由具有同样原理主义倾向的地方官所主持的,不如把这些行为看成是例外的,甚至是奇特的,只有这样才能更接近于历史真实。另外,我们在此还要强调一下,作为制度史研究的陷阱,经常会把"当为"的规范误判为"现实"的存在(明代制度中有许多都被说成是制定→实施→实体化→弛缓→解体→改革这样的模式,但制度是否真正得到实行过呢?我们不妨对此先进行怀疑,反而可能更具可行性)。笔者很难想象,无论该王朝成立之初是如何的强权,通过数个布告,就能改变多年以来乡村居民中的牢固的普及的习惯,特别是有关信仰方面的习惯①。

通过本节对乡村一级祭祀的考察,可以得出如下的结论:明初的国家政权强制执行了极端复古的,因而是非常理念的里社坛制度。但这并没能扎下根(实施本身就是荒诞的),传统的土地庙祭祀仍在继续。共有土地庙祭祀的区域,以及在此基础上成立的社会组织的通称是"社"。社或土地庙与聚落之间的关系,因低乡(=集村)、高乡(=散村)的聚落形态、规模而有所差异。从现存史料来看,暂且能提出高乡30个村组成1社,低乡是10村组成1社这样的数值。

第四节 庙界——土地庙和聚落

(一)

在前一节中,我把西乡(低地)与东乡(微高地)共同的、促使居民产生社

---

① 如果到香港新界地区及珠江三角洲的村落去走一下的话,就可发现位于村落外头,常常是在大树下面用土筑成,其上置低矮石碑的坛。一般碑面上刻有并列二行的"里社"和"土地"。至于再具体的情况,我还不太清楚,也许与本节的论点有所关联。

会共同性的场所设定为"社",而且证实了由于聚落规模、形态的不同,出现了从一村一社到数十村一社的复杂多样的情况。如是这样的话,那么江南三角洲的"社",一般是由多少个聚落(=自然村)构成的呢?当然,聚落规模较大的低乡集村地区与非常零小的微高地的疏村地区,其数值是不会相同的。

如前面已介绍过的位于三角洲东部微高地的盛桥地区〈前节(二)〉,与聚落总数有236个(包含镇区在内)相对,记载下来的宗教设施有寺2、庙7〈民国《盛桥里志》卷二"营缮志·庙宇"〉。其中一寺(永寿寺)的注记中说"俗名沈家桥庙,祀汉吴芮",可知虽然采用"寺"的名称,但也可归入"庙"的范畴①。因此这一地区共有8庙。除去位于盛桥镇上的、发挥着镇庙职能的"城隍庙"及"东岳庙"外,实际上只剩下六座庙。也就是平均一庙服务于近四十个聚落。

那么,低地的情况又是怎样的呢?针对土地庙与自然村(=聚落)的数量关系问题,乾隆《乌青镇志》为我们提供了恰好的资料。乌青镇镇区虽然跨越浙江省湖州府乌程县和嘉兴府桐乡县,但与镇相关的领土〈乡脚。详述于第五章第一节中〉,除了上述二县外,还有浙江省湖州府的归安、嘉兴府的石门、秀水、江苏省苏州府的吴江、震泽,计二省三府七县,是江南屈指可数的大镇〈林和生1984〉,镇上驻有"关防印记"官衔的府官,执行着相当于知县的事务〈滨岛1984:6;林和生1984:440〉。乾隆《乌青镇志》卷五"乡村"记载了其领土内482个聚落的名称(其名以村、浜为中心,多种多样)。在各个聚落名称的下面,还把其中的庙、寺等宗教设施也注记上,如"王家店前,属桐乡,有永宁庵"、"北彭村,属桐乡,有土地庙"。如果把记载成"土地庙"或"土地"、"土地神"、"土谷神祠"、"土谷祠"的庙都当作"土地庙"来统计的话,全部有39所土地庙〈表3〉。

---

① 与我们日本通常情况不同的是,作为汉人的宗教风俗,寺(佛教)和庙(民众道教)之间没有明确的界线。同一寺、庙中所祭祀的神像,有道教、佛教甚至是儒教等众多偶像的情况是很普遍的。由寺转变成庙,或其相反情况都是经常能碰到的。笔者2001年1月参观的台湾宜兰县罗东镇镇城隍庙就名为"慈德寺"。当地民众把道士、佛僧都叫做"和尚"。或者把庙区别为"荤庙"和"素庙"〈滨岛、片山、高桥1994:102-103〉。还有后面所述〈本节(五)〉的位于浙江省湖州市双林镇镇西乡黄龙兜行政村的"灵济寺"也是以金总管为主神的,当地农民断定说是"土地庙"〈滨岛、片山、高桥1994:296〉。

就这样，乌青镇范围内土地庙分布在39个村，其他各庙（除三座外）分布于17个村中，如果把土地庙当作39座来平均的话，平均每座庙服务于12.36个聚落。如果除掉没有记载土地庙的苏州府辖的吴江、嘉兴府辖的石门二县管辖21个村，共有461个村，按此平均则每庙服务于11.82个村。但事实上，除掉城隍庙、东岳庙、关帝庙等三座庙外的其他20座庙，有相当一部分发挥着土地庙的机能。如位于震泽县的严墓，该志说"旧村名，今为市"，已属市镇的范畴，现在叫铜锣镇（〈费孝通 1984〉介绍说，过去是市镇，以烧酒、肥猪闻名，20世纪50年代后期的流通政策使之从属于人民公社的行政、流通、商业系统，后逐渐衰弱，人口锐减。随着乡镇企业的出现，其人口出现恢复的趋势）。关于那里的"郭将军庙"，该志的夹注中有"《乌青文献》（可能是康熙版）以之为土地庙"的记载。另外，好几个庵可能也起着类似的机能。可以推测，大致上10个村左右拥有一座土地庙〈参照表3〉。这一数值，与同属三角洲低地圩田、栽培桑叶、养蚕、制丝地带的近邻双林镇的行政村与自然村的比率相接近①。顺便说一下，除掉3座庙（城隍、东岳、关帝）外的其他20座庙分布于17个村，如把它们与土地庙合在一起计算，那么无庙村有426个，几占聚落总数的九成。显而易见，"全国各地，每村都有庙"这样的说法，至少在江南三角洲地区是不成立的。

---

① 20世纪80年代人民公社解体后的浙江省湖州市双林镇由"1镇5乡75行政村663个自然村"构成〈湖州市地名办公室编《浙江省湖州市自然村名称录》1982〉。这里的"乡"相当于过去的人民公社，"行政村"相当于生产大队。各乡（人民公社）的行政村中，原来生活在水上的渔民，新中国成立后强制他们定居于陆地，共同组成一个"水产大队"（全由一个自然村组成），如果排除掉它们的话，行政村有70个，自然村657。如进行简单平均的话，一个行政村约由9.4个自然村组成。但据同治《双林镇志》卷三二"杂记"所收的"东岳会始末记"，关于双林镇范围内的祭祀体系，居于中心庙（滨岛造出的词语，见后述）的、周边农村"解钱粮"风俗〈第五章第二节〉所集中的"东岳庙"的社有72个。即行政村的数目与清末"社"数非常接近，这并非是偶然才有的现象（但如后所述，双林镇东岳庙的"社"除了乡村之外，还有可能包括镇上居民所组织的社，故在此很难判断）。另外，陈宝良1998曾把多样的"社"尽可能列举出来，并对之进行了分析、整理。按其说法，"社"这一用语，其含意有自然聚落守护神及其坛、庙，以及拥有它们的聚落，或者村落或者它们之间的社会联合、祭礼等等，除了这些与聚落、村落相关的之外，还有任意团体的宗教结社甚至艺术、学术、政治结社等，总之其含意很广。

表3 乾隆《乌青镇志》所载村落、宗教设施数量表

县	乌程	归安	桐乡	石门	秀水	吴江	震泽
村(市)数 a	103	45	66	12	21.5	9	125.5
土地庙 b	12	4	13		2		9
庙 c	4		4		1	1	10
(城隍)							1
(东岳)							1
(关帝)	1						
庵	9	1	1	5		3	6
寺院	1	2	3	1	1		5
道院					1		3
祠堂		2					1
a/b	9.36	11.25	12.77		10.75		13.94
a/(b+c)	6.87		9.76	7.17		9.0	6.61

注：城隍、东岳两庙都在南、北麻村，且两村另有寺院2所，道院1所。《乌青镇志》中没有把南、北麻村记载为市，但应该是南麻镇，不属于狭义上的"村"。同样，属于震泽县的市有"严墓"（现代铜锣镇）。桐乡县的市有陈庄，这是一个竹及竹制品的集散地。

桐乡县五庵中有四庵集中于"陋巷村"，明末时由乡绅颜氏一族建立。如村名所示，颜氏被当作是颜回子孙。修缮时，崇祯年间进士、曾任广州、松江府推官颜俊彦〈滨岛 1982：353；1983：40-41〉曾捐赠30亩田。庵也可能起着颜氏祠堂的作用，此事有待今后考证。另外，祠堂仅有归安县华林村茅氏〈茅坤——国缙〉。其从事直接经营一事可参考佐伯有一1957：33-34。另外，还可参考滨岛 1982：473-474〉、同县大姥墩施氏和震泽县野峡滩戴氏三处。应该注意的是，并不像华南那样，在这里乡绅的出现不一定意味着形成宗族、构建祠堂。

（二）

就这样，聚落与某一特定的土地庙之间有着固定的关系，反过来也可以说，土地庙与特定的聚落之间结成了固定的关系。与城隍庙一样，被看成是一定地域范围内的地下（冥界）管理神的土地神，有其相应的范围及辖土。

元末以来，作为海神而被崇信的苏州府常熟李王〈第一章第二节〉"灵签"残碑的末尾中所记载的刻匠中，有属于"玄凌三郎土地界内"［史料105］

这样的明确记载。横跨太仓州嘉定县和松江府青浦县的黄渡镇的镇志,咸丰《黄渡镇志》(上海图书馆藏)卷二"疆域·风俗·猛将庙"中有"每乡土地神,各分庙界"[史料106]这样的记载。当地田野调查中,也能发现把各个不同的地域称为"地界"的说法〈嘉定县娄塘镇。滨岛、片山、高桥 1994:176、230-231〉。这里的"庙界"或"地界"正是"社"的辖土。

如果聚落形态、规模的差异,也表现在社与聚落之间关系上的话,那么就不难想象低地集村地带和微高地疏村地带也存在着庙界的差异。

如前面所介绍的那样,位于长江沿岸微高地的宝山县盛桥镇,据民国《盛桥里志》卷三"礼俗志·风俗"记载,其秋收后的庙会"甲图演罢,乙图接踵而起"[史料096B]。在江南三角洲,"图"是县下面的地理单位——"都(或区、保、扇)"下面的一种划分,鱼鳞图册就是以"图"为单位而制作的。因此,"图"基本上都有明确的境界,其辖土是明确的。通过这则记载,我们可看出微高地似乎是以图为单位来安排土地庙演戏活动。

另外,邓琳《虞乡志略》卷三"祠庙·土地庙"中有如下记载:

> 土地庙,自常熟、昭文两县衙、城隍庙以至于城乡各图都有。旧传学宫土地神①为唐代常熟县尉、草圣张旭。琳按:……古代祭里社,《月令》……《管子》……此一乡之社也。杜预《左传注》……此一里之社也。里社之神,被当作社令,亦称社公。后世……[史料104]

在常熟县,以开挖于唐代的、呈南北走向的"盐铁塘"为界,其东边是微高地的棉作地带,西边是低乡稻作地带。在此,我们应该注意作者邓琳特意提起的"图"②这一字语。

---

① 作为通例,在官衙或庙里,祭祀着这块地的守护神,也可说与日本"屋敷神"、"地神"相当的"土地神"。另外,个人的邸宅也可经常见到。

② 邓琳这里所说的"各图土地庙",到底该如何理解呢?一种解释是,土地庙通常应按"里"=图设置或本身是这样的(不管什么地域,土地庙都按照图分)。这一看法的前提是:第一,要有把土地庙看成是按里设置的"里社坛"的延伸或其变异的观念;第二,想当然把明初以来里甲制中的"里",与地理区划的"图"对应。(为什么及什么时候图与里甲制的"里"相对应,迄今尚未有详细研究。也许始于历史上第一次在整个江南三角洲完美实施的丈量=检地的洪武丈量并作成鱼鳞图册。)还有一种解释是,邓琳是常熟人,即应该从地理条件来考虑。前述的盛桥属"高乡",常熟境内也以东南——西北走向的盐铁塘为界,东半部属高乡。土地庙按"图"来划分庙界,绝非适用于常熟县西部的低乡,应属产生于高乡现状的观念。不过前者的可能性也很难排除,今后有必要进一步收集中国各地的里社、土地庙及里甲实态有关的史料。在此,我想把它作为探讨里甲制或传统中国农村的社会结构相关的课题而提出来。

关于土地庙的庙界,我还没有在其他文献史料中找到。因此,我准备用田野调查的结果来说明这一问题。

辖土大部分是高乡的嘉定县,土地庙一般都有"庙地界"①〈前述〉。该县北部娄塘镇的老居民曾有过如下的说明:

> 解放前娄塘镇中心庙〈参见第五章第三节〉有东岳庙和城隍庙,分别俗称为"东皇(与隍同音)庙"和"西皇庙"。"解钱粮"〈参见第五章第二节〉被叫做"解皇钱",都往东岳庙集中。参加的庙宇(土地庙)有南庙(位于娄南村)、北庙(娄塘村五队)、送子庵(娄塘村四队)、陆正堂(娄南分村)、西子庵(娄塘村七队)、地藏殿(娄塘村三队)、草庵(草庵村)、靖龙庵(三里村八队)、南双庙(徐行乡)、北双庙(徐行乡平民小学)等10座庙。〈滨岛、片山、高桥1994:206-207及231-232的费玉生笔记〉②

从镇的角度所看到的情况,在乡下采访老农民时也能得到充分的印证。在娄塘镇西南一公里处的娄南村,费玉生先生给了我们下面的记录:

> 娄南村有三座庙,即南庙、六正堂、茶庵。六正堂和茶庵没有地界,只有南庙叫做土地庙。其地界包括娄南村全部,以及邵宅村第一至第七和第十的八个生产队,还有朱桥乡的潘家村、周家宅,即原来的二十一、二十二、二十三图。南庙有二位老爷(夫妇),其名为"南圣司"。每年七月三十日举行庙会。由东皇庙的杨太太祭公墓③。公墓位于南庙地界(现在的娄南九队)。南庙的南圣司和东皇庙的杨太太有着岳父和女婿的关系,杨是岳父,南是女婿。另外东皇庙的庙会也是南庙的庙会。

在此能看到,土地庙的地界也是以图来划分(图分)的。

---

① 根据1990年7月23日与嘉定县文化局创作员李玉林先生(当时47岁,出生于该县娄塘,高中毕业后当教师,后毕业于上海大学文化管理专业,并到县文化局工作,努力收集、记录民间传说、民间音乐)的谈话。

② 想起当时的场景,非常令人感动。当时他冒着炎炎的烈日,追赶正要返回嘉定县城途中的我们,并亲自把笔记交给我们。在此,还要感谢原人民公社副主任费辑香老先生周到的安排。

③ 显然是过去的乡厉坛的变形。

表4 上海市嘉定县娄塘镇三里村的聚落和土地庙

队	自然村	户数	人口	土地庙	图	备注
一	徐家宅 许家宅	38	149	观音堂	七	比过去更聚居
二	石家宅	39	156	观音堂		
三	侯家宅 何家宅 陈家宅	44	151	观音堂		
四	秦家宅	54	179	靖龙庵	三、四	
五	秦家宅 陈家宅 苏家宅	48	156	靖龙庵		
六	金家宅 张家港	26	105	靖龙庵		
七	陈家宅	49	152	靖龙庵	垂一	唐家宅缩小合并
	吴家宅 唐家宅 徐家宅			三墩庙		
八	费家弄 秦家宅	51	183	靖龙庵		秦家宅并入费家弄
九	傅家宅 王家港	47	175	靖龙庵	三、四	
十	李家角 潘家宅	56	185	靖龙庵		
十一	金家宅 秦家宅 倪家宅	27	87	靖龙庵		倪家滩=新村
十二	李家宅 须家宅	22	75	观音堂	七	一体化
合计		501	1753			

(滨岛、片山、高桥 1994:234。其户数、人口根据1991年9月村民委员会提供的资料)

娄塘镇西北三公里的三里村,如表4所示,有12个生产队=村民小组,26个自然村。1949年前分属三个土地庙。这里的土地庙的地界,也是按"图"划分的〈滨岛、片山、高桥 1994:239〉。1949年后,在集体化时被编入同一初级合作社(第七生产队)的近邻几个小聚落,由于图分的不同,其地1949年前分属不同的土地庙。

镇辖行政村中最北的陆渡行政村现有区域范围内并没有庙,如表5所示,桃六图的人户是以现在的三里村李家角(没有这一称呼的自然村,可能是个小地名)的靖龙庵为土地庙。桃五图的人户以现庵桥村潘家宅的永庆庵为土地庙。这里也像第六生产队中所能见到的那样,虽然非常接近,集体化后被编入同一生产队的各个小聚落,由于图分的不同,各自参拜不同的土地庙。因此,在人民公社解体后,它们又被分割开来。另外,桃五图可能是陶五图的讹称。

表5　上海市嘉定县娄塘镇陆渡村的聚落和土地庙

队	自然村	户数	人口	土地庙	图
一	姚家宅 杭家宅 张家宅	63	204	靖龙庵	桃六
二	顾家宅	29	107	靖龙庵	桃六
三	庄家村	24	90	永庆庵	桃五
四	梁家村 李家村 前界泾 后界泾	94	296	靖龙庵	桃六
五	小王家宅 梁家宅 金家宅	23	88	靖龙庵	桃六
六	千亩泾	34	107	永庆庵	桃六
分队	小王家宅	30	98	永庆庵	桃五
七	蒋家宅	49	150	永庆庵	桃五
合计		344	1140		

（滨岛、片山、高桥 1994:216。其户数、人口根据1991年9月村民委员会提供的资料）

与陆渡村东边相邻的庵桥行政村的自然村，基本上属于永庆庵的地界，但也有一部分属于草庵。这里也因垂三图、垂四图、陶五图这样不同的图分，小聚落所属的土地庙也各不相同〈见表6〉。

表6　上海市嘉定县娄塘镇庵桥村的聚落和土地庙情况表

队	自然村	户数	人口	土地庙	图	备考
一	严顾家村（毛家宅 朱家宅）	39	140	草庵	垂三	一体化
二	张家村 洪家头 潘家宅	56	171	永庆庵	陶五	
三	张家湾	47	148	永庆庵	陶五	
四	毛家村	50	150	永庆庵	陶五	
五	大唐家村（小唐家村）	35	120			小村移到大村中
六	赵家村（花园宅）	60	189		垂四	河道开挖时移动
合计	（　）内的村现在已无	287	918			

（滨岛、片山、高桥 1994:241。其户数、人口根据1991年9月村民委员会提供的资料）

娄塘镇南边1.5公里处（离嘉定县城有3.5公里）的邵宅行政村所属的自然村分属两个土地庙。也就是十个生产队中，第八、九队的三个自然村属于二十一图，以嘉西乡皇庆村的皇庆庙为土地庙，其他自然村都属夏十图，以南庙（娄南村）为土地庙〈见表7〉。

表7　上海市嘉定县娄塘镇邵宅村聚落和土地庙情况表

队	自然村	户数	人口	土地庙	图	备考
一	邵家宅＝前邵家宅	53	181	南庙	夏十	
二	邵家宅＝后邵家宅	43	136			
三	顾家宅	57	205			列状
四	高家弄（陈家弄 李赵家园）	48	149			
五	陆家宅 小陆家宅	55	178			
六	张家宅（新张家宅）	36	111			
七	徐家宅	23	100			一公里列状
八	砻家弄	50	154	皇庆庵	二十一	
九	唐徐家宅 钱家港	53	171			
十	老徐家宅	30	93	南庙	夏十	跟七队连接
合计		448	1478			

（滨岛、片山、高桥 1994:251。其户数、人口根据1991年9月村民委员会提供的资料）

以上通过1991年9月对位于高乡棉作、棉业地带的嘉定县娄塘镇农村的田野调查，揭示出土地庙的"地界"是以图为基准来划分的这一事实。前述《虞乡志略》及《盛桥里志》的记载并非空穴来风。

原本这一地区的聚落形态以称为"某某宅"的孤立庄宅居多，到了现代后，如前所述，多数呈现散村或疏村的形态〈前节（三）〉。现在各村的聚落、户口，由于①经历了由于毛泽东执政时的称得上是最大的失误的人口政策（无策）而引起的人口爆炸；②通过土地改革、集体化、大跃进等的村落重组；③20世纪80年代农村改革中富裕起来的农民兴起了新建住宅的高潮，村落再编也在不断地进行，也有人为地推进小村落的合并、废除的情况等因素，因而现在这一地区的孤立庄宅已基本上见不到。但如与三角洲低地相比较的话，仍能明显地看出其规模偏小。

分散的孤立庄宅及小聚落的居民拥有土地庙的情况，不可能是以聚落为单位的，这一点恐怕没有什么异议。嘉定县土地庙的庙界以图分为基准一事，可以通过聚落形态及其规模这一侧面得到说明。

（三）

江南三角洲西部的低地，同样也缺乏有关土地庙（＝社）和聚落之间的关系的文献史料。与微高地一样,接下来准备用田野调查获得的资料来考察这一问题。

原松江府(现上海市)青浦县朱家角在三角洲中也属最低洼的地方。由于地下水位过高,没有桑园,也就见不到像湖州府、苏州府等低乡地区特有的,与水稻种植并驾齐驱的桑叶栽培、养蚕、制丝等产业,可以说这是一个注重大米生产的地区〈森正夫 1992:83—103;滨岛、片山、高桥 1994:39—40 中对各村老农的生业采访〉。我们到过并采访的五个行政村(还有一个是间接采访)中,除了地势最为低洼、居民流动性高、1949 年前尚还看不出已形成一个地域社会的沙家埭村外〈滨岛、片山、高桥 1994:74—84〉,都能找到各自的土地庙。补充说一句,调查开始时朱家角还是乡,后来升格为镇,因此这里一律用镇来称呼。

首先,位于淀山湖畔的朱家角镇淀峰行政村的淀峰村,在从湖向泖河(现在叫做淀山湖浦或拦路港,迄今仍为太湖水系的重要排水路和交通路)的出口处有一座关王庙〈参照第五章第二节(三)〉,管辖着朱家村、河祝村、西蔡、郁田、石堂、田山庄、北任、泥墙头、陈庄、河北港等十个自然村的"鬼"(＝死者)〈滨岛、片山、高桥 1994:61 页有关出生于 1925 年的汤在云＝汤才荣村长的谈话〉。

包括朱家村在内的庆丰行政村(1988 年时户数 398,人口 1409)的聚落与土地庙,则如表 8 所示〈滨岛、片山、高桥 1994:62—63 页中的对出生于 1940 年的乡政府文化站站长蒋德林采访记录〉。图分是分开的,民国时期属同一保,土地庙有 3 座,每年共同举办庙会,按照蒋、朱、北三村的顺序来进行。庙会时,其神像配置固定为中间猛将、左侧杨、右侧城隍。

表 8 上海市青浦县朱家角镇庆丰行政村的聚落和土地庙

现自然村(旧图)	解放时自然村	户数	土地庙	备考
蒋家村(八图)	蒋家埭	30	杨庙	
	东埭	15		
	陆家埭(港东)	25		
	南埭(白虎头)	25		
北夏村(?)	北夏村(白下村)	25	城隍庙	土话中,北下与白下同音
陆港村(?)	陆港村(陆家)	25		
朱家村(九图)	朱家村(北埭)	30	猛将庙	
倪家浜(?)	南家浜	15		土话中,倪与南同音

山湾行政村由外河、山湾(三湾,当地土话中,山与三同音)、小圩三个自然村构成,1949年前则分属不同的保〈滨岛、片山、高桥 1994:68〉,土改时合并为一个行政村①。只有三湾村有土地庙,但该庙却与其他二村没有关系〈滨岛、片山、高桥 1994:68〉。

　　由于时间所限,南港行政村没有进行充分的采访,该地1949年前可能也没有形成为一个独立的地域社会。现在有南港村、张家埭、东井街、北港四个自然村〈滨岛、片山、高桥 1994:69〉。采访中还发现有小地名(＝聚落名),但不同人的说法互相矛盾,相当混乱。在此暂且作如下推理:现北港自然村境内的新开泾有一座"祥兄堂",周边的自然村——北港(七老爷,可能是金总管)、南港(痘水老爷)、陆家浜(猛将)、横港(琼王)、张家埭(杨老爷,后来搬入新建的庙中)、新开泾(城隍)、西小漕泾(总部)等地的老爷都置于该庙中。每年七月中旬举行"抬社",邀请外地戏班前来演戏。此外,北港有三官老爷,张家埭有佛阁头庙,叶塘村有土地老爷,盛家埭有鬼仙殿(原本老爷有三个塑像,后来一个被盗。参照后述的马家埭村)〈滨岛、片山、高桥 1994:72-73〉。

　　马家埭行政村看上去像一个规模很大的聚落〈参照地图3"青浦县朱家角镇马家埭行政村简图"〉。土改时户数91,人口341〈青浦县档案馆藏《土地证存根——万龙乡马家埭行政村》,1951年。滨岛、片山、高桥 1994:86〉。1991年村民委员会提供的资料,如表9所示,增加到了339户,1199人。最值得我们注意的是,以一条东北——西南流向的贯穿本村的水路为界,北边属十三图,南边属二十八图。七公堂、马家埭、杜家角三个聚落分属不同的图。可看出与本节(二)中考察过的微高地嘉定县娄塘镇有着明显的差异。另外,虽然共有一个土地庙,但各个聚落又有自己的"老爷",每年阴历七月初六、初七日两天庙会的"抬老爷"活动中,不知何故,以"三老爷"为先头,后面则跟着四个老爷神像。巡行四个聚落〈滨岛、片山、高桥 1994:91〉。如与前述南港行政村"祥兄堂"合在一起考虑的话,则不禁让人想到了以一个土地庙为中心的共同性下面,还存在着原来聚落的共同性。

---

① 青浦县档案馆保存有土地改革时分配给农民土地的证明(土地证)的副本装订本《青浦县土地证存根——薛间乡三湾行政村》〈1951〉。据此,户数134,人口528。1988年时,有354户,1320人,基本上增加了2.5倍〈滨岛、片山、高桥 1994:64-65〉。

表9　上海市青浦县朱家角镇马家埭行政村的聚落和土地庙

自然村	图分	生产队	原户数	现户数	人口	土地庙（主神）
曹家埭	十三	一 二	?	45 47	156 163	杨爷庙（杨老爷）
七公堂	十三、二十八	三	15	53	191	七公堂（三老爷）
马家埭	十三、二十八	四 五 六	30	45 29 27	157 99 95	七公堂（刘猛将）
杜家角	十三、二十八	七 九	25	29 58	98 211	七公堂（城隍老爷）
张坊	二十八	八	20	35	127	七公堂（七老爷）

（原户数根据被采访老人记忆的大约数。由于没有出生在曹家埭的人，其户数空缺）

（四）

同属青浦县的练塘，原名章练塘，有着五代开辟的传说。据民国《章练小志》，五代时章子均和练夫人居住于此，后来出仕于闽国，迁移时捐其邸宅建了天光寺〈民国《章练小志》卷一"区域沿革"及卷三"祠庙·章练明王庙"、"祠庙·天光寺"〉[①]。原天光寺所在的地方稍高（目测最多也只高出一二米，在地形图上反映不出来）。章练塘的辖土比朱家角更低，是三角洲中最低的地区。调查时，它还分属老街区的镇和乡村部的乡，并有各自的政府，后来合并（以乡政府为主体），称呼统一为章练塘镇。

练塘镇泖甸行政村是一个沿着水路呈"コ"字的列状村〈参照地图3〉。1949年前属一个自然村〈滨岛、片山、高桥 1994：117〉。土改时行政村被分成一、二、三、四等四个（土地分配单位），共325户，1201人〈青浦县档案馆藏《青浦县土地证存根——北泖乡泖甸行政一村、北泖乡泖甸行政二村、北泖乡泖甸行政三村、北泖乡泖甸行政四村》。滨岛、片山、高桥1994：119-120〉。现在分成13个生产队—村民小组，共749户，2371人。这里有六个庙，七位老爷〈参见地图4〉。最大的"杨老爷庙"，共三间，有杨老爷、刘猛将二位老爷。其他五座庙都是一间。清明时，把全部老爷（都是木像）带出来巡游（每位一律由八人抬）全村。先头是杨老爷，末尾

[①] 江南开发与"舍宅建寺"，斯波义信1976有较详细的论述。

是刘猛将。并一定要去村最北边的有着一株大银杏树的古坟①〈滨岛、片山、高桥 1994:123-124〉。这里的"社"都是由各个小庙组织的。新中国成立初户口达到325,像前述费孝通考察过的开弦弓村一样,是个很大的聚落②。或许原来是六个小聚落,各有自己的土地庙,很有可能由于人口膨胀(可能在清代),连接成了一个自然村。

练塘镇最西边的叶厍村③是个超大村,一个自然村被划分二个行政村。土地庙是"永兴堂",以刘猛将为中心,其他还有杨老爷、二(当地土话发音为 ni,可能是倪?)老爷、施老爷、城隍老爷、壹(益)谷老爷、海(瑞)老爷、群王(郡王?也许是李王?)老爷和马公公。与九位老爷对应,共有九社。平均每三年中,有两年左右的清明前后做"大戏"(台戏,即春台戏),并举行抬老爷。最后一次是在1933年。抗日战争胜利后,曾准备做"大戏",但由于要花费100石大米,因而不再提起了此事〈滨岛、片山、高桥1994:132-133〉。

练塘镇沈陶行政村,原来分成沈家埭和陶家埭二个自然村,土改时合成一个行政村,现已连接成一个聚落。1990年7月时,有249户、765人。两村都没有庙,以相邻的泖口行政村里的明王庙为土地庙〈滨岛、片山、高桥1994:145〉。与泖口明王庙有关系的自然村,除了上述两个自然村外,还有泖口行政村的泖口、陆家浜、高家埭三个自然村,东三行政村的三家村、东庄头两个自然村〈滨岛、片山、高桥 1994:157。泖口的采访与沈陶村的采访有所出入〉。旧历七月初一日至十五日之间,在各村社中进行抬老爷〈滨岛、片山、高桥 1994:158〉。但是,这些有关的聚落却分属于八、九、十图,其庙界与图分没有关系〈滨岛、片山、高桥 1994:157〉。如根据民国《章练小志》记载,其情况如则表10所示。表中的东目圩,是位于泖口东边、与之邻接的东三行政村属下的聚落,其所属土地庙是"碗江口庙"(可能听错了)。虽然同属十图,但土地庙却不相同。显然,这一切都显示图分与庙界没有关系。

---

① 与本节(二)中所见的娄塘镇情况相同,可能是乡厉坛的残存。

② 聚落很大(人口众多),村内通婚的人有不少。四名被采访者,其妻都是本村人,女儿也都嫁在本村,媳妇中只有一人来自于近村〈滨岛、片山、高桥 1994:123〉。

③ "厍"与"浜"〈滨岛 1982:538。停船的地方〉一样,都是指与江南三角洲低地特有的人工建筑物对应的汉字,与"库"毫无关系。可能来源于集体排水时(大棚车)放龙骨车的场所〈滨岛 1982:12-14〉。

表 10　民国《章练小志》记载的与泖口明王庙有关的聚落

卷一村落	卷二记载的人口	现行政村
菉葭村 九图,西首一宅属八图	陆家浜 九图 363*	泖口
高家埭 九图	高家埭 九图 397	泖口
泖口 九图	泖口 九图 436	泖口
尤家村 九图	尤家村 九图 179	泖口
夏家村 九图	——	泖口
东庄头 十图	东庄头 十图 158	东三
陶家埭 十图	陶家埭 十图 299	沈陶
三家村 十图	三家村 十图 311	东三
沈家埭 十图	沈家埭 十图 358	沈陶
——	东目圩 十图 543	东三
——	小目圩 十图 109	东三?

* 当地土话中发音相通。

（五）

下面再来看一下属于低地,以植桑、养蚕、制丝闻名的湖州市双林镇地区①。

镇属苕南乡坞塍行政村的七个自然村中,坞塍有祭祀宋代曹孝子的曹公堂,严家坝和西头角两个聚落参拜的是位于西阳行政村的总管庙。阴历正月十八日和七月初七日举办庙会,由各村阿爹〈参照前节（四）〉率领前去。祭拜西阳总管庙的村有:西阳、树港、坞塍（以上都是属于苕南乡的行政村）、妍五圩、下半山（以上好像是西阳所属的自然村）、笑山（属于树港的自然村）等。不管怎样,虽然有点模糊,但基本上可以确定庙的管辖范围是"村"（虽然国家间有矛盾,但由于是外国人第一次来本村,采访中房间内外都挤满了不是采访对象的男女老少,使得采访不够理想,老农之间的谈话内容也相互有矛盾。）〈滨岛、片山、高桥 1994:287〉。

---

① 20 世纪 80 年代至 90 年代初期,直辖于湖州市,即属于县级的双林镇,除了镇区之外,还管辖着五个乡。〈滨岛、片山、高桥 1994:266〉

莫蓉乡兴隆桥行政村,新中国成立前分属六保和七保。据《浙江省湖州市自然村名名称录》①(1982年)及村干部的说明(1990年),其情形如表11所示。六保的土地庙是鹞泊土主②,七保是兴隆庙(前面是刘猛将的泥塑像;后面是金总管,因为要抬老爷,故做成木像)和仕林土主＝仕林总管庙(土地庙和总管庙为同庙),居民们各自根据距离远近选择土地庙参拜。顺便提一句,"仕林"就是"儒林"(参照地图5,莫蓉乡政府所在地),当地土话中"仕"与"儒"同音。每年八月十一日,兴隆庙举行抬老爷＝出会,巡游徐家漾、柱山兜(过去的六保)。仕林总管庙老爷每年八月二十四日巡游仕林和东汤兜〈滨岛、片山、高桥 1994:291〉。被采访对象都出生于徐家漾,没有南、北庄兜(过去的六保)居民。据说仕林总管庙由于同属原来的七保,与现在属于兴隆桥行政村的自然村没有关系。这里也是与图分没有关系,可认为是以聚落＝自然村为单位的。

表11　湖州市双林镇兴隆桥行政村的聚落和土地庙

1982	1990	旧保	备考	土地庙
徐家漾	徐家漾	七	村民委员会所在地	
元坝头	?		地图四中写作"元桥头",坝起着桥的作用	
陈坝头	?			兴隆(总管)庙
小学兜	小学兜	七		
王尚兜	柱山兜	七	当地土话中,shang 和 shan 都发成 san	
南庄兜	南庄兜	六		
北庄兜	北庄兜	六		鹞泊土主
漾北	(被废)			

---

① 参照 p.149 注①。
② 作为土地庙及其他庙的称呼,这里首次出现了"土主"。迄今为止收集古典汉语用例最全面的《汉语大词典》(汉语大词典出版社,1988年)从明王廷相《慎言》中引用"土主木偶"事例,把它解释为"泥塑的偶像"(顺便提一句,《大汉和辞典》中只收集现代语的"地主"意义)。单从王廷相在这里的用法来看,这一解释是正确的。但是否可以考虑成像"境主"、"地主"等一样,是土地神(土地公)多样化称呼中的一种呢?据当地农民说,兴隆庙的神像"因为要抬老爷,故用木像"。该庙是否举行抬老爷,在调查时点尚未能确认。但兴隆桥行政村三座庙中,其他二庙确实有抬老爷,因而该庙很可能也有此现象。如是这样的话,"土主"并非是泥塑的,完全有可能是木像。

镇西乡黄龙兜行政村由十个自然村构成,过去分属两个乡的三个保中〈滨岛、片山、高桥 1994:295。参照表 12〉,有总管堂、普陀庵、灵济寺三座庙。位于黄龙兜的总管堂主神是金总管,神像有两尊,一尊是泥塑的"坐公",另一尊是木像,用来巡游,故称"行公"。由原属于九保的各自然村参拜,其他村则不来这里。每年正月初七日的庙会,由九保当地年纪最大的"当地阿爹"负责。五个自然村,有四个社,各社都有"会头"。正月初七日,各社都做好饭菜拿到总管堂后,再拿回各社会餐(每户派一人参加)。没有"草台戏",只叫业余的六人左右来"呗曲子",费用由各户均摊。位于真龙兜的普陀庵(无僧尼、道士),真龙兜和南元兜的居民前往参拜,但无庙会(现在是不是去其他行政村的庙,由于被采访对象中没有当地人,因而情况不明)。灵济寺的主神是"都天安乐王爷"和"三寿如来",前者其实是"护国运粮王"=金总管,因此灵济寺是一座土地庙,下属四个"大社"(盛林山两个,莫蓉乡温二兜、三后头各一个),其他小村各有一个小社。庙会在二月二十四日,四个大社轮流出八人抬老爷="抢轿",他们都是青年,由一位"阿爹"指挥。草台戏演两天,聘请的是京剧班子〈滨岛、片山、高桥 1994:296〉。

表 12　湖州市双林镇黄龙兜行政村的聚落和土地庙

自然村	现户数	现人口	形态	旧保	土地庙	备考
吴家棣	63	245	列	花桥乡九	总管堂	
黄龙兜	36	145	列		总管堂	
和尚兜	17	73	块		总管堂	太平天国后的湖南移民
王家堰	25	104	块		总管堂	
费家庄	18	62	点		总管堂	
真龙兜	66	271	列	花桥乡八	普陀庵	
南元兜	23	93	列		普陀庵	
陆家兜	10	41	块	花桥乡七	?	
渔船墩	102	312	点		无?	渔民村
盛林山	55	235	点	莫蓉乡八	灵济寺	

(六)

本节根据对现存老农民的采访,考察了土地庙和聚落的关系。这里所得出来的数据,不能说完全等同于明清时期的实际情况。这是因为:第一,从采访对象的年龄来推算的话,其记忆最早的只能追溯到 20 世纪 30 年代前后。20 世纪 20 年代发生的经济萧条和恐慌,曾经给这个完全依赖副业的地区的生计带来了深刻的打击,自古以来的共同关系的很多方面,在这一时期可能遭受了消灭或出现新的变化〈Fei 1937:104〉;第二,对现代中国大陆的调查,不得不全面依靠县政府以下的行政组织,被采访对象基本上以村一级的退休干部居多。当然,干部最为重视的是其出身成分。因此被采访的人当中,有不少可能没能像"常民"一样参与乡村的共同组织、活动(如嘉定县娄塘镇那样,当然也有不少贫雇农能提供丰富、详尽的数据的事例);第三,在土地神等土神信仰被当作"封建迷信"而遭到禁压的今天,当地笼罩着不敢公开谈论此事的气氛(在公开的采访中,出现过几个被采访者刚说完该村没有巫师、师娘的情况后,其他老人就会咕嘟说坐在你旁边的那位老太婆的家世就是⋯⋯的情形)。

虽然认识有所局限,但清晰地浮现出来的历史事实是,有关江南三角洲的土地庙的庙界,微高地的散村地带是以"图"来划分的,而低地集村地带则以聚落单位来划分。不管怎样,作为祭祀、信仰的单位,有的是单一聚落,也有的是"村落联合"〈中村哲夫 1987〉。据用"祭祀圈"这一概念来把握、细致分析台湾中部的一个行政区域——南投县草屯镇的林美容的研究,当地祭祀圈可以划分为①聚落性祭祀圈(土地公);②村落性祭祀圈(村庙);③全镇性祭祀圈;④超村落祭祀圈等"四个层次"〈林美容 1987,特别是其中的页 81~93〉。台湾农村的聚落形态是由同姓或少数姓氏构成的小规模集村,早在日本统治时代,其地行政村落已经确立,共有居住空间(聚落、村落)的居民间有着"同庄意识"等等,与①、②的祭祀圈有着密切关系的见解,不见得能完全适用于江南三角洲。但是,在充分消化、吸收有关的先行研究后,通过详细、臻密地复原祭祀圈而推导出来的林美容的结论,在考察中国大陆同类问题时,是非常具有启发意义的[①]。

[①] 与有无公共财产、有无村境一道,中国"村"中是否有"村人意识",曾是日本学者实施"华北农村惯行调查"时所关心的核心问题,但调查结果却否定了这一点〈滨岛 1987〉。正由于此,出现了全中国都不存在村落共同体的这种看法,其影响至今还很浓厚。林美容教授断定说"用聚落性及村落性祭祀圈能够解释大部分的同庄结合"〈林 1987:99〉,探索中国大陆的村落共同体,迄今仍是个非常重要的课题。

小　结

　　本章所考察的课题是：探明明清时代至1949年前存在于江南地区农村中的"社会的共同性"，他们生产、生活的场所中，存在着什么样的地缘社会集团？王朝政权是如何与之发生关系，如何去规制、整顿其秩序的？

　　曾被许多研究者当作考察依据的吴江县开弦弓村，就本文的主题而言，是属于一个"村庄"有两座土地庙的、非常例外的聚落，不一定能用它作标准。在江南三角洲，更多的形态是，数个聚落共有一座庙（土地庙）。以土地庙为核心而形成的地缘性社会集团，如单纯从文献记载来看，在当地经常被称为"社"。不只是信仰、祭祀，乡村里的其他问题也通过这一集团来解决①。

　　元代的社制、明代的里甲制及清代的保甲制，甚至清代中期在江南实施的顺庄法，其基础也都是这种历来存在的"社"级地缘结合。作为统治的下层组织，朱元璋政权在这一地缘结合基础上建立里甲制的同时，理念上处于浙东朱子学派的支配下，强制实施了极端复古的，因而也是观念的、不具现实性的乡村祭祀制度。但正如在州县一级设立的观念的、非现实的城隍制度在短暂的时间内就出现空洞化那样，很难想象村落一级的里社坛、乡饮酒制度具有可行性而曾经发挥过作用。事实上，各地仍在延续着有着悠久历史的土地庙祭祀、信仰。

---

　　①　对聚落形态的考察，暂且把它分成东乡（＝微高地）和西乡（＝低地）两类来展开论述。我只看到二则资料，而它们正好与此相对应。但如据海津正伦的说法，江南三角洲地形中还存在着嘉兴、常州等地的"台地"这类概念〈海津正伦1990，特别是其中的页233〉。现在暂还找不到关于这一区域的聚落资料，无法进行更深入的探讨，这一问题还有待将来解决。

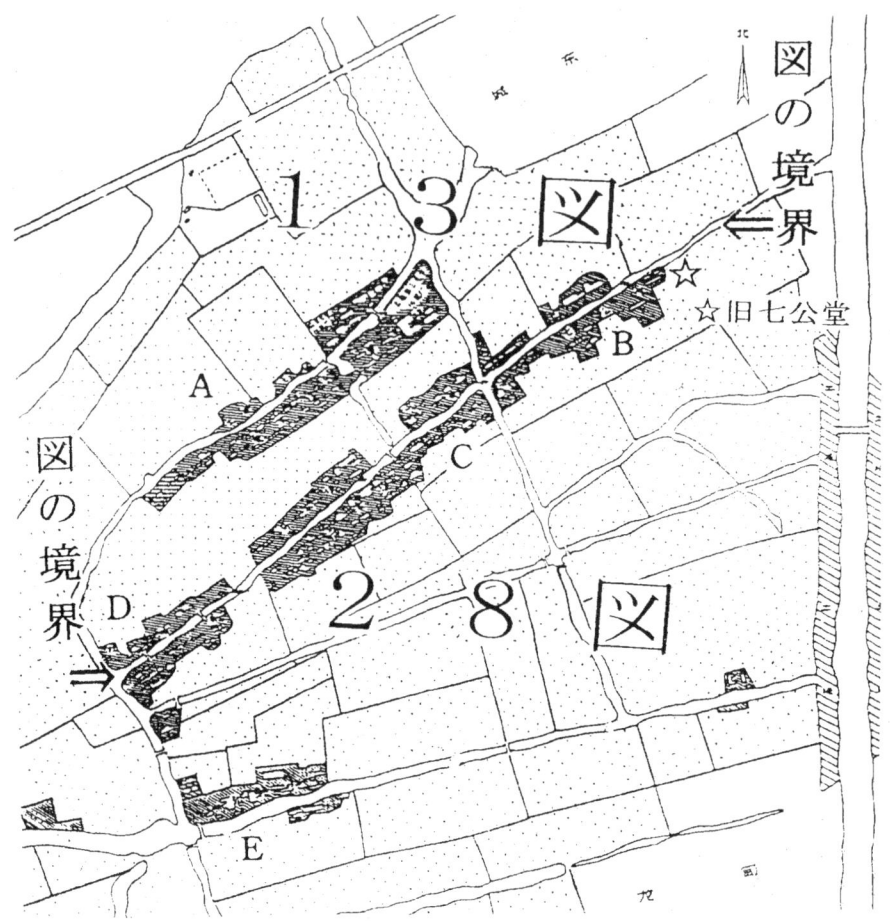

自然村：A.曹家埭 B.七公堂 C.马家埭 D.社家角 E.张坊

地图 3　青浦县朱家角镇马家埭行政村简图

底图为该村村民委员会 1988 年绘制的《马家埭大队村镇现状图》。

第四章　明朝的祭祀政策与乡村社会

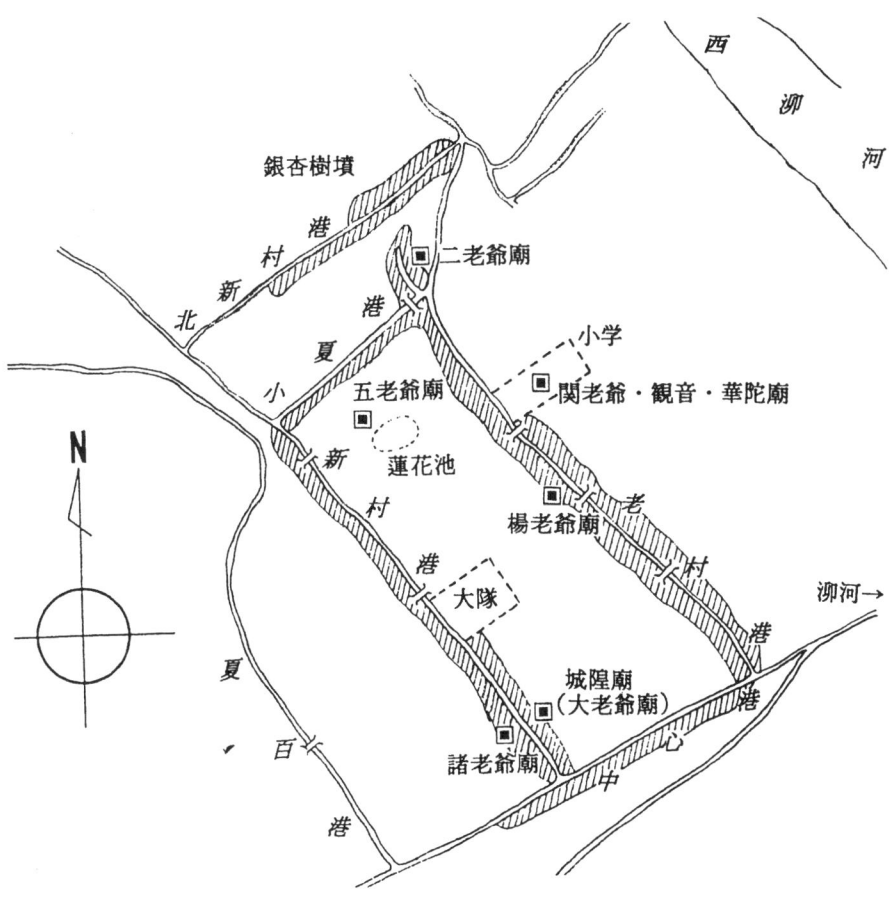

地图 4　青浦县练塘镇泖甸行政村简图
以 1990 年该村村民委员会所提供的略图为基础绘制而成。

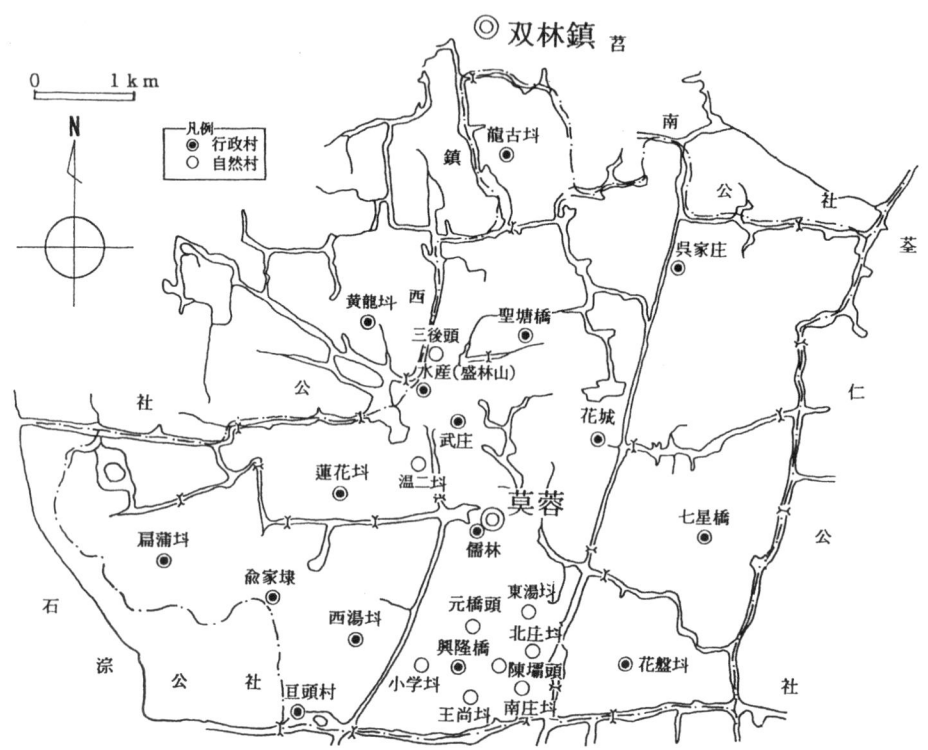

地图 5 湖州市双林镇兴隆桥行政村相关地名参考图
以 1982 年湖州市人民政府《湖州市地名志》为基础绘制。

第五章

商业化和城市化
—— 宗教结构的变动

小　序

在中国历史上,继发生于九、十世纪的唐宋变革之后,十六、十七世纪又迎来了一大变革期①。由宋向元、由元向明的王朝更替期间,当然也发生过各种变化,但就社会、经济的深层次上,却找不到发生过结构性变革的迹象。但对中国而言,由于内、外两方面因素的作用,十六、十七世纪时,社会、经济方面却发生了重大变化。这种变化如用一句话来概括,那就是出现了"商业化"。

明初的乡村地区,存在着以土地庙祭祀、信仰为核心的农民的社会共同性,由此而形成了地缘结合,明朝政权以之为基础实施了里甲制。乡村的这种祭祀、信仰结构,在"商业化"过程中发生了巨大变化。到底是如何发生变化的这一课题,便是本章所要考察的对象。

作为民间信仰发生变化的前提条件,本章第一节将对十六、十七世纪发

---

① 台北"中央研究院"近代史所所长张玉法曾对大陆和台湾学者有关中国近代史、现代史的划分的看法进行了整理,发现双方都深受"政治的影响",他提出了"摆脱政治的纠葛,用世界史的观点对中国史进行分期","如果说中西接触以后,中国被纳入世界体系中去,因而此后的历史构成近代史,那么中国的近代史应该始自于明末清初才行"的有趣看法〈张玉法1994〉。如果说"世界史"的真正出现,是欧洲资本主义确立后才开始的话,这里的大航海时代,可认为是中国史萌芽地进入"世界史"。以新大陆流出的、流通于世界的银为轴心的经济结构,最早始于中国江南三角洲等先进地区,最后甚至连农民的生活也被不可逆转地融入其中。

生的社会、经济变化作一概述。由于其详细的实证考察并非是本书的课题，因此，这里只以先行研究及笔者自己的考察成果为依据，对其变化进行概述，以之作为探讨明末以来的民间信仰的前提。在此基础上，第二节以下的内容将对由于社会经济结构性变化而引起的宗教变化进行详细的考察。

第一节 商业化和乡脚的形成

（一）

　　唐宋变革以来，牵引经济发展的火车头是长江以南的低地开发，特别是江南三角洲的开发，它始于在唐末之前不适宜人居住的低湿地中开挖网格状的水路＝塘浦。为了维持排水的机能，每年冬天枯水期时都要进行疏浚，疏挖出来的河泥被堆积到沿着水路的、兼用作交通用路的堤防（塘岸、塘路）旁边，形成人工的土地。那种周围被塘浦及堤防所包围的人工地形，被叫做圩或围，形成于其内部的耕地叫做圩田（围田）。圩田的真正开发，始于五代地方政权的吴越王国，北宋、南宋、元代、明代，这样的开发在不断延续，吸收了大量的人口，把未开垦的低湿地变成了适宜人居住的地区，由此江南三角洲发展成为谷仓地带及国家财政中最重要的财源〈关于圩田，可参照滨岛1982：第一章第一节；1984a；1990c〉。

　　但是，如果考虑到开发成本的话，适合建造圩田的未开发湿地在明代中期时便已很少，低地的开发由此进入饱和状态。作为其表现，便是出现了"分圩"的现象，即把面积大的大圩再分割成小规模的圩的活动。文献史料（指示、意见、实施例）虽然会提到这一现象，但基本没有涉及其动因。20世纪60年代笔者第一篇公开发表的论文中曾指出过这一点，并以史料中零星的文字为线索，主张应从小圩更便于展开共同活动的这一社会要素中寻找动机。在1982年出版（早在1979年夏天时原稿就已提交）的拙著中，笔者基本上仍坚持原来的观点，但由于受1979年夏天由京都大学东南亚研究中心主办的、以"江南三角洲开发史"为主题的讨论会〈滨岛1984〉的影响，该文中同时指出了"利用土地的高度化，也有人文、地文状况的变化（改造）的原因"〈滨岛1982：第二章第二节，页121〉。此后，在讨论江南三角洲水利和开发的拙稿〈滨岛1989a＝原1986；1990c〉中，接受了该中心高谷好一、海田能宏两位先生富有启发性的意见，叙述说"分圩"是随着适合开发土地的减少、消灭,为了提高土地的利用效率,而进行的工程方面的处理,其目的在于对残存于大圩内心处的湿地进行排水并改造成耕地①。换句话说,分圩现象的出现,意味着由于外延式的圩田开发走入尽头,其开发便转向圩田的内部。这也就意味着自 10 世纪以来一直延续的江南三角洲的圩田开发进入了最后的阶段。现存史料中所能看到的最早"分圩"活动出现于宣德七年(1432)苏州知府况忠的指示。现在能够确认的、最后一次有组织的实施是在天启六年(1626)松江府青浦县即江南三角洲低地中地势最为低洼的地区〈滨岛、片山、高桥 1994:5〉进行的。在那之前,则有万历十六年至十九年(1588—1591)苏州府吴江县的例子。明代时,太湖的主要排水路变成了吴江——淀山湖——泖河——黄浦江水系。如果说分圩是圩田开发的最后阶段的话,其年代也就意味着开发完成的年代。以 17 世纪中期(最晚也不超过顺治年间)湖州某位生员的"管见"为最后,此后分圩便从文献史料中消失了。这些历史事实说明,现代江南三角洲的景观,基本上在明末清初以前便已形成。

由分圩而引起的圩内湿地的消失及全面耕地化,带来了圩内土地生产效率的均质化。作为修筑圩岸及濬渫水路的(总称为濬筑)的负担原则,"照田派役制"出现并定型一事也反映了这一点,即圩内的土地所有者按照土地面积来赋课。从宋代到 16 世纪之前,一看就似合理的这一原则,实际上并不存在,甚至可以说不可能存在。多年以来就已采用的方法是,拥有直接与水路、圩岸接壤的耕地所有者,按照其接壤部分的长度比例来分担(有时仅担当自己接壤的那一部分)〈滨岛 1982:第一章第三节〉,笔者把这种方法叫做"田头制"。这并不是狭义上的"制度",而是宋代以来在圩田地带自发形成的习惯。在江南三角洲,弘治年间,即 15 世纪末至 16 世纪初,围绕着负担原则,"田头制"派与"照田派役"派之间发生了一场争论。开发进行得较早的苏州府的水利官僚主张"照田派役制",对此,常州、松江府的官僚、开发地主似乎主张"田头制"。结果主张田头制的一方占有优势,常州府水利通判姚文灏被提拔并授予工部主事的官衔,由他负责江南三角洲全境(包括杭州、镇江)"提督水利"的任务。于是,姚文灏颁布了《修筑圩坦事宜》,由此五

---

① 这里我之所以详细地介绍本人对于分圩的认识过程,是因为关于分圩的契机,有人错误地介绍说我抱着"与其说是技术上的,不如说更重视社会、农村共同体的要素"这样的观点〈川胜守 1997:109-110〉。川胜守应该熟读一下拙作 1989〈原 1986,特别是页 116〉、1990c。

代以来江南三角洲第一次出现了有关圩田水利的全面的、体系的水利规制。虽然它以"田头制"为轴心,但也部分承认"照田派役制"为"一方法",这也正是当时开发程度有所差别的反映(当时已经出现了适合于照田派役的地区)〈滨岛 1989a、1990c。另外,以上两篇论文尚未强调"修筑圩坍事宜"的历史地位〉。此后的16世纪,在进行开发=分圩的同时,照田派役制也逐渐得到实施,17世纪初由苏州府常熟县知县耿橘主持的水利事业中,出现了体系的照田派役制,并形成延续至20世纪的江南三角洲水利的模型。这正是与圩田开发结束,圩内土地的生产率出现均质化这一现象相对应的〈滨岛 1989a、1990c〉。

(二)

分圩的结束,也就意味着低地的圩田开发已到达极限。从开发史的角度来看的话,它意味着五代以来,与开发过程相伴随,不断吸收大量人口的内部边境(internal frontier)终于消失。其结果,江南三角洲产生了在史料上经常用"人多地少"来表现的人口压力即饱和情形,出现了资源与人口的不平衡性,分配给小农的耕地不得不减小。一般而言,一个标准小农家族要维持其再生产的必要土地面积是十亩〈小山正明、寺田隆信等有过论述。关于十亩之意义考证,可以参考鹤见尚弘 1964〉。明末清初以来,这一标准是不可能达到的,农民的生计不得不通过别的手段来补充。对于拥有资金的富民而言,在开发结束后的阶段,其投资活动不得不转向土地之外的方向上去。

施坚雅先生早已谈到过在前近代中国,在某一地域的土地开发结束、饱和时,地域全体选择了新的生业或投资的事例。他把这种现象命名为"移动战略"(mobility strategy),并举出浙东沿海地域的事例〈Skinner 1976〉。我认为用这一思维方式来考察江南三角洲的16世纪,也是非常有效的。在出现了开发饱和、人口压力的情况下,江南三角洲农村的居民,不得不寻求新的出路。众所周知,西嶋定生、田中正俊、佐伯有一、小山正明等人的实证研究表明,江南三角洲的小农以本地区所积累的传统技术为前提条件,从事养蚕、制丝、棉业等家庭手工业的商品化生产。

宋代以来,统治着江南农村的乡居地主阶层,到底是如何去应对这一状况的呢?古岛敏雄、田中正俊、佐伯有一、足立启二等人的研究表明,在低地养蚕、制丝业地带,从投资到开始收益需要等待三年时间的桑树栽培并非是缺乏土地的农民们所能承受的,因此这里存在着这样一个风俗,即由富农或经营地主把资本投入到桑园经营中去,农民们为了预防购买桑叶不足的风险,在前一年的冬天就进行预约。在笔者偶然看到的史料中,也有这样一个事例:有一官僚在科举合格后,离开乡村移居到大镇上去,完全放弃了水田的经营,仅剩下故宅边上的20亩桑地,由贴身奴仆管理,雇用三名长工进行直接经营。相关账簿中,除"买叶簿"外,还存有"梢叶簿"(滨岛1989b)。

除了商业性的农业经营之外,明代中期(大约在成化至正德年间)江南地主营利活动中,出现了一个值得注意的新现象。这一时期众多的地主传记中,广泛出现了他们游历各地的记录,其实这是指他们在各地从事着远距离商业活动。除了具体某位地主的行动之外,有的史料还把它当作较为普遍的社会现象来记述。这就是曾把民间信仰断定为"淫祀",对其展开不留情面批判,由此为我们这些后世史学研究者留下了宝贵的史料的弘治年间常州府江阴县知县黄傅。他在谈及该县商业风俗时,曾把商人分为"富商"、"贫商"、"经纪牙行"三类。至于其中的富商,他有如下描述:

> 土人多重视农业,精心本业,追逐末业者稀少。每年春天的正月、二月,秋天的八、九月,仅有数百人前往衡州、长沙、南阳、川巴等地,收买棉花、豆、炭、麻饼等物而已。[史料050]

这些商业活动的时期正好与以水稻种植为主的江南三角洲轮作农业的农闲期相符合,由此可以推测,前往湖广、四川、河南等地从事客商活动的人,不外乎是当地的经营地主(乡居地主)。留下这则记录的黄傅,在其批判巫师的一文中,对当时江阴县阶层的构成有过以下的描述:

> 有所谓陈老太、沈老太者[原注:……即陈烈士,沈总管],其祠不可以地举,神像不可以数计。即与编户同样,聚落中有炊烟处,必有其祠,任何一家的墙壁、梁上,都有其像。全江阴县人口十余万人,除衣冠家数十家,阀阅家(现在虽没有官僚,但过去曾是士大夫)数十家,又除衣食足者数百家外,其余大抵巫家或事巫者也。[史料107]

这里要提起注意的是,生活上较为富裕的"数百"家这一数字,正好与从事客商活动的"富商"的数基本吻合。

他们所运回的商品中,除了豆(黄豆?绿豆?)有时被充作不栽培大豆的农民的消费之外,其他的商品,即棉花(=手工业原料)、炭(木炭?=城市居民的燃料。在开发结束阶段的江南三角洲,不可能存在直接或间接提供燃料的森林资源。民国时期的回忆录——戴不凡1983,记述了杭州的木炭都是由徽州商人一手供应这一现象)、麻饼(芝麻中榨出来的糟,是一种需花钱购买的肥料)等都与商业化、城市化有着密切的关联〈滨岛 1989a:103-111〉。

在此,我暂且把明代中期从江南三角洲出发到各地从事客商活动的乡居地主集团称为"江南商人"。明代前期,江南三角洲的富裕层中尚未出现有这类活动。而藤井宏详细考察过的徽州商人活跃于江南三角洲时的明代后期,同样见不到这样的"江南商人"身影。

明代后期,出身于江南三角洲的从事客商活动的商人集团只有傅衣凌所介绍的"洞庭商人"〈傅衣凌 1956。近年来的论文,可参考范金民、罗仑 1993〉。为什么江南商人会消失呢?其答案可在洞庭商人中找到启发。从地形图上马上可以看出,他们的故乡——太湖中的东、西洞庭岛(现在东洞庭岛已与陆地相连,成为半岛),是两个湖面直接与陡坡相连的平地非常少的湖岛。在富裕的江南三角洲中,这一地区只有在湖上捕捞、在陡坡上种植柑橘两种产业,其他地区常见的生业、产业在这儿都见不到。与明代后期兴起的三大商人集团——徽商、晋商、闽商的故乡一样,作为农业地区,其条件并非优越,也正由于此,整个地区都强化客商活动,洞庭商人就是从客商活动中寻找出路的。反过来也可以说,江南三角洲的富裕者,与其选择那些成本巨大且充满风险的外地商贸活动,还不如就近在本地从事机遇不乏的各种营利、投资活动——金融业、中介批发商、仓库业、房地产及其他城市手工业等等。可能在徽商出入的同时,江南商人便从远距离贸易中撤退下来。

(三)

早在 20 世纪 50 年代末,小山正明就已弄清,农民们通过利用余暇从事家庭手工业,获取货币,并以之购入食用的大米〈小山正明 1992:289-291〉。从非常有限的耕地中所获得的收成,在扣除租税(税粮)或地租(佃租)之后,要保证一年的食粮,是非常困难的。初夏至秋收这段时期,食粮不够的问题非常深刻。解决此一难题的是当时产生"湖广熟,天下足"这一谚语中所说的湖广米。在起着长江天然调节池作用的洞庭湖周边的泛滥平原,产生了一种被称为"垸"的圩,吴金成对此事有过详细的考察〈吴 1990〉。种植在那里的水稻,是所谓的"占城稻",经过宋代以来的改良,生长期短成为其特征〈Ho 1974:170-171〉。占城稻原本就是一种生长期短、抗得起旱灾、水灾的品种〈渡边忠世等 1984:137 渡边本人的意见〉。江南三角洲农民自己生产的优质粳米的大部分,都作为地租或租税(白粮)而流入上层的市场。秋收之前至初夏这一过渡期,作为早稻的低质占城米(籼米)流入了江南三角洲,除了城市的小市民外,农民们也经常需要购买它们。

有一封写于正德五年(1510)发大水之际的书简中提到:"布贱米贵,为生益艰。"〈滨岛 1982:92 页所引的顾清《东江家藏集》卷二五《与翁太守论水患书》〉按照水灾→水稻受害→米价上升这样的逻辑的话,这当然是常识。但在这里我们应予注意的是,它插入了农民家庭手工业产品价格的这一因素。也就是说,农民们卖出手工业产品,得到货币,并以此购买粮食。

就这样,江南三角洲的小农日常生活中,与流通过程保持着接触。他们经常需要买入手工业的材料、原料,贩卖手工业产品,有时也贩卖农产品,并经常购买大米。这样的生活方式自然与流通网络的建立有着密切的关系。16 世纪中期以来,遍布于江南三角洲的市镇,对于三角洲农民们的经济再生产而言,具有不可或缺的作用。宋代史专家早已指出,唐宋变革时期,随着坊市制的解体,农村地带也出现了商业中心地,并形成了流通网络。当然,这一切我们都不能否认。但正如后面所述,由于市镇网络更为稠密;由于农民日常的生活与流通网络有着紧密的关系,农民们的生活空间超越了聚落或"社"的层次,并向以市镇为中心的领域扩展,就以上两点而言,16 世纪可认为是划时代的。①

农民们与流通过程经常的接触,必然引起了其生活空间的扩大。在江南三角洲的低地,主要的交通不得不依赖水路。可以说农民们至少应该拥有一条小船,但并非是所有的农民都有。在当地田野调查中发现,土地改革时,与许多地区以牛及车(龙骨车等)相并列,江南三角洲则以是否拥有船作为划分阶级成分的标准②。没有船的贫困农民,以及虽然拥有船,但没必要出船的情况下,农民们通常会利用"航船"〈费孝通 1984。滨岛、片山、高桥

---

① 关于江南市镇,20 世纪 70 年代有刘石吉的开拓性研究〈收于刘石吉 1987〉,进入 80 年代后,受现代中国政府积极推进市镇复兴政策(恢复流通网、推进企业活动、吸收过剩人口……)的影响,市镇研究如雨后春笋般地涌现出来。代表性的论考有樊树志 1990。在日本,森正夫 1992 运用文献史料、实地调查两方面的手段,并有地理学者的参加,其成绩卓著。关于市镇在农村经济和文化中所起的作用,费孝通 1984 有着非常生动、形象而充满说服力的叙述。

② 关于移居微高地,娄塘镇有"乘船途中,碗掉入河中,于是就此定居"这样定型的移居传说,经常会被提到〈滨岛、片山、高桥 1994:249、259〉,所以高乡决非与船没有关系。但与朱家角、练塘、双林等低地相比,对船的依存度相对较低,从表 13(附在本章末尾)中就可看出这一趋势。

1994:228)。在镇上完成有关的买卖活动后,农民们肯定要到茶馆去,边喝茶边杂谈〈滨岛、片山、高桥 1994:228。尤其是 272~274 页中对茶馆的采访〉。在完全缺乏定期市的江南三角洲,①农民们很少会奔赴数个商业中心地,他们通常只去某一特定的镇。从市镇的一方来看,乡村呈现为如下的情形:

> 前世(从文理上看,是指明代以前的朝代)镇之户口不多,此后商市日益繁盛,户口渐多。村镇交易,各就其便。于是某村经常赴某镇交易,即说"某镇之某村"。此由地理之近便,而构成自然之区域,固未有行政上之统隶也。到了前清设汛弁(相当于警察组织的绿营)驻防,(由于驻在镇上的汛有规定的管辖范围),才开始定下区分。[史料108]

这里显然谈到了,①出现了市镇;②特定市镇与周围聚落自发引成(并非是行政性的)了固定关系;③由此形成了领域的概念(某镇的某村);④以此为基础设置了行政(警察行政)区域。始于清末的地方行政制度中,对行政村的设置,也是以这一区域或领域为范围,以在此范围上产生的共同性(庙会、消防、救济等)为根据来进行的②。

就这样,农村聚落的农民们必定会把自己固定于自己的镇从事买卖。据费孝通的介绍,在吴江县,这样的聚落被称之为"乡脚"〈费孝通 1984〉。按照他的说法,乡脚与镇互相之间是一种养与被养的关系。通过苏州周围农村的调查来考察江南农村社会结构的福武直,把这种关系叫做"乡镇共同体(町村共同体)"〈福武直 1948〉。在此,我们把以特定的镇为中心的一定区域借用费孝通的"乡脚"来称呼(其本意并不包括市镇本身,在此我们把它

---

① 不只是明清时期,再追溯到更早的历史时期,在该地区也找不到有定期市的痕迹。但作为商业中心地,其发展一般是按照临时市→定期市→每日市→常设店铺这样的发展脉络来进行的。江南三角洲是否适用于这一法则呢?中国研究者中,精心收集、汇集过市镇资料的樊树志的大作〈1990〉,虽然也是按照这一法则来叙述的,但有关定期市的资料,却没能举出一则属于江南三角洲本体五府的例子,所列举的是并非江南三角洲本体而属边缘部的杭州等地史料。笔者在此要提起读者注意的是,江南三角洲各种史料,包括大量的宋代史料在内(谁也不能否认,从地域来看,近世至近代的有关江南三角洲农村社会的史料、信息是保存得最为丰富、完整的),完全没有提到定期市,甚至可以说连其记忆也没有。我们不得不说江南三角洲可能没有经过定期市这一发展阶段。流速缓慢,没有什么技术难度,甚至连夜行也能驾船移动的水路网,可能与这样的现象有所关联。

② 前揭宝山县盛桥的"独立",也有过这一现象〈第四章第三节(三)〉。另外,〈稻田清一 1993〉主要探讨了该问题。

用来称呼包括市镇在内的这一空间)。经常奔赴固定的市镇买卖东西,在茶馆里喝茶聊天的农民们,由于属于同一乡脚,中间虽夹着市镇、生活在相互隔离的聚落中,却经常保持着接触。因此农民的生活空间向外扩展到超越了自然村或"社"的空间领域。社会学者福武直、费孝通都没有说明其历史由来。但这段时期,历史学研究已把发生在16世纪江南三角洲的商业化搞清楚,对于上述这种乡村结构的形成,在16世纪以来的社会发展中寻求其答案,恐怕是不会错的吧。〈以上参照滨岛1987〉

(四)

商业化也带来了社会阶层的变化。16世纪中期以来出现的最为显著的现象是:自宋代以来在江南农村中较为普遍的,居住在农村与农民共有生活空间,自己也从事着农业经营的"乡居地主"这一阶层的没落。过去由乡居地主层即粮长层统治的江南农村社会,虽然夹杂着一些富农,但却变成了小农占有绝对多数的社会。随之出现的是,居住在城市中的"城居地主",他们这些人多有官僚的身份,被称为"乡绅"。最早对这一变化进行详察的是小山正明,对于江南地方社会支配阶层的这种变化,他用"**由粮长向乡绅转化**"这一表述来概括〈小山正明1992中有关地主制、粮长制度的论述〉。

什么原因导致乡居地主层衰退呢?前面已经谈到过作为江南三角洲商业化到来的前兆,乡居地主阶层出现了客商活动〈本节(二)〉。居住于苏州府城的商人顾恺的传记资料中,以下的叙述是很有意思的。

> 其祖先属长洲县陆墓之农家。长洲是苏州府治所,东南大都会,(农地)赋税重,风俗奢侈甲天下。故民多从事商业,农业疲弊。翁父(顾恺之父)也考虑到田入不当岁出,于是放弃农业经营,转向商业,离开陆墓,移居到西阊(苏州府城西部最繁华的商业区)。[史料109]

作者许相卿(海宁人)生于成化十五年(1479),殁于嘉靖三十六年(1557),因此他所记述的可能是16世纪前期的情况。陆墓地处苏州北边,位于唐元和年间开挖的江南最古老的水路——元和塘(常熟塘)的边上。著有农书《耒耜经》,并亲自从事农业经营,预告了江南低地开发进入黎明阶段的陆龟蒙,其墓据说就在这里〈关于陆龟蒙经营庄园及其历史意义,北田英人1987有过详细论述〉。也就是说,可能这是一片江南三角洲低地中最早得到开发的土地,该地的人口饱和状况也应该是最早出现的。该墓志铭说主人公顾恺以89岁高龄殁于嘉靖年间,其父由于入不敷出而不得不放弃农业经营,移居到城市可能是在成化、弘治年间左右。由此我们可以管窥,对于江南三角洲的富人而言,农业经营并非是最好的投资。

乡居地主向城居地主转换的第一个原因,可能应从开发饱和、商业化当中去找。随着时代的推移,17世纪初以评论书画著名的李日华(嘉兴人)的日记中,记述了其女儿的婆家——平湖县周家堰张氏雇佣很多下人,同时边上还居住着许多佃户,继续在当地从事直接经营的这一在当时属于罕见的事例。然后感叹说当时官僚们多居住在城里,热衷于各种营利活动。他写道:

> 王朝隆盛,天时顺调,草泽间拥有成业,在地方上很有势力,进而修学,扬眉吐气,这样的人不亚于古之千户侯。与居住在繁华地,射利一时,乘车着衣都讲究奢侈,终于倾家荡产,子孙或不能保数十年之产的大富豪们相比,其相差实在太大了。

> 现在的士大夫喜欢市居之嚣华,讨厌田里之俚朴,处于众争之地,热衷于不保旦夕之谋,最终落得与商人转徙同样的结果,真是太蠢拙了。我看到张君之家,历宋元迄今,深有感触。[史料110]

说这话的李日华本人居住在嘉兴城里,其父可能专门靠经营商业而致富,他的这种批判听起来虽然有点怪,但它显示出,当时有着官僚身份的地主们,舍弃乡居选择城居的理由是"不保旦夕之谋",也就是更便于从事与广义商业有关的营利活动〈滨岛1983b〉。作为选择城居的具体事例,我曾经介绍了南浔镇庄元臣在科举成功的同时,放弃了直接经营。进士及第不久,便被授予中书舍人这一表面上看似荣华的"清华"京官的庄元臣,其收入只有正规的俸给,在其给儿子的书信中悲叹"俸如鸠口,费如牛后",苦于借钱,"京债既多,家债累积"。数年后,他除了积聚数百亩的土地之外,还从事着"什一取息,子母相生,亦是作家之道"的高利贷活动〈滨岛1989b〉。

从酒井忠夫率先指出官僚身份获得者16世纪中叶开始被称为"乡绅"之后,大量的研究也都证实了这样的社会现象〈滨岛1982:232。滨岛1989c〉。乡绅的语义,最初被定义为"居住在乡里的官僚资格保有者",不久又扩大到"出身于本地的官僚资格保有者"并定型下来。

如果是这样的话,"乡绅"与作为近世中国特征的"士大夫"到底有什么区别呢?或者说为什么会产生出"乡绅"这一用语或概念呢?迄今尚未有人提到过这个问题,没有进行过论述。正式的论述将在今后进行,在此先提示一下管见。首先,"乡绅"属于"士大夫"的范畴,并没有脱离于士大夫之范围。尽管如此,作为一个新概念,乡绅是明代后期,大致是嘉靖之后,士大夫在乡里社会的居住形态发生变化后才开始出现的。其一,明中期之前,士大夫主要是乡居,与庶民居住于同一聚落,共有居住空间。与此相对,此后他们出现了城居化倾向,与乡村庶民分离了。其二,在商业化进展的同时,江南三角洲以大量的财富蓄积为基础,出现了"地方主义"(localism)(思想史方面的反映是顾炎武的"封建论")。在地方政治、行政方面,知县虽是全权代表,但他也不得不与当地住民代表共同商议。如果协商同意的话,决策才有实行的可能性。这样的习惯被称为"地方公议"或"士民公议",在思想史方面的反映是黄宗羲的"学校论"〈滨岛 1982:481;滨岛 1983b。其实早在滨岛 1975 的注中已有明示〉。在这种场合,掌握着主导权的士大夫,对地方官而言,是一群有别于原来的士大夫的地方上的官僚资格保有者。其三,嘉靖年间以后,在政府及百姓眼中,士大夫变得越来越贪得无厌,他们以官僚身份为借口,拒绝承担徭役。虽然免除官僚徭役(优免)的有关规定早在明初洪武十三年(1380)已确立,但当时只有现职京官才予免除杂役,因而非常有限。明代中期之前,江南三角洲的士大夫们可能也是负担徭役的。在与百姓共有居住空间的环境下,以官僚身份为由逃避徭役(这并不是说国家所收取的徭役本身消失了,而是原本由士大夫承担的徭役被转嫁给居住在同一空间里的其他庶民)是很难行得通的。

士大夫们通过移居到城里,与乡下居民彻底分开,也就消除了这一制约因素。嘉靖年间以后,江南士大夫无所顾忌地全面逃避徭役,造成了严重的"役困"事态。也就是说,那些没有负担能力的庶民地主阶层,因徭役被转嫁到他们身上,造成了他们的陆续破产,与此相应,国家也没能确保得到原有的徭役。同时,这一现象也是造成乡居地主阶层消灭的重要原因之一。过去我曾详细论述过,为了解决这一问题,以东林派系统的士大夫及官僚为中心,展开了被称为"均田均役"的改革运动〈滨岛 1982:第四至第七章,第九章。滨岛 1983b〉。与"士大夫"有别的"乡绅"这一用语、概念的登场,就是与这样的徭役问题紧密交缠在一起的。

(五)

乡居地主阶层的没落,意味着当地权力组织的解体。明初设立的以粮长、里长、里老人为轴心的乡村社会的统治体系,是国家对乡居地主阶层统治力的容忍和补充。所有的民事案件和轻微的刑事案件都交给乡村自治,节约国家的行政成本,这一切也都是以当地存在着这样的阶层为前提而形成的。因此,这一阶层的没落,必然会引起统治体系的一些变化。

其中最为显著的一个标志是,出现了并非属于国家制度的,因而也是非法的拘押设施。传统中国的审判中,被告当然是被拘押的,有时连干证(证人)甚至原告也经常被关押。由于绝大多数案件都能在乡间得到处理,设在州县衙门里的法定的拘押设施——"监"是足够使用的。但嘉靖年间以来,乡村的自力救济乃至自立解决的体系瓦解了,这也就意味着增加了前往衙门诉讼的案件。地方衙门不得不面对拘禁设施不足的问题。以嘉靖三年(1524)苏州府吴县为嚆矢,各州县陆续增设了没有法理依据的新的牢狱。这些牢狱通常被称为"铺"或"仓"〈滨岛 1982:560-561;滨岛 1984b〉。

关押在铺仓里的囚犯,除了一般的案件之外,也有的是属于佃户没有能力交纳佃租(欠租)或不交纳(抗租)的情况。有史料提到明末大灾害发生时,某县被关押者中十分之七八是因"逋负"而被告的人〈滨岛 1982:580〉。那些依靠自己的力量支配佃户,自力解决纠纷的乡居地主阶层的踪影不见了,乡下完全是农民的世界。对那些处于商业化世界中,除了农业之外,还依靠副业——手工业来维持生计的农民们而言,确保青黄不接及农忙期(无法从事手工业)的粮食,是关系到其生死存亡的大事。而且从事手工业也需要相应的资金,这样的农民,尽管还有大米,但拒绝向地主交纳,而是以米作抵押换取银两充作经营手工业的资金,农忙时期再把大米要回来充作食粮,这一现象已越来越显著〈参照小山正明 1992:288-291 所引的万历《秀水县志》及乾隆《锡金识小录》〉。这种佃户引起的"抗租"现象的普及,同时也是明代后期商业化所产生的结果。

就这样,16世纪发生的阶层结构的变化,带来了人们的秩序感觉乃至观念上的变化。有不少那个时代的人,观察并记录了与上述多方面的经济、社会结构变化相对应的社会的风尚或风气的变化,即风俗的变化。森正夫 1979 首次对这一社会事项进行了全面的、系统的分析。此后徐泓 1989〈原 1986〉、岸本美绪 1985、1987 及森正夫 1995 等论文,解明了明末产生的"风俗"变化。

(六)

总之,本节主要根据先行研究及笔者迄今为止的考察,对商业化及其所带来的诸现象进行了整理。构成其关键的事项可概括如下：

第一，以漕运保护为核心的总管信仰的受益者——粮长，即乡居地主阶层从乡村中消失。

第二，从事手工业商品生产已成了农民维持生计的不可或缺的因素，作为其结果，他们的生活空间扩大到了以市镇为中心的领域＝乡脚。

第三，自身从事水稻种植的农民，也经常需要购买外面进来的湖广米充作食粮。

这样巨大的变化，对原本以乡居地主阶层的利害为基础而形成的灵异传说，不能不带来影响。本书开头已谈到，"总管"等土神信仰，经历了明末清初后，直到清末仍还在持续。对于本书的主题——即江南三角洲的总管信仰而言，这里所产生的变化到底意味着什么呢？这正是第二节以下所要考察的课题。

第二节　施米神——总管传说的变化

（一）

前面已经论述过，明代江南三角洲的总管信仰，是以保护漕运的显灵传说为核心而出现的，它迎合了国家政权所规定的、负担着从事漕运业务的"粮长"徭役的乡居地主阶层的心理需求，由于当时支配着乡村社会的是这一阶层，因而其信仰在江南三角洲中普及开来〈参考第三章第二节〉。通过让鬼（＝亡灵）或神附于自己身上、从事托宣活动的巫师们，应当时乡村的支配阶级——粮长层的迫切的心理需求，炮制出了灵异传说。

但是，16世纪时，粮长阶层对江南三角洲乡村社会的支配逐渐解体。16世纪江南三角洲发生的商业化的变革中，乡居地主阶层没落了，江南农村变成了农民占有绝对优势的社会〈本章第一节〉。这种社会、经济上的变化，究竟给农民们的信仰带来什么样的影响呢？正如因乡居地主阶层而产生灵异传说那样，当这个阶层没落时，他们对乡村社会的支配也就不复存在。以漕运保护传说为核心的总管信仰，也就丧失了其核心的社会基盘。换言之，炮制、维持总管传说的巫师们的顾客不复存在了。在一个农民占有优势的农村社会中，这些神灵是否能继续生存下去呢？

如已介绍过的那样，19世纪时仍然存在着总管等土神信仰。在决定抗

155

租,进行起义之前,总管一直受到佃农们的崇拜。郑光祖《一斑录杂述》所记述的 19 世纪前期,苏州府常熟、昭文县的抗租斗争中,佃农们通过在各个庙中占卜吉凶来决定是否参加斗争,因此,官府的镇压,除了针对现世的领导层外,还出现了捆绑让佃农们卷入斗争的冥界的众土神的事态〈序章第二节〉。被这些抗租农民询问是否参加斗争的诸神灵,很难想象其保护漕运的传说仍能维持其中心地位。明末清初时通过巫师们之手,与农民们相应的灵异传说被炮制出来的可能性还是挺高的。

但是,以大量方志为首的众多的中央、地方史料中,均没有提到金总管诸土神的灵异传说在明末清初时产生过什么样的变化。明末清初以来士大夫所记述的随笔、杂记之类,可能把下民的土神信仰当作"田间鄙事"而看不起,因而没有任何涉及。也就是说,依靠文献记载的历史学研究方法,要作更为深入的考察是不太可能的。20 世纪 80 年代前期,笔者曾对江南三角洲土神信仰的上述推移,构想过一个逻辑上的框架〈滨岛 1983a〉,但关于"十六、十七世纪的传说的变化"则是这一逻辑框架上的缺环。

(二)

浙江省民间文学工作者们所收集的民间传说给我提供了材料,助我越过了这一难关,弥补上逻辑的缺陷。汇集了他们成果的《浙江风俗简志》(1986,以下简称为《简志》),前面已有过涉及〈第四章第三节〉。关于嘉兴、湖州的金总管,该书为我们采录了如下的传说:

(嘉善县西塘镇)七老爷庙会:每年四月初三日……民间传说,七老爷原姓金,排行第七,本地出生,在明朝担任押运粮食的小官。有一年,江南大旱,民不聊生,七老爷恰巧运送粮食过家乡一带,沿岸灾民向他苦苦哀求借粮。这是军粮,七老爷不能作主,就上岸至县里,与知县商量救济办法,知县也无良策。在无可奈何的情况下,七老爷决计把所运送的粮食统统让灾民取去,自己跳河自尽。当地百姓为了纪念他,集资造庙,故叫"七老爷庙"。[史料 111]。①

(湖州市外西土山村)总管庙会:神无确切姓名,俗称金大老爷。相传完颜兀术九犯中原时,金邦任解粮总管路经此处,目击村舍荒凉,百

---

① 2000 年 3 月 27 日,我与杭州师范学院顾希佳教授、嘉善县文化馆馆长金天麟等一道访问西塘镇时,确认该庙已完全恢复,并得知该传说的采集者就是金天麟馆长本人。

姓凄惨的状况,慨然将所运军粮遍赠饥民,自知军法难容,随即拔剑殉身。兵祸过后,当地集资建庙,塑像祭祀。《《简志》页400》[史料112]

两处传说中出现的金姓神显然都是原来的金总管,在此他们变成了亲自从事漕运的下级官员,也就是说,流传到现在的总管传说依然残留着漕运传说的痕迹。但至此时,他们已经不是从高高的天上,带着许多下属降临人间,为粮长等担当漕运的人提供救助,而是变成了与民众同甘共苦,不惜牺牲自己生命,发放粮米给百姓的施米神。明末,江南农村的农民们通过从事家庭手工业,赚取货币,并经常需要购买食米。饥馑、米价高涨,除了都市的市民外,对农民而言也是迫切的问题。我们已经确认,常熟县金村或青浦(吴江)县章练塘镇的金氏家系传说中,神不是从高处向粮长们伸出保护、救济之手,而是和粮长们处于同一阶层,同病相怜〈第一章第一节(三)〉。在这里其地位更为下降,表现为与农民们患难与共的神。但他是管理漕运船团的下级军官,所施的米也是漕米,该事表明,仍然没有完全摆脱漕运传说。因此,其原型显然是漕运保护神金总管。

(三)

转变成"施米神"这一现象并非只有在金总管中才能见到。同属江南三角洲土神中较为普及的刘猛将,也有着类似的变化。

大量史料表明,清代以后的江南三角洲农村中,刘猛将信仰很盛行。康熙《具区志》卷七"风俗·元旦"说元旦时举行"村社"的神是"扬威侯",即刘锜,"各村赛社,其像以数百计"。邓琳《虞乡志略》提到:"其余各乡村镇,猛将神庙甚多。"光绪《周庄镇志》卷三"祠庙·猛将堂"条说"远近各村,无处无之,有甚者,一村分祀数处"。民国《木渎小志》也说"吴俗乡村多祀猛将"[史料045]。民国《光福志》卷一"风俗·光福岁时记"条说"中元前后有猛将会,各村皆有,农民酬之以驱蝗之功",谈到驱蝗神刘猛将的信仰是非常普遍的。不只是清代,如前面所述,直到现代仍存在其信仰〈第一章第四节〉。

如果说漕运传说与江南三角洲乡居地主阶层的利害攸关的话,那么对农民而言,驱除蝗灾也是很有意义的。十六、十七世纪以来,农民们仍然维持着对刘猛将的信仰也是可以理解的。但是现代所能找到的清代刘猛将传说并不只有驱蝗神。嘉定县嘉庆年间某一镇志所收的由里人撰写的刘猛将庙碑中,记录了把他的死当作最高的义行的下列传说。

考将军讳号,其传闻不一。有说是金坛刘宰的。……又有说是"元指挥刘承忠,平淮南剧盗,接着发生蝗灾,想开仓发放米谷,但不属其权限,故愤极而投河自杀"。见镇旧志。出自泰尹牧《唐君扶鸾录》,不足为信。[史料113]

在此,刘承忠的活动地点被设定在淮南,这可能是与刘锜相融合后产生的。我们虽然不太清楚泰尹牧的《唐君扶鸾录》是什么样的书,但从书名中带有"扶鸾"二字来看,可能这是一部汇集了荒诞离奇传说的占卜书。在一个极为通俗的民众世界中,刘猛将转变成了施米神。正如转变成施米神的金总管传说拖着漕运传说的尾巴一样,新生的刘猛将也拖有驱蝗传说的尾巴。

就这样来看的话,有一位不一定带有猛将号的刘姓神,发生了非常有趣的变化。明代中期,湖州府德清县新市镇祭祀着一位叫做"刘宣教郎"的"淫名社鬼"〈正德《仙潭志》卷二"庙祀"〉。但在19世纪的方志中,该神却获得了如下的传说:

刘宣教祠。在米漾桥北,相传神姓刘讳圣元,三里汇人。在镇上开米肆,常常以小量入,大量出,数年赀尽,大笑投潭死。大家因名其潭为米漾,并立祠祀之。[史料114]

对于需要向地主、商人借米的贫民而言,量器的大小成了很重大的问题,这也是抗租等民众斗争中经常被提起的问题①。贷给别人时用大斗,收回时用小斗这样的传说,蕴含着贫民们非常现实的愿望。

此外,江南刘姓神还产生了另外一种传说。费孝通所介绍的开弦弓村里的两座土地庙的主神都是"刘王"。开弦弓村的刘王完全没有驱蝗传说,却有这么一个传说:有一位遭继母欺负,饿着肚子的少年,杀掉他所看管的水牛,与朋友一道饱餐后,把牛头和牛尾安置在地面,牛的身体好像被埋入地里一样。让牛的头和尾在动,使来到这里的继母误认为牛好像还活着

---

① 如本书开头所介绍的,19世纪苏州府常熟(及昭文)县的抗租暴动中,在起义的第一天,陆续袭击位于各镇的地主代理人的收租机构的佃农们来到张市,准备打砸"王家义庄",有熟人相劝,所以他们只是"截其租斛一角舍之"而已[史料115]。另外,明末推进均田均役等,对乡绅贪得无厌的剥削活动展开过批判的嘉兴乡绅徐必达,在其为父亲所作的行状中〈徐必达《南州草》卷二八《先府君行状》〉自豪地提到,由于祖父就役,代之总理家政的父亲,废弃了以前所用的二把斛中的收租用的大斛,"徐氏无出入二量自此始",这在当时是较为罕见的。由此可知,收租和放贷所用的升有大小之分,在当时属于常识〈滨岛 1982:462、513-514的注⑪〉。

〈Fei 1939:168〉。

20世纪90年代田野调查时,我们也听到了同类的传说。青浦县练塘镇文化馆陈文彩(50岁)是一位"民间文学"的采集、编写专家(故事员),他介绍了一个在淀山湖沿岸地区广为流传的刘王传说:有一位为地主看牛的少年,在吃光了除牛尾以外的其他部分后,把牛尾插到蟹洞里,对地主谎称牛钻到了蟹洞里去了。当地主说牛是不可能进入蟹洞的时候,由于蟹洞中的蟹夹着牛尾,于是牛尾摇动了〈1990年7月15日采访。滨岛、片山、高桥1994漏收〉。

拥有水牛的人通常属于地主、富农阶层,而看牛则是出身于贫困家庭的幼年"长工"的工作①。如是这样,这些传说表现出了贫穷、幼小、饥饿的定期佣工的理想、愿望。与农民们迫切需要食粮一事相对应的施米神一样,刘姓神也产生出了基于同一原理的传说。

(四)

与金总管、刘姓神一样,在他姓的土神中也可找到获得施米传说的这一现象。《简志》记载说:

> (海宁县许村镇)常缓庙:庙内祀常、缓二大明王。民间传说,清代初年,官粮船漕运进京,设"解粮官",一姓常,一姓缓。遇灾荒,常、缓二人将粮食尽数放给饥民,投河自尽。人们为纪念常、缓二人,造庙祭祀,并形成庙会。[史料116]

我们虽然不太清楚常姓、缓姓两位土神原来持有什么样的灵异传说,但显然是在金总管传说的影响下,他们也转变成为施米神了。

在著名的湖笔产地湖州府善琏镇,流传着一则有关制笔人祖庙,即当地的土地庙"蒙公祠"的传说。该传说的内容非常浪漫,读来让人捧腹大笑。

> 相传秦朝大将蒙恬,是首创湖笔的祖师⋯⋯有和蔼可亲、手执羽扇的蒙恬塑像,右侧为笔祖娘娘卜香莲。每年三月十六日(蒙恬生日及卜香莲忌日)、九月十六日(蒙恬忌日及卜香莲生日),都要举行盛大的祭祖迎神庙会。⋯⋯

---

① 江南三角洲中地主或富农经营中所用的水牛,其喂草、洗浴等"看牛"或"放牛"一事都是由十岁左右的幼年长工来做的。在〈滨岛、片山、高桥1994〉中所收的属雇农阶层的江南三角洲各地被采访者的简历中均可看到这一点。

传说当年蒙恬押解饷银经过善琏，见到乡亲受苦，尽散饷银，周济众人，并亲自下水救起投河自尽的姑娘卜香莲。自己从此脱下戎装，隐耕寄寓于善琏"永生子堂"。他在卜香莲的协助下，用竹管插上一小撮羊毛，用石灰水脱脂……终于制成了名闻天下的湖笔。[史料117]

　　如果纯粹是在说制笔人祖师爷的话，那么只要有创造制笔技术的传说就已足够。运送税银、救济以及投河的传说都将毫无价值。除了笔匠之外，为了赢得当地农民们的信奉，于是便编撰出如上所述的施米救济传说，并毫无道理地附会上去。由于江南三角洲施米神传说的源泉是以保护漕运、水运传说为核心的金总管，因此神必须得乘船通过水路，必须投身自杀。但如果蒙恬在解运途中自杀身亡的话，就不能形成善琏笔匠的祖师传说。但又不得不把投河自杀传说放进去，作为苦肉之计，于是只好让被当作其夫人的卜香莲（可能原本是别的土神）去投河了。

　　这些过于荒唐无稽的神话，无论对于严厉的黄傅，还是别的什么人，只要是士大夫及读书人，就不会特意去记载。不只是各种方志，甚至各类杂记小说中都没有收录。但是我们通过民众的传说，可以找出与元明清江南社会经济变迁相符合的，共同体的信仰结构方面的变化。在此，我们向采集这些民间传说的钟伟今、顾希佳等民间文学工作者深表敬意的同时，也期望着江南其他地区也进行类似的采集、整理并公开出版活动。

　　常熟四种土神中，与金总管、刘猛将等并列，在整个江南三角洲都较为普及的"李王"神的情况又是怎样的呢？由于政治上的障碍，我们虽然不能在其故乡长兴县进行充分的田野调查，但好像并没有产生出施米传说（长兴李王原本就不具有漕运传说）。但是李姓的土神中，仍有获得施米神传说的例子。其详细情况将在后述〈本章第四节〉，苏州府吴江县的城隍神，被当作是唐太宗第十四子李明（追封为曹王），因此明末清初以后吴江县出现的镇城隍庙的主神，多数是李明。李明的传记《旧唐书》卷七六之列传二十六。《新唐书》卷八〇之列传五〉中，只记述了因与章怀太子贤连坐，流放途中被误杀，皇帝觉得他可怜而追封他为"曹王"这样简单的事迹。也就是说这是一个与江南没有任何关系的人物。有一种可能性是，由于"李禄＝李王＝曹王李明"这样的联想，而被当地人当作神。虽然如此，民国时代吴江县黎里镇中所流传的李明（黎里镇城隍庙中与金总管并列的主神）传说中有如下的情节：

> 吴江城隍神的来历,传说是唐太宗的第十四子名李明,奉父命解军粮,路过吴江一带,适逢自然灾害,颗粒无收,百姓饥饿,用树皮草根充饥,李明视之不忍,即将粮米分给饥民,但难以交差,投河自尽,百姓感恩图报,公禀京都,得封广佑王,永镇松陵。而黎里镇的城隍神像,据说自唐以来,从未换过(原注:是否即李明者无法查考)。[史料118]

与前面提到的善琏的蒙恬同样,对于民众及巫师们的想象力(空想的创造力),我们只能表示佩服。无论是谁都没有关系,只要和已有的"漕运船团指挥——发现饥荒——放出军粮——问责投河自杀"这样的类型相合就可以了。就这样,所有的土神都获得了施米神传说。但如后所述〈次节(二)〉,黎里的城隍庙主神被认为是与李明并列的"随粮王",即金总管。庙会、出巡时,两者一定要被放在一起,或许这一传说原本是属于金总管的,后来转移(传染)到了李明身上。

甚至福建省也发生过类似的现象。与江南三角洲一样,该地最早出现了开发饱和的状况(由于适合水田的平地过于狭小),是一个粮食经常不足的地区。正因如此,很早以来该地便转向"海上贸易"。以海上活动为基础而形成、扩展的海运保护神的著名的妈祖(天妃、天后)〈爱宕松男1943〉,后来也增加了如下的传说。

> 宋理宗景定二年(1266),莆田(兴化府)、泉州一带发生大饥荒。官府不顾百姓的艰苦,仍按原来的规定收税,并发布了如超过时限就要发配到五百里外充军的布告。看到有机可趁的富商们买粮囤积,故意不卖出,导致米价不断攀升。数天后,在广州埠头上出现了一个女乞丐,带有兴化(莆田)、泉州一带的口音,头发结成帆状,手里拿着小鼓,边敲咚咚的拍子边唱出美妙的歌声:"福祸无常,兴、泉困于旱灾,到处无收,虽出百两银子也无从买米……"有一位同情的人给她以衣、食,但她一概拒收,说:"你既有此慈悲之心,望您能奉劝米商大户把米运到兴泉贩卖。"此人将该事传到多家米商中去。终于有准备前往浙江、上海贩卖大米的商人们把目的地改为福建。数不胜数的船舶极其顺利地到达莆田、泉州,于是米价随之而降,商人们亏本,后悔不已。这些商人返回之前,前去参拜妈祖庙。夜里梦见妈祖显形,告诉他们说:"给你们添麻烦了,但阴德必有回报。今后你们将商贸繁盛。"后来这些商人果然发了大财。〈黄墩岩1995《济度饥荒》,页132~136〉

这是一个上海开港后才产生的传说,不只是广东,可能还包括产自东南亚一带的大米。在此妈祖也变成了施米神。

[补记] 东京大学大木康教授告知我如下史料,冯梦龙(明末苏州人)《笑府》卷四《巫》中写道:"巫者方降神,被发谩语。适官府过,见之大怒,命擒来,问为何人。巫惶迫叩头曰:小的是金元七总管。"我们可以确认,在明末江南民众世界中,金总管卑称自己为"小的",转变成了一种低微的存在。

[附] 关于明末江南白莲教起事的意义

在施米神传说的形成中,我们可以找到明末发生在江南农村社会的经济及社会变化的清晰投影。论述至此,笔者设定了另外一个课题。笔者及夫马进曾经对明末江南三角洲发生的白莲教起事进行过发掘、分析〈滨岛 1974、1975 及 1982:第十章第四节、第五节。夫马进 1976〉。在有关民间共同信仰、祭祀的历史长河中,白莲教的存在到底意味着什么呢?

众所周知,中国的白莲教是 13 世纪末各种宗教融合而形成的〈其中最系统的研究,可参考野口铁郎 1986,特别是其中的页 18、86-140。另外,第一编第二章的研究史总结,作为参考文献(bibliography),是非常有用的〉。在中国全体范围内,直到 19 世纪初仍能找到其教团的存在,且华北、华中各地反复发生了大规模教案。尽管如此,在位于长江下游南岸的江南三角洲却极其罕见。元末红巾军起义时,其中一支即西系红巾军数次试图攻入该地,但江南并没有被白莲教或红巾军所征服。入明后直到明中期,虽然并不是没有史料表明其在江南的存在〈滨岛 1982:573-574〉,但江南仍可被看成是白莲教的空白区域。

也许是由于其存在非常少之故,对明清江南三角洲白莲教的研究也非常少。管见所及,以明末江南白莲教为主题的论考,在笔者及夫马进的论文发表之前,尚未有过专论。仅有作为与"资本主义生产的萌芽"相对应的"市民性暴动"的一环,傅衣凌曾经涉及过天启年间的教案研究,简单地谈到正德、嘉靖年间以降,江南的白莲、无为教团不只是农民的组织,而且还包括"手工业工人"〈傅衣凌 1956:93 及注(65)—(67)〉。

迄今为止,可以找到如下事实。江南三角洲被后期倭寇猛烈攻击后不久,嘉靖三十六年(1557),浙江省湖州府下的教团被告发,他们准备起义的消息被泄露了,因此官军抢先镇压了他们。经过此事,教团领导层似乎被端掉了。但是,教主＝"马祖师"＝"马道人"却逃掉了,万历、天启年间,其教派似乎仍在延续。此后天启年间,湖州府长兴县的教团再次被告发,事发前便遭到镇压。此后仍生存下来的一个组织,两年后袭击了长兴县衙,并杀害了知县。嘉靖、天启年间存在于江南三角洲的教团,属于华北李福达、龙华会的系谱。

以天启年间发生的两个事件为顶点,可以发现明末江南三角洲有白莲教广泛流布的情形。而它并非是暗中悄悄地生存下来的。在乡村,民众开公诵读白莲教系统经典的情况也很常见。崇祯《嘉兴县志》卷一五"里俗"中,以之题为"左道荧惑",介绍说每月都组织"会",都有诵读宣卷＝九部六册的宗教活动。以"无为"为宗旨的他们甚至不行祭祖及儒家之礼,葬礼也用火葬草率进行,因而贫困、下层百姓都乐于接受其教。另外崇祯《乌程县志》卷四"风俗"也举出白莲教作为近年的"村庄"＝聚落的流俗,即在"黠僧"的诱导下,"村妪"轮流,外加"丈夫",盛行诵读经典"宣卷"的活动,并说这是白莲教的遗习。《乌程县志》主张把它与白莲教本身相区别,其经典也是"把佛经插入观世文的俗语中",与嘉兴县的无为教是不同的,虽自称为"善俗",其实为害于民,当局应予禁止。天启年间曾发生教乱,即便到了崇祯年间,巡抚黄希宪的《抚吴檄略》及巡按御史祁彪佳的《按吴檄略》等文中,屡屡可见到有关白莲教广泛存在及对之进行取缔的指示。

尽管如此,入清后谈及白莲教的史料非常稀少。即便大规模的嘉庆教案发生时,江南好像与之无关。换句话说,江南三角洲的白莲教,只有在16世纪中叶至17世纪前期,即明末清初时才能找到其存在,明中期之前或入清后,完全找不到白莲教活动的影子。这一现象可能可以作如下的解释。

迄今为止对总管信仰的发展及变迁的考察,有可能得出一个推论:即前面反复说明的,江南三角洲的白莲教,只有在16世纪中叶至17世纪前期才能找到,明中期前及入清后完全找不到其踪影。换言之,原先的共同体信仰中的总管信仰,在明末的社会变迁中,丧失了其存在基础,只有在它动摇的时期,才能找到白莲教的存在。也许可以认为,正是在这一时期,与社会动荡不安的因素相重叠,该信仰才得以进入农村及农民中去。夫马进一文的副标题巧妙地用了"新的共同体"一语,其寓意是非常有意思的。乡居地主没落后,漕运传说也完全失去了其存在意义,而金总管等由来已久的土神还没有获得新的灵异传说。可以说共同体信仰的空白时期,也正是江南白莲教的活跃时期。如是这样的话,我们可以想象白莲教与当地巫师的竞争关系。在官府依靠武力镇压并消灭白莲教的同时,巫师们通过讲述新的施米神传说,让农民们接受了新生的总管信仰,并把它吞并掉,因而白莲教走向了衰退。

第三节 "解钱粮"——信仰社会组织的变迁

（一）

至此我们已经证实,16世纪中期以后发生在江南三角洲的商业化,对当地乡村社会的共同信仰的传说产生了深刻的影响,并发现了用社会经济史的理论也完全可以得到理解的诸神的变化。它是与除凶年之外,平常年份也需经常购买大米的农民的普遍化这一社会事像相对应的。

但我们已经知道,与商业化相伴随的变化,在各个地域社会中都在发生。即农民们的生活空间,已经超越了其所居住的自然村及在此基础上形成的"社"的领域,扩大到了以市镇为中心的乡脚的世界中去。我们自然会去推测,这一崭新的历史事像,将会给农民的共同信仰、祭祀的结构带去或多或少的影响吧。

康熙《昆山县志》对清初顺治年间出现的新的社会习惯有过如下的说明：

> 六、七月有土地庙之祭（土地会）……顺治年间,创出了向阴司上纳钱粮之说。自四、五月开始,（小民）便抬出各乡土地神,置轮值人（会首）家,称为"征钱粮"。土地庙管内的各家,都交纳纸钱若干束,并附上钱若干文。到六、七月赛会时,各抬神像到城隍庙,交纳纸钱,说这是"解钱粮"（送租税）,而以铜钱为会费。[史料119]

关于明末清初的城隍庙,将在下一节中考察。在此可知,城隍庙位于乡村的各座土地庙之上,并接受各土地庙的表敬访问、接受上纳。在此笔者把这种庙叫做"**上位庙**",而向之表敬、上纳的各土地庙叫做"**下位庙**"。我们首先会想到的是,这好像是比喻、模拟粮长、里长或地保向纳税户催征税粮,然后向县衙解纳的这一国家政权征收租税的行为。同时我们可知这种风俗,在昆山县开始于顺治年间,即清初。在此笔者把这种"小民"中自发形成的宗教习惯称为"**解钱粮**"风俗。

这样的风俗,在该地的清代方志等各类史料中可以找出很多。道光年间,常熟邓琳《虞乡志略》卷八"风俗"中,作为三月份的乡村社会,介绍了"郡人贝青乔"的《催社粮词》,其大意如下:

> 夜晚庙门紧闭,庙令大呼神发火了,"不交出税的话,就是你们怠慢了",急急忙忙叫来太保①相催。太保在村口鸣钟如雷,各村络绎不绝来交粮,输粮完毕,神笑逐颜开说:"好的,好的,我让你们更好。"那个村子的老头没有交足钱,太保则紧紧催促说:"某日前一定要交。"昨天是铜钱,今天是米,仍然还不够。典了棉衣,甚至卖了小牛。小牛也苦得哭不出来。明日你就成为神胃中之物。[史料120]

对此,邓琳加上了如下评语:

> 一般而言,村人向神庙交纳的纸钱及其他费用,叫做钱粮,每年都有定额,如果没交足的话,庙令就会鸣锣相催。[史料120]

关于苏州城郊的同一风俗,中村裕一曾经引用顾禄《清嘉录》卷二"解天饷",把"解费钱"这一文言注释为"解费(送花)钱"〈中村裕一 1983:381。笔者认为这是误解〉。如果再对照其他许多事例,可知应解释为"送费钱"。

(二)

像这种下位庙(社庙)对上位庙上纳纸钱、其神像前去表敬访问的风俗,在其他地区也可找到。以下列举一些同样事例。

康熙《淞南志》卷一"风俗":"八月,农家祭土谷神,名青苗社。诸镇②各祀其境内土神,纳楮钱、彩缎,谓之收钱粮(接收租税)。"[史料121]镇庙与其领域(境内)的土地庙之间,模拟着征收、上纳租税的关系,显然产生了上位庙与下位庙的关系。

乾隆《锡金识小录》卷一"备参·补订节序":"三月十八日,三茅君诞辰。

---

① 第二章小序中曾涉及太保。虽然同样被称为"太保",其所指意思并非相同。这一问题有待今后探讨。

② 康熙《淞南志》是以江苏省昆山县千墩镇为中心的大范围方志。该方志中,除了千墩镇之外,还记载了十个镇的名字及其概况。费孝通曾提到过把吴江县的镇分为(1)城镇、(2)乡镇、(3)村镇这样三个层次〈费孝通 1984〉,如果说千墩镇相当于(2)的话,其他各镇就可能属于(3)的层次。

惠山等都有(三茅君的)庙。……远近村镇,多赛会至山。每户出纸钱一百交给(各村、镇)的神庙。庙役(住持?堂守?轮值?)把交来的钱汇聚在一起,作数十担,用黄纸标示,到山上焚烧,这叫做解钱粮。"这一事例,虽然不是镇和社(村)的关系,但从中可知,在较大范围内,上位庙与下位庙的关系形成时,出现了模拟上交租税(解钱粮)及朝觐(朝)的用语。

嘉庆《黎里志》卷四"风俗":"八月十五日为中秋节,一般家家都有赏月之宴,黎里还有太平神会。此前之十一日,奉城隍及随粮王土地①,诸神巡游至村庙中,叫宿山。十二日,(城隍神、随粮王及村庙诸神)排列执事,由水道到市河,至罗汉寺、东岳庙两所公馆,谓之接佛。十三日,设筵(为神设宴)演剧。十四、十五、十六三日间,昼夜出会。里中各设香案,设彩灯,富家大室,竞相陈设骨董,互相炫耀。十六日,诸神会集(镇的)东栅,轮值者备船只,由市河回庙,谓之游河上殿。晚上抬出诸神夫人,称'夫人会'。妇女持香喧闹。"[史料123B]黎里镇城隍庙位于镇西侧禊袴湖中的小岛上②,以唐李明为祭神,它建于嘉靖年间,又名为"禊湖道院",历代由道士主持[史料123A]。这里虽然没有出现"解钱粮"之类的用语,但村庙(下位庙)诸神需要随从镇城隍庙(上位庙)神,表明其地存在着类似"朝集"的习俗。(2000年3月27日我们前往该地时,发现城隍庙已完全恢复,正巧遇上两位信女捐助的演戏活动。)

嘉庆《二续淞南志》"上·寺庙"中载:"陈土地公馆,在慈定庵东,每年秋收后,里民至陈巷村太平庵,完纳'天饷',因路远不便,嘉庆十二年(1807)丁卯,特建'公馆',以邀请神灵。"[史料124]这里把对上位庙的上纳用"饷",

---

① "随粮王"经常被当作金总管的封号而出现。
② 1995年秋,从湖州返经上海途中访问了黎里镇。在过去城隍庙的位置上,城隍庙的本殿被用作粮食仓库而残存下来,城隍庙主神包括随粮王=金总管,因而转用成粮仓一事是很有意思的。另外,双林镇的陆总管庙也成为粮食管理所。两者可能都与"漕运"之神相对应的、位处交通方便的水路码头一事有关。在黎里镇原城隍庙的门前,有一座小祠,是在烧香盛行后才建立起来的。但1997年从湖州农村调查回来途中再访之时,由于有火灾危险,当地政府拆毁了这座小庙(据附近居民之说)。

即租税来表示。"公馆"一词也是非常有意思的①。

道光《璜泾志稿》卷一"风俗":"县有东岳庙,村民每年自三月初至四月末,聚集进香,谓之'香信'。多抬出村神朝之。……谓之'解黄钱'。苛收奢靡之费,贫者有失财产者。"[史料125]每年村民们抬着"土地神像",去"朝"位于镇洋县城(太仓州城)的东岳庙。这里把此时交纳纸钱的行为叫做"解"。这里出现的"黄钱"这一用语,可能来源于纸钱的颜色,也有可能用"黄"来代替"皇"(当地方言中黄、皇发音相同)。

道光《直塘里志》卷一"志里志·节序":"三月初五日,城隍诞辰,每年演剧,俗称生日戏。凡神庙,都择日解黄钱。"[史料126]单从名字就可知道这里存在着"朝集"、"解钱粮"的风俗。

咸丰《黄渡镇志》卷二"风俗·猛将庙":"在重固镇(黄渡镇北半部),为乡人(周边村落的农民)报赛之所。八月十八前后数日,远近烧香者争趋之。田家器具,毕聚成市,至晚自烧香归,各携农、织具,络绎于路。遇岁稔,则近庙村民,鸣锣至黄渡以百计,谓之敲灯。每乡土地神,各分庙界,备龙灯至猛将庙,以供神欢,谓之解灯。"[史料106]黄渡镇是一个位于昆山县与青浦县交界处的大镇,各个有辖区范围=拥有庙界的土地庙(参照第四章第四节)和镇上的猛将庙之间形成了上位庙与下位庙的关系。

同治《茜泾纪略》(南京大学图书馆藏)"风俗":"三月二十八日,东岳大帝诞辰日。村民先期募化黄钱,择四月上旬解纳,抬(村庙)神往朝之。饰旗仗,具马匹。或化妆为丧神,为猎户。鸣锣奏乐,苛收奢靡之费,真恶习也,曰解黄钱。"[史料127]与前述道光《璜泾志稿》类似,同是太仓州辖镇。

民国《光福志》卷一"风俗":"四月,各乡(赴庙)报赛神像,几无虚日,谓之解饷会。"[史料128]

民国《相城小志》卷三"风俗":"春会。三月廿六日至廿八日,相传为东岳诞辰,各神司均解饷。七月二十日,常熟辛安乡城隍来相城东岳庙,解秋饷。"[史料129]

这些事例中,被设定成上、下级关系的神庙间的上纳、收取纸钱的关系

---

① 关于"公馆"一语,由于不知道江南三角洲的其他事例,因而无法确定其具体意思。但从台湾各地地名中所看出来的意思是,地主们为了在远距离的地方收租而建立的建筑物、机构。这里也可能是为在远距离地方收取"天饷"(第一次出现此语,可解释为替天收的饷)而建立的,或许是江南三角洲地主城居化以后才产生出来的用语、形态。这个问题有待今后考察。

中的催(＝告知)、征(＝征收)、解(＝上纳)、收(＝领收)等都是国家(县衙)征收田赋过程中所能见到的行为。仅靠这些零碎的史料,其具体关系中不能判明的部分还有很多,而且随着地点的不同,所出现的庙的种类也有所区别,如城隍庙、东岳庙、猛将庙等,多种多样。但任何一处都使用了模仿现世征税系统中的用语。在上纳纸钱之际,还须把下位庙的神像抬到上位庙中去表敬,这里也是运用地方官向皇帝朝觐的用语来称呼。

(三)

位于乡村的土地庙向镇里的上位庙朝觐,有的并没有出现"解钱粮"、"朝"等字句,这样的事例在其他地方志中也能找出一些。

镇上的庙会中,留下最详尽记载的是双林镇。在这里,处于最高位的庙似乎是东岳庙,每年三月二十八日东岳神诞辰日,举行盛大的祭祀活动[史料130]。根据我们的田野调查,1949年前双林镇的东岳庙被叫做"东皇庙"或"东王庙"〈滨岛、片山、高桥 1994:271。当地土话中,皇、王、隍、黄的发音都相同〉,显然是受到了城隍庙的影响。镇上设了许多社,同业团体也承担各自的任务而参加其中。东岳神像在镇上巡行时,各社装扮成各种各样的角色,扈从神像。其中有的扮成犯人,有的在手腕上挂着灯笼(看上去像是铁丝穿过手腕而垂挂下来,很多镇志上都能见到类似描写。另外《浙江风俗简志》中也有许多记述。苏州民俗博物馆用泥塑复原了苏州城外山塘街节日时的城隍神出巡,上述的情形也能清晰地看到)。行列中有"乡愚",说明农民也参与其中。史料中没有提到土地神等的参加,东岳神的巡行也不经过农村聚落,因此基本上可以说,这是作为城市的双林镇的、以工商业者为中心的节日。而农村的土地神,不如说是向镇上总管庙集中的。前面也已提到双林镇总管信仰非常兴盛[史料001],其庙有三座,并产生了相互之间是亲戚关系"攀亲戚"的传说。乡村的农民,各自抬着自己总管庙的神像,在巡行了自己的"村"即农村聚落后,都把总管神像抬到双林镇上的总管庙集中并观看戏剧〈第一章第一节(五)[史料014]〉。乡村总管庙往镇上数座总管庙集中并举行宗教活动(把它说成是万历年间产生一事也有很有意思的)。

现代田野调查中也有农村土地庙向位于镇里的庙进行表敬活动的记录。前面已经介绍过《简志》中所记载的金总管神向施米神的转变〈前节(二)〉。关于嘉善县西塘镇七老爷庙的庙会,《简志》嘉兴篇·第六章"社会习俗·西塘七老爷庙会"记载了如下的活动:

> 每年四月初三日,盛会于嘉善西塘镇。这一天,红黄绿白黑五色象征着五色云彩开道。南货店店员簇拥红云,米业工人簇拥黄云,竹行工人、烟纸店店员、煤炭店店员分别簇拥绿、白、黑云,继以威武的龙虎将,由绚缎庄店员做向导,抬着七老爷的大轿,菜馆店员化妆,骑着后辕马,前后共有从各地借来的二十多匹马,豆腐店店员举着护公旗,从各地来的七老爷的信徒紧跟后面,他们穿着红衣红袄,象征替七老爷受罪,有些人赤膊,以示自己是重犯人。四月初三日晚上十一时左右这支队伍在庙旁先放烟火,随后出发。在当地镇上,沿街搭四十二个社棚,整夜灯光通明,队伍每到一个社棚,就停下来,鼓乐齐鸣,唱戏唱曲。第二天近中午时,才全部通过四十二个社棚,然后回庙。在庙门前的戏台上开始做戏,一般做三天。[史料111]

在此我们应予注意的是,镇庙主神巡行途中所搭建的"社棚"。不用说,"棚"是指匆忙搭建的小屋或屋顶,"搭棚"就是指搭建小屋之事。主神七老爷的队列之所以要在所有的"社棚"前停住并奏乐唱歌,可以推测是为了与小屋里安放着"社"=土地庙的神像(土地神)进行交欢,或者是接受各土地神的表敬。这一报告中虽然没有提到,但正像迄今为止所看到的那样,属于下位庙的乡村里的庙(土地庙)的神像参与了上位庙的镇庙的庙会中。西塘镇的乡脚有四十几个"社",农民们把土地神的神像抬到西塘镇去参加庙会。

《简志》湖州篇·第六章"社会习俗·总管庙会"对于湖州市郊区土山村的总管庙庙会,则有如下的记述:

> 每年春秋两次庙会,为二月十七日、七月二十五日。有两种说法:一是为了选择农闲时节;二因二月十七日为总管运粮的起运日,七月二十五日是总管自殉之日。庙会最初是自发的,受恩户备了香炉供品,按时到庙祭拜,日期延续长达一旬半月。后来周围地区划分为八个民社,每社一百户到三百户不等,主持人叫"社阿爹"。各社轮流负责,一社一会,轮到者叫"当会"(后略)。[史料112]

与乌青镇、双林镇或西塘镇相比,该地只有八个社,规模较小。尽管如此,"周围地区"即乡脚中存在"社",其活动都集中镇庙(总管庙)上。虽然没有记述"社"本身是否拥有庙即下位庙。但"社阿爹"这一用语,基本上与第二节开头介绍的《湖州风俗志》的记载相符。可以认为各"社"也有土地庙。

《吴江文史增刊》所收的杨继陶《我所走过的音乐之路》〈页31~35〉记

述了1923年出生的作者在盛泽镇的童年回忆①,非常生动地描述了当时乡间小镇的文艺状态。他谈到自己虽然遭到父母双亲的一再训诫、责骂,但还是爱上了受人歧视的艺人歌舞、乐曲。关于当时城隍庙的庙会,他谈道:

> 我童年时在盛泽这样的小镇,终年没有多少艺术演出,但民间丰富多样的艺术活动,已经使我感到分外的高兴,例如每年阴历七月半城隍老爷生日要出庙会,各行各业邻近村镇都要显示一下自己的力量。他们组成各式各样的丝竹乐队赴会。……[史料131]

盛泽镇城隍神的庙会上,与镇上的各个工商业团体一道,乡脚的各村落也都有组织地参加庙会。这里虽然没有用"社"这样的字眼,但参加庙会的基层组织还是有可能被称为"社"的。

(四)

上述的情况,在笔者自身的实地田野调查中能够得到证实。在经历了20世纪20年代的经济变化后,原有的庙会发生了巨大的变化,再加上与被采访者的经历也有关系。由于土地改革——集团化是以最积极的也是最贫困且年轻的农民为核心,即"土改根子"而推进的(让人想到了电影《芙蓉镇》的镜头)。原来的农村干部在幼年时都到外村做长工,有不少人1949年前并没有在本村从事过生产。关于1949年前的调查,由于所安排的被采访者多数是老干部(与口头表达力也有关系),因此我们的调查有过度集中于曾经脱离于村落共同体的阶层的倾向。如在章练塘镇,我们曾向各个行政村的农民采访关于村庙向镇庙表敬的活动情况,除了些微的痕迹外〈滨岛、片山、高桥 1994:158〉,无法确认当时是否有过这样的情况。

但据现仍留在镇上老街(狭义上的镇)的老商人们对城隍庙会及周边聚落向镇庙朝集的回忆,其情况是非常清楚的(同行的合作学者指出,被采访者之间的文化水准是有明显差别的)。1991年7月的实地调查中,我们发现了如下事实〈滨岛、片山、高桥 1994:113-114。被采访者情况在页106~107〉。

> 清明、七月半、十月初一日举行迎神赛会。其中最重要的是十月初一日在城隍庙进行的"十月朝"。主神是明王老爷,他管辖着周围三十六

---

① 在复旦大学外事办公室的安排下,1993年我们有幸获得了采访杨继陶先生的机会。他于1923年出生于盛泽。盛泽太平桥小学毕业后,自学音乐,1948年毕业于苏州国立社会教育学院。新中国成立后在中国音乐家协会上海分会工作,现在担任业务室主任……《中国音乐》特约编辑委员,上海市中小幼音乐教育研究会理事等。

个村及另外半个村。半个村指的是最西北边的高家港村的西半部,他们不"朝"练塘镇,而是"朝"相邻的金泽镇的东岳庙①。

从这些村的土地庙中抬出各自的土地老爷("抬老爷")到镇城隍庙集中。城隍庙(现在为粮管所)旁边的广场(现在是练塘中学)用来搭建放置这些参集的土地老爷的"厂棚"(指木棚,令人想到西塘镇的"社棚")。材料用木和竹,屋顶是竹。搭建小屋的工作由专门的匠人(他们也为婚仪、丧事等搭建小屋,并拿来成套烛台、香炉、药缶、茶碗等)来完成。明王老爷出巡时,抬神像的、撑伞的(脚班、脚伙)通常由米行等从事搬运、挑夫业务的人承担。

同时还要为城隍神及参集的老爷们"唱戏"。其艺人多半是在江浙一带活动的"江湖班子",如果有著名演员,其酬金就相对要高。所叫的戏班子至少有一人或二人是名演员。戏班子有专门的船。

关于抬老爷及唱戏的费用,每当接近庙会演戏时节,就有人敲铜锣呼吁每家每户随意捐款。根据贫富程度,捐出相应的金额。由于十月朝有许多人汇集到镇上,生意兴隆,因此商店往往乐意捐出大金额的钱款。有土地老爷参集的那些村子并不需出钱。同业公会也不用出钱,也无分配的任务〈相邻的朱家角,则是由米业公会负责。滨岛、片山、高桥1994:37〉。

全权负责庙会的人叫做"行头人"。敲铜锣也是行头人的事务。由于与镇上的工商业界及官方均有密切接触,因此通常由有名望的人担任。

在调查了老商人之后,老书记张宝华先生亲自带我们参观了沿河的老街,详细说明现在已是练塘中学的老城隍庙的位置,所建厂棚的位置等等。他没有谈到"解钱粮"这一用语或类似的行为。但用"**朝**"这一用语来表示周围农村农民抬着当地土地庙的老爷到镇城隍庙举行参集活动②。

就这样,1949年前生活在练塘镇上的老工商业者仍然清晰地记忆起周围农村到镇上举行参集活动一事。为了证实接受朝集一方所说的事,我们有必要到参与朝集一方的周边村落中去取证。遗憾的是,与生活在镇(市街

---

① 这里所用的"村",可能是现代行政村的意思。正因如此,高家港(行政)村所属的部分(聚落=自然村)才会去更近的金泽镇参拜。

② 各庙之间除了上下级的关系外,还有形成对等友好关系的事例。〈滨岛、片山、高桥1994:185〉

地)上的居民、老工商业者的清晰记忆相反,在周边村落的调查,由于受到主观、客观原因的制约,并没有找到一些相对应的信息。特别是其中的被采访者,有的并不一定满足我们所提出来的条件:①本地出生;②不论是租借还是自有耕地,必须在本地从事自耕农业;③65 岁以上,至少不低于 60 岁。但行政村干部给我们安排的人,可能主要考虑语言表达能力及阶级成分(贫雇农)两项基准,因而被采访者中,有对 1949 年前本地的状况并不一定熟悉,年龄在五十岁后半,1949 年前在外地做长工的人。在这样的状况下,我们在泖口村〈第四章第四节(四)〉只是了解了一些稍有关联的情况。现代的泖口是一个位于练塘镇东边,相距二到三公里的行政村,由泖口、陆家浜、高家埭①三个独立的自然村构成。其中泖口村的小地名有夏家村、尤家村、环桥头、浜东、浜西。如用民国《章练小志》卷一记载的"清末分防县丞"管辖的村落名来对照,则有高家埭、泖口、尤家村、夏家村。陆家浜似写作菉葭浜,都在元和县二十八都九图(陆家浜有一部分属于八图)〈第四章第四节(四)表5〉。该志卷二"户口"记载了民国三年(1914)实施的清乡调查时的口数(没有户数),高家埭、泖口、尤家村、陆家浜可见到口数,而夏家村则不见。民国三年及现在的户口情况如表 14 所示(1914 年户数每户假定为五人②)。

表 14　青浦县练塘镇泖口村的社

自然村	1914 年		1991 年		社
	人口	户数	人口	户数	
泖口	436	87	270	71	3
夏家村			184	54	1
尤家村	179	36	202	58	1
陆家浜	363	73	389	113	1
高家埭	379	79	465	132	3

---

① 作为村落名称的"浜",其原意是泊船之地,在汉字中属于较新的字,是江南三角洲特有而且较为普遍的水面、聚落的称呼〈滨岛 1990:80-81〉。原义是"用土拦水"的"埭",也是《说文》中未曾出现的汉字(《康熙字典》引用的是《晋中兴书》),如"浙江一带很多"〈田中庆太郎《支那文を読む為の漢字典》〉。那样,作为江南三角洲的聚落称呼,多见于湖州东部、嘉兴东北部的低地地区,青浦县西部也有很多。这可能与三角洲极低地的开发之初民居住点多位于自然或人工的堤防上有关。

② 赵喜顺 1990 利用 1949 年前的资料,总结了中国农村的家族成员人口,认为大致上每户五人多一点,恐怕不会有误吧。

前面我们已经推测过江南三角洲低地圩田地带聚落的户数集中在80到120户之间〈第四章第三节（三）表1〉，这里也能得出类似的数字。泖口行政村中，相当于土地庙的是原来的章练明王庙（与辟村传说有关）和金家堂〈第一章第一节（三）〉，民国《章练小志》中有记录。关于这些庙，采访中农民们谈道：

> 不只是泖口的所有自然村，现在属于沈陶村、东三村的自然村也都到章练明王庙参集。沈陶村由沈家埭、陶家埭两个自然村构成，两个聚落都参加。东三村由三家村、东庄头、东马圩三个聚落构成，东马圩不参加参集。庙的范围并非根据"图"来定。只有高家埭村抬出杨老爷，除了参拜明王庙外，也参拜金家堂。此外，高家埭还有关帝庙，规模很小，不抬老爷。明王庙、金家堂都没有自己的庙会。抬老爷以各村的"社"为单位进行的。泖口有环桥头、浜东、浜西三个社，高家埭有东、中、西三个社。剩下的夏家村、尤家村、陆家浜各有一个社。〈滨岛、片山、高桥1994:157〉

也就是说，以存在于每个聚落或聚落内部的"社"为单位，举行土地庙祭祀（练塘的其他村落及朱家角等青浦县西部地区所发现的风俗，究竟能够追溯到什么时候，则属于今后的课题）。这些庙是否有往镇城隍庙朝集（十月集）的风俗呢？据老农们讲，其情况如下：

> 虽然没有特别的名称，把明王庙的明王老爷抬到练塘镇城隍庙去。金家堂则无此事。由八个人抬，抬的人叫"轿班"，其草鞋费（苦力费）由镇里的商店提供。包括鼓吹在内，行列共一百人左右。

> 参加者来源于祭拜明王庙的各社，没有特别的组织，属于自愿。看到练塘镇"唱戏"布告后才去的。指挥者（行头人？庙董？）也是自愿的，并没有固定是谁。明王庙并没有向镇城隍庙交纳什么。〈滨岛、片山、高桥1994:157-158〉

这些信息，从老农的年龄来看，最多也不会超过20世纪20年代，而此时正好由于经济大萧条，庙会等风俗处于解体、变化的过程当中。而且被采访者的记忆的质量都受制于1949年前所属阶层，即"是否自己经营，在当地共同体中是否居于应有的地位，是否有相应的负担"等。因此，这些信息并不能说已非常全面。但关于以练塘镇城隍庙为上位庙，乡村土地庙参集"十月朝"的这一宗教风俗，除了镇上居民的记忆外，乡村居民中也能找到一些痕迹。

此外,前面也已介绍过位于江南三角洲东部微高地,以棉业、棉作为特征的嘉定县北部的娄塘镇,也有向镇的上位庙(有城隍庙,但东岳庙是朝集对象)"解皇(黄)钱"的习俗〈第四章第四节(二)〉。

(五)

至此,我们已经确认了以市镇为中核的共同祭祀、信仰的领域的形成。其祭祀、信仰圈并非是单一的,这里存在着中心庙(上位庙)与土地庙(下位庙)的阶层关系,而其下部又包含着社(土地庙)的祭祀圈。正如"解钱粮"、"朝集"等用语所示的那样,它显示的是一种模拟的从属关系。

用"朝"来表现参集特定的庙的行为,绝非是16世纪才产生的,早在宋代就能找到这样的事例。朱子晚年时的弟子、漳州龙溪人陈淳(1159—1223)所写的、批判其故乡盛行"非所祭而祭之"的淫祀的著名文章《上赵寺丞论淫祀》〈陈淳《北溪大全集》卷四七所收〉中写道:

> "朝岳"会渐渐兴盛,非常鄙俚可笑。岳,原本是泰山,镇守山东一带。因此,只有鲁地有资格祭祀。不知何故天下各州都建有岳祠?到我朝授予以"帝"号。"帝"本来是"气"的主宰者,并非人。高耸者,乃山之形状,不知为何要塑成人的形貌?不知为何又立后殿(寝室,通常也用来祭祀神的夫人)于其后?因为是"山",故自开天辟地以来就有岳。而又以三月二十七日为岳的诞辰日,又不知有何根据?全境男女混杂,不分昼夜而朝拜岳庙。一进入庙门,就一起恸哭,说是为亡者祈祷开脱阴府缧绁。也预先为生者他日(死后)祈祷,这叫"朝生岳"。(漳)州有州岳,州城附近百姓就在此朝会。县有县岳,而县城附近百姓在那里朝会。[史料074B]

对于参拜岳庙(东岳庙)一事,这里用"朝会"、"朝礼"等用语来称呼。这个记述让人产生了这样的联想,因为东岳神是"帝",因而对其的表敬用"朝"来称。

但是,即便把这些用语的渊源追溯到宋代,16世纪中期以来江南出现的情况,与陈淳所描述的状况仍有很大的差别。这里朝集的主体并非是个人,而是下位庙。农村的下位庙向市镇里的上位庙朝集这一现象的普遍化,应该是在经历了商业化、城市化过程后的江南农村的特色。

农民的生活空间也不能局限在聚落或以土地庙为中心的地域社会(这

里暂叫做"社"),由于平常年份也需经常购入大米,他们的生活与市镇之间已无法分开地联结在一起。因此,农民的生活空间已扩大到以小城市(市镇)为中心的空间(称为"乡脚")中去。其在宗教方面的反映,就是上述祭祀圈的形成。

关于农村社会的祭祀圈,林美容以台湾中部南投县草屯镇为素材,提出了非常严密、很有说服力的模型。其中第四阶段的"全镇性祭祀圈",好像还有点薄弱〈林美容 1987:90〉。在这一点上,社会经济结构上有差别的台湾与江南三角洲,可看出有明显的差异。在江南三角洲,自 16 世纪的商业化以来,就已形成了"县级——镇级——村、社级"这样的三层地域结构。

第四节 镇城隍庙的出现——作为宗教中心的市镇

(一)

通过上一节的考察得知,作为与以市镇为中心的经济生活圈的形成相伴随的文化现象,出现了作为乡脚的农村聚落里的下位土地庙对位于市镇里的"上位庙"交纳纸钱的"解钱粮"活动。与此同时,还出现了把土地庙神像抬到上位庙去表敬的"朝"的活动。这样的上位庙,有不少是东岳庙,但更多的则是位于市镇里的城隍庙。这种城隍庙,笔者称之为"**镇城隍庙**"。

明代后期江南三角洲大量出现的市镇,基本上是一些并没有特别行政地位的市场城镇。在江南三角洲,具有中国"城市"形态特征的、被城墙所包围的市镇非常稀少,除了有绿营驻扎的常熟县福山(堡)和上海县金山(卫城)之外,市镇的防卫设施充其量不过是设置"栅"而已。即便在人口规模、商业机能的大小方面,其城市职能并不亚于县城的巨镇,也绝对不会是城市。

如前面所考察的那样,按照明初制定的城隍制度,州县一级以上才允许建立城隍庙。因此,不论其城市机能如何发展,在行政地位方面与农村聚落没有分别的市镇,其所拥有的城隍庙,如从国家制度来看,都是违法的。尽管如此,在清代江南三角洲,与市镇大量簇生相并列的现象,是很多市镇里都出现了镇城隍庙。

如嘉庆《松江府志》卷一七、一八"坛庙志"的各县城隍庙项目下,除了县城的庙之外，还列出了题为"别庙"的分布在各个镇的城隍庙。

《松江府志》卷一七：

华亭县：下横庄（万历年建） 柘林城内 华庄镇 张泽镇

娄县：塘桥镇 城隍村 短浜村 枫泾镇

《松江府志》卷一八：

青浦县：青龙镇 珠街镇 金泽 观音堂镇 黄渡镇 沈巷

南汇县：周浦镇 新场 一团镇 杜行镇 王家浜北

金山县：张堰 干巷 昌巷 朱阛 松荫

上海县则没有记载，其原因不明。但是，同县也存在着许多镇城隍庙，民国《上海县续志》卷二九"寺观"项中，记载了第二十八保（一庙）、第二十二保（三庙，一庙在陆行镇）、第二十六保（三庙，一庙在漕河泾市）、第二十九保（一庙）、第三十保（一庙，在华漕镇）等九座庙。此外，上述上海县的镇城隍庙中，有两座被当作县城隍庙的行宫。

在青浦县，县境边上的黄渡镇虽然没有被记载于光绪《青浦县志》卷三中，但却增加了白鹤江、章堰、商榻市等三处（共计八座庙）。而到了民国《青浦县续志》卷三，则又增加到17座庙，外加了小蒸镇、西岑市、夏家浜、金家桥、古塘村、北鳞圩、七宝镇、北干山镇、广富林镇。

以上列举了松江府的情况，同样的情况在江南三角洲其他五府中可以找出许多。

道光年间顾禄私撰的苏州方志《吴门表隐》卷九中设置了"市镇城隍庙"一项，列举了光福都城隍庙（位于虎山）以下，渎川（木渎镇南街）、穹窿（善人桥镇）、凤冈（峙岖岭下）、聚坞（潭东）、阳司（姚市后庙下村）、卫王（大市上毛村后姚港村）、褚山（褚山村）、图山（谢宴岭）各庙。

民国《嘉定县续志》卷一"市镇"及卷一五"寺观祠宇"中，还谈到外冈、钱门塘、望仙桥、西胜塘（白鹤村）、安亭①、方泰、黄渡、南翔、纪王庙、广福、徐家行、娄塘等镇的庙。该志"市镇"条所载的市镇计有25个（不包括县城及四门外），可知约有一半有城隍庙。其中娄塘镇记载了据说是建于宋元时期的庙（可能后世才变为城隍庙的）和康熙年间建立的两座庙（乾隆《娄塘志》

---

① 安亭镇城隍庙原本是万历初期水利巡按林应训的生祠。林应训是万历初期实施水利事业时被派到江南三角洲的巡按御史（参照滨岛 1982：151）。

卷二"建置·祠庙"〉。据我们现代的田野调查,其中一庙好像是东岳庙〈前节(四)〉[①]。

常州府下的宜兴、荆溪二县(原本一县,雍正年间分置),光绪年间,县城外有周铁桥、大浦、方桥、扬巷、坊东、裹塘渎、太平桥、降妖桥、和桥、湖㳇、张渚、谷里、徐舍、紫霞山、蜀山等15座庙〈光绪《宜兴荆溪县新志》卷二"坛庙记"〉。

(二)

光绪《常昭合志稿》卷一五"市镇志"详细记载了苏州府常熟县及昭文县境内所有市镇的位置、规模、景观等,其中多数镇都能找到城隍庙。如果把有关的城隍庙放到该志卷首所载的"常昭全境图"上去的话,就如地图6所示。光看文字不一定知道,但只要一对照地图,马上就可看出清末常熟县的镇城隍庙或拥有城隍庙的市镇,是呈均匀状分布的。

正如地图6所显示的那样,位于常熟县正东南方、直线距离约15公里处的唐市[②],并没有记载城隍庙。据光绪《常昭合志稿》卷一五"市镇志、东塘墅"条,其规模、景观如下:镇横跨由北偏西向南偏东流向的干河[③]尤泾,其支流则有镇北边的向东流的金庄泾,向西偏北流的语廉泾。市镇内部道路上有许多常设店铺。商店较为集中的道路一般称为"**街**",如表15所示,唐市有三条常设店铺街,户数在870左右。人口用"人丁"来表示,由于平均每户拥有五人,因此所谓的"人丁"并非指"成丁",而应理解为人口本身。因此,唐市镇上居民数约为四千数百人。正如乾隆《唐市志》[④]凡例中自夸本镇为"常熟四大镇之一"、"虞邑巨镇"那样,唐市是常熟县屈指可数的市镇。

---

① 前稿〈1988a〉中,笔者把位于娄塘镇上两座城隍庙中的一座推测为"一庙可能是近邻的太仓州庙"。实地调查时发现它是一座东岳庙。可以说由于东岳庙起着"上位庙"的作用,因此才被看成是城隍庙。

② 也叫做唐墅、塘市,为了与同县西境的同名市镇相区别,在其前面冠以东字的情况较多。本书一律统一为唐市。

③ 对当地人而言,水路最重要的机能是排水,在整个江南三角洲,人们把基干排水路的水路叫做干河。行政上,万历三十年代(17世纪初)耿橘的水利改革事业中,正式把该县的水路区分为干河、枝河〈滨岛 1982:153-154〉。

④ 据《中国地方志联合目录》(中华书局,1985年),乾隆《唐市志》没有乾隆五十七年(1792)的刊本,中国各地只存在抄本。本书所用的是上海图书馆藏抄本。

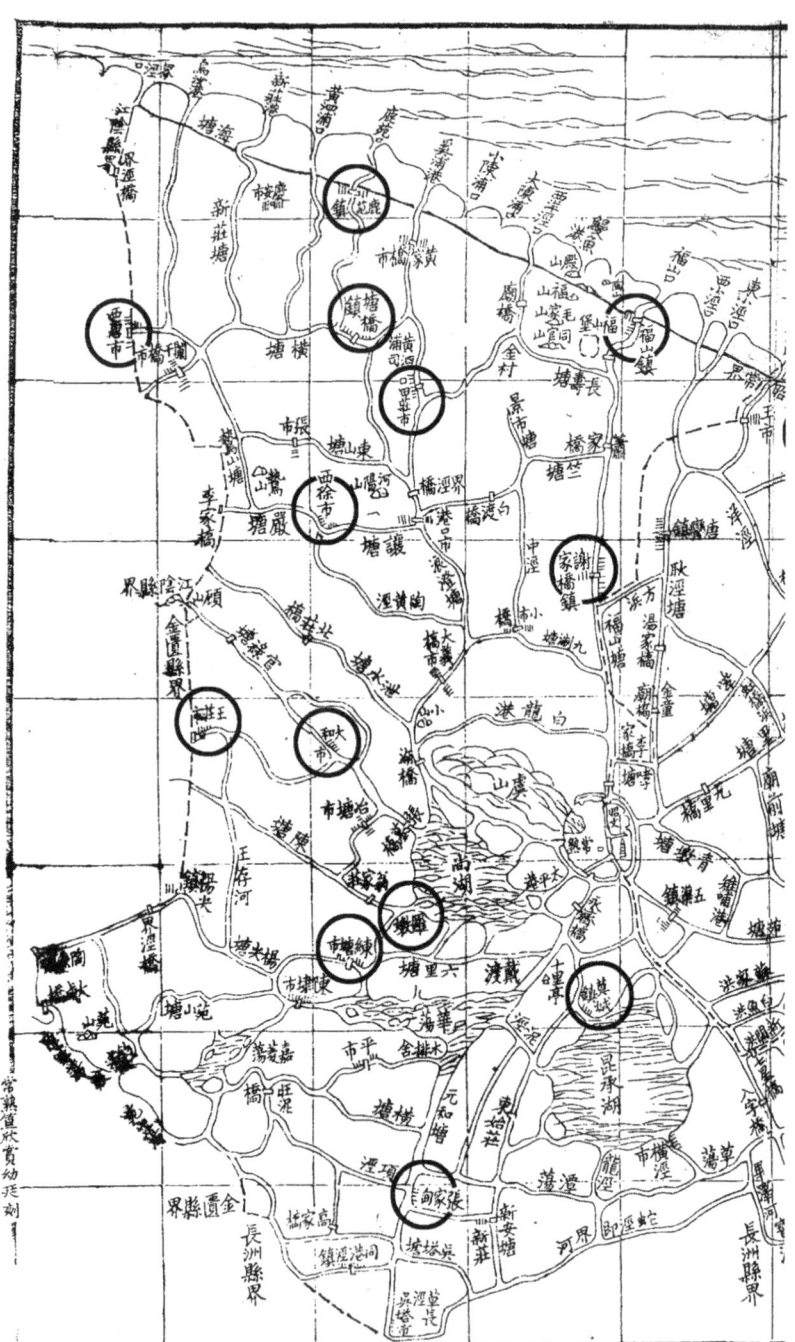

○城隍廟所在の市鎮（西南部に比定不能の廟有り）

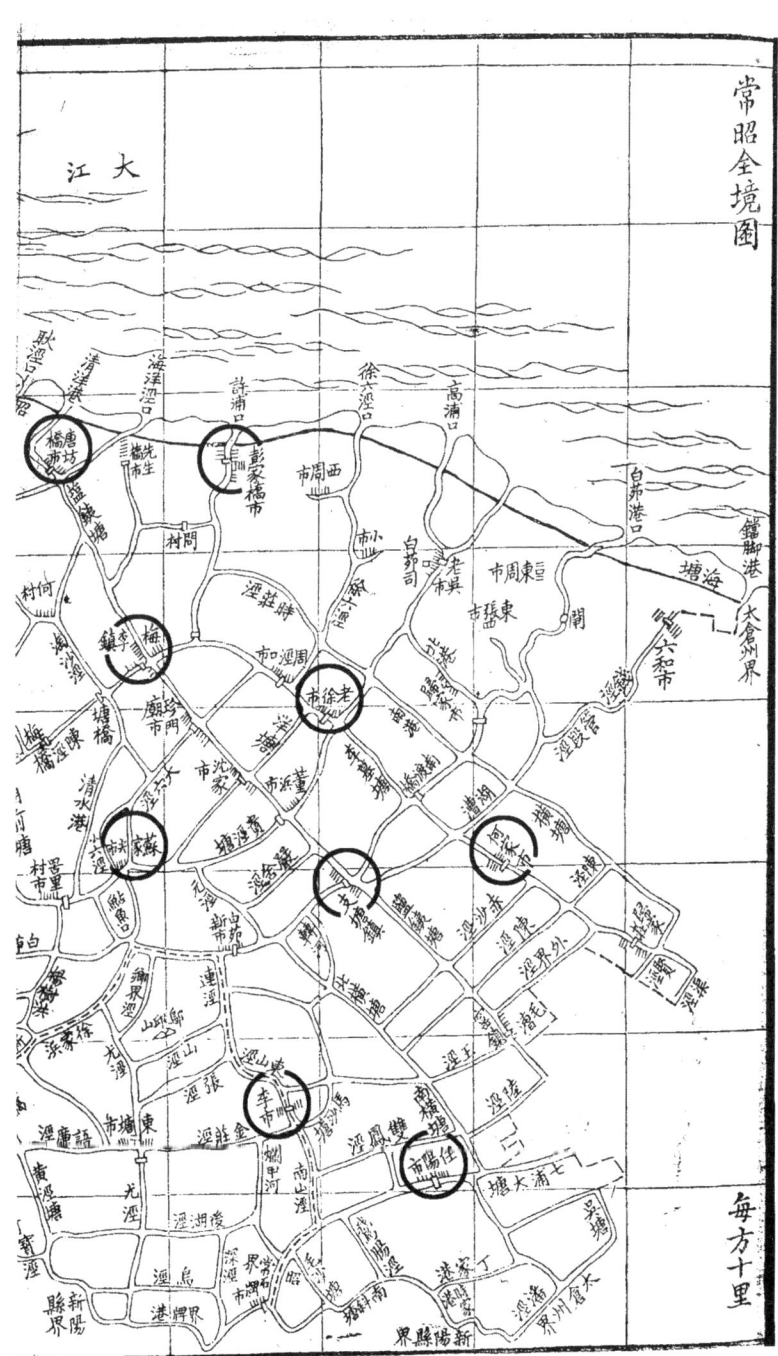

地图6 清末常熟、昭文两县镇城隍庙分布图

以东洋文库藏光绪《常昭合志稿》卷首《常昭全境图》为底图绘制

为什么这个巨镇上没有城隍庙呢？也许是由于本镇存在着受到本镇及周边村落(乡脚)居民所崇拜的，足以代替城隍庙的、影响巨大的别的神庙。乾隆志举出了如下位于镇上的四座庙(分三种)[史料132]。

　　东岳庙：在市南，雍正二年(1724)建。每年春季，村社诸神朝集之所。
　　关帝庙二：一在河东中市，一在语廉泾。
　　灵惠庙：祀宋孝子周容，在河东中市。其在市泽者，为孝子故居，俗名"老府"，又名隆兴庙。近市乡村，凡百家之聚，里人必立庙以祀，不能具载。娄东张采有碑记。①

　　从中可知，这里的东岳庙发挥着中心庙、上位庙的机能，它起着其他各镇的城隍庙的作用。还可看出其他两种庙中，灵惠庙的信仰也非常繁盛。作为本地固有的土神，周孝子信仰在常熟是很盛行的，前面已提到过唐市通过创出周孝子"故居"传说，加入了周神信仰的"正宗之争"〈第一章第三节(二)〉。

　　前面已提及，一般而言江南农村中基本上见不到关帝庙，只有市镇上才会偶尔见到。这里虽然有两座关帝庙，但与其他二庙相比，对其的记述显得有点"冷淡"，完全看不出受到镇民、村民双方崇拜的样子。可能该庙与本地人关系极少，是一座外来庙，即客商们所建立的庙宇②。即唐市本地居民的信仰主要集中在东岳庙(东岳行宫)及灵惠庙(周孝子庙)。

表 15　常熟县东唐市的街

街	水路	户数	人丁
河东街	尤泾	350～360	1700～1800
河西街	尤泾	350～360	1700～1800
北廊下街	语廉泾	160	700～800

　　邓琳《虞乡志略》具体谈到了在常熟县普遍能见到村社对于镇上的上位庙进行"解钱粮"的活动〈前节(一)〉[史料121]。乾隆《唐市志》所载的"村社诸神朝集之所"的东岳庙，对于分布在唐市市场圈＝乡脚上的各座土地庙而言，就居于上位庙的地位。地图6上城隍庙的空白部分，其机能实质上就由这座东岳庙来填补。

---

① 据光绪《常昭合志稿》卷五中有关唐市的宗教设施记述，可知20世纪初这三种庙仍存在。

② 光绪《常昭合志稿》把关帝庙当作"武庙"。该地并无绿营部队驻扎，不具备把关羽作为正式的军神来崇拜的要素，这里的关羽可能是被当作财神来崇拜的。"武庙"这一称呼可能与经历了惨烈战斗的太平天国运动有关。

（三）

但是，对于常熟县之所以没有城隍庙，光绪《唐市补志》①杂记中却留下了如下有趣的传说：

> 天启年间(1621—1627)，忽作飞来城隍之说，于是在唐市立城隍庙。四方来祷者不绝，几无虚日。如果犯了该庙的神怒的话，祸立至。（虽然是如此灵验的神）然庙甚小。
>
> 生员许彦云男种痘，于是到庙里与神约定，"儿子若病愈，当起大殿，世奉香火。不然，焚你的像，毁你庙。"过了三天，儿子死了。许持斧把神额劈成两半，付之于火，庙屋亦随之倒下，许亦无事。[史料134]

我们应该注意，这是一则不见于乾隆镇志，而是由光绪年间的方志所采录的传说，它到底能反映多少历史事实是值得怀疑的。对于有关这些土神的传说，我们注重的并不是记载本身是否符合历史真实，而是被传说所笼罩的人们的思维、观念或传说所反映的社会经济结构。

首先看一下唐市许氏。对同时代该县各地名家、势族进行详细记录的万历《常熟私志》的氏族志中，也记载有唐市"大姓"许氏。对于出身于明末巨族，拥有生员身份，对全镇各类事务有着举足轻重影响的，即属于统治阶层一员的许彦云的地位②，是很容易想象的。

---

① 光绪《唐市补志》附在前述乾隆《唐市志》后面，从笔迹来看，可能是同一人抄写的。《中国地方志联合目录》把它作为光绪十四年(1888)的补纂。

② 完成"商业化"之后的江南三角洲的地域社会，可划分成如下三个层次：最上层是以县城为中心的"县社会"。在这里，"乡绅"阶层掌握着主导权〈关于乡绅，可参照滨岛1989b;c〉。中间层是以镇为中心而存在的"乡脚世界"。除了像南浔镇这样特别大的镇之外，住在这里的乡绅数目非常少，由商人及夹杂着的下级读书人（包括生员资格获得者）支配、领导。农民的生活空间，基本上到这里为止，不会再往上（县城、县域）去。最下层是社、村的农村聚落的空间。自16世纪以来，读书人便很少居住在此。这三个层次，如从祭祀的层面来看，由上而下基本上由"城隍庙——镇城隍庙（或东岳庙）——土地庙"构成，金文京曾指出了语言的重层性，即划分成"文语——白话的文语——白话"三个层次〈金文京1988〉。语言的三个层次，是否从江南三角洲地域社会的重层结构中衍生出来的呢？如果把以上的理论进行图式化的话，其结果将如下表所示：

地域社会	县（县城）＝县社会	镇、乡脚	社（社村）
领导层	乡绅（＋富商）	生员＋商人	富农
中心庙	县城隍庙	镇城隍庙、东岳庙	土地庙
语言文化	文语＋白话的文语＋白话	白话的文语＋白话	白话

"飞来城隍"到底意味着什么呢？虽然光靠这则传说是不能明白的，但可知这是一则有关城隍神流入、引进的传说。神，有时是神像本身飞来的传说并不罕见。其中常熟县城西北部虞山①的最北处的顶山上有一座唐代以来就有的龙神庙。元丰《吴郡图经续记》开始的历代方志中均记载了它与昆山县龙王庙之间的龙神飞来飞去的传说。顺便提一下，昆山县城隍庙并不在城内，而是位于昆山南侧城外的中间位置。唐市位于昆山——虞山的直线上，有可能受到了这一飞翔传说的影响。

一般而言，很少会有史料直接谈到镇城隍庙的形成时期（或者是其他庙被称为城隍庙的时期）。有关天启年间新建的这一传说，如用笔者的中心庙、上位庙的镇城隍庙的产生是与明末商业化——市镇的形成——乡脚的出现这一社会经济的变迁相对应的这一理论，是完全能够理解的。

另外这一传说还告诉我们，神、庙的成立，偶尔也会被是否符合地方上有势力的人及统治者的愿望所左右②。一般而言，江南农村（不只如此，可以说是全体汉人）的神、庙的出现，都与属于凭依型萨满的巫师、师娘编造出灵异传说密切相关〈第三章第二节〉。这里，巫祝们也在宣传"飞来"的城隍神灵迹，偶然获得了多数居民的依赖，除了镇民之外，也受到乡民的崇拜（从"四方"这一用词来看，其范围应超过镇域），镇城隍庙似乎正处于逐渐形成的过程当中。城隍神没能发展、定形为庙，其中心庙、上位庙的机能由东岳庙替代一事，完全属于偶然的原因。没有满足地方上有势力的人的愿望的神、庙，在确立灵异传说，即确立神灵的权威中失败了，被有权势者、统治者彻底拆毁、排除掉了。如果偶尔朝着相反的方向，假设许彦云儿子的痘病能治愈的话，在许彦云即权势者、统治者的热诚皈依及支持之下，巨镇唐市也将会顺利地产生出镇城隍庙。唐市有可能与其他地区一样，周边村社中的诸神的解钱粮，将不是针对东岳庙，而是城隍庙进行的。

---

① 常熟县城位于江南三角洲残丘虞山的东南麓，本身是利用该地地形较高而建立的。苏州城也是位于虎丘的东南麓（必须有维持一定水位的江南运河流过最低洼的地区，因而江南运河干线与苏州城离得较远）。像苏州、常熟、昆山等那样，唐代以前，即低地开发以前所建立的县城，大都位于残丘的山麓。

② 不只是在大陆，凡是华人神庙所挂的匾额，大都能见到"有求必应"这四个字。

（四）

各个镇都有城隍庙的同时，还能发现一个奇怪的现象，即经常可以找到一个镇拥有数个城隍庙的情形。

如已见的那样〈本节（一）〉，据嘉庆《松江府志》，松江府青浦县沈巷镇、七浦镇都有城隍庙，但同时也存在着雍正年间分置的娄县城隍〈光绪《娄县续志》卷九"祠庙"〉。

同样嘉庆府志中记载了珠街镇（朱家角镇）的城隍庙。该城隍庙规模很大，以青浦县城隍神为主神。新中国成立后其建筑仍旧保留，20世纪80年代至90年代前期被用作农村自由市场（农贸市场），而大门第二层则变成了老人俱乐部〈滨岛、片山、高桥 1994:35—37〉。20世纪90年代中期被修复成正式的"城隍庙"，置于上海市道教协会的管理之下（顺便提一句，上海县城隍庙也曾多年被用作商场，近年恢复为完全得到公认的城隍庙）。但读了拙稿1988a的樊树志教授告诉我，同镇还存在着另外一座城隍庙。1990年实地田野调查时，确认了如下事实。现代朱家角镇的城区北部，清代时行政上归昆山县管辖，与属于青浦县的部分完全连接在一起，即变成为一个聚落，新产生了一个市镇（小城市）。昆山县的那一部分也叫做井亭港镇，存在着祭祀昆山县城隍神的城隍庙。新中国成立后，其地基成为定居在陆地上的渔民的中学（水产中学），但其建筑物并没有保存下来〈滨岛、片山、高桥 1994:35〉。

位于金山、华亭二县界上的张堰镇，民国《张堰志》卷二"祠庙·城隍庙"记载了如下三座城隍庙。

> A. 在牌楼巷东，初建无考，康熙中修。……神原本姓何，讳芳，有天师府之敕封。现在的神姓李，讳宏儒，宛平人，甲午（1714）举人，原任金山县知县，天师府敕封其为"宁海侯巡视金山防海城隍司"。有别院曰长春道院。

> B. 一在石皮巷北……康熙年间，天师敕封江浙威灵公。……

> C. 一在洞桥街北的华亭县境，俗称东城隍庙。神姓李，名之安，山东登州府人，为宋嘉兴府知府[①]，宋亡时尽忠，被明太祖敕封为松江府

---

① 松江府成立于元末，此前作为这一范围内的唯一县的华亭，属于嘉兴府，即原秀州（南宋庆元元年，即1195年升格为嘉兴府）。

威灵公。……[史料135]

在此,我们可以抽象出如下值得注意的几点:

第一,镇城隍庙的祭神与所属府县的城隍神相合。当然,如已叙述过的那样〈前章第二节〉,洪武三年(1370)改制时把城隍神看成是自然神的一种,剥夺了其爵位,毁坏了其神像。也就是说,被比拟成特定人物一事应属违法的。尽管如此,由于"三年改制"基本上无视民间的现实,把儒臣的观念强加到社会中去,因而其规范很快就出现空洞化,被比拟成特定的人格神这一现象迅速得到恢复,神像再度被造了出来,并附上相应封号。因此镇的城隍神也被比拟成特定的人格神。此时,所属府县的城隍神自然就被用来充当镇城隍神了。

第二,由此事进行逻辑推理,可得出如下一个特征。如经常见到的中国大规模的市场城镇那样,当市镇跨越数个行政区域时,与此相对应,A金山县、C华亭县那样,出现了数个城隍神、庙。

第三,但就在横跨二县的张堰镇,有三个城隍庙,其中的B到底是什么神呢?实际上,在东海沿岸一带,有许多属于两浙盐商的盐场,在这个曾经属于灶户的人户分布较广的地区,如后揭南汇县志所能看到的,存在着被比定为两浙都转盐运使的城隍神。从被冠以"江浙"的封爵来看,B可能是盐场系列的城隍神。

第四,对城隍神进行权威认证(日本俗话所说的"加箔")是由道教教团最大派别张天师道操作的。早在南宋时,张天师[①]就已是统括城隍神的一种存在〈松本浩一1982〉。可以确认,由张天师进行"敕封",城隍神被编进道教,尤其是天师道系列的神系[②]。

关于地处松江府娄县和嘉兴府嘉善县的境界上的枫泾镇的城隍神,则

[①] 如第四章所考察的那样,洪武初年在极端教条的儒臣们的推动下,制定了祭祀理念、体系。针对张天师,出于"天是一种至上的存在,不应称为天师"这样的论理,禁止用"天师"称号,代之授予的是"真人"《太祖实录》洪武元年八月甲戌〉。直到清代,这一禁令并没有被废除而是得到继承,但正如同其他规范一样,这一禁令完全被忽视,现实生活中仍然沿用旧称=天师。

[②] 张天师对诸神的"敕封",在城隍神以外的其他神灵中也能广泛见到。当时可能存在着如下的论理:王朝正统理念中的至高无上的"天",在道教中被比拟为"玉皇大帝"。因此,正如作为看不见的"天"在地上的代理者——皇帝对诸神进行认定、管辖那样,"张天师"认定、管辖诸神,进行"敕封"。从正统理念来看,这好像是最大的僭越。经常根据基本教条进行弹压的官僚们到底如何认识这个问题?如何对应?这些问题还有待今后考察。

有如下记载：

> A. 一在镇南杏花坊，明万历年间建。雍正七年（1729），嘉善知县邵煌捐资重建。……B. 一在镇北高阳坊，明季创。C. 一在二保方家䉕。D. 一在三保城隍村。[史料136]

D. 在嘉庆府志的娄县的条目中也可见到〈本节（一）〉，可能与 C 一样位于枫泾镇领域的小镇（村镇）上。即单独的小城市枫泾镇本身拥有 A、B 两座庙。如果 A 属于嘉善县的话，B 应该是属于华亭县。在此也可确认，与行政隶属相对应，存在着两座城隍庙。值得我们注意的是，A 由知县直接参与建造，也就是说官府在参与修复镇城隍庙方面采取了积极的态度。A 是"万历时建"，B 是"明季创"，这又是对笔者提出来的见解——镇城隍庙的产生是在明末清初的补充的一条证据。

横跨青浦县和苏州府昆山县的黄渡镇上，有两个县城隍的"行祠"〈咸丰《黄渡镇志》卷九"杂类·神祠"及卷二"风俗"〉。乾隆《南汇镇志》卷七"祀典志·城隍庙"说"乡镇有庙七"，并举出了川沙、周浦、新场、拨赐庄、一团、杜行、王家浜各庙。至于一团镇的庙，则说"本为叶公祠"，"现在灶民即奉其为盐场境域内的城隍。"[史料137]

（五）

镇城隍庙的主神是所属县的城隍神的例子还可以举出一些。

湖州府南浔镇的城隍神是乌程县城隍神〈咸丰《南浔镇志》卷九"寺庙·城隍"〉。

苏州府吴江县东南部的章练塘镇（现上海市青浦县练塘镇）的城隍庙于顺治十年（1653）建立，该记录题为"府城隍庙"，主神是春申君〈民国《章练小志》卷三"祠庙"〉。

吴江县辖下多数镇的城隍庙都以该县城隍神的唐太宗第十四子李明为祭神。嘉庆《同里志》卷三"祠庙·城隍庙"中可见到二座城隍庙，其中一座"康熙二十五年（1686），天师（把李明）上奏封为广佑王时，本镇也建祠庙"[史料138]，可知 17 世纪后期出现了镇城隍庙。还有一座庙据说是雍正年间建立的，或许该庙与近邻元和县的分置有关。

黎里镇的城隍神也是李明，原本是嘉靖年间建立的道院[史料139]。盛泽镇有东、西两座以李明为祭神的城隍庙，东边那座"始建无考"，西边那座"康熙□十年建"[史料140]。虽然祭神一样，但康熙年间建立的那座庙，也许是雍正年间震泽县(县衙在吴江县)分置后的城隍庙①。吴江县东南的黄溪镇,其城隍神也是李明,据说是顺治十八年(1661)建立[史料148A。康熙年间,移建到原本就已存在的金总管庙,后两庙合并]。

元和县的周庄镇,镇区有一座城隍庙,"正殿为府城隍公座,西首为县城隍公座,东首为五方圣贤座……"祭祀着府、县双方的城隍神,另外位于镇西北的陈湖之畔的寝浦(从卷首的"镇图"来看,可能属于吴江县域)的庙很有灵验[史料142]。这所位于吴江县域的寝浦庙,在周庄镇十月初一日下元节举办城隍庙(府、县城隍神)开光及演戏时"有寝浦城隍来会问"[史料143],寝浦庙所祭的可能是吴江县城隍神。长洲县甪直镇,与昆山县接邻,除了祭祀府城隍神春申君之外,位于正阳桥东有一座祭祀昆山县城隍神的庙[史料144],地图上除了纯粹的"城隍庙"之外,在正阳桥相连的地方能见到"县庙"〈康熙《吴郡甫里志》卷首·六直镇图〉。元和县的唯亭镇,也有分别于康熙、雍正年间建立的西、东两座城隍庙〈道光《元和唯亭志》卷二"祠庙"〉。西庙可能祭祀原来的长洲县城隍神,东庙可能与雍正年间分置元和县有关。民国《吴县志》〈卷三五"坛庙祠宇"〉中的长洲县条目中,并没有谈及唯亭镇的庙,元和县的条目中,则记载了雍正年间建立的城隍庙。

就这样,大多数的镇城隍庙,都以所属州县及府的城隍神为祭神,但也有例外的情况存在。

常州府江阴县杨舍(现、张家港)的城隍庙,"旧为里社坛,明末里人共同建立"[史料145],在聚落发展、上升为市镇的同时,聚落守护神的土地庙升格为城市守护神的城隍神,也是完全可以想象的。

宝山县有两座"城隍行宫",都于顺治年间建立,但都为"东岳庙城隍驻节之所"〈民国《江湾里志》卷四"寺庙"〉,东岳庙演变成了城隍庙。如前所述,可以见到不少东岳庙居于"上位庙"、"中心庙"的地位〈本章第二节〉。东岳庙把自己比定为城隍庙的类似的事例,在已经介绍过的嘉定县娄塘镇及湖州双林镇等地都可找到。

---

① 在前稿〈1988b〉中,笔者曾想象说"该镇邻近嘉兴府,其中一庙可能是嘉兴的城隍神",但两者的祭神都是"李明",因此都是吴江县系统的城隍神,与分置的震泽县关联,可能是更合理的看法。

第五章 商业化和城市化

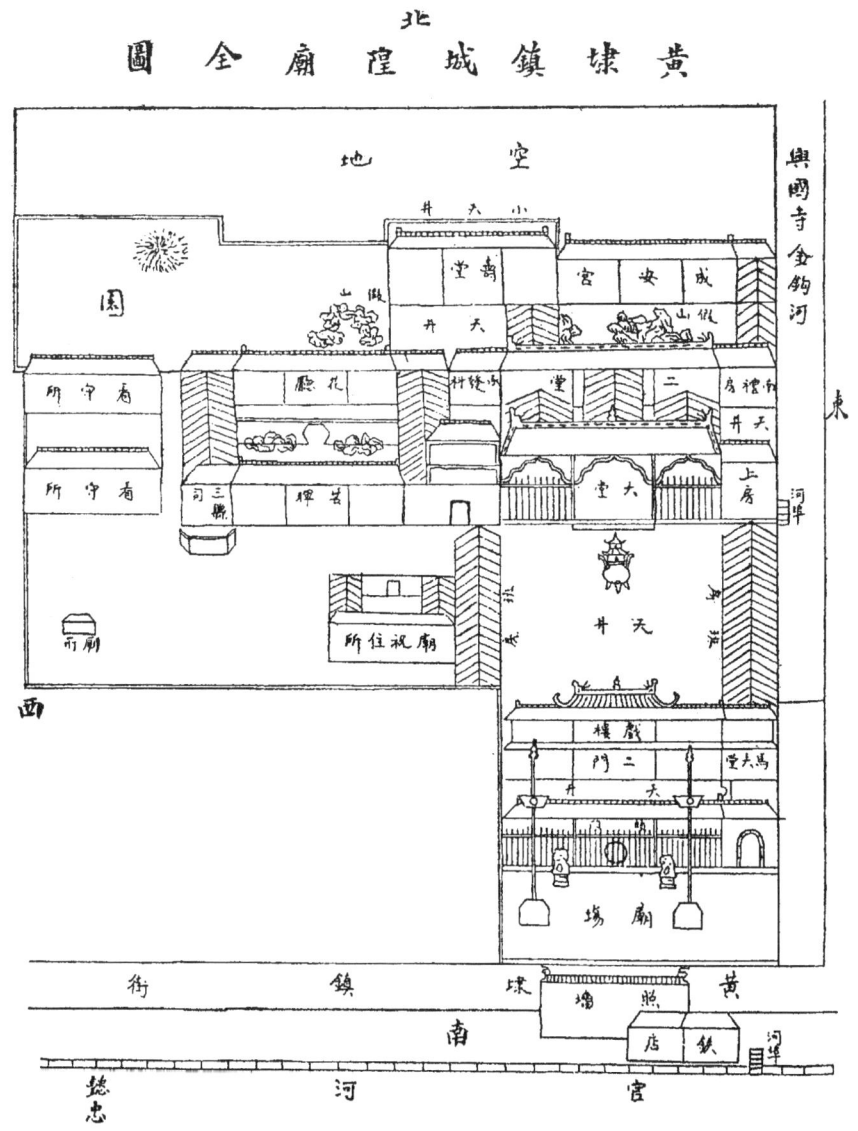

地图7　长洲县黄埭镇城隍庙全图
据东洋文库藏民国《黄埭志》卷首

（六）

洪武三年（1370）改制时，规定府州县城隍的建筑及内部设置均对照与之相应的地方行政衙门。完全可以想象，以州县城隍神为祭神的镇城隍神庙也有同样的方案。镇志之类的城隍庙记述都是这样说的，但基本上没有关于其具体结构的描述。其中，吴县（清代长洲县）的民国《黄埭志》中，卷首收录有题为"黄埭镇城隍庙全图"的大规模城隍庙的结构图。就我所见，具体显示镇城隍庙构图的史料，仅有此例〈地图7〉。

据此，由照壁开始，经过大门、二门，到达"大堂"，包括后进在内的这一图案与县衙的配置极其相似。如二门之上是"戏台"那样，它完全具备了庙本身的机能。但在西角处，标记有"三县司"、"看守所"，除了可能是由官衙来充当的那部分①外，以大堂为中心，原本用作庙的本体部分，还可找出"承发科"、"礼房"、"班房"等。"承发科（承发房）"一般是县衙中从事文书发送、受理业务的部门。在县衙工作的胥吏，除了承发科外，分属于模拟六部吏、户、礼、兵、刑、工六房（也叫六曹）。"礼房"从事仪式、祭祀及学事。"班房"是衙役聚集之地，也常用作"拘禁所"〈滨岛1984b〉。现存各个地方的城隍庙，绝大多数都是模拟县衙的知县，把冥界司法官城隍神进行具体化。因此，通常都会附属从事刑狱业务的属僚、下役。这里的"班房"，很有可能展示着类似狱吏的偶像。

（七）

如前述张堰志、同里志记载的那样，这些城隍神中，可以找到由张天师进行"敕封"的例子。当然，这并不是国家皇帝的敕封，而是玉皇大帝通过道教教团教主张天师（正式称呼为"真人"）进行敕封的。

民国《法华乡志》谈到现实生活中，县城隍神由"有恩德于民者"，或者"以乡先生之贤者"来充当，举出了奉贤、上海、青浦、娄四县的实例后，谈到康熙年间袭位的张天师在访问松江时，应当地居民的请愿，举行了封爵

---

① 民国《黄埭志》〈卷三"公署"〉中说宣统三年（1911）在黄埭城隍庙西首设置"初级审检厅"，民国二年（1913）被拆。咸丰（重修）《紫隄村志》〈卷三"官署"〉说驻扎在当地（诸翟镇）的巡检司"分防三县边境"，故被称为"三界司"〈据太田出告知〉。黄埭镇城隍庙〈地图7〉中所见的"三县司"，可能是指清末设置的管辖吴、长洲、元和三县交界地区的"初级审检厅"。关于看守所，则可参照〈滨岛1984b〉。

[史料146]。道光《黄溪志》收录了标为嘉庆九年(1804)四月某日的"正一嗣教五十九代大真人张"的《真人府封威灵王敕文》[史料148B]。据其记载,"泰元都省"的"大真人臣张玉""恭奉玉旨金书敕",对神进行加封。单从这则"敕文"来看,可知张天师相当于皇帝(玉皇大帝)的宰相,奉命行"敕封"的。

不用说,像镇志一级的方志所记述的违反国家典制的这些行为,府州县一级的地方志是不会记载的。在镇一级的地域社会中,居于支配地位的是生员层,镇志就是由包括庶民身份在内的下级读书人编纂的①。与此相当,县志通常是在地方官及"乡绅"阶层的主导下编纂的。由至少在表面上奉行正统礼制的士大夫的"乡绅"编纂的县志的记叙,与镇志一级的方志,在内容、体裁方面均有差别。在此,与其注重现实的实际情况,不如说不得不记载依据儒家理念的"当为"。对于现实生活中存在的镇城隍庙,乾隆《奉贤县志》卷四"祠祀·乡土地祠"中,编者感叹道:

> (唐代以前的)旧制,各乡皆有"土地祠",为民祈报之所。今庄行、南桥、萧塘、青村港、陶宅、四团等镇,都建有城隍庙。规模宏丽,僭越如县城隍庙之制,这于义不当,应该仍称其为乡土地祠,这样才名正言顺。
> [史料149]

如以正统礼制为前提,那么明末清初江南三角洲各地所出现的镇城隍神,不外乎是淫祠之类。

像这样,原来只有县一级以上才能拥有的城隍庙,向下一级聚落的分布,是以该地区由于商业化而出现的市镇(小城市)的发展为基础的。顺便提一及,本田治所发表的分析宋代市镇机能的论文中〈本田治1987〉,其中江南三角洲的市镇设施中还没有出现城隍庙,这与清代普遍有城隍庙一事形成了鲜明对比。因此,还是应该把镇城隍庙放在经历了明后期商业化、都市化这一社会、经济变革的江南农村,其在宗教方面的反映来把握。

在农村聚落上升为城市聚落、中心地时,当地居民自然也出现了要求拥有与城市相般配的宗教设施的愿望。他们敢于冒犯国家的禁令,拥有了自己的城隍神,即城市聚落守护神。基于这种现象,最初我们还抱有一

---

① 前著已介绍过在乡绅层控制之下编纂县志的事例〈滨岛 1982:482-483〉,即崇祯《乌程县志》。

种期待:在这里,是否能找到市镇的自立、自主的主张呢?它是否反映了作为"自律且自主"(autonomie und autokefarie)的"社会团体"(Verband)的城市开始萌芽了呢?〈Max Weber 1976:736。世良晃志郎译,第42页〉在看到丛生的镇城隍庙历史事实后,一进入分析阶段,前面所提出来的假说(笔者的期待)马上就烟消云散了。如已看到的那样,镇城隍庙的主神,与其说是独自的神,还不如说更多的情况是招请所属县的城隍神。不管如何,跨越数个县域的市镇中,建立了相应的数个城隍庙,分别以所属县的城隍神为主祭神,非常形象地说明了这些市镇,还缺乏一种作为一个"城市"的意识(至少镇城隍神并没有表明这一点)。他们与其说希骥作为一个"城市"而自立、自主、自治,不如说是想在"首都(皇帝)——省城——府城——州县城"这样等级严明的行政体系中找到自己的相应位置。它们在"从属"上级的同时,却居于农村地区的上位,似乎可看出在以皇帝为顶点的统治体系的基础上,再进一步向其乡脚地区延伸。其实这是中国官僚制社会的特质,一点也不令人奇怪。可以说,这一特质也体现在镇城隍庙的存在方式上。

小　　结

本章的课题是解明发生在十六、十七世纪的社会经济的大转变——"商业化"对于土神信仰的影响。随着乡居地主阶层的身影在农村中消失,江南三角洲演变成了在数量上以小农占有绝对多数,并混杂着部分富农层的社会。换言之,自古以来的总管信仰的基础不复存在。尽管如此,这些土神最后还是延续下来了,其原因主要是因为巫师创制出了新的传说,让神获得了"新生",演变成迎合了农民需求的神灵。这些土神,从一开始就不是高高地站在天上,面对受苦受难的人类,从高处下来为他们伸出援助之手。他们本身是一些亲自从事漕运的人。是一些为了挽救百姓们的饥饿,放出了国家所有的米谷,而自己却投河自杀的人们。从事漕运、乘舟经过故乡、投河自杀等共同特征,说明其还残留着与水上交通相关联的特征(有保护漕运传说的痕迹)。就神的本质而言,开始出现了与漕运无关的情况,土神演变成了"施米神"。不论荒年还是丰年,对于经常需要购买大米的江南三角洲的农民而言,米谷的确保及其价格,是非常切实的问题,而再生的土神们适应了他们的这种愿望。这一地区的"商业化",对于信仰结构的影响,首先表现为灵异传说的变化上。

在神灵自身发生演变、新生的同时,围绕着神的信仰、祭祀的结构也发生了巨大的变化。明末以来,丛生于该地区的市镇也建立了镇城隍庙。完全违反国家礼制的这些镇城隍庙,入清后其数量不断增多。城隍庙首先是城市的守护神。镇也拥有这样的庙,说明获得了与该聚落地位上升(由"村庄=农村聚落"向"城市=城市聚落")相对应的表征。同时,城隍庙还是冥界一定地域的行政官。在经济方面上升到了中心机能、对周围农村(乡脚)确立了支配地位的市镇,出现了要求获得拟似行政中心的地位的心理欲求。镇城隍庙就成了不只是一个市镇的保护神,而且作为一个上位庙,还要求获得支配周围地区的冥界的行政官的地位。这就是乾隆《奉贤县志》感叹的"僭拟邑城"[史料149]的状况。

而位于乡脚的"社庙"、"土地庙"则把自己置于下位庙的位置,在自己或镇城隍庙庙会上,出现了交纳纸钱,土地神亲自到镇城隍庙表敬的活动。此时的纸钱被叫做"钱粮"即租税,而其上纳行为用向县衙交纳租税的"解钱粮"一词来称呼,同时表敬行为被称为"朝集",模拟着地方官向中央的朝觐。在现世的行政体系中,并没有出现市镇与村庄的隶属关系,而在祭祀、信仰的领域里却出现了。

尽管如此,上述这样的镇城隍庙的结构,很难把它看成市镇作为一个"城市"而要求的社会自立及自律。其主神与其说是独自的神,不如说多数情况下是由所属县城的城隍神来充当的。而且,在市镇跨越数个县域的情况下,建立了数个与各自所属的县城隍神相对应的镇城隍庙,暴露出了服从上面(县)、统制下属(乡脚)的观念。中国的国家结构,并非是封建制的,更不可能是民主的。可以说,是镇城隍庙自己去适应官僚制结构(除了国家的统治结构外,还包括贯穿于社会、民众中的官僚志向)的①。

---

① 现代生活着汉人的各地都可见到为数甚多的城隍庙。2000年2月至3月间,作为日本学术振兴会特定国的派遣(短期)学者,笔者访问了新加坡大学。在李焯然教授的帮助下,探索了汉人的城隍信仰。通过实地考察,得知在新加坡至少有五所以城隍为主祭神的庙。城隍神在其他庙中从祀的情况也有不少。在台湾各地,包括农村在内,也可找出无数的城隍。这些可说是丧失了"都市守护神"性质的城隍信仰,可能与冥界里的城隍神(阴府、阴司)的审判职能有关。现代很多城隍庙中都置有算盘,可能用来盘算死者生前的功过是非。这一问题还有待今后考察。

表13 1949年前江南三角洲农户工具拥有情况调查表

[**凡例**] 被采访者当中,有许多人在1949年前完全没有自主经营(毛泽东的政策是重视家庭出身成分好的人,很多乡村干部都从中选拔),在此不得不把这部分人排除在外。页数指的是滨岛、片山、高岛1994一书中的具体页码。符号表示:○=有;●=过去有,土改时无;△=共有;×=无;*=特殊情况。

[**补充**] 牛区分有强壮有力的水牛和相对体力较弱的黄牛,拥有什么牛,与农民所属的阶层相关。另外,水车=龙骨车也分为用牛拉的牛车和用人踏的踏车两类,这也与农民所属阶层有关。本表以船为主轴,因而没有专门区分牛、车类别。

(1)上海市青浦县朱家角

人名	成分	住所	牛	车	船	页	备考
马法林	贫	马家埭	×	×	×	51	
汤在云	中	淀峰	×	○	○		
钱龙法	?		×	○	?	59	
陆永良	中		○	○	○		
冯守良	中	三湾	○	○	○	65	
沙再兴	中		○	○	○		
朱阿根	贫		×	○	×		
尹品华	中	南港	○	○	○	70	
钟发明	中		○	○	○		
龚再清	贫	南港	×	○	×	70	
夏小弟	贫	沙家埭	○	○	×	78	高龄,记忆可能有问题。
金海荣	贫		×	×	○		道士,用于营业。
吴祥龙	中		○	○	○		
洪阿龙	中		×	○	○	88	
孙琴波	贫	马家埭	△	○	×		1946年时卖掉。
马法林	名		○	○	○		
诸道文	贫		●	●	●		
马也仁	贫		×	○	×		

(2)上海市青浦县练塘

蔡富华	贫	北王浜	●	●	●	100	40年代前半期卖掉
胡珠贵	贫	叶浿	×	×	×		
张春甫	中	浿甸	○	○	○		＊1
汤在明	贫	(兄)	●	●	●	121	
汤爱明	贫	(弟)					
李秋芹	贫	叶浿	×	○	○	129	
沈龙琴	贫		×	×	○		
王桂青	贫		●	●	●	137	
陶龙安	中		○	○	○		
陶万贤	贫		×	×	×		
李文龙	地		○	○	○		
吴珠贵	贫	叶埭	×	×	×	138	＊2
薛友余	贫		×	×	○	138	
陶企明	贫	沈陶	×	×	×	144	
沈学岐	贫		×	●	×		旧货购入。土改后？
陶仁丹	中	浿口	○	○	○	150	
高正林	贫		○	○	○		可能为全家有11人之故？
高文华	贫		×	○	×		
高寿福	名		○	○	○		
陈永法	贫		×	○	○		
朱引妹	贫		×	○	○		女性。属居住在娘家的事例。
高阿超	地		○	○	○		

＊1 尽管拥有牛、车、船，却明确说自己属于中农。

＊2 放牛时的东家(主人是富农)及做长工时的东家(主人是中农)拥有牛、车、船。

(3) **浙江省湖州市双林**(很遗憾,被采访者所属阶层过于集中)。

人名	成分	住址	牛	车	船	页	备考
沈虎江	中	坞塍	?	○	?	286	
曹长林	中		×	○	?		
曹汉仁	贫		×	△	×		
沈银夫	贫	兴隆桥	×	○	×	289	
陈金荣	贫		×	×	×		
许邓琳	贫		×	×	×		
许小	贫	.	×	×	×		女性,夫家陆氏。
吴水林	贫	黄龙兜	×	△	×	293	
吴阿春	贫		×	○	×		
邵金荣	贫		×	○	○		
陈安定	地	重兆	?	○	○	298	*3
蔡阿大	中		×	○	×		赴镇乘航船。
周阿大	贫			△	×		
陆永夫	贫		×	○	×		

*3 与陈立夫、陈果夫同族。拥有50亩田,其中10亩自己耕作,水车有2台。

(4) **上海市嘉定县娄塘**

人名	成分	住址	牛	车	船	页	备考
浦同源	富	野泥泾	○	○	?	205	拥有40亩,直接经营。
厉永福	中	南塘	○	○	?		
姚国福	中	陆渡	○	○	?	217	
姚载铭	贫		×	×	×		
王企成	贫		○	●	×		养牛仔卖。
陈宝生	贫		○	○	?		
李克勤	中		○	○	?		
王玉林	中		×	○	?		租牛。*4

续表

人名	成分	住址	牛	车	船	页	备考
蒋百洪	贫		×	●	?	225	
吴锡甫	中	娄南	○	○	△		
陈维超	贫		×	×	×		
陆锦兰	中		○	○	○		
陆丽生	中		○	○	×		佃中农。
顾祥林	富	三里	○	○	×	234	兼营羊肉摊。＊5
秦忠良	贫		×	×	×		
徐忠义	中		○	×	×		9亩自耕。
石庆禄	中	三里	○	○	×	235	
严希福	中	庵桥	○	○	×	242	
孙福长	贫		○	○	×		38亩直接经营，2亩出租。
张华清	地		○	○	×		
张连现	贫		×	×	×		
陈文藻	中	邵宅	×	○	○		（采河泥用）
徐凤岐	贫		×	×	×		
唐本祥	贫		×	×	×		无土地。可能是入赘？
张祖仁	名		×	△	×		
邵培生	贫		×	×	×	251	
吕寿牛	中		○	○	○		
高明华	贫		×	×	×		
张建昌	贫		×	×	×		
邵玉林	地		○	○	×		兼营磨坊。

＊4 虽然是没有耕牛的贫苦农民，但季节性地租借崇明岛的牛。

＊5 虽然卖自己种植的棉花，但到娄塘镇都是由陆路肩挑过去的。

终 章

信仰和社会经济

本书以明清时期为中心,以江南三角洲为地域范围,考察了促使农村居民产生社会共同性的契机之一的共同祭祀问题。这些土神信仰遍及江南三角洲,但离开三角洲后却基本上见不到。本书证明了总管(金总管)、猛将(刘猛将或刘王)、李王三种神作为江南三角洲固有的土神而存在。本书借用其中最为典型的"总管"一名,把这些土神信仰称为"总管信仰"。本书证实,总管信仰基本上是元末明初时产生的,它们的共同特征是都拥有保护漕运的灵异传说。这与明代中期之前生活在江南三角洲农村社会,直接从事经营生产的乡居地主阶层有着密切的关联。与里甲制相伴随,这些乡居地主阶层在成为当地社会的事实上的支配者的同时,他们又充当了"粮长",不得不为国家政权负担漕运的役务。这些水运活动,除了要面临自然风险外,还要遭遇社会系统所引起的诸种风险,有时甚至是使自己倾家荡产的一种重役。总管神的信仰,就是迎合这些乡居地主阶层的切实的心理欲求而产生的。由于农村社会处于他们的掌控之下,因而总管信仰成为江南三角洲农村的支配性信仰。

16世纪开始的社会经济结构的大变革——商业化,给总管信仰带来了巨大的变化。随着乡居地主阶层的没落、当地社会权力结构的解体,江南三角洲农村成了一个夹杂着部分富农的,在数量上以小农占有绝对多数的社会。保护漕运的传说,对于农民而言并没有任何的利害关系。尽管如此,如本书开头所介绍的那样,直到19世纪时,总管信仰在当地仍然很有影响力。

根据残留到现代的杭嘉湖地区的神歌(招神之歌),祭祀时要召请的诸神当中,最高三神——三世如来、三天上帝、玉皇大帝首先被请到"高筵",接下来的正筵中,第一位是"城隍",第二位是"南朝圣众"。如本书详述过的那样,城隍是与现世相对应的冥界的行政官,换句话说,就是死后世界的管理者,没有什么地方色彩。至于"南朝圣众",据采集神歌的顾希佳的说明,属"空位"之神,祭祀者可把自己认为合适的神放进去①。紧接着的第三、第四、第五位分别是"刘王"、"金府总管"、"李王"。作为江南三角洲固有的土神,三位神灵之显要地位,再次得到了证明。即便是在现代,仍可找到三位神灵的残存及复活②。

为什么依靠保护漕运传说而迎合了当地地主阶层需要的土神,在该阶层衰退后,仍能延续下来呢?文献史料均未提及该问题。在士大夫阶层所叙述、编撰的笔记、方志之类文献中,基本上没有记载总管等神以保护漕运为核心而得以形成这件事。具有讽刺意味的是,从维护正统体制的立场出发,试图消灭这些土神信仰而留下来的文章,却为我们提供了关于其形成、盛行期的珍贵资料。但在16—17世纪的社会大变革时,在原有的信仰基础已消失的情况下,总管信仰是如何生存下来的呢?迄今为止尚未能找到足以说明该问题的文献史料。在这一方面,精心收集民众传说资料的浙江民间文学工作者的工作为我们提供了宝贵的资料。

从清代至现代,总管等土神虽然还残存着一些漕运传说的痕迹,但已新获得了"施米"传说。江南三角洲的商业化,有着低地开发结束、出现饱和、产生人口压力等内在方面的原因。在经营面积不断缩小的状况中,对农民而言,经常购买大米以确保粮食供应是一个很切实的问题。新的总管信仰中,从事护送国家漕粮的官员,牺牲自己而放出官粮的传说居于核心地位。正因如此,总管信仰才满足了需要确保大米的农民的欲求。

与信仰的核心部分——显灵传说的演变相并列,农村、农民信仰的社会结构也发生了变化。明中期以前,三角洲农民日常的生活空间可能局限在以土地庙为中心的范围中,即"社"或"社村"中。或者是在同一聚落的范围内,或者是跨越数个聚落的范围,普遍存在着对保护聚落,且管理其范围内

---

① 如是这样的话,"南朝"并非是南北朝的南朝,而可能是朝南的意思。对此,顾希佳也表示同意。

② 宪法规定公民有信仰(及不信仰)自由,因此中国共产党当然不得不放弃战斗性的无神论。1990年7月15日,在采访上海市青浦县政府宗教民族事务局李金龙局长、杨克义科长时,他们对笔者说:"三中全会会,党中央、国务院很重视宗教问题。……宗教局的任务是保护信徒的合法权利,并为其提供方便。"当我们提出无神论教育问题时,两位都说那是党的宣传部门的任务,与宗教局没有关系〈滨岛、片山、高桥1994:23〉。

的冥界的土地神的共同祭祀。作为农村社会的共同性的表现,到目前为止所能确认的,基本上也是唯一的,就是这种有时被称为"社"的祭祀,甚至是与此有关的活动(演戏等)。也许继承了元代的"社"制,明代的里甲制也是建立在"社"的共同性、活动的基础上的。

16世纪中期以来江南三角洲的经济变革,使得农民的生活空间逐渐扩大到以当时簇生的市镇为中核的较大范围中去。本书证实了几种宗教现象与这种社会变革相对应:第一,在江南三角洲的市镇中建立了违反国家礼制的"城隍庙"。第二,社庙(=土地庙)把自己置于下位,以市镇的城隍庙(有时是东岳庙)为上位庙,并出现了表敬(朝集)、贡纳(解钱粮)的风俗。三角洲的商业化,不但给信仰的内在部分——显灵传说,而且还给其外在部分——祭祀结构带来了深刻变化。

宗教职能者与传说的产生、定形、变迁之间有着密不可分的关系。以总管为首,绝大多数江南三角洲土神都拥有同姓的子孙,这一现象并非是偶然的。传说中都会叙述过去某一时期曾经存在过后来"成神"的人物,并有他们的子孙。在此,我们不得不颠倒过来考虑。事实的情况应该是:先有宗教职能者的人物的存在,他为了提高自己所凭依、托宣的亡灵(鬼魂)的权威,把先祖打造成"神"。这些宗教职能者,多数被记载为"巫",他们应该就是通常所说的凭依型萨满(shaman),为了迎合顾客们的需要,他们创制出了各色各样的显灵传说。

可以这么说,土神信仰是由他们这些巫师制造出来的,并由他们引起变化的。对于这些神,巫师们首先要制造出其生前的义行和悲剧性的死的传说。其次在完成了这一步骤后的"鬼"中,那些死后有灵异显现(显灵)、给百姓带来恩惠的人才成为神灵。虽然只要满足这两项要素,就可产生出神。但他们还是希望得到权威的保证、认定。正因如此,作为第三个要素,他们就要求上帝在地上的代理者——皇帝对神灵进行认定。当然,并非所有的"神"都能真正满足第三要素,而这通常是经过伪造封爵来实现的(基本上都自称拥有前朝的封爵)。这一过程,与天主教的"列圣"非常相似。在整个过程中,都活跃着巫师的身影。可以说,当地民间信仰的核心就是存在着这样的萨满信仰(shamanism)。

在现代中国,宪法规定公民有"信仰的自由"(更有无信仰的自由),但与此同时,"领导"即支配国家的中国共产党,只要名为共产党,就不可能降下充满战斗性的无神论旗帜。出于政治需要而制定的宗教政策,对"宗教"进行了政治式的定义。只有那些有公认团体、服从管理的教团宗教才被定为"宗教",而由来已久的民间信仰则被定性为"封建迷信",并成为禁压的对象①。从这一定义来看,其核心显然置于存在于其间的"巫师",即萨满。本书已经证实的命题,历史上"当地民间信仰的核心在于萨满信仰(shamanism)",也适用于大陆及海外的现代华人社会。

不论喜欢与否,汉族民众中自古以来就存在着这样的信仰,而且延续至今②。对于立志把握社会全体像的历史学家而言,不论自身的宗教信仰如何,也不论时政如何,对民间信仰的探讨都应该列为一个重要的学术课题。在缺乏文献史料,实地调查受到限制的情况下,作为整体把握传统中国江南农村社会的一环,笔者对这一课题进行了尝试,本书就是其微薄的成果。

---

① 关于宗教与封建迷信的定义、区别,经常会被谈到。如《浙江日报》1990 年 9 月 20 日第二版"服务窗"中说从读者中收到了大量有关"什么是合法的宗教活动,什么是非合法的封建迷信"来信询问,提出了"宗教"具备五个要素,即有固定的①名称,②崇拜对象,③活动场所,④教义、经典、教规,⑤教职名称。与此相对,"封建迷信"是"神汉、巫婆"利用一部分人的"愚昧无知"、"装神弄鬼"、"欺骗群众",以骗取钱财为目的,没有组织、没有固定的教义、教规之类。即明确谈到"封建迷信"的核心是男女巫师的存在及其活动。

② 如本文已经介绍过的那样,本书所涉及的土神中,作为农民的信仰,金总管、长兴李王在其发祥地都已得到恢复,并建立了庙宇。至于刘猛将,无法确定其具体诞生地。嘉兴复建的刘王庙非常兴盛。除此之外,城隍神及其他各种土神的信仰,在江浙各地的现实生活中得到恢复是个不争的事实。

参 考 文 献

一、自 著

1982 『明代江南農村社会の研究』,東京大学出版会
1994 『華中・南デルタ農村実地調査報告書』(『大阪大学文学部紀要』第34巻),与片山剛、高橋正共著
1975 「明末江南の葉朗生の乱」,『海南史学』第12・13合刊号
1975 「嘉靖馬道人小考」,『史朋』(北海道大学東洋史研究室)第3号
1983a 「中国村廟雑考」,『近代中国研究彙報』(東洋文庫近代中国研究センター)第5号
1983b 「明末清初の均田均役と郷紳(その四)——李日華『味水軒日記』をめぐって」,『史朋』第16号
1984a 「明清時代の分圩をめぐって——デルタ開拓の集約化」,渡辺忠世・桜井由躬雄編,『中国江南の稲作文化——その学際的研究』,第四章,日本放送文化協会(以1979年京都大学东南亚研究中心主办的学术讨论会"江南开发史"的报告为基础)
1984b 「明清時代、中国の地方監獄——初歩的考察」,『法制史研究』(法制史学会年報)第33冊
1987 「中国中世における村落共同体」,『中世史講座』第二巻(中世の農村),学生社
1988a 「明清江南城隍考」,唐代史研究会編,『中国都市の歴史的研究』,刀水書房。→中文版:《明清江南城隍考——商品经济的发达与农民信仰》,《中国社会经济史研究》1991年第1期
1988b 「明初城隍考」,『榎博士頌寿記念・東洋史論叢』,汲古書院→中文版:《朱元璋政权城隍改制考》,《史学集刊》,1995年第3期

1989a(原 1986)　《土地开发与客商活动——明代中期江南地主之投资活动》,《"中央研究院"第二届国际汉学会议论文集(明清近代史)》,上,台北:"中央研究院"→日文版:「明代中期の江南商人について」,『史朋』第 20 号,1986 年

1989b　「明末江南郷紳の具体像——南潯・莊氏について」,收在岩見宏・谷口規矩雄編,『明末清初期の研究』,京都大学人文科学研究所→中文版:1992 《明末江南乡绅的家庭经济——关于南浔镇庄氏的考察》,中国明史学会编,《明史研究》第 2 辑,1992 年

1989c　「中国の郷紳」,国際歴史学会議日本国内委員会編,『歴史研究の新しい波——日本における歴史学の発達と現状Ⅶ 1983－1987』,第二部第九章,山川出版社

1990a　「明清時代、江南農村の社と土地廟」,『山根幸夫教授退休記念明代史論叢』,汲古書院→中文版:《旧中国江南三角洲农村的聚落与社区》,《历史地理》第 10 辑,1992 年

1990b　「江南劉姓神雑考」,『待兼山論叢(史学篇)』第 24 号,大阪大学文学部

1990c　「明代の水利技術と江南地主社会の変容」,『シリーズ世界史への問い2・生活の技術、生産の技術』,岩波書店

1992a　「明清江南城隍考・補考」,唐代史研究会編,『中国の都市と農村』,汲古書院

1992b　《明清江南农村的商业化与民间信仰的变质——围绕"总管信仰"》,收在《清代区域社会经济研究》,中华书局

1993a　「近世江南海神李王考」,梅原郁編,『中国近世の法制と社会』,京都大学人文科学研究所

1993b　「明代の判牘」,滋賀秀三編,『中国法制史——基本史料の研究』,東京大学出版会→中文版:《明代之判牍》,《中国史研究》1996 年第 1 期

1996　「近世江南金総管考」,小野和子編,『明末清初の社会と文化』,京都大学人文科学研究所

1997　「農村社会——覚書」,森正夫等編,『中国史学の基本問題 4——明清時代史の基本問題』,汲古書院

1997　「蕭山小城隍廟調査報告——城隍廟覚書(1)」(与杭州师范学院顾希佳共著),『大阪大学文学部紀要』第 38 巻

1992 "The City-god Temples (Ch'eng-huang-miao) of Chiangnan in the Ming and Ch'ing Dynasties", *Memoirs of Research Department of the Toyo Bunko*, No.50, 1992

二、日文专著

植松正　1997　『元代江南政治社会史研究』,汲古書院

梅原郁　1990　『宋代官僚制度史の研究』,同朋舎

小山正明　1992　『明清社会経済史研究』,東京大学出版会

呉金成著、渡昌弘訳　1990　『明代社会経済史研究』,汲古書院（原著出版于 1986 年）

落合仁司　1998　『〈神〉の証明――なぜ宗教は成り立つか』,講談社

加地伸行　1990　『儒教とは何か』,中央公論社

窪徳忠　1983　『道教入門』,南斗書房

川勝守　1980　『中国封建国家の支配構造――明清賦役制度史の研究』,東京大学出版会

佐々木宏幹　1980　『シャーマニズム――エクスタシーと憑霊の文化』,中央公論社

　　　　　　　1984　『憑霊とシャーマン』,東京大学出版会

檀上寛　1995　『明朝専制支配の史的構造』,汲古書院

中村治兵衛　1992　『中国シャーマニズムの研究』（中村治兵衛著作集第一巻）,刀水書房

西嶋定生　1961　『中国古代帝国の形成と構造――二十等爵制の研究』,東京大学出版会

野口鉄郎　1986　『明代白蓮教史の研究』,有山閣出版

福井康順等監修　1983　『道教』(1)、(2)、(3),平河出版社

福武直　1946　『中国農村社会の構造』,大雅堂（后收入『福武直著作集』、第九巻、東京大学出版会,1976 年）

星斌夫　1963　『明代漕運の研究』,学術振興会

間野潜龍　1979　『明代文化史研究』,同朋舎出版

前田直典　1973　『元朝史の研究』,東京大学出版会

宮崎市定　1972　『水滸伝――虚構の中の史実』（后收入全集第十二巻）,中央公論社

森正夫编　1992　『江南デルタ市鎮研究——歴史学と地理学からの接近』,名古屋大学出版会

渡部忠世、樱井由躬雄编　1984　『中国江南の稲作文化——その学術的研究』,日本放送文化協会(1979 年 8 月京都大学东南亚研究中心主办的"江南开发史"学术讨论会记录)

三、中文专著

陈宝良　1996　《中国的社与会》,浙江人民出版社

樊树志　1990　《明代江南市镇探微》,复旦大学出版社

傅衣凌　1956　《明清时代商人及商业资本》,人民出版社

　　　　　1957　《明代江南市民经济试探》,上海人民出版社

黄敦岩编　1995　《妈祖故事》,台北:翌耕图书事业公司

刘石吉　1987　《明清时代江南市镇研究》,中国社会科学出版社

全国寺庙整编委员会(台湾)编辑部

　　　1990　《台湾首庙天坛沿革志》,台北:台湾首庙天坛管理委员会

吴江县政治协商会议(?)

　　　1987(?)　《吴江文史增刊》,出版单位、发行年代不明

* 1988 年冬购于吴江县政府招待所商店。《文史资料》通常为现代中国大陆各级政治协商会议编集刊行。卷首《编集说明》提及得到了吴江县政府财政局和同里镇党政委员会、同里中学等单位协助。卷首二篇用作费孝通"访问江村五十周年纪念",1986 年 12 月为文中的最新时间。

张海鹏、张海瀛　1993　《中国十大商帮》,黄山书社

浙江省民俗学会　1986　《浙江风俗简志》,浙江人民出版社

钟伟今编　1986　《湖州风俗志》,湖州市群众艺术馆、湖州市民间文艺研究会(1986 年 10 月后记)

总管宫管理委员会　1980　《总管宫沿革志》,台南:总管宫管理委员会

四、西文专著

Brown, Peter. 1981. *The Cult of the Saints—Its Rise and Function in Latin Christianity*, Chicago: the University of Chicago Press.

Cheu, Hock Tong ed. 1993. *Chinese Beliefs and Practices in Southeast Asia*, Selangor Darul Ehsan: Pelandok Publications.

Elliot Alan J. A. 1955. *Chinese Spirit-medium Cults in Singapore*, Monograph on Social Anthropology No.14, London School of Economics. (rp.... The Athlone Press, London and Atlantic Highlands, 1990.

Fei, Hsiao-tung. 1939. *Peasant Life in China—A Field Study of Country Life in the Yangtze Valley*, London: Routledge & Keagan Paul LTO.

Hansen, Valarie. 1990. *Changing Gods in Medieval China*, Princeton: Princeton University Press.

Ho, P'ing-ti. 1974. *Studies on the Population of China*, Cambridge: Harvard University Press.

Smith, Arthur H. 1899. *A Village Life in China—A Study in Sociology*, New York: Fleming H.Revell Company.

Vitevsky, Piers. 1995. *The Shaman*, London: Duncan Baird Publishers.

Weber, Max. 1976. *Wirtschaft und Gesellshaft, Grundriss der verstehenden Soziologie.* (Kapitel IX), Tuebingen. →日译本:世良晃志郎《都市の類型学》,創文社,1964年

Werner, Edward Theodore Chalmers. 1932. *A Dictionary of Chinese Mythology*, Shanghai: Kelly and Walsh Ltd.

五、日文论文

石井昌子　1983　「道教の神々」,『講座・道教』第一卷,平河出版社

稲田清一　1993　「清代江南における救荒と市鎮——宝山県・嘉定県の廠をめぐって」,『甲南大学紀要』文学編,第109号

井ノ崎隆興　1956　「元代社制の政治的考察」,『東洋史研究』第15巻第1号

植松正　1965　「元代江南の豪民朱清・張瑄について——その誅殺と財産官没をめぐって」,『東洋史研究』第27巻第3号(『元代江南政治社会史研究』再録,汲古書院,1997年)

海津正倫　1990　「中国江南デルタの地形形成」,『名古屋大学文学部研究論集』107(史学37),名古屋大学文学部

梅原郁　1986　「皇帝・祭祀・国都」,中村賢二郎編,『歴史の中の都市』（娯楽と祝祭）,ミネルヴァ書房

愛宕松男　1943　「天妃考」,『愛宕松男東洋史論集』第二巻（中国社会文化史、第二部）,三一書房1987年再録

小山正明　1992　「明代の糧長について——特に前半期の江南デルタ地帯を中心にして」,『明清社会経済史研究』（第一部八）,東京大学出版会

太田出　1998　「清代緑営の管轄区域とその機能——江南デルタの汛を中心に」,『史学雑誌』107編10号

加藤繁　1935　「唐宋時代の商人組合"行"を論じて清代の会館に及ぶ」,『支那経済史考証』（東洋文庫,1952年）,上巻、十八

　　　　1937　「宋と金国との貿易について」,『支那経済史考証』（東洋文庫、1952年）,下巻、三四

金井德幸　1983　「社神と道教」,『講座・道教』,平河出版社,第二巻

　　　　1985　「宋代浙西の村社と土神——宋代郷村社会の宗教構造」,『宋代の社会と宗教』（宋代史研究会報告第二集）,汲古書院

　　　　1987　「南宋時代の市鎮と東岳廟」,『立正史学』第61号

川勝守　1997　「明清農業論」,森正夫等編,『明清時代史の基本問題——中国史学の基本問題』,汲古書院

菊池英夫　1961　「節度使制度確立以前における"軍"制度の展開」,『東洋学報』第44巻第2号

岸本美緒　1987　「明末清初の地方社会と『世論』」,『歴史学研究』573号

　　　　1997　「明清時代の秩序感覚」,森正夫等編,『明清時代史の基本問題4——中国史学の基本問題』,汲古書院

北田英人　1987　「九世紀江南の陸亀蒙の荘園」,『日野開三郎頌壽記念論集——中国社会・制度・文化史の諸問題』,中国書店

　　　　1996　「一〜六世紀における土地神生成の諸相」,『中国史学』第6巻

金文京　1988　「中国における日本古典文学の翻訳と研究」,『和漢比較文学研究の諸問題』,汲古書院

小島晋治　1961　「太平天国」,『世界の歴史』第11巻（揺らぐ中華帝国）,

　　　　　　　　　　筑摩書房

小林一美　　1967　「太平天国前夜における農民闘争——揚子江下流デルタ地帯における」，東京教育大学アジア史研究会編，『近代中国農村社会史研究』，大安

佐伯有一　　1957　「明末董氏の変」，『東洋史研究』第16巻第1号

阪倉篤秀　　1977　「明初中書省の変遷」，『東洋史研究』第36巻第1号

澤田瑞穂　　1978　「駆蝗神」，『中国の民間信仰』，工作舎，1981年，再録

滋賀高義　　1963a　「明の大祖と天師道について」，『東方宗教』第22号

　　　　　　1963b　「明初の神楽観と道教」，『大谷学報』第43巻第2号

斯波義信　　1976　「浙江省湖州における定住の沿革」，『宋代江南経済史の研究』，東京大学東洋文化研究所，1988年，再録

曽我部静雄　1974　「南宋の水軍」，『宋代政経史の研究』，第四章，吉川弘文館

鶴見尚弘　　1964　「明代の畸零戸について」，『東洋学報』第47巻第3号

那波利貞　　1934　「支那における都市の守護神につきて」，『支那学』第7巻3・4合刊号

中村治兵衛　1982　「宋代の巫の特徴——入巫過程の究明を含めて」，『中村治兵衛著作集1・中国のシャーマニズム』，刀水書房，1992年，再録

中村哲夫　　1976　「城隍神信仰から見た旧中国の国家と社会」，『近代中国社会史研究序説』，法律文化社，1984年，再録

　　　　　　1979　「中国封建社会における都市と農村」，社会経済史学会編，『社会経済史の課題と展望』，有斐閣

　　　　　　1987　「道教の諸廟の分布モデル」，『神戸大学史学年報』二

中村裕二　　1983　「道教と年中行事」，『講座・道教』，平河出版社，第二巻

仁井田陞　　1956　「中国の農奴・雇傭人の法的身分の形成と特質（副題略）」，『中国法制史研究——奴隷農奴・土地村落法』，東京大学出版会，1962年，再録

野口鉄郎、石田憲司　1983　「道教研究文献目録」，福井康順等，『道教3——道教の伝播』，平河出版社

林和生　　1984　「中国近世における地方都市の発達——太湖平原烏青鎮の場合——」，梅原郁編，『中国近世の都市と文化』，京都大

　　　　　　　　　学人文科学研究所
夫馬進　　　1976　「明代白蓮教の一考察——経済闘争との関連と新しい共同体」,『東洋史研究』第 35 巻第 1 号
藤野彪　　　1955　「朱清・張瑄について」,『愛媛大学歴史学紀要』第 3 号
本田治　　　1979　「宋代の地方流通組織と鎮市」,『立命館文学』第 500 号
松本浩一　　1982　「張天師と南宋の道教」,『酒井忠夫先生古稀記念・歴史における民衆と文化』,国書刊行会
松浦章　　　1972　「長崎来航唐船の経営構造について——特に乾隆、嘉慶、道光期を中心に」,『史泉』第 45 号
松本善海　　1939　「明代」「清代」,和田清編,『支那地方自治発達史』,(再刊『中国地方自治発達史』,汲古書院,1975 年,再録)
森正夫　　　1979　「明末の社会関係における秩序の変動について」,『名古屋大学文学部三〇周年記念論集』,名古屋大学文学部
　　　　　　1995　「明末における秩序変動再考」,『中国:社会と文化』第 10 号
森田憲司　　1984　「文昌帝君信仰の成立」,梅原郁編,『中国近世の都市と文化』,京都大学人文科学研究所
守屋美都雄　1950　「社の研究」,『中国古代の家族と国家』,東洋史研究会,1968 年,再録
和田博徳　　1985　「里甲制と里社壇・郷厲壇——明代の郷村支配と祭祀」,『西と東と——前嶋信次先生追悼論文集』,汲古書院

六、中文论文

戴不凡　　　1983　《浙江家乡戏剧活动漫忆》,《浙江文史资料选辑》25,浙江人民出版社
邓嗣禹　　　1935　《城隍考》,《史学年报》(燕京大学)第 2 卷第 2 期(《邓嗣禹先生学术选集》,台北:食货出版社,1970 年,再录)
范金民、罗仑　1993　《洞庭商帮》,张海鹏、张海瀛编,《中国十大商帮》
费孝通　　　1984　《小城镇、大问题》,《江海学刊》1984 年第 1 期。《小城镇　大问题——江苏省小城镇研究论文选》第一集,江苏人民出版社
　　　　　　1984　《论小城镇及其他》,天津人民出版社,1986 年等再收录

顾希佳　1990　《太湖流域民间信仰中的神灵体系》,《世界宗教研究》1990年第 4 期
金其铭　1985　《农村聚落地理》,《人文地理学论丛》,人民出版社
林美容　1987　《由祭祀圈来看草屯镇的地方组织》,《"中央研究院"民族学研究所集刊》第 62 期,"中央研究院"民族学研究所
桑秀云　1978　《李冰与二郎神》,《"中央研究院"成立五十周年纪念论文集》,"中央研究院"历史语言研究所
邵文长　1987(?)　《黎里镇八月迎神赛会盛况》,《吴江文史增刊》
徐泓　1989　《明代社会风气的变迁——以江、浙地区为例》,《"中央研究院"第二届国际汉学会议论文集(明清近代史)》上,台北:"中央研究院"
杨继陶　1987　《我所走过的音乐之路》,《吴江文史增刊》
张玉法　1994　《〈中国现代史丛书〉主编者序》,唐宝林,《〈中国现代史丛书1〉中国托派史》,台北:东大出版公司
赵喜顺　1990　《论我国农村家庭结构及其变迁》,乔健编,《中国家庭及其变迁》,香港中文大学

七、西文论文

Clammer, John　1993. "Religious Pluralism and Chinese Beliefs in Singapore", in Cheu 1993, pp.199-221.

Heinze, Ruth-Inge　1993. "The Dynamics of Chinese Religion: A Recent Case of Spirit Possession in Singapore", in Cheu 1993, pp.187-197.

Hoppal, Michaeli　1984. "What is Shamanism?" *Shamanism in Eurasia*, edited by M. Hoppal, Goettingen, Herodot: pp.1-36.

Johnson, David　1985. "The City-god Cults of T'ang and Sung China", *Harvard Journal of Asian Studies* 45: pp.363-457.

Skinner, G. William　1976. "Mobility Strategies in Late Imperial China: A Regional Systems in Late Imperial China: A Regional System Analysis", *Regional Analysis*, Vol.1, edited by C. A. Smith, N. Y., Academic Press: pp.327-364.

Taylor, Romeyn　1977. "Ming T'ai-tsu and the God of Wall and Moats", *Ming Studies*, Vol.4: pp.31-49.

史　料　篇

凡例:"[　]"内容为史料原文中的注释文字,即夹注;"(　)"内容为滨岛的补充、说明。

[**史料** 001]　　同治《双林镇志》

A. 卷十三　农事

江南完租,佃户辄送至业主家,吾乡无此例,必业主乘舟至乡量取。……按向时人尚谨愿还租,虽视年岁丰歉为盈缩,然犹可以情理论也。道光十二年(1832)冬收大歉,漕米下年带征,收租尚有三四斗一亩。迨二十一年(1841)雪灾停征,乡人遂连圩结甲,升合不完。租船至乡,辄鸣锣聚众、哗噪驱逐,甚或掷石泼污泥。或将船拔起,或锁住,而田主转好言求脱,无可如何。自此以后,稍遇歉收,齐心拜总管,私议租额,不许抗违。其有驯良佃户,稍或多完,则纽纠众打,甚或拆屋。亦有借此恐吓田主,使不敢多收也。

B. 卷十五　风俗·农

若田属镇人,由佃纳租,每得不偿失。盖以遇潦,则戽水需资,春社赛神,按田索费。遇岁稍歉,则结甲抗租,鸣锣纠众,悍无所畏,所谓"田,累字头也"。乡村必有庙,所祀者曰总管。正、二月间,必有社戏一二日,费则照田科派(滨岛注:并非由地主,而是由农民负担),虽孤寡、贫乏衣食不给,亦必急切筹措。戏期内,亲友过从,例需供给,爹家辄典质以充之。每年必举社村中人,聚而饮啖肉食等有定式。稍不如式,司会者当其责,广众中大声以诃。社有余钱,则挨户分存生息。临期有亏,负罚甚酷,此则各村皆然者也。

[**史料** 002]　　郑光祖《一斑录杂述》卷七　乡民不法

(最近中国大陆出版了影印本,阅览较易,因而在此并没有引用全文,而只摘录与本文相关部分)

A. 其术曰札童子,将五六岁孩童蒙眼稳座,施符咒,使神凭是童,借童口言休咎。

B. 五月中旬,二麦已熟,农佃例还各业麦租。余张市西四里承吉庵头阴泾、阳泾一带,农佃忿业主收租凶刻,因造言谓:"麦租折价,各业每石钱二千者,何得至二千二百。过一期限,钱每千各业加钱三十者,何得骤加钱一百。而且各业新买田产,召我等立写租札,每亩索钱二三千。我辈典衣剥债,男啼女哭,谁则知之。"时当地恶棍,因众情不平,思前正月入城滋事,尚不严办,正可藉此恣抢劫。共质之当地无恶不作之金山桂,伊又从而恣惠之曰:"要做,索性做得大些。"各棍因贴无名榜帖于承吉庵墙,约众于二十一日滋事,以打凶租为名。

然众情不无怀惧,共卜于是庵神前,或签或厉,叠遇大吉。党众分卜于他庙,亦无不大吉。众计乃合,然众心总参疑信,又共誓以所约之日必遇天晴为天助。及二十一日,红日东升,天无纤翳。众乃放胆,鸣锣聚众,沿途胁迫附从。……

二十四日,群众欲再来张市,以及横塘六河,忽雷雨。众以为天不复助,再卜于神,亦不吉,乃止而散。……

(八月)初六日……本府以该处乡曲小庙神像,谅必为妖拖凭依,令将总管、周神、猛将、李王四像,缚解回城,暂置城隍庙路头堂,以示签笞惑众之咎。

C. 后至二十七年(1847)八月,官以众犯获者已多,乃令众备鼓乐,将神像送回该处庙中。

[史料003]　正德《姑苏志》卷二十七　坛庙上·总管庙

在苏台乡真丰里。神汴人,姓金。初有二十相公,名和,随驾南渡,侨于吴,殁而为神。其子曰细,第八,为太尉者,理宗朝尝显灵异,遂封灵祐侯。灵祐之子名昌,第十四,初封总管。总管之子曰元七,总管。元至正间能阴翊海运。初皆封为总管,再进封昌为洪济侯,元七为利济侯。(一在阊门外白莲桥西。一在祠祀元王积翁,亦名总管庙。一在盘门外仙塘桥下,一在常熟县致道观,一在嘉定县安亭镇。)

[史料004]　叶盛《水东日记》卷十八　各姓宗图·毛澳邵氏

七官[金氏]、仲达[顾氏]、德名[余氏、宋氏]、显。

邵氏盛荡之族,七官人娶金元七总管第六女。按:公所生五男一女,岂七官人所娶乃男以下之长女耶。盖乡俗行第不分男女云。

[史料005]　嘉靖《昆山县志》卷三　坛庙·总管堂

在景德寺东。谨按:总管金姓名昌,其子名元七,殁皆为神。元至正间阴翊海运,俱封总管。今子孙尚在,自当祀之,非小民所宜滥祭也。

[史料006]　正德《江阴县志》卷十一　异端·淫祠·元·陈烈士庙

在县西五里新村。初鬼族自立,其后乡民共立之,在在有之。及国朝,鬼行赂规求祀典,于是妖风大炽,无处无人不被其毒矣。弘治九、十等年,次第除毁之。意存家庙一所,用应奉制,然所去犹不能十二三也。详见《杂辩》。

[史料007A]　万历《常熟私志》卷十　叙族·晏林朱氏

朱骥,字汉房。……周文襄公忱一见奇之。正统戊午(1438)领乡荐,垂髫耳。……壬戌(1442)成进士,尚弱冠也。……行人……广西布政使参议……岛夷飘风触广,巡者指为盗,欲兵之。骥验无一矢寸铁,悉活之。尝浮海,遇一舰,投刺者曰:"金爷过访。"及晤话,见其红衣抹额,心异之。且嘱曰:"我船可行,先生之船须缓行。"遂别去。骥欲报访,而舰已扬去,第见标识为金七总管。顷之,风怒浪号,他舟多败,而骥独全。……还朝闻于上,赐员帽红抹。今绘像世奉云。

[史料007B]　高承《事物纪原》卷九　戎容兵械部·"抹额"项所引《二仪实录》

禹娶涂山之日,大风雷电中,有甲卒千人。其不被甲者,以红绡帛抹其头额,云海神来朝。禹问之,对曰:"此武士之首服也。"秦始皇至海上,有神朝,皆抹额,绯衫、大口裤。侍卫自此抹额,遂为军容之服。

[史料008]　至正《昆山郡志》卷五　人物·神灵·本朝·金应龙

其先居府城草桥,今居郡之㳘川乡。高祖锜以英伟刚烈,殁而为神,世显灵异,庙食甚盛。至应龙灵迹尤著,书降附托,死生祸福,昭答如响。自浙江被于淮甸,家奉户祀,庙貌像设,无处无之。近代神灵,鲜有其比。

[史料009] 正德《江阴县志》卷十一 异端·淫祠·李太尉庙

鬼名兴祖,元末鬼族妄自立庙,后废。国朝宣德间,妄民李谊贞号为鬼六世孙,重新兴建,伪称宋元皆有封号。又别为行祠,在来春乡茶埼村。八世鬼孙李晟为巫祝,居奉之。贺、陈、颜志具录其事,颂其功德威灵甚详。今皆削之,详见《杂辩》。弘治十一年(1498)毁撤之。

[史料010] 民国《金村小志》卷三 传略·金启明

……(洪武年间从昆山移居传说)……剪荆食田,结庐栽竹,而农隐焉。尝充粮长,海运失风,为编户赔粮,罄其家不惜。恢廓大度,是为金村金氏始祖。

[史料011] 民国《章练小志》

卷三 祠堂

金家堂:土谷神祠,在二十八都九图口字圩。俗名金家堂,祀刘猛将(锐)暨金总管灵祐侯(细)、洪济侯(昌)、利济侯(元七)、杨照天侯(文圣)、钱英烈侯(七)。

卷四 人物

金日章:先世由彭城徙汴梁,宋南渡扈驾,隶浙籍。明正统时有松轩者,以积学贡成均,卜居吴江之章练塘。宅临通津,地形湾曲,故俗名金家湾。明时运粮,选粮长以督之,责甚重,富户往往以计脱,累及平人。松轩身膺白粮之役,节次督运。后溺于江,以丧归。配朱氏遂于居旁建梵修所,曰观音阁。……时成化二年(1466)也。传子廷佩,字兰谷,读书登黉序;孙乾,字子健;曾孙谟,字应征。均食饩于庠。八传至日章,当鼎革之后,托迹市廛,家渐裕……子威,字孔仪,号晖园,太学生。……

[史料012] 康熙《淞南志》(上海图书馆藏)卷四 寺庙

金城神庙:在金城里,俗名金宅,内奉土谷神。俗传金兀术驻于此,曾筑土城,谬也。吴王阖闾所筑以候越兵。……金家神堂:在周家塍南,内奉金元六总管、七总管及金宅历代神像。

[史料013] 嘉庆《贞丰拟乘》卷上 人物·金二十相公

名和,其先本汴人,随高宗南渡,居住贞丰里,殁而为神。其子名细,为太尉,理宗朝尝著灵异,封灵祐侯。灵祐之子名昌,封总管。总管之子曰元七,总管。元至正间能阴翊海运,亦封总管,与昌之从子名应龙者同封。再晋封为洪济侯,元七为利济侯,应龙为宁济侯[见《苏州府志》],所谓金家神道也。里民奉为家堂神,今子孙尚在,俱为乡农矣。

[史料 014] 同治《双林镇志》卷十五 风俗·岁时
（七月）……初六日,为化成桥总管神诞。庙前搭厂挂灯,演戏祝献,舁神像,巡四栅。初七日为东林总管神诞,乡民醵钱,演戏祝献,舁神像,巡行各村,并至镇。[续记]自明万历四十四年(1616),始赛会。乡镇之民,各宰鸡豚,盛鼓乐,用缦帐,迎神于市,晚归剧饮,较化成桥庙会尤盛。按,俗以化成桥总管为六总管,东林庙为七总管。两处赛会,彼此来若酬酢。

[史料 015] 乾隆《东西林汇稿》(上海图书馆藏)卷二 建置志·祠庙
陆总管庙,在化成桥南。殿前有台,演戏酬神不绝。戚总管庙,在东林。殿前有台,赛戏酬神。台宜雪月枫林,每有诗人、酒客流连其上,至秋波皎月尤佳,故名月台。康熙丁巳(1677)重建殿宇。

[史料 016] 弘治《常熟县志》卷二 庙·长兴李烈士庙
在致道观西虎下。大(泰)间,道士邓道枢塑像以祀之。神之事迹,见甬东顾盟记。祠有签,邑民祷之,吉凶多应。

甬东顾盟记曰:海虞之民,有祠于李王者,为之言曰:当王之显于吴兴也,故宋嘉定十七年(1224)。始生于吴兴之长兴,长兴为吴兴之属邑,山水之胜,钟秀于民。王生时有灵,民以雨旸祸福之事,扣之必应。年十八,告于乡人曰:"吾勤王事,将适山东之胶西,无还期也。"即匡坐而逝,民以为神化无。方其去也,固不可测,当其归也,将何以栖其灵乎？于是设嘉祠,树荣木,以俟神之归。及其祷也,如响斯答。有司上其事,是以锡赉屡至,民皆仰焉。宝庆初,理宗既践祚,以其兄为济王,赐第吴兴。含山人潘壬、潘丙,潜通李全,将挟济王以北渡。金兵误期不至,潘惧谋泄,亟立济王于吴兴。丞相史弥远闻知,请其师以屠其□(城)。师出,理宗梦有白衣者抵榻而告曰:"臣李姓,吴兴□□也。臣知之,夫使济王以僭窃者,二潘也。潘□□宜加其身,屠其城则一城之人草剃而禽狝,无辜之杀,岂忍为之！"理宗怪其事,召丞相史告之,史曰:"臣梦亦如之。"遂命班师,止戮二潘。吴兴之民得全,皆戒子孙以奉王。盖感于中者厚,而发于外者至也。今惠天下之民,佐水衡,卫海漕,时雨旸,息灾厉。宜乎著之礼部,加封爵于无穷也。且虞山海尤近,故知王之能显于海漕,无如兹民。乃即致道观西庑像事之,祷者肩摩踵接。病热者乞香与水饮之,瘰疬疮疽者以炉施烛膏涂之,滞痢者捣庭柏叶吞之,无不愈者。民得全其生,其可忘乎哉,敢以记请。礼曰:"能御大患则祀之,能捍大患则祀之,以劳定国者则祀之。"王免吴兴之屠,捍大患也;疗虞山之疾,御大灾也;卫海漕以给公,上以劳定国也。是宜书,故为记。

[史料017]　弘治《常熟县志》卷二　庙·长兴李烈士庙

昆阳郑东记曰……海虞去吴兴为近,神之利泽,通畅流播。故其民祀神之盛,拟于吴兴。向者时值流毒需染,州邑民惶惶忧惧,共诣神,取庭下柏叶,斟井水,归鬻饮之而疾即愈,至井竭,柏为之尽。神有功于海虞之民,有如此者。国朝财用之巨,岁漕吴楚诸郡之粟,凡三百万石,道辽海而达畿。冒涉险远涛风蛟鱼,变骇仓卒,惟神济危以安,导险以平。万艘连连,卒以无事,惟有功于朝廷如此者。神在先王祭法,实所当祀者也。至正六年(1346)夏六月,我侯间儿来莅是州,闻神能福人,即走谒祠下,且曰:"人所不能为者神能为之,神所不能为而人能为之者,无敢不任其责乎。"故侯为敢不事表祷,惟去民所恶,而遂其所欲,以求无愧于神而后已。由是旱干水溢为祷之,其应之捷甚于鼓。时邻邑蝗,且将入境,民甚患之,侯入祷于神,出语人曰:"蝗万万不为害,神不欺我。"一夕暴雨,风驱蝗入大江,不遗踪迹,神与侯以信,若交口相语。果不恃赖若此,非神人之间有合符券,其以祠神,能致相感之盛也哉。

[史料018A]　光绪《常昭合志稿》卷十五　坛庙志·李烈士庙

俗称李王宫。……咸丰十年(1860)毁,庙基现存。按致道观,俗称李王宫。以烈士为护法神,建庙西庑。屡著灵应,邑人崇信,故转以李王宫称致道观。或云唐代凡祀老子祠,皆曰宫,故致道观称李皇宫。二说未知孰是。

[史料018B]　万历《常熟文献志》　记类·钱岱《神舟记》

万历癸巳(1593)腊月,羽士不戒于火,延及观门。……望见烈焰中有一巨舟,横亘殿庭间。篙橹帆樯及篙师般辟之状,秋毫皆具,火不能越。……

[史料019A] 洪武《湖州府志》(《永乐大典》2281、湖州府) 庙·长兴县·李王庙

李王庙,旧志无。宋名显应庙,在城西五峰山下。神姓李,讳禄,字福公,居邑之安化乡童庄里。大观二年(1108)正月十八日神诞,赤光照空,里人惊异。幼颖悟,性刚直。宣和七年(1125)殁于海陵之赤岸,时年十八。其发灵始于两淮,以及江浙。凡雨旸灾疫,祷之辄应。开禧间(1205—1207),邑令赵上其功德于朝,赐庙额,封太尉。宝庆二年(1226)复封威济侯,累加灵惠、广佑、福济、忠正王。元至顺间(1330—1332),加封英烈,事迹有碑,宋朝毁于火,吴元年(1363)重建。

[史料019B] 王应奎《柳南随笔》卷一

董玄宰先生尝至我邑孙方伯家,方伯有所亲某,田舍翁也。而慕董先生名,闻先生至,特拏舟入城,介方伯以见。既揖罢,即出通鉴红纸二幅,乞先生书。先生欣然援笔,为大书"福"、"禄"二字与之。

[史料020] 正德《江阴县志》卷十四 杂辩·李太尉辩

或谓威德灵异,容有伪为旌封。典礼,王制也,其能伪之。予诸生时与友人黄吉福造圣寿寺,问其主僧所在。童子曰:"敕封东峰太祖去矣。"东峰太祖者,东峰庙神也。有间僧归,予问敕封状,僧曰:"黄纸写文,书如诰命,陈牲祝之,加爵号耳。"予二人相顾失声笑,相问曰:"此宁汝等事耶。"僧曰:"丛祠野庙遍山泽,无不有封号者。非我等事,必待朝廷,朝廷亦忙矣。"予缘此知世间祠庙之所谓敕封也。

[史料021] 康熙《长兴县志》卷二 祠庙·显应庙

即李王庙,有二,一在童庄,其所生之地;一在城西五峰山下。神姓李,名禄……洪武《湖州府志》同……其在童庄者,明嘉靖中于裔孙圆香律禅堂三间,后废。康熙八年(1669),裔孙李鸣周、李鸣竹、李耀如等,首倡修祠,更于祠前建台一座,门楼三间。其在五峰山下者,日久倾圮。顺治间,裔孙李绍泉舍田四亩六分,坐落安化区朱家庄东南和尚圲,以为修葺之资。

[史料022] 康熙《长兴县志》卷二 祠庙·云头庙

在县治西南隔塘,相传有许二郎耕稼于此。后忽然为神,乡人立庙祀

之,祷辄应,俗□为云头菩萨。

[**史料** 023] 丁元荐《西山日记》上(《涵芬楼秘笈》所收)

吴兴诸大家缙绅,强半起于粮长,其子孙至今繁盛。吾邑如吾族、如朱、如李,皆当粮长起家。昔之富翁,挺身于户役中,千磨百炼,出来成一大家。今之富翁,皆巧为规避躲闪。体面气魄,较前十不及一。五十年前,尚有财主如吴十万、臧恭三,皆以布衣,代长兴独发一年兑粮。今士大夫中,有其人乎?输纳粮米,皆扇飚糠皮充之,或私自折干,殊可姗笑。先大夫尝言,大家巨室一方元气,各处萧索,国运从之矣。

[**史料** 024] 至正重修《琴川志》卷十 庙·灵惠庙(庆元二年修、宝祐二三年续修、明末毛晋"汲古阁"刻、清代抄本影印本)

在县治东南百步,本县土神周太尉之祠。神姓周名容,生而事母至孝,殁而告母曰:"儿已为神,当输忠朝廷尽务乡里。"宋淳祐初,邑人乡贡进士陈榷簿建祠祀之。后报慈寺僧耀观主增置寝室,奉神父母像于庙。淳祐十二年(1252)壬子,进士赵必鏴等,奏神灵迹,敕赐庙额,牒文尚存。

[**史料** 025] 洪武《苏州府志》卷十五 祠祀·庙貌·灵惠庙

宋周孝子之神也。在常熟县治东南百步,本县土神。神姓周名容。生而事母至孝,平时急义,凡乡间有患难,极意拯之。殁而告其母朱氏曰:"儿已为神,当输忠朝廷,尽力乡间。"宋淳祐初,邑人乡贡进士陈榷簿建祠祀之。后增置寝室,奉神父母像于庙。淳祐十二年(1252)壬子,进士赵必鏴等,奏神灵迹非一端,敕赐庙额,牒文尚存。旧传淮南大疫,神往施紫苏汤,全活甚众。有渡江相酬者,寻见庙貌,始知为神。至今邑民有疾,亦求紫苏煮饮之,即愈其疾云。本朝载在祀典,每岁一祀,用九月二十一日,常熟县官致祭。

[**史料** 026] 弘治《常熟县志》卷二 庙·周孝子庙

在县治东南百步,土神也。名容,事母至孝,殁之明日,即降于家告母曰:"儿神矣"。邑人乡贡进士陈榷簿建祠祀之。淳祐十二年(1252)壬子,进士赵必鏴上其事于朝,敕赐庙额曰灵惠。国朝洪武四年(1371)封为周孝子之神,俾有司春秋祭之。钱通记曰:琴川有故周孝子庙,志传孝子讳容,土人,生于宋乾道间,早失所怙,事母朱氏克备孝道。凡乡里义事,力所能为者,必极意以先之,如释已负,人咸德之焉。至淳熙间,先母氏殁。既殁之明日,即降于家,告其母曰:"儿神矣"。复自矢曰:"某当输忠朝廷,尽力乡里,不能与草木同腐也。"淳祐初,邑人陈权簿谋祠其像于邑之东南隅,即今之庙是也。凡遇旱涝疾疫,疑所不决者,必祷焉,有祷辄应。越十有二年壬子,邑人赵必鋘等,条其验于时者数事上之,赐庙额曰灵应。元泰定五年,报兹寺僧耀募建前轩并后寝,以位神父母焉。洪武初,有事于祀典神祇,有司上其事,即加各号,仍赐年秋九月二十一日神诞之辰,备物帛,令有司率乡老、士人以祭。琴川之民信神者如信父母,岁时拜祷者如赴市。庙旁紫苏山积,盖神得此以愈疾,缘神母尝饵之,自愈其疾也。呜呼,孝之所推,有感于人若是哉。洪武壬戌(十五年,1382),住祠里人隘庙之弗称也,既建明堂二间,以广神栖。己巳岁(洪武二十二年)国子监生赵士刚来赞是邑,政平讼理,有祷必应,以神之事迹,来铭于石。铭曰:……今有墓在宣化门外虞山之阴。

[史料027] 弘治《常熟县志》卷四 孝义·宋周容

县人,生于乾道间,父伯乙,母朱氏。早失怙,事母至孝,尤急于义举。为县邑从事,有事于顶山,得数栗,择其美而大者,附以奉母,以小而常者遗其妻。妻匿其美且大者,而以小而常者进焉。母出其余以食,容□□焉,察知妇其妻非孝妇也。遂托以他故出之,人至今以周孝子称。

[史料028] 弘治《常熟县志》卷一 陵墓·周孝子墓

在宣化门外四里,本县土神周容之墓。相传父伯十,母朱氏在焉。

[史料029] 弘治《常熟县志》卷一 古迹·宋周孝子谱牒

在莫城周氏家。宋时治水利监察御史姜源诗云:"按图稽古有余年,宗派流芳世世传。自是子孙贤且盛,至今瓜瓞永绵绵。"

[史料030] 万历《常熟私志》卷十 叙族·孝子周氏

宋周容,父伯十,点检。母朱氏。早失怙,事母至孝。乾道间为县邑从事,在事顶山,得栗数十颗,择其美大者附以奉母,而小者遗妻。妻私其大者,而奉其小者。他日母出其余食,容察知妇非孝子妇,遂以他故出之。亡何容死,死之明日,即降于家,告母曰:"儿为神矣,某当输忠朝廷,尽力乡里。"里人陈权簿事之,进士赵必鉘闻于朝,赐庙额灵惠。明敕封宋周孝子。

[史料 031]　万历《常熟私志》卷六　叙神·寺·南朱村太尉巷

本宋朱太尉墓[周孝子外祖父],后建佛堂,万历丙辰(1616)重修。

[史料 032]　光绪《常昭合志稿》卷十五　坛庙志·周孝子庙

在儒学后。[俗称周神庙,其巷名周神庙巷。]每岁九月二十一日为神诞辰,有司以少牢致祭。谨按:孝子事实详《人物志》。宋淳祐初,邑人陈权簿立庙祀之[即今庙址]。十二年(1252)邑人国子监进士赵必镂、进士孙桂文,耆老朱成、魏庆、赵明等以灵迹状闻于朝。略曰:神殁于淳熙间(1174—1189),殁后一日,降于其家,告其母曰:"儿已为神,发誓输忠朝廷,尽力乡井。"经今七十余年,凡水旱疠疫,军期往来经过,有祷必应,显然在人耳目者……一淳祐元年(1241),州县旱蝗。朝廷行下扑除,官吏遍祷祠庙,而神显身云表现旗帜,一夕扫荡蝗遂息,是年得熟。一当年冬,猛虎入境扰害生灵,官吏祷于神,随即捕获。一淳祐二年(1242)夏秋,霖雨弥月,乡境泛涨。官吏祷于神,随即得霁,是年稍稔。一淳祐三年(1243),贼□通州。本县福山正与对境,民情皇皇,官吏祷于神,夜半显形空中,次日贼退走。一军期过境,全仰防江船只及水军打饷,将吏祷于神,未尝失陷。一邑凡有疾病疫疠,祷之于神,皆获全活。委实于民有功,乞送礼寺,照应拟封施行,敕庙额曰灵惠。[原牒文刻石,见金石志。]元泰定间,报慈寺僧耀募,邑人杨氏建前轩并后寝奉神父母。明洪武四年(1371)敕封周孝子之神。[钱通碑云:"庙旁紫苏山积,盖神以此愈疾,缘神母当饵之自愈其疾也。"]正统初,知县郭南率耆民平豫等修,王士嘉撰记。正德间,邑人戴孟等修,陈播撰记。嘉靖间,道士陆允修等募修,陈寰撰记。国朝康熙九年修,咸丰十年毁,光绪二十年重建。[庙中灵应碑记,具见《金石志》。]

唐墅镇周孝子庙,创自宋代,明张采撰碑。[碑文略曰:神固唐墅人,吴地处处建庙,常熟在祀典,而唐墅事孝子尤专。]又市泽为孝子故居,亦有庙。[邑境周神庙,东乡尤多,不胜详记,其较大者附见《市镇志》。]

[**史料** 033]　　光绪《常昭合志稿》卷二十九　　人物志八·交友·宋、周容

母朱氏,邑南朱村人。事母备极孝养。……(栗的轶闻)……道家者流相传,孝子幼时,母目瞽,而舐之再明。父病,刲股肉作羹以进。不愈,号泣于天,天降秋雪,父吃之而瘳。唐市南地名时泽,相传孝子故居。然其系谱,在莫城周氏,宋治水利御史姜源有跋后,又似莫城人也。葬镇江门外报慈里,付其父母兆。……

[**史料** 034]　　光绪《常昭合志稿》卷四十五　　金石志(明代与周容有关的碑刻)

(A)"重修周孝子祠记":正统七年(1442),礼部侍郎武城王士嘉撰,礼部郎中永嘉黄养正书。碑在周神庙门外。[记述淳祐初陈权簿为祠,越十二年进士赵必鉥等请于朝,赐额曰灵惠。洪武中诏封为土神,宣德初邑令郭南首捐俸为修祠费,士民助之。至正统庚申(1440)工毕云云。]

(B)"重修周孝子祠碑阴记":正统七年(1442),邑人叶说撰,郑永泰书。即刻石于前碑之阴。[文与前记略同,惟记庙屋若干间,深广若干丈,足备考订。]

(C)"周祠灵应碑":天顺二年(1458)邱方撰,在周神庙。[记述妻病斟井泉调紫苏,饮之而愈云云。]

(D)"周孝子灵应记":成化三年(1467),陈德容撰,严芸书。碑在周神庙。[记述庙旁紫苏山积,病者祷而服之,辄愈。里人陈晒获愈求文立碑,以昭灵应。]

(E)"周孝子繇辞记":成化九年(1473)七月邱云鄂世杰撰,碑在周神庙。[记述其先考有疾,祷神瘳。惜其繇辞昏缪,因手正石。]

(F)"周孝子感应记":弘治八年(1495),教谕徐朝翰撰,训导黄淑书,训导陈畅篆额。碑在周神庙。[记述己及妻病,其子祷而获愈。]

(G)"重修周孝子庙记":正德三年(1508)陈播书,石在周神庙。[记述邑令费诚谋修葺,邑人戴孟威捐百金竣工,邑人王元吉因念高祖达当恢庙基,请记以垂不朽。]

(H)"周孝子辩":正德五年(1510),沈钺撰,赵鉥书。碑在周神庙。[辩孝子去妻,不专为□佳栗,其孝亦不专在去妻,其论甚正至斥。殁而母梦为神,为怪诞,似迂。]

（I）"周神庙半截碑"：正德五年（1510），在周神庙。［大略言病者梦神使服紫苏汤而愈。］

（J）"修周孝子祠记"：嘉靖十八年（1539），陈寰撰，碑在周神庙。［记述正德时刘七余党掠舟，东至福山将登岸，飓风忽作，激贼舟至狼山，邑免寇祸。先是□□梦孝子告以贼至，江滨而返，不得来，至是果应。越二十余年，邑人修庙，遂记此以昭灵祐。］

（K）"灵惠侯庙灵笤签诀"：嘉靖三十三（1554）年二月时禄撰，邑人郁文盛、王一澄立石。碑在周神庙。［上截刻笤诀三排二十八首，下截刻签诀四排四十八首。］

（L）"周神庙记"：隆庆三年（1569），瞿景淳撰，徐官书。碑在周神庙。［记述己及室李氏病，皆祷神而愈云云。］

（M）"周孝子神诞醮田记"：天启五年（1625），钱时俊撰，顾国贤书。碑在周神庙。［记述长水贾客陈孝思梦神告祭田之复，属子为倡，合谋之某。诘旦谒庙，知某者即主庙羽士何静尘。由是募化，复祭田二十亩云云。］

[史料035] 《光绪大清会典事例》卷四百四十五　群祀

（雍正）三年（1725）谕。旧岁直隶总督李维钧奏称，畿辅地方，每有蝗蝻之害。土人虔祷于刘猛将军之庙，则蝗不为灾。朕念切实恫瘝，凡事之有益于民生者，皆欲推广行之。且御灾捍患之神，载在祀典。即大田之诗亦云。……是蝗蝻之害，古人亦未尝不藉神力以为之驱蝗也。……今两江总督察弼纳奏称："江南地方有刘猛将军立庙之处，则无蝗蝻之害，其未曾立庙之处，则不能无蝗。"此乃查弼纳褊狭之见，讥讽朕惑于鬼神，专恃祈祷以消弭灾祲之方也。……

[史料036]　吴长元《宸垣识略》六　内城二

顺天府署，在鼓楼东灵椿坊安定大街之西，即元大都路总治旧署。刘猛将军祠，在府治。相传神名承忠，吴川人，元末官指挥有功。后殉节投河，民祀之。本朝雍正二年（1724）敕建。○八蜡庙，在顺天府治东北。长元按：……刘猛将军，相传主蝗蝻，祀之又八蜡遗意。

[史料037]　顾震涛《吴门表隐》卷一　瓦塔

瓦塔，在宋仙洲巷吉祥庵，宋景定间建，即大猛将堂。神姓刘，名锐，端平三年(1236)知文州,死元兵难。亦作刘武穆锜。冯班作刘信叔,又作刘翰,又作南唐刘仁瞻,有吉祥上义中天王之封。……

[史料 038]　洪武《苏州府志》卷十五　吉祥王庙
在西中街路。景定间,因瓦塔而创。神姓刘也。

[史料 039]　正德《姑苏志》卷二十七　坛庙上·猛将庙
在中街仁风坊之北,景定间因瓦塔而创。神本姓刘名锐,或云即宋名将刘锜弟。尝为先锋,陷敌保土者也。尝封吉祥王,故庙亦名吉祥庵。互见《寺观》。

[史料 040]　弘治《常熟县志》卷二　中山永定公庙
元至正三年(1343)建,莫知神之姓名、事迹。俗传为宋刘锜也。

[史料 041]　《宋史》卷四百四十九　列传二百零八·忠义四
知文州。嘉熙元年(1237),北兵来攻,锐与通判赵汝𫓧乘城固守,率军民七千余人,昼夜搏战,杀伤甚多。拒守月余……度不免,集其家人,尽饮以药皆死。乃聚其尸及公私金帛、告命焚之。家素有礼法,幼子同哥才六岁,饮以药,犹下拜受之,左右为之动恸。

[史料 042]　《宋史》卷三百六十六　刘锜传
字信淑,德顺军人。……善射,声如洪钟。……宣和间用高俅荐,特授阁门祗候。……高宗即位……差知岷州,为陇右都护,与夏人战屡胜,夏人儿啼,辄怖之曰:刘都护来。……(绍兴)三十二年(1162)闰二月,锜发怒,呕血数升而卒。……谥武穆。

[史料 043]　邓琳《虞乡志略》卷三　祀典·刘猛将军庙
在镇江门内。常熟县境又有一,在西湖滨,隶常熟。一在五渠村,隶昭文。其余各乡村镇,猛将神庙甚多。雍正十二年(1734),诏有司岁冬至第三戌日及正月十三日致祭。[《常昭合志》]

琳按:……又按:《金坛县志》云:宋宁宗嘉定己巳(1209)岁,金坛旱,飞蝗蔽天而下。时太常丞刘宰家居,丛书一函,命其仆至城北钟秀桥,见两黄衣客,即跪而进之。至桥,果见衣黄衣者,启书阅竟,语仆曰:"我借路,不借粮也。"蝗果不为灾。自后有蝗,必向漫塘祠祭之。观此,则俗传刘猛将即刘漫塘,似非无因。然《金坛县志》载刘猛将军庙,并不言漫塘成神。

[史料044]　王应奎《柳南随笔》卷二

南宋刘宰漫塘,金坛人。俗传死而为神,职掌蝗,呼为猛将。江以南多专祠,春秋祷祭,则蝗不为灾,而丐户奉之尤谨,殊不可解。按赵枢密蔡作漫塘集序,称其学术本伊洛,文艺过汉唐。身后何以不经如此,其为后人附会无疑也。

[史料045]　民国《木渎小志》卷六

吴俗乡村多祀猛将,灵岩山丰盈庄,有宋景定二年(1261)敕封刘錡为天曹猛将石刻。或好事者付会,不足凭也。

[史料046]　《清明集》卷十四　惩恶门·淫祠·胡石壁《不为刘舍人庙祝保奏加封》

刘舍人者,本一愚民,以操舟为业。后因衰老,遂供洒扫之职于洞庭之祠。遇有祷祠者,则假鬼神之说以荧惑之。亦既多言,岂不惑信,于是流传远近,咸以为神。及其死也,巫祝之徒遂以其枯朽之骨,臭秽之体,塑而祀之。又从而为之辞,谓其能兴风云,神变化,见怪物,以惊动祸福其人。其始也,不过小人崇奉之。至其久也,虽王公大夫,亦徼福乞灵于其前矣。又为之请封号,请庙号,鼓天下众而从之矣。呜呼!抑何弗思之甚耶!使其在数千年之前,非时人耳目之所接,则犹在可疑之域。今其死未及六七十年,老商犹有能识其面者,数十年前,其顾主犹有存者。彼其生尚不能自给其口腹,而衣食于人。其顽冥不灵,亦可想见,焉有既死之后,反能为生民捍大患,御在灾者哉!盖万万无是理。

且吾夫子尝有言,鬼神之为德,视之而弗见,听之而弗闻。又曰:洋洋乎如在其上,如在其左右。是则所谓鬼神,虽同流天地之间,无所不在,而实非如人果有形迹之不可求也。今舟人之所陈,乃谓祷祀之顷,目击旗帜满空。信斯言也,则夫子为欺我矣。齐东野人,何所知识。语言谬妄,岂足凭信。假令恍惚之间,果有所见,亦由所守易于内。故所观变于前,如李广之石如虎,乐令之弓为蛇,龙秉义之所会,虽不异于危从政之所申,然祥符天书之降,宣和天神之现,虽号为一时贤者,犹不免同声以傅会之。而今乃取一武弁之言以为证,是诚借听于聋,而问道于盲矣。况刘之建祠于湘,受爵于朝,……今已数十年,商贾之贸迁,郡县之贡输,士夫之游宦,凡为泛舟之役,上下于江湖间者,莫不奉牲奉醴,进礼庙下而后敢行。然其果有神灵,则皆当为之拘鼋鼍、蛰蛟蜃、鞭逐鲸鲵,号令风伯,弹压水神,使沅湘无波,江水安流,祥飙送帆,棹夫奏功,举无惊湍怒涛之厄。然后食于其土而无愧。今问诸水滨,则葬于江鱼腹中者,殆无虚日,其作神羞亦甚矣。而乃指所全三十艘以为功,是何以异于一牛之失,则隐而不言;五羊之获,则指以为劳绩乎。设或异时,果能假东南之风,以助赤壁之捷;假风鹤之声,以济淮之师。则又将何以报之。

[史料047]　宣统《闻川志稿》(收藏于上海图书馆)卷二　祠庙·刘王庙

吾乡俗传正月二十日开印,八月十四日诞辰。届时江浙渔船,咸集荡中,以数万计。演剧献牲,至二三月之交,船之集尤多,谓之网船会。

[史料048]　《元典章》新集　刑部·刑禁·杂禁·"禁庙祝称总管、太保"

至治元年(1321)二月□日,江西行省准《中书省咨》、《礼部呈》、《奉省判》、《王谋言》。江淮迤南风俗,酷事淫祠。其庙祝、师巫之徒,或呼太保,或呼总管。妄自尊大,称为生神,惶惑民众,未经禁治。移准《刑部关》议得。王谋所言,南方庙祝、师巫之徒,称呼太保、总管之名,扇惑人众。合准所言禁止。如有违反之人,事发到官,量事轻重,断罪相应。准此。本部议得,南方庙祝、师巫之徒,妄称太保、总管之名,扇惑人众,合准刑部所拟,移咨江浙、江西、湖广等省,依上禁止相应。具呈照详。都省咨依上施行。

[史料049]　正德《江阴县志》卷五　刑狱·国朝

县狱[在鼓楼内仪门外东偏,凡屋二十间,有东监、西监、女监、重囚监,守狱卒十名(又谓之禁子)]。其狱具有笞[……]、枷[……]、[……]流罪以下及妇人、犯死罪者用]、铁索[……长一丈,犯轻罪人用]、镣[……]。其刑名有笞[……]、杖、徒流以上,申呈监察上司详允。死刑既详允,监候监司会审无异,县申州、府,转申刑部再详部行大理寺评,可类奏请旨定夺。每岁秋后,差刑部官,分诣各处,会同巡按御史审决。每五年,又一选差法司官,分行天下伸理冤滞,谓之审录。又或时降恩令,减轻刑罪,除免逋负,谓之宽恤。本县自国初至今,犯法被诛者十人,其狱城而瘐死者不在数。徒、流、迁徙、从军者,比屋无算。其亦异乎宋志所云矣。呜呼悲夫! 赎罪则例,笞一十,赎铜钱六百文,钞二百贯,米五斗。……绞、斩,各赎铜钱四十二贯,米五十石。

[史料 050]　正德《江阴县志》卷七　风俗·商

土人多重农而务本,逐末者稀。每年春正、二月,秋八、九月,时有数百人往衡州、长沙、南阳、川、巴等处,收买棉花、豆、炭、麻饼等物而已。

贫商。苏、杭近郡,贸迁杂物,逐十一之利,给度岁月而已。

又或为保互,东西南北之人,主于其家,居停物货,而为之交易。平章市价,而低昂之,谓之经纪。[又谓之牙行]

[史料 051]　正德《江阴县志》卷七　风俗·农风

上农。其是盛者,资累巨万,田多者至十万亩,少者亦一二万亩。[贵者亩银七八两,贱者甚者至三五钱。]分授贫民耕稼,而收其入,而为之差,谓之租者。[重者亩米一石,轻者三四斗。]巧立伪户,分杀其盛以避徭,[右法,田多则徭望,故撰诡名、立伪户以杀之。]谓之铁脚诡寄。取人家子养之,谓之义男。而凡支持门户、出入应对,皆命之。乡人有稍秀慧而知书者,召之主典出纸,而厚其佣值,谓之管柜先生。[亦谓之管账先生。]稚俊之童,承先世遗绪,而物情事故无认知。则公私巨细事宜,与凡经费、贸易、接待、区画之政,惟二竖所使。[田地段落,了无稽核。肥硗、丰凶,一任判定,甚至径自买卖,改为己业,都不闻知。又甚则为所制束,虽欲用尺帛、斗粟,不关其命令,则不可得,如衰世屠主之强臣然,谓之傀儡。……]

次农。自事农业,不仰给于人,亦无给于人。三时为农,农隙则课女事,务织绩,敦本务实,不逐末作,良民也。但不免事鬼奉佛、老,而鬼之害尤甚。亦或为巫、为僧、为道士。其贫而奸者,或卖田于人,则以官田为民田,而厚取其值。[官田税重价轻,民田税轻价重。故买者愿得民田,不愿得官田。卖者愿得民价,不愿得官价。]既过割,则讼而还其官税,[讼云,富强债准田地,逼令以官为民,立券过割,存遗重粮,在户无能赔贩。官司信之,断过官于买主,而不追原得之厚值。故民伪日滋。]或假债于人,而诡过其税粮于本户,代为办纳,约偿完之日,归其税粮。后或债已偿,而税粮不肯归。或身既死,而子孙不复职,交争互讼,毒流数世而不已。余风间同上农。

下农。无寸土一椽之业,全仰给于上农,耕稼其田,而输之租,谓之佃户。或有人买卖田地,及以田地与人佃种,则为之保任,为之交互,谓之团头。江心涨沙,人往田之,而崩圮不常,段落难办,则为之掌领,而识别之,谓之段头。其佃人之田,视同己业,或筑为场,或构以屋庐,或作之坟墓。其上皆自专之,业主不得而问焉。老则分之子,贫则以卖于人,而谓之催得。其财谓之上岸钱,或反多于本业初价。[如二亩价银二两,上岸银或三四两。贸田者,业主才得其半,必上岸乃为全业。]其奸者,种田而负其租,业主取以与他人,则据而争。或诉于官,或杀老病、污妻女以诬之,谓之癞皮。其愚者,或为奸民虚立税粮于户下,谓之米布袋。后迷其所从来,无所归还,则子孙代位置代偿,不胜其毒陷而死,谓之柱死鬼。佣于人,谓之猴子。代人出官供役,谓之野猫头。监追钱粮而死,谓之替死鬼。要之,大半为巫、为僧、为道士。

[**史料** 052]　嘉靖《江阴县志》序

或谓黄志缛也,多取而寡要,奇搜而眩实。

[**史料** 053]　嘉靖《江阴县志》卷十一　异端·妖妄邪祠·元

李太尉庙,在青旸乡。鬼名兴祖,元季鬼族妄自立庙,其后废。国朝宣德间,妄民李谊贞,号为鬼六世孙,重新兴建,伪称宋元皆有封号。又别为行祠,在来春乡茶埼村,八世鬼孙李晟为巫祝,居奉之。贺、陈、颜志,具录其事,颂其功德威灵甚详。今皆削之。详见《杂辩》。弘治十一年(1498),毁撤之。

[**史料** 054]　正德《江阴县志》卷十四　杂辩·李太尉辩(「史料 020]接在此后)

《颜志》云,李太尉庙,在青旸乡。侯讳兴祖,曾祖禄。生有威德,殁而为神。宋宣和中,赐号辅德助顺广福忠正王。祖祈锡,号灵泽翊惠侯。父彦聪,嗣封昭应敷泽侯。侯生宋末,丁兵革扰攘之秋,自长兴徙江阴之青阳乡。元兵渡江,将犯本境。郡判赵良珂邀侯出,冀以阴力助兵威。侯令备火筏进攻,时方北至风,须臾回风自南,烟炎涨天,焚北舟千余艘。获其主帅,送于朝,以功封昭应敷仁侯,加太尉,及殁赐庙额曰昭应。[以上《贺志》同]……

生而有威德,殁而为神,虮虱之氓,草莽之下,朝廷何由闻知而遽赐之号。借曰赐号,□之谓甚,何又推及其子若孙。重玊垒侯,累衮骈冕,并庙列食,光昭映穆如此其盛耶。且捍元戎兴平硕辅,不过追崇祖考,而牛衣夏畦,沙虫微鬼,乃流光子孙,是何胥国柯郡,梦君幻相,风太常,醉宗伯,制此典礼乎,又兴祖未死,乃称阴力,生前受封,遂名昭应。及其七世孙奉,死又灵贶,何李氏之门,亡者皆神,岂其先世尝息泽陂,或与神遇,何其鬼种之蕃也。(或谓威德灵异……敕封也。)虽然,彼犹有僧写文书。颜志云云,敕自书之耳。旧志于祠庙,无微不录。宣和之事,赫赫如此,何故遗之,以待数百年后之颜氏耶。颜氏肆言之,敢以为宋之典礼者,直以此等法制,必不著之国志。而后之守者,又未必考读全史耳,亦太妄矣。

[史料055]　正德《江阴县志》卷十四　杂辩·沈总管

颜志云…宋绍兴中,高宗尝观潮于钱塘,忽见江涛中张现旗帜,上有"沈千一显应"之号。因宣入朝,封以总管之职。元时海运之舟,遇风涛之危,多藉神力以济,因封"宋府都督获运沈总管"。(续接[史料056])

[史料056]　正德《江阴县志》卷十四　杂辩·沈总管

沈氏神邪,不应宣召入朝。沈氏人邪,不应旗号显应。且既张旗帜而踏波涛,则明其为神,著矣。顾又可宣召乎?凡若此类,辨菽麦者,所羞道之。

[史料057]　正德《江阴县志》卷十四　杂辩·王太尉

《颜志》云…王太尉祠,在成化乡。太尉行九三。始祖吉,仕汉为博士、谏大夫。吉子骏,守其职。骏子崇为司空,有声于平帝时。十八传而志敬弘,仕宋为吏部尚书。敬弘之孙素为工部尚书,再传而志太尉。当靖康之变,扈跸南渡,以功封太尉,居姑苏长洲县荻匾村。生而英明刚毅,卫国保民之烈,具载《宋史》。及殁,宋师与金人战,往往见太尉铁马金(原文缺,据后揭史料058补)戈,现于云霄之际。屡成异勋,苏常诸郡咸立祠致祭。迄于今,凡疾疫灾异、资易漕运,祷之无不响应。太尉之后,殁而为神者,祥二辈皆有灵验。八世孙孟珪,自长洲徙江阴。江阴固多太尉祠,孟珪固众之尊崇,为大其祠宇以奉之。孟珪之子吉学,孙隽契,世加修葺,承其家。(后续[史料058])

[史料058]　正德《江阴县志》卷十四　杂辩·王太尉

噫！颜氏之子，真以天下后世之学者不复读书邪，又岂以为《宋史》有时而灭亡，将不可考察邪？具载《宋史》，卷在第几何篇目邪，铁马金戈，现于云霄，颜氏时岂为之执鞭邪？疾疫灾异，质易漕运，祷之无不响应，颜氏为巫祝邪！祥二辈有灵验，祥三、祥四、祥五、祥六俱神明邪？汉初有王生，尝使张廷尉结袜，当是其远祖。武帝王夫人，当□（是）其上世祖姑。宣帝时谏大夫王褒，当是其始祖。从弟何不并录之邪？咄哉！鄙夫真可谓无忌惮矣。律之以左道乱众，可也。

[史料059]　正德《江阴县志》卷十四　杂辩·陈烈士庙辩驳（前文）

陈氏庙一淫祠耳，辨之千百言，不伤烦乎？曰其事其辞，丑拙鄙缪，吾厮役不屑与之辨也。但秽德上流，诖误国典，孽毒下穷，残贼生民，不得已而费辞耳。伤何假避，直欲搜抉至隐而不遗余力也。

[史料060]　正德《江阴县志》卷十四　陈烈士庙辨·《贺志黄记》

江阴城西可七八里，滨江之南名曰新村，有神曰"沿江显应陈总管"。洪武二年（1369）岁己酉，父老录其显应事迹，申闻朝廷，制封"江阴陈烈士之神"。于是县官每岁八月初八日，具牲牢致祭于祠宇。神之继嗣孙陈兴一等：世传烈士神灵，至兴一征记于江夏黄常，辞不获已。按，烈士姓陈讳忠，字肖一，其先宋人。生而神采焕异，未冠时当农月，执壶餐以饁彼耕者。虽隔沟港，烈士辄投畀之而不覆，众咸异之，名曰神童。宋亡，彼近有笠墩，聚聚不解，守将李宣慰公欲剿戮之。烈士迎告于李公曰："笠众必阚城厢。"已而果至，遂失利。李竟委罪于烈士，遂遇害。死之后，忽有白气，上干云霄，填面雨澍。既葬，有阴阳家相其墓，当幽冥官。是夕，神梦告其家人曰：吾乃龙之子，为渔人所获。神乃放之于江，今赖以活，后当佑汝子孙。自元以来，南北商舶、粮储转运，如履平地。或舟人遇夜迷道，号呼神名，神则显其威灵，扬帜桅樯上，遂得安妥。如此赫赫之异也。邑有水旱札瘥，祷无不救，迄今一百二十载矣，岂非有大功烈于民者哉！当于乎是。[全文——黄傅原注。以下同]

[史料061]　正德《江阴县志》卷十四　陈烈士庙辨·《贺志》

陈烈士，名忠。宋末境内寇攘窃发，烈士考陈三太尉，亲率义兵御寇。

当得退散,境内民安,朝廷佳之,赠太尉之职。烈士生于宋末元初,继嗣太尉神灵,凡遇海道运粮船只遭风者,艄人呼叫神号,尝见烈士之神形,将吏张麾旗帜于空中,飞扬于桅樯之上。当即风涛宁息,粮船无危,如此显灵。前朝准运粮万户府申文,加号"沿江救民陈总管"。至本朝洪武元年(1368),上本县具神灵迹,申闻上司,钦蒙朝廷加号"江阴陈烈士之神"。每岁八月初八日,官民清洁致祭祠宇。祖居在城西顺化乡。全文。

[史料 062]　正德《江阴县志》卷十四　陈烈士庙辨·《颜志》

陈烈士庙,在顺化乡之新村。洪武元年(1368)江阴侯吴良、靖海侯吴祯即其故址,捐资新建。烈士讳忠,字世杰。当宋盗起,烈士父太尉公,率义兵以御之。盗皆遁去,境内以安,朝廷嘉其义,赠太尉。烈士生而神采秀异,若非尘世间人。未冠时当农月,挚壶餐以饷彼耕者,常隔水投畀而不倾覆,人咸异之。既殁,凡海道运粮与商贾之舟,遇有遭风涛险恶,或直夜难行,仰呼神号,如影响。尝见烈士神形现于空中,将吏拥诃,旗帜缭绕,飞扬于桅樯之上,元因加号"沿江救民陈总管"。国朝洪武元年(1368),赐号"江阴陈烈士之神"。每岁八月初八日,有司以礼致祭。庙去夏港五里,往来者不便祈祷。洪武三十一年(1398),十世孙公敏建行祠于夏浦东岸。全文。

[史料 063] 正德《江阴县志》卷十四　陈烈士庙辨·《郡志》(成化《毗陵志》卷二十七)

祠在县北七里新村。烈士讳忠,字肖一,生宋季。神采秀异,未冠时,挚壶餐以饷彼耕者,虽隔沟港,投畀不覆,人咸异之,号曰神童。时笠墩盗聚众不解,守将李宣慰欲剿戮之,烈士迎告曰:"笠众必瞰城厢。"已而果至,李战失利,竟委罪于烈士,遇害。后人立祠祀之。凡海运商舶、水旱札瘥,祷之辄应。宋赠"江阴护国济民陈总管",元增"沿江都察使陈总管"。国朝洪武二年(1369),邑父老上其事,敕封"江阴陈烈士之神"。命有司岁以八月八日,用豕一致祭。

[史料 064]　正德《江阴县志》卷十四　陈烈士庙辨·《新录》

笠墩僧作乱,聚众不解,守将李宣慰莫知御备。问诸陈,对曰:"化机不可泄。"既不获辞,复告曰:"某日必瞰城。"后寇果至,李失利,委罪于陈,杀之。时白气上干,顷而雨,父老谓"天雪涕"。又曰:"渔人网得赤鲤,放之,梦鲤报曰：'使公子孙阴祐于民社,于洋□。'渔人即烈士祖也。"

[史料065] 正德《江阴县志》卷十四 "无题"(可推测为"陈烈士庙辩驳")

予志。江阴反覆于陈氏之事,而起疑深焉。古人之传世者有矣,其笔有一事可书也。虽至猥极琐,如里巷笑谑之谈,亦片言只字可喜可愕者。何至如陈氏之事,缕缕数有言,绝无点画偏傍,可置牙颊间者乎。尝访诸乡父老、大夫、士之说,类多言其子孙行赂以规封祀。谓国初诏天下,上典礼应祀神祇。陈氏世巫也,欲假国灵以资巫。与其同党有沈氏者,各以其巫祖应诏。既而沈贫无以塞吏求,陈氏贿焉,乃为之请于朝而得之。[《罗志》亦云。]谅其全乎。尝因背考之,则其驾说多为巫计者,其情可睹也。盖方是时,陈忠死矣。百有余年,妄称宋元封号,丛祠江淀,邀求血食,子孙族类,资以为生久矣。推官类尽义,直狐鼠之麋耳,何以为典礼应化乎？吏而不死,今可斩也。

迹夫首妖造伪者,黄常之记。济恶嗣怪者,《贺志》之书。然犹幸其文辞谬,不足节泽邪说。妄罅伪缺,显显呈露,人得以因而改之。颜氏小黠,为之剪裁妆缀,漫漫可观。比入郡志之手,灵丹一粒,点铁成金。于是丑伪之迹,消融浑化,不复可究诘矣。

今其种类因风嗾火煽,祸愈烈。大帽红袍,巨舰横江,布设几筵灯香,自奉号称神子、神孙,谓："我神祖能病人能愈人,能生人能死人。反烈风扑炎火,遏奔涛扶桅樯,为盗警、为兽医,无不可者。"诡招乡民之疾苦者、急难者、死亡祸凶者、丧货具者、病鸡豚者,负壶偈,相随而请祷。已则聚族分番,蚕食其内,卖积香,储剩蜡,为业恒。舐余腥,镂残沥,为计得也。以致江阴之民,家事其像,里筑其宫,男名其姓,女名其姓。祝而后婚,祷而后嫁。病非巫不药,死非神不丧,食未荐不尝,衣未陈不服。三农汗血,半楮币之灰。良贾脂膏,多入羊豚之肆。穷其祸源,吾党之名为儒者,不得辞其责也。故今不嫌污秽简牍,各载诸家之说,而条为疏驳其下,使贤者自得之。幸而吾说得行,有能建白而追点之,庶斯民有瘳也。

[史料066] 正德《江阴县志》卷十四 "无题"([史料065]后)

一、事实。黄常曰……([史料060]笠墩遇害)……驳曰:谓之烈者,必抗忠执节义愤发,断头陷凶而不顾者也。陈氏预知贼之将至而告之,亦众人恒情耳,岂虞其见杀哉。守将以其预知寇期,疑与通谋,委罪而杀之。谓之不幸,可也,何取于烈耶!此而为之烈,则夫皆朝浊世谗。夫交乱被诬而死者,何可算数,皆将以为烈乎?故其子孙之奸妄,伪称前代封号无所不至,而终不敢一字连及忠烈者,盖本无其实而梦想不到也。

又曰……([史料060]冥官)……驳曰:据如是,则其死后神异,乃山川炳灵所致,而非忠烈郁结情魄不亡之故。明至此,其辞遁而情穷也。

又曰……([史料060]龙子梦告)……驳曰:神为龙之子,能佑人之子孙,乃不能自佑其身。烈士为神,能佑龙之子孙,不能自佑其子孙。且死忠死义,则止矣。何屑屑以为言。能灵能神,则止矣。又何惓惓以子孙为言乎。况神之见梦,惟其家人知之。而乡人无一与闻者。此妄陋窘拙,而可笑且可哀也。

又曰……([史料061]扬帜桅樯之上)……驳曰:据如是,则扬子之江,自有神祠以来,无获败舟溺水之事,何又篷漂板荡,血鲸牙、自葬鱼腹者相望。君其问诸水滨,水滨之民,其可欺乎。鬼神无形与声,视之弗见,听之弗闻,乃能扬帜桅樯之上。此其放言欺世,无忌惮,无廉耻之尤者也。

是数说者,陈氏之鼻祖,烈士之所以烈士,其本根节目尽在于此,无复丝毫散佚遗忘,其来亦甚凡浅矣。使不假天朝之宠灵,可以得本支百世,巫女巫男横行,大嚼于江阴,若此其盛也。然则巫计,亦巧矣哉。

犹未也,亦策令贺氏,创为陈三太尉御贼受封,而烈士继其神灵,以恢拓之。夫何贺老徒忘,受辞失指,录其所增,而反遗其大本,曾无片言齿及遇害死义之事。辞益恶拙,事益丑陋,三岁乳臭儿不可欺之。不可何故去之。

八九十年而颜氏者出,又能闻所未闻,实未所实。颂其生时……([史料062]神童,出现空中)……纵笔浪书,无复丝毫儒者气象。

《郡志》又为之,蜕裋臭秽,浸灌乡泽,大书特书,薰耀方册。于是陈氏衣食之源,益衍益洪。而本初贿吏之图,平生货佣鄙儒之计大遂矣。

"新录"曰……([史料063]天雪涕)……驳曰:杀一烈士,而天雪涕,淫霖浃月,将复谁哭邪?秦之坑焚、汉之党锢,其将百岁雨乎?此非人类之言也。

又曰……([史料063]赤鲤)……驳曰:鲤,虫属也。而云云若是,则是人之贤愚贵贱,虫得制其命矣。制昊天上帝于何地邪。

大抵巫计虽巧而识度陋劣,所佣又非其人,故屡加修饰,屡不满足,旋复补缀,愈益丑露。不得已而又货鄙儒,造诡言,以侈张之。于是有白气上干,天雪涕之奇焉。于是有化机不可泄之灵秘焉。于是有某日必瞰城之智焉,于是有投壶餐不胿之异焉,于是有赤鲤致报之征焉。呜呼,亦劳甚矣乎!

[史料067] 正德《江阴县志》卷十四 "无题"（[史料066]后）

二、封号。"黄常记"称"沿江显应陈总管"，不言何代典礼。《贺志》称，元加封"沿江救民陈总管"。《颜志》同。《郡志》称"江阴护国济民陈总管"，元赠"江阴都察使陈总管"。

驳曰：忠臣烈士之末，必有忠烈之好，以昭揭之，如睢阳之双节、鄂国之精忠是也。今陈氏之号，一则曰"沿江显应"，二则曰"沿江救民"；一则曰"护国济民"，二则曰"沿江都察"云云之号，将何为哉？览者可以入思矣。且四家之说，《郡志》最后出，而封号独加多，文称独加美号。使诚有之，前三书者肯弃不录乎。去之益远，而知之益详，理所不可通也。况黄常明言，宋亡而笠墩乱。顾又能封号耶。噫！君亦恨生晚矣。与黄常者并世，得君而属笔焉，岂致有今日哉。

《贺志》……（[史料061]父陈三太尉）……驳曰：太尉位极人臣，秦汉以来三公也。区区州境之内，寇盗窃发，一介乡民，率众御之而遂退散，则其事势劳烈可识矣。论功行赏，曾不足以费匹帛，而遽授以崇班极阶。虽倡优设戏，臧获语梦，不至是也。且黄常之记未之前闻，《贺志》安所受此说乎？颜氏勿替引之，而《郡志》墨焉。盖亦知己甚之不可为也。

[史料068] 正德《江阴县志》卷十四 "无题"（[史料067]后）

三、名、字。"黄常记"字肖一，《郡志》同。《贺志》无字，《颜志》字世杰。

驳曰：颜氏之生，去黄常之世矣。世杰之字，何所考订乎？盖陈忠死时，年才十七八［出《罗志》。予尝见其家藏杂状云］。又田野细民，未尝字也。肖一，其形耳。字，黄常妄以字焉。其后子孙以义无所当，命颜氏造为之，故为之追字世杰云。

[史料069] 正德《江阴县志》卷一四 "无题"（[史料068]后）

四、祭祀。"黄常记"云，"于是县官每岁八月初八日，具牲劳致祭"。《贺志》云"每岁八月初八日，官民涓洁致祭"，颜氏云"每岁八月初八日，有司以礼致祭"，《郡志》云"命有司，以八月初八日用豕一致祭"。

驳曰：三书者，皆不言命，惟《郡志》作于天顺间。独察知国初及元、宋载籍不传之事，加详密，其有神哉。以今考之，国朝于陈氏之祠，未尝有奉祀之典也。盖圣祖既登大宝，肃正陋俗，威信王制，诏天下上其合祀神祇，为之革正前代淫封妄号。如季子旧封昭德侯，则直称"延陵季氏"；城隍各有爵谥，则止称"某府县城隍之神"之类是也[原注…杨子奇"庙学记"……（与《实录》记载同。后揭[史料072]参照）。是时陈氏用其诡谋，贿吏妄称"前代已有封号，应入祀典"。礼官见其名称猥陋，为之更之。既而通诏天下有司，修祀典礼神祇。一时县官如贺子徽辈，遂以陈氏与季氏诸祠并祀。其后，季子之祀莫为之主，废不复举。而陈氏之祠，群巫鼓煽，日炽日昌，以至于今耳，岂有诏封旌而特命岁祀哉。案牍其在，历考无有也。

以季子之高节奇行，照映云汉，流风所披，尘消滓伏，旧邑遗民，曾无一觞之奠。区区昏童妖鬼，不足以充季氏厮役，顾乃使天子之命吏，读圣人之书、学圣人之道者，仆仆尔亟，并鼎牲筐帛而荐之。是冻饿其父母，而甘旨涤瀡，以养盗贼也。呜呼怪哉！

[史料070]　正德《江阴县志》卷十四　杂辩・坛祠・城隍庙
《颜志》云……宋天历庚午（1330），居民失火，庙之四旁，皆成煨烬，惟神庙巍然独存于烈焰中，观者惊愕。后有飞蝗入境害稼，州同知刘侯祷于神，注雨弥旬，蝗皆腐死。城隍土神，社稷山川类耳，顾能杀蝗螭。

[史料071]　《礼记》曲礼下
非其所祭而祭之，名曰淫祀。淫祀无福。[陈澔注：淫祀皆是不正之鬼。假令正当正神，自家不所祀而祀，便是淫祀。]

[史料072]　《太祖实录》洪武三年癸亥条（所谓"神号改正诏"）
诏定岳镇海渎城隍诸神号。诏曰：自有元失驭，群雄鼎沸，土宇分裂，声教不同。朕奋起布衣，以安民为念，训将练兵，平定华夷，大统以正。永惟为治之道，必本于礼。考诸祀典，如五岳、五镇、四海、四渎之封，起自唐世，崇名美号，历代有加。在朕思之，则有不然。夫岳镇海渎，皆高山广水，自天地开辟以至于今，英灵之气萃而为神，必皆受命于上帝，幽微莫测，岂国家封号之所可加。渎礼不经，莫此为甚，至如忠臣烈士，虽可加封号，亦惟当时为宜。夫礼所以明神人，正名分，不可以僭差，今宜依古定制。

凡岳镇海渎，并去其前代所封名号，止以山水本名称其神。郡县城隍神号，一体改正。历代忠臣、烈士，亦依当时初封以为实号，后世溢美之称，皆宜革去。惟孔子善明先王之要道，为天下师，以济后世，非有功于一方一时者可比。所有封爵，宜仍其旧，庶几神人之际，名正言顺，于礼为当，用称朕以礼事神之意。

五岳称东岳泰山之神、南岳衡山之神、中岳嵩山之神、西岳华山之神、北岳恒山之神，五镇称东镇沂山之神、南镇会稽山之神、中镇霍山之神、西镇吴山之神、北镇医无闾山之神，四海称东海之神、南海之神、西海之神、北海之神，四渎称东渎大淮之神、南渎大江之神、西渎大河之神、北渎大济之神。各处府州县城隍称某府某州某县城隍之神。历代忠臣、烈士，并依当时初封名爵称之。

天下神祠，无功于民不应祀典者，即淫祠也，有司无得致祭。於戏，明则有礼乐，幽则有鬼神。其礼既同，其分当正，故兹诏示，咸使闻知。

是日，上躬署祝文，遣官诣岳镇渎，以更定神号告祭。……仍遣秘书监直长夏祥凤等，颁革正神号，诏于安南、占城、高丽。

※当时所立石碑称祭祀"南海之神"，石碑现保存在广州市东郊南海神庙。

[史料073]　《太祖实录》洪武三年六月甲子条(所谓"禁淫祠制")

禁淫祠制曰：朕思天地造化能主万物而不言，故命人君代理之。前代(元代)不察乎此，听民人祀天地祈祷，无所不至。普天之下，民庶繁多，一日之间，祈天者不知其几。渎礼僭分，莫大于斯。古者天子祭天地，诸侯祭山川，大夫、士、庶各有所宜祭。其民间合祭之神，礼部其定议颁降，违方罪之。于是中书省臣等奏，凡民庶祭先祖，岁除夜祀灶神。乡村春秋祈土谷之神，凡有灾患祷于祖先。若乡厉、邑厉、郡厉之祭，则里社、郡县自举之。其僧道建斋设醮，不许章奏上表，投拜青词。亦不许塑书天神地祇，及白莲社、明尊教、白云宗、巫、扶鸾、祷圣、书符、咒水诸术，并加禁止，庶几左道不兴，民无惑志。诏从之。

[史料074A]　正德《江阴县志》卷七　风俗·异教风·巫

巫，妇女为之则谓师婆。巫之为术也，雕绘神像，奉事于家则其家谓之神堂。民之有事于神也，必具香币以参谒之，谓之见堂。已事而辞神，必具牲醴以报享之，谓之谢堂。以帛自经其胫，两手握固之，佯使人左右急曳，若将绝胫者。已而操杖端坐，目视云汉不少瞬，口正沫出喉中，作冷咽声，以为鬼神附体。揣摩人意而乱言祸福，谓之降神。[割注…甚者挥刀自斫以示异。其所操之杖，谓之龙杖。]其言祸福也，或谓某神为祟而使之祭祷。或谓某鬼作妖,使之被禳。牢牲仪物,各有品式。无所置具,则解衣衾、辍朝夕以图之。不则箕田庐,贸子女以充之。又不则佣父母,鬻丘墓,为盗贼,无不可者。惟鬼神之供奉,在所必不贷缓。故终岁勤动所得瓶益之储,蚤夜孳孳所有鸡犬之畜,咄嗟之间烟消雪融,父男母语瞠然而已。居无几何,饿病未苏而债伯打门矣。呜呼哀哉! 烧纸马和香灰,使人调水饮之,谓能已疾。禁之不得茹药,以药为黄草根,擅茹之且降祸罚,谓之神医。[民笃信之,多谢医绝药。强与之,则受而覆之隐处。往往因剧而毙,则仍自咎事神之弗谨,终以不悟。详见《淫祠》。]拷钟鼓,树旗旌,令艳妆少丽女妇二三十人,捧神牌,抱香球,舁神像,出游村落间。所在令人设酒馔供馈之,经月乃止,谓之出殿行香。因而操斧持仗,视人丘木庭树,削白自书之,期斩取之以充庙材,谓之神木。[纳赂乃免。]舁神像,挟记历,家至而人叩之以索财,谓之抄化。骑马张伞,大帽红袍,条环系带,驰里社中,邀求赂遗[或乘舫则布设风篷,灯香自奉。详见《淫祠》],谓之陈府舍人。[盖时俗以有官者之子孙为舍人,而管高者之家称为府。故陈巫自谓为太尉、总管子孙,其家为府,而己为舍人也。]为纸鸢,置丝竹其上,长绳维系。因风纵之,高入云霄,黄黄作声,云以灭罪资福,谓之放风筝。

[史料 074B] 陈淳《北溪大全集》卷四十七 "上赵寺丞论淫祠"

某窃以南人好尚淫祠,而此邦之俗为尤甚。自城邑至村墟,淫鬼之名号者至不一,而所以为庙宇者亦何啻数百所。遂庙各有迎神之礼,随月送为迎神之会,自入春,首便措置排办。迎神财物事例,或装土偶,名曰"舍人"。群呵队从,撞入人家,迫胁题疏,多者索至十千,少者亦不下一千。或装土偶,名曰"急脚"。立于通衢,揽街觅钱,担夫贩妇,拖曳攘夺,真如白昼行劫,无一空过者。或印百钱小榜,随门抑取,严于官租。单丁寡妇,无能逃者。阴阳人鬼,不同途,鬼有何说,欲人之必迎。人有何见,知鬼之必欲迎。凡此皆游手无赖、好生事之徒,假托以括掠钱物,凭借使用。内利其烹羔击豕之乐,而外唱以禳灾祈福之名。始必浼乡秩之尊者为签都劝缘之衔,以率之。既又挟群宗室为之羽翼,谓之"劝首"。而豪胥、猾吏又相与为之爪牙,谓之"会干"。愚民无知,迷惑陷溺,畏祸惧遣谴,皆黾勉倾囊舍施,或解质举贷以从之。今月甲庙未偿,后月乙庙又至,又后月丙庙、丁庙,复张颐接踵于后。废塞向墐户之用,以为装严祠宇之需;辍仰事俯育之恩,以为养哺土偶之给,之罄其室,枵其庐。冻其父母,蓝缕其妻孥。……

既塑造其正鬼之夫妇，被以衣裳冠帔，又塑鬼之父母，曰"圣考"、"圣妣"，又塑鬼之子孙，曰"皇子"、"皇孙"。一庙之迎，动以十数像，群舆于街中。且黄其伞，龙其辇，黻其座。又装御值班，以导于前，僭拟逾越，恬不为怪。四境闻风鼓动，复为优戏队，相胜以应之。人各全身新制，罗帛金翠，务以悦神。或阴策其马而纵之，谓之"神走马"；或阴驱其轿而奔之，谓之"神走轿"。以诬妄百姓。男女聚观，淫奔酗斗。夫不暇及耕，妇不暇及织，而一惟淫鬼之玩。子不暇及孝，弟不暇及恭，而一惟淫鬼之敬。废人事之常职，崇鬼道之妖仪。一岁之中，若是者凡几庙，民之被扰者，凡几番。不惟在城皆然，而诸乡下邑，亦莫非同此。一习前后，有司不能明禁，复张帷幕以观之，谓之"与民同乐"。且赏钱赐酒，是亦推波助澜，鼓巫风而张旺之。

礼法施于民则祀之，以死勤事则祀之，以劳定国则祀之，能御大灾则祀之，能捍大患则祀之。及夫日月、星辰，民所瞻仰；山林、川谷、丘陵，民所取材。用能出云为风雨，见怪物，皆曰"神"。非其族也，不在祀典。今此邦之所崇奉者，大抵皆非此族，其无封号者固无根原来历，而有封号者亦不过出于附会而取货。何者而非淫祀，惟威惠一庙，为死者捍患于此邦。国朝之所封爵，应礼合制，号曰忠臣义士之祠，邦人之所仰然。既在公家祀典，则春秋荐享常仪，盖有司之事，必肃其坛宇，严其扃鐍。岁时禁人间杂往来，止于朔望启钥，与民庶瞻礼，乃为得事神严恭之道，上不失乎"敬鬼神而远之"之智，下不陷于"非其鬼而祭之"之诣。阴阳人鬼不相乱，庶几称情而合宜，固非民庶所得私祭而浪祀者也。今帐御僭越既不度，庙貌丛杂又不肃而又恣，群小为此等妖妄媟渎之举，是号曰正祠，亦不免于淫词而已耳。非所祭而祭之，曰"淫祀"。淫祀无福神，其聪明正直，必不冒而享之。况其他所谓圣妃者，莆鬼也，于此邦乎何关？所谓广利者，广祠也，于此邦乎何与？假使有或凭依言语，亦妖由人兴，不足崇信。人惟素行，质诸鬼神而无愧，则虽不牲不牢，而神福之，何事此妖邪之为乎？至于朝岳一会，又次第而起复，鄙俚可笑。岳泰山，鲁镇也。惟鲁邦之所得祭，而立祠于州也，何谓？国朝以帝封之，帝以气之主宰者而言，非有人之谓也。峝然其峙者，山之形也，而人其貌也何为？立后殿于其后者，又不知为何。山也，自开辟已有是岳，而以三月二十七日为岳生之辰者，又为何据？阖境男女混杂，彻昼夜而朝礼之，以会于岳庙。入门则群恸，谓为亡者祈哀，以为阴府缧绁之脱庆，侍者亦预为他日之祈，谓之"朝生岳"。州有州岳，而近城之民朝会焉。邑有邑岳，而环邑之民朝会焉。自以为报亲，自不知其为辱亲；自以为修善，而不知其陷于恶。

与前迎鬼者同一律,皆蠹坏风俗,溷乱教化之尤者也。端入正士,德政之下,恐非所宜容。国家法令,迎鬼有禁,前政方宗丞,尝列其条于谯门,故榜在案,可考也。

某愚区区,欲望台慈特唤法司,开具迎鬼诸条,明立榜文,并朝岳俚俗,严行禁止。仍颁布诸乡下邑而齐一之,于以解人心之宿惑,而有风移俗易之美;省民财之妄费,而有家给人足之道。实为此邦厚幸。

[史料075] 正德《江阴县志》卷十一 异端·妖妄邪祠

有所谓陈老太、沈老太者[即陈总管、沈总管],祠不可以地举,像不可以数计。盖与编户相为多寡,聚庐炊烟,莫非其祠;皮壁县楣,莫非其像。举版图十余万人,除衣冠数十家,阀阅数十家,又除衣食给足数百家,其余大抵巫也。不则事巫者也。吉凶缓急,惟巫之听,贻祸流毒,言之痛心。其最酷者,病不许药,必欲饮其符水,其言曰"敢食黄草根者,绝吾擅籍"。吾不肖之民,则惴惴其栗,虽父怒事驱,子泣而强,不敢复享药矣。送剧以毙相望也。他除龙杖一麾,尽其终岁之勤;法事一判,空其累年之积。不在数矣。(中略。张丧师……)

[史料076] 吴宽《匏翁家藏集》卷五十八 传·徐南溪传

南溪徐公,讳讷,字敏叔,南溪其号也,世为苏之常熟人。高祖珵,元海道万户,佩金虎符。曾祖恢祖,豪迈不仕,至正间倾资集强乡兵御乱,居民赖之。祖伯皋、父孟明,皆有隐藻。母邹氏。徐之先居邑之邵舍墅,至恢祖始迁渔梁,后复避乱于外,及孟明之世,还而田庐荡然矣。于是公生又壮不自安逸,率其童奴,服劳农事,家用再起。以治家非礼,衣食虽足,只益争尔。若江阴严志道、同邑计蒙正,皆闲于礼者,相与为友,事多讲而行之。闺门之内,严而有法。凡释道巫觋,一切屏绝,特采江州陈氏、临川陆氏、浦江郑氏家范之可行者,号百七十余条为一编。……或迁议之者,故荐公长乡赋以困之,民更服其公正,而事率集。时大理少卿熊公概,巡察江南,一时豪民剪除殆尽,独识公稠人中。询以民事,公应对合宜,甚见称奖。平生义举,力所及即为之。当岁饥,邻里告于公,故所藏不足,遣人籴麦江北,得六百石,悉就舟次散给。他发廪假货,不收其息者,时有之,不足纪。……

[史料077] 王应奎《柳南随笔》卷四　总管庙

元官制,诸路皆设总管府。达鲁花赤之下为总管,总管之下为同知、治中、判官,散府即达鲁花赤之下置知府或府尹。扬州、杭州皆为上路,则有总管而无知府。黄太仲云:"今绍兴、杭州多有总管庙,皆是昔守郡者之生祠也。"吾邑亦有总管庙几处,则属之于金昌及其子元七。按邑志云,"神生前居淀山湖,父子没皆为神。元至元间,阴翊海运,俱封今职",则是总管之称,又非生前所授也。吾意本系守郡者之生祠,而后人或以金神附会之耳。

[史料078] 张燮《东西洋考》卷九　舟师考

每舶,舶主为政,诸商人附之,如蚁封卫长,合并徙巢。亚此则财副一人,爰司书记。又总管一人,统理舟中事,代理舶主传呼。其司战具者为直库,上樯碇者为阿班,司碇者有头碇、二碇,司繚者有大繚、二繚,司舵者为舵工,又二人更代。其司针者名火长,波路壮阔,悉听指挥。

[史料079] 嘉庆《濮川所闻记》朱清关系记事

卷二　宅地

朱氏宅:在长水乡。宋朱胜非,扈从南渡后居此,有《秀水闲居录》。元时籍产,惟旸谷一支留镇,其裔孙迁石条街。

卷二　祠墓

世宦祠:在幽湖南,朱氏家庙也。祀宋元明及国朝之通籍者,故称世宦。按,宋祠内木主,朱胜非、朱智,元朱清、朱钊、朱虎[一作虚]、朱完、朱旸谷、大德,明朱大迥……国朝朱治恬……

卷八　人物·仰达

元·朱旸谷:总管府提督海运诸路总管,监理军务统制。朱氏自籍产后戍边,子姓慑旁徙,惟留镇郡居一支,皆旸谷之后。

[史料080] 《太祖实录》洪武元年十月丙子

命中书省下郡县,访求应祀神祇,名山、大川、圣帝、明王、忠臣、烈士。凡有功国家,及惠在民者,具实以闻,著于祀典,令有司岁时致祭。

[史料081] 《太祖实录》洪武二年正月辛丑

今天下凡祀典神祇,有司依时致祭。其不在祀典,而尝有功德于民,事迹昭著者,虽不致祭,其祠宇禁人撤毁。

[史料082A] 《皇明制书》卷七所收,《洪武礼制》卷二　祭厉

凡各府州县,每岁春清明日、秋七月十五日、冬十月一日,祭无祀鬼神。其坛设于城北郊间。……祭物,牲用羊三,豕三,饭米三石。香烛酒纸(果)随用。

仪注。先期三日,主祭官,斋沐更衣[用常服],备香烛酒果,诣本处城隍发告文。……至日,设城隍位于坛上,祭物用羊一、豕一。设无祭鬼神碑于坛下,祭物用羊二、豕二。……

祭文[府州县同]……该钦奉皇帝圣旨,普天之下,后土之上,无不有人,无不有鬼神。……

无祀鬼魂,昔为生民,未知何故而殁。其间有遭兵刃而横伤者,有死于水火盗贼者,有被人取财而逼死者,有被人强夺妻妾而死者,有遭刑祸而负屈死者,有天灾流行而疫死者,有为猛兽毒虫所害者,有为饥饿冻死者,有因战斗而殒身者,有因危急而自缢者,有因墙屋倾颓而压死者,有死后无子孙者。此等鬼魂,或终于前代,或殁于近世。或兵戈扰攘,流移于他乡。或人烟断绝,久缺其祭祀。姓名泯没于一时,祀典无闻而不载。此等孤鬼,死无所依,精鬼未散,结为阴灵,或倚草附木,或作为妖怪,悲号于星月之下,呻吟于风雨之时。[原注:时一作中。]凡遇人间节令,心思阳世,鬼杳杳以无归,身随沉沦,意悬悬而望祭。兴言及此,怜其惨凄。故敕天下有司,依时享祭。在京都有泰厉之祭,在王国有国厉之祭,在各州有郡厉之祭,在各县有邑厉之祭,在一里又各有乡厉之祭。期神依人而血食,人敬神而知礼。仍命本处城隍,以主此祭。钦奉如此。……告城隍文。某府遵承礼部札付,为祭祀本府无祀鬼神事。该钦奉皇帝圣旨……今特移文于神,先期分遣诸将,召集本府阖境鬼灵等众,至日悉赴坛所,普享一祭。……

[史料082B] 《皇明制书》卷二十　附录《节行事例》所收"祭无祀鬼神勘合"[仪注详见《洪武礼制》]

洪武二十九年八月□日,承奉礼部陶字三百七号勘合一件。建言事,礼科抄出徐州萧县丞齐福陈言祭祀事。各处有司,凡祭无祀鬼神,有于城隍庙请城隍牌者,有于民间取鬼神牌者,有于看坛之家搬取祭器者,有不分早暮行礼者,有跪于无祀鬼神献酒者,有烧以纸钱诬神者,有倾撒祭余羹饭者,亵

神未便。今议得各处无祀鬼神坛,各置城隍及无祀鬼神牌位,并器物收顿在库。……钦遵施行。

[史料083] 《皇明制书》卷七所收,《洪武礼制》卷二　里社·乡厉

凡各乡村,每里一百户,内立坛一所,祭无祀鬼神,专祈祷民庶安康,孳畜蕃盛。每岁三祭,春清明日,秋七月十五日,冬十月一日。祭物牲酒,随乡俗置办。其输流会首,及祭毕会饮读誓等仪,与祭里社同。

祭文。……

祭告城隍文:某府某县某乡某村某里里长某人,率领某里人民某人等联名,谨具状告于本县城隍之神。今来某等承奉县官裁旨,遵依上司所行,为祭祀本乡无祀鬼神事。……今特虔诚告于神,先期分遣诸将,遍历所在,召集本里鬼灵等众,至日悉赴坛所受祭。……

[史料084] 《太祖实录》洪武元年正月己亥

命道士周元德往登、莱州,谕祭海神。原德至前数日,并海之民,见海涛恬息,闻空中洋洋然若有神语者,皆惊异。迨及原德至临祭,烟云交合,异香郁然,灵风清肃,海潮响应。竣事,父老皆欣喜相贺,争至原德曰:海涛不息者十余年矣。今圣人应运,太平有兆,海滨之民何幸! 身亲见之,原德还奏,上悦。

[史料085] 《太祖实录》洪武二年正月戊申

先是上以太岁……城隍诸神,止合祭城南诸神享祀之所,未有坛壝专祀,非隆敬神祇之道。命礼官考古制以闻。至是礼官奏……城隍之祀,莫祥其始。先儒谓:"既有社矣,不应复有城隍。"故唐李阳冰《缙云城隍记》曰:"祀典无之,惟吴越有之。"……宋以来,其祀遍天下,或锡庙额,或颁封爵。或迂就传会,各指　人,以为神之姓名,如镇江、庆元、宁国、太平、华亭、芜湖等郡邑,皆以为纪信龙;兴、赣、袁、江、吉、建昌、临江、南康,皆以为灌婴是也。……今宜以太岁、风云、雷雨诸天神合为一坛,岳镇、海渎及天下山川、城隍诸地祇合为一坛,春秋专祀。

[史料086] 叶盛《水东日记》卷三十　城隍神

城隍神,祀典无之,风俗水旱、疾疫,必祷焉。……欧阳公则云:"当时天

下皆有城隍神,而县则少也。"范文甫[见朱熹《伊洛渊源录》卷一六]尝问于程伊川:"到官三日,例谒庙。"伊川曰:"正如社稷、先圣,又如古先贤哲谒之。"又问城隍如何曰:"城隍不与,土地之神社稷而已。"张南轩[栻]治桂林,毁淫祠。诸生日从游雅歌堂,后见土地祠依城隈,令毁之,曰:"此祠不经甚矣,况自有城隍在矣。"问:"既有社,莫不须城隍否?"曰:"城隍亦为赘也,然载在祀典。今州郡惟社稷最正。"……

[史料087] 《太祖实录》洪武二年正月丙申朔

封京都及天下城隍神,上谓中书及礼官曰:"明有礼乐,幽有鬼神。若城隍者,历代所祀,宜新封爵。"遂封京都城隍,为承天鉴国司民升福明灵王。其在北京开封府者,封为承天鉴国司民显灵王。临濠府为承天鉴国司民贞佑王,太平府为承天鉴国司民英烈王,和州为承天鉴国司民灵护王,滁州为承天鉴国司民灵佑王。五府州皆正一品。余在各府州县者,府为鉴察司民城隍威灵公,秩正二品。州为鉴察司民灵佑侯,秩正三品。县为鉴察司民显佑伯,秩正四品。

其章服……(以下京都十二章,各王、公=九旒九章,州县=七旒七章)……

[史料088] 《太祖实录》洪武三年九月戊子

京师城隍庙成。初城隍旧祠卑隘,诏度地营筑。既而中书省臣及陶凯请以东岳行祠改为庙,上可之。修饰既备,建左右二司。陶凯复请,如前代建六曹,曰吏户礼兵刑工。二司,左曰左司之神,右曰右司之神。上命罢六曹不必设,左右司止称曰左司神、右司神。仍命制神主,用丹漆,字涂以金,旁饰以龙文。及是始成,命凯等迎主入庙,用王者仪仗。上亲为祭文告之曰……京都城隍乃天下都会之神,而闾巷军民私窃祷祈,不由典礼,渎玩滋甚。朕深恶之,故尝更去旧号,俾称其实,去邪导正,使诸神听命于天,而众鬼神听命于神,庶天神权纲之不紊也。然祠庙卑隘,未称朕礼神之意。遂命修饰岱宗行祠,迎神居之,特命礼部尚书陶凯,率群僚奉安神位。其神鉴焉。

[史料089] 正德《兰溪县志》卷二 城隍庙条所引,元·吕溥"碑记"

凡郡邑皆有之,兰溪之庙不知始自何时。……至元而知州梁栋又重建之。学录吕溥记云:州守东原梁公来治此州之初,吏曰:"凡莅事于此者,必谒城隍之神。"守曰:"唯斋戒卜日,亲展礼于祠下。"……

[史料090] 《太祖实录》洪武三年二月甲子

合祀太岁、四季月将、风云……城隍、旗纛诸神。上初以太岁、风云雷雨皆天神,以岳镇、海渎、天下山川、城隍,皆地祇,名为坛,专祀国城之南,然祭之时日与其品物之名不同。至是复以风云……海渎,皆阴阳一气流行无间者。遂合二坛而一之,而增以四季月将。

[史料091] 天启《凤书》卷四 中都城隍庙

城隍之祀典,古无之。后世以高城深池捍外卫内,比有神主之,始有祀事。惑于理者,衣冠而肖之,加以称号,前代因袭,其来久矣。洪武元年,各处城隍皆有监察司民之封,府曰公,州曰侯,县曰伯,且有制词。盖其时皇祖未有定见。三年乃正祀典,诏天下城隍神主,止称某府城隍之神、某州城隍之神、某县城隍之神,前时爵号一切革去。未几,又令各处城隍庙内,屏去间杂神道。城隍神旧有泥塑像在正中者,以水浸之,泥在正中壁上,却画云山图。神像在两廊者,泥在两廊壁上。此令一行,千古之陋习为之一新。惜乎今之有司,多不达此,往往望为衣冠之像,甚者又为妇夫人以配之。习俗之杂变,愚夫之难晓,遂使《皇明祖训》托之空言,可能罪也。

[史料092] 《太祖实录》洪武三年六月戊寅

诏天下府州县立城隍庙。其制高广,各视官署厅堂。其几案皆同,置神主于座。旧庙可用者,修改为之。

[史料093] 邓琳《虞卿志略》卷三 祠庙·社稷城隍(光绪《常昭合志稿》卷十五坛庙志)

社稷坛,在北门外,距庙甚远,不应称为社稷城隍。旧传明洪武中,诏城隍神止立木主,禁事土木神像。邑人因将城内城隍神像,移至南门外坛斋宿房内,谓之小城隍庙。后禁稍弛,城内城隍庙重塑神像,而小城隍庙之神像,遂谓之社稷城隍。盖土人误认风云、雷雨、山川、城隍坛为社稷坛,因庙近坛,故以名之耳。

[史料094] 叶盛《水东日记》卷二十七　宣府儒学圣像

国初孔庙、城隍皆木主。今虽太学,亦皆塑像为常,不知其自何时始也,岂亦流俗传讹,袭敝而然乎?颇闻广州城隍庙旧设木主,景泰中太子太保、左都御史,今冢宰王公易塑像云。

[史料095] 王鏊《震泽集》卷二十一　苏州府重修城隍庙碑

吴故有城隍祠,在子城之西南陬。莫详其所始,唐天宝中,采访使赵居贞改为庙宇。……国朝则惟称苏州府城隍之神,洪武三年(1370)以旧祠卑陋,乃徙雍熙寺故基,在今吴城之乾位,盖百三十年矣。弘治十三年(1500),住持戈原广,言于郡守曹侯凤,谓庙祀载在令甲,凡守土官始莅事及朔望,必躬谒祠下。其严如是,而岁久就坏,栋腐桷摧,墙颓甃圮,肖像黑昧,不称瞻仰。曹侯曰:唯神与予分理吴郡,予理其明,神理其幽。吴下频年风调雨顺,稻麦丰登,寇攘帖息,疫疠不作,兹神之赐,予其敢忘。乃下令境中,愿新神庙者听。又命义官某等董其事。……明年春正月始事,至九月僝工。……会曹侯迁去,东广林侯世远继之,求予纪其事。……

[史料096A] 民国《盛桥里志》三、礼俗志·风俗

乡俗信鬼神,每多淫祀。有假以求食者,自称见鬼,名曰净眼。或伪言神将其体,妄谈祸福,曰师娘。另有摄召魂魄,与生人问答者,曰关亡。

[史料096B] 民国《盛桥里志》三、礼俗志·风俗

盛桥四乡,花稻登场,好事者以敬神为名,搭台演剧。家家邀亲请友,有力者宰杀猪羊,无力者亦必典质衣物,以供酒肴。甲图演罢,乙图接踵而起。男荒耕作,女废纺织,浪费银钱,动以千计,以致国课不能早完,田租一切逋负日多,种种危害不可胜数。

[史料097] 民国《巴溪志》　杂记

宣统辛亥(1911)……(有抢米之记载)……是冬,西北乡民又起抗租风潮,联合数十村民,歃血会盟[俗谓结福土地],誓以死抗。经董往勘不听,会昆山王令尹,督同徐学官汉文,带领水警船,先在巴城湖中,开放枪库。乡民闻之,警窜,事得瓦解。

[史料098]　咸丰《当湖外志》　八
我湖抗租之风,至近日而益甚。……忆癸酉[咸丰三年]八月,金邑沈掌得,起议团社,齐心吞租。有不从者,辄殴击之。

[史料099]　江宁小学教育研究会编《江宁县乡土志》(民国五年六月初版,七年八月再版)
第二十七课　风俗五
迷信鬼神,以乡人为最甚。各乡镇有社庙,每届春季,相率为迎神赛会之事。或一村为一社,或合数村为一社,大率合四十八社而建一庙。赛会之时,每社树神旗一,鸣锣击鼓,兴高采烈,敛钱演戏,肆行赌博。其所社之神,亦诞妄不经,似亟宜禁止为是。

[史料100]　钟伟今编《湖州风俗志》(附有1986年10月写的后记)
村、庄是农村基层社会组织。清末民初,自然村不设村长,而是公推年岁较高、品行端正、有威信的人主管村事,称他为"阿爹"。村上一般事情,甚至重大事情,都由"阿爹"说了算。若干个村合成一庄,一般以一个总管庙为中心划分一个庄。庄以地理位置编号,如第十五庄、一百廿六庄等。庄头就是钱粮保长。庄上大事,如完粮、做戏、出会(庙会)、修庙、修桥铺路等等,召集各村阿爹商议解决,称为"议事"。议决事项由阿爹分头落实。

[史料101]　正德《江阴县志》卷十一　异端·淫祠·妖妄淫祠·明
土地庙,乡村重社,在在有之,不可算举。
　　※"重"字可能为"里"字之误。谷井俊二先生给笔者提意见说,
　　　"重"字也可以理解为重视"社"的意思。在此笔者仍坚持原来
　　　的想法,今后还可以再考。

[史料102]　万历《常熟私志》　六、叙神·里社
洪武定制,凡乡里百户内,共祀五土五谷之神。不能尽举,聊志所知。

[史料103]　乾隆《锡金识小录》　一、备参·上·补订节序
八月。初五日,大王神诞。庙祝集钱设祭,每里有之,即里社神也。其名号甚不可解,其有姓氏者……春申君……诸葛孔明……尤可怪。其无姓

氏者或称王,称司徒,称大夫,称郎君,不一……莫知其所由始,然姑记其略。

[史料 104]　邓琳《虞卿志略》卷三　祠庙·土地庙

土地庙,两邑各官署及城隍庙内,以至城乡各图皆有之。旧传学宫土地为唐常熟县尉草圣张旭。[琳按…古者祭里社,《月令》所谓"择元日,命民社"是也。《管子》云:"方六里,名之曰社。"此一乡之社也。杜预《左传注》云:"二十五家为社。"此一里之社也。里社之神,以社令,亦曰社公。后世废里社,乃有各图土地庙,盖土地即里社之神也。]

[史料 105]　光绪《常昭合志稿》卷四十五　金石志·元"李王灵签残石"

至正十二年(1352)。……末刻,积善乡北方门下,玄凌三郎土地界内,石匠诸聪发心施刻云。

[史料 106]　咸丰《黄渡镇志》(上海图书馆藏)**二、疆域、风俗、猛将庙**

在重固镇(黄渡镇北半部),为乡人(周边村落的农民)报赛之所。八月十八前后数日,远近烧香者,争趋之。田家器具,毕聚成市,至晚自烧香归,各携农、织具,络绎于路。遇岁稔,则近庙村民,鸣锣至黄渡以百计,谓之敲灯。每乡土地神各分庙界,备龙灯至猛将庙,以供神欢,谓之解灯。

[史料 107]　正德《江阴县志》卷十一　异端·淫祠

有所谓陈老太、沈老太者,祠不可以地举,不可以数计。盖与编户相为多寡,聚庐炊烟,莫非其祠;皮壁悬楣,莫非其像。举版图十余万人,除衣冠数十家,阀阅数十家,又除衣食给足数百家,其余大抵巫也。不则事巫者也。

[史料 108]　民国《新塍镇志》卷首　疆域总说(上海图书馆藏)

前世镇之户口未多,其后商市日繁,户口渐多。村镇交易,各就其便。于是某村常赴某镇交易,即曰"某镇之某村"。此由地理之近便,而成自然之区别,固未有行政上之统隶也。迨至有清设汛弁驻防,始定区分。

[史料 109]　许相卿《云村集》卷十三　"大贾顾翁墓志铭"

顾翁讳恺,字宗和,其先长洲陆墓农家。长洲,吴郡治所,东南大都会,赋重俗奢甲天下。民故末业多竞,本业多病。翁父棠念田入不当岁出,则舍农服贾,去陆墓,家西闾。

[史料110] 李日华《味水轩日记》卷二 庚戌(万历三十八年)八月四日

> ※作为抄本流传下来的《味水轩日记》有好几种版本,笔者所用的是浙江省图书馆藏的《刘氏嘉业堂丛书》抄本(刘氏嘉业堂藏本),书中引用部分与《北京图书馆古籍珍本丛刊》影印抄本没有任何差别。

午刻,至张宅。地名周家堰,西至平湖县十八里,东至乍浦廿五里,海滨淤沃之壤,多草荡。先年分给各灶丁,取薪煮卤。今每亩止征银四分,近民居者,稍辟为田,佃者亩输粟五斗,乡大姓世擅其利。张君藉先资,游京华,得官侍从,修长挺峙,谈论亹亹。生三子,长翼宸,次翼寰,次翼宣。翼寰聘余女肇淑,早慧有文情。余极爱之,嫌少佻耳。张君引余观屋前后,佃丁杂僮奴,远住百余家。其祖基梁柱,俱宋熙宁时物也,有题记可考。国运隆泰,时和岁丰,草泽间拥有成业,指挥一方,又稍饰以文,激扬吐气,此其人岂让古千户侯。视市井大商豪贾,射利一时,非不舆服赫奕,卒不免荡析倾覆,子孙或不能保数十年之产。其相去万万也。今士大夫乐市居之嚣华,厌田里之俚朴,处于众争之地,为不保旦夕之谋,卒与商之转徙同归,亦甚愚拙矣。余于张君之居,历宋、元迄今,为之深感。

[史料111] 浙江民俗学会《浙江风俗简志》(浙江人民出版社,1986)嘉兴篇 第六章社会习俗·西塘七老爷庙会

每年四月初三日,盛会于嘉善西塘镇。这一天,红黄绿白黑五色象征着五色云彩开道。南货店店员簇拥红云,米业工人簇拥黄云,竹行工人、烟纸店店员、煤炭店店员分别簇拥绿、白、黑云,继以威武的龙虎将,由绉缎庄店员做向导,抬着七老爷的大轿。菜馆店员化妆,骑着后辕马,前后共有从各地借来的二十多匹马。豆腐店店员举着护公旗,从各地来的七老爷的信徒紧跟后面,他们穿着红衣红袄,象征替七老爷受罪,有些人赤膊,以示自己是重犯人。四月初三日晚上十一时左右,这支队伍在庙旁先放烟火,随后出发。在当地镇上,沿街搭四十二个社棚,整夜灯光通明。队伍每到一个社棚,就停下来,鼓乐齐鸣,唱戏唱曲。第二天近中午时,才全部通过四十二个

社棚,然后回庙。在庙门前的戏台上开始做戏,一般做三天。

民间传说……七老爷原姓金,排行第七,本地出生,在明朝担任押运粮食的小官。有一年,江南大旱,民不聊生,七老爷恰巧运送粮食过家乡一带,沿岸灾民向他苦苦哀求借粮。这是军粮,七老爷不能做主,就上岸至县里,与知县商量救济办法,知县也无良策。在无可奈何的情况下,七老爷决计把所运送的粮食统统让灾民取去,自己跳河自尽。当地百姓为了纪念他,集资造庙,故叫"七老爷庙",尊称他为护国随粮王,在他的生日——四月初三举行隆重的庙会。

[史料112]　浙江省民俗学会《浙江风俗简志》湖州篇　第六章社会习俗·四庙会·总管庙会

郊区镇土山村总管庙,神无确切姓名,俗称金大老爷。相传完颜兀术九犯中原时,金邦任解粮总管路经此处,目击村舍荒凉,百姓凄惨的状况,慨然将所运军粮遍赠饥民。自知军法难容,随即拔剑殉身。兵祸过后,当地集资建庙,塑像祭祀。每年春秋两次庙会,为二月十七日、七月二十五日。有两种说法:一是为了选择农闲时节;二因二月十七日为总管运粮的起运日,七月二十五日是总管自殉之日。庙会最初是自发的,受恩户备了香炉供品,按时到庙祭拜,日期延续长达一旬半月。后来周围地区划分为八个民社,每社一百户到三百户不等,主持人叫"社阿爹"。各社轮流负责,一社一会,轮到者叫"当会"。庙会前一天为准备日,在正日由社阿爹及户主们祭礼膜拜。庙会内容有:舞龙灯(旱地舞,或水面勇船甲板,舞二龙抢珠、双龙戏水等)、舞马灯、扮地戏、旱台阁、吊臂香或吊臂罐、拜香司(音乐舞蹈)、武术、放铳会。以上各项均于晚上在庙前表演,白天都参加出会,走遍八个民社。出会时,神像坐在轿内,抬着巡游,鸣锣开道,旗幡招展。最引人注目的是掮头旗和抢轿。头旗是一面大旗,套在粗长竹竿上,走在最前列。抢轿,三神像抬出大殿时,四个或六个身强力壮的青年上去抢住轿杠,抬着朝南北方向飞奔几趟,再参加游行。除出会外,庙内或庙前搭了芦菲棚戏台,来聘大京班(京剧团)演戏,谓之"神戏",也叫"草台戏"。还有不化妆、坐着唱的,叫"坐唱班"。每逢庙会,商贾云集,设摊做生意,游医、杂耍等也大显身手。

[史料 113] 嘉庆《石冈广福志》（上海图书馆藏）卷四 杂类考·寺庙·拈花庵

张号二十七图内生圩内，有刘猛将军像。乾隆间，里人复塑白衣大士，颇著灵感。里人赵晓荣《重修刘猛将军庙碑》，宋刘猛将军，列在祀典，自雍正二年始，从直隶总督李维钧请也。……考将军，讳号不一……又云元指挥刘承忠，平淮南剧盗，继以蝗灾欲开仓发粟，而非职守，因愤极沉河而死。见镇旧志。盖出泰尹牧《唐君扶鸾录》，而不足信也。

[史料 114] 嘉庆《新市镇续志》卷一 寺庙祠庵·刘宣教祠

在米漾桥北，相传神姓刘讳圣元，三里汇人。张米肆于镇，每以小量入大量出，数年资尽，大笑投潭死。众因名其潭曰米漾，立祠祀之，有祷辄应，元时敕封宣教郎。

[史料 115] 郑光祖《一斑录杂述》卷七 "乡民不法"（史料 002B）

及二十一日，红日东升，天无纤翳。众乃放胆，鸣锣聚众，沿途胁迫附从。首至陆家市[承吉庵西北四里]，打顾载锡家[伊为军租催头，前二十二年已经打过]。次至娄家桥，打顾某家[伊为经造，帮钱家收租]。……因经余家，无所不平[谓前开浚白茆河，救灾赔累]，少憩则行。至张市，闹王家义庄，有与众凶相识者力为劝阻，截其租斛一角舍之。……

[史料 116] 浙江省民俗学会《浙江风俗简志》嘉兴篇 第六章社会习俗·常王汛

盛于海宁县许村东市南常缓庙，每年十一月初三日，海宁、桐乡、余杭毗邻地区群众，均往此庙礼拜。许村镇上，热闹非凡，除商店设摊，各种江湖艺人表演外，还有近乡舞龙灯，踏高跷等队伍游行。常王汛已有二百多年活动历史，解放后仍延续，逐渐成为物资交流会性质。庙内祀常、缓二大明王。民间传说，清代初年，官粮船漕运进京，设"解粮官"，一姓常，一姓缓。遇灾荒，常、缓二人将粮食尽数放给饥民，投河自尽。人们为纪念常、缓二人，造庙祭祀，并形成庙会。

[史料 117] 浙江省民俗学会《浙江风俗简志》湖州篇 第六章社会习俗·四庙会·湖笔工匠的祭祖迎神庙会

相传秦朝大将蒙恬,是首创湖笔的祖师。善涟蒙公祠原址在今湖笔厂,有和蔼可亲、手执羽扇的蒙恬塑像,右侧为笔祖娘娘卜香莲。每年三月十六日(蒙恬生日及卜香莲忌日)、九月十六日(蒙恬忌日及卜香莲生日),都要举行盛大的祭祖迎神庙会。由舞狮绸龙前导,敲锣鸣炮,浩荡的队伍先经过卜香莲娘家所住村西,然后遍游周围十几里。连续三天内,祠前广场上商业及娱乐活动十分活跃,还请了戏班子搭台唱戏,全镇及外地男女老少都赶来观看。

传说当年蒙恬押解饷银经过善琏,见到乡亲受苦,尽散饷银,周济众人,并亲自下水救起投河自尽的姑娘卜香莲。自己从此脱下戎装,隐耕寄寓于善琏"永生子堂"。他在卜香莲的协助下,用竹管插上一小撮羊毛,用石灰水脱脂……终于制成了名闻天下的湖笔。

[史料 118] 《吴江文史增刊》 邵文长《黎里镇八月迎神赛会盛况》
(参照参考文献中文专著的注)

吴江城隍神的来历,传说是唐太宗的第十四子名李明奉父命解军粮,路过吴江一带,适逢自然灾害,颗粒无收,百姓饥饿,用树皮草根充饥。李明视之不忍,即将粮米分给饥民,但难以交差,投河自尽。百姓感恩图报,公禀京都,得封广佑王,永镇松陵。而黎里镇的城隍神像,据说自唐以来,从未换过(是否即李明者,无法查考)。起始借居罗汉寺,直至元朝才建造城隍庙。……到民国十年(1921)之后,增加五天会期,初一为东岳会,初三四为都天会,十三天叫小会。十四、十五、十六三天叫大会。城隍庙里日夜演戏,叫草台班,田记大舞台曾经也演过,锣鼓喧天,人山人海,热闹非凡。有钱人家自制高凳,安放在庙场中央,坐着看比站着看要舒服得多。黎里迎神赛会的特点是……道子基本上按照明代官员出巡的排场,四面大铜锣鸣金开道,接着肃静回避及官职官衔的行牌、皂隶、判官、旗排十将、太子、太保,前呼后拥,肩旗打伞,穿着像京戏里的袍帽。这些人有的自愿、有的雇佣扮演。四尊神像的道子基本相似,而城隍的道子最长,最好看。神像出巡次序是……土地、小天地(即观察神)、财神及城隍,八抬八凳,威风凛凛,刀子前后衔接长达一里许。上下岸巡视一圈,沿途香案林立,善男善女,恭迎神像。

[史料119] 康熙《昆山县志》（北京图书馆藏）卷六　风俗

顺治年间，小民创为阴司上纳钱粮之说。自四五月，便舁各乡土地神置会首家，号"征钱粮"。境内诸家每纳阡张若干束，佐之钱若干文。至六七月赛会，舁神像各至城隍庙，以阡张汇纳，号为"解钱粮"。而以钱为会费。

[史料120] 邓琳《虞乡志略》卷八　风俗

郡人贝青乔《催社粮词》曰：庙门夜掣银铛锁，庙令大呼神怒我。征粮不力谓我惰，急唤太保行相催。鸣钟村口声如雷，村村络绎输粮来。输粮既足神颜开，福汝福汝不汝灾。东村老翁数未足，太保乃言期已促。昨日取钱今取谷，春衣典却还卖犊。黄犊作苦且勿哭，明日神筵飨尔肉。

盖村人输冥镪及解费钱，谓之钱粮。岁有定额，输未足，则庙令鸣锣催之云。

[史料121] 康熙《淞南志》卷一　风俗

八月，农家祭土谷神，名青苗社。诸镇各祀其境内土神，纳楮钱、彩缎，谓之收钱粮。

[史料122] 乾隆《锡金识小录》卷一　备参·补订节序

三月十八日，三茅君诞。惠山、堠山、芙蓉山皆有庙……远近村镇，多赛会至山。每户出纸钱一陌，纳神庙。庙设总所纳，作数十担，标黄纸为旗捆，至山而焚之，曰"解钱粮"。

[史料123] 嘉庆《黎里志》

A. 卷三　祠庙·昭灵侯庙

一名城隍庙，又名禊绔湖道院。在禊绔湖中央，祀唐李明。……明嘉靖间建，国朝顺治九年道士施奇策重建。康熙五十七年（1718），奉斗里人公建斗姆坛。雍正十三年（1735），道士卜斗文募建环碧堂、望香亭。

B. 卷四　风俗

八月十五日为中秋节，人家有赏月之燕，黎里更有太平神会。先于十一日，奉城隍及随粮王土地，游巡诸神至村庙中，曰宿山。十二日，排列执事，由水道迤市河，至罗汉寺、东岳庙两所公馆，谓之接佛。十三日，设筵演剧。十四、十五、十六三日，昼夜出会。里中各设香案，张灯彩，富家大室，更陈设骨董,互相炫耀。十六日,诸神会集东栅,司会者备船只,由市河归庙,谓之游河上殿。

[史料 124]　嘉庆《二续淞南志》上　寺庙·陈土地公馆
在慈定庵东,每年秋成,里民至陈巷村太平庵,完纳天饷。因路远未便,嘉庆十二年(1807)丁卯,特建公馆,以要神灵。

[史料 125]　道光《璜泾志稿》卷一　风俗
邑有东岳庙,村民每岁自三月朔至四月终日,集进香,谓之香信。多舁村神往朝之。……谓之解黄钱。苛敛靡费,贫者或失产。

[史料 126]　道光《直塘里志》卷一　志里志·节序
(三月)五日,城隍诞辰。岁演剧,俗称生日戏。凡神庙,俱择日解黄钱。

[史料 127]　同治《茜泾纪略》(南京大学图书馆藏)　风俗
三月二十八日,岳帝诞辰。村民先期募化黄钱,择四月上旬解纳,舁神往朝之。饰旗仗,具马匹,或汛面为丧神,为猎户。鸣锣奏乐,苛敛靡费,真恶习也,曰解黄钱。

[史料 128]　民国《光福志》卷一　风俗
四月,各乡迎神报赛,几无虚日,谓之解饷会。

[史料 129]　民国《相城小志》卷三　风俗
三月廿六日至廿八日,相传为东岳诞辰,各神司均解饷。七月二十日,常熟辛安乡城隍来相东岳庙,解秋饷。

[史料 130]　同治《双林镇志》卷十五　风俗·岁时·三月
二十八日,为东岳神诞,士民祝献于庙。数日前鼓乐喧阗,络绎不绝。按岳庙社会最盛,镇人结社者可数十起,大小各业,皆有职司于庙。二十六日,昼夜演戏[今改夜戏,于二十七日昼]。二更时,移神像出,至大殿。庙中遍处悬灯,陈列仪仗……二十八日起至四月初五六日,每日午后舁神像,出巡四栅,曲折周到。各社地戏[俗名故事]前后扈从,乡愚夙许愿扮罪犯,则

荷枷拖练,行走终日。又有司扎臂香、肉身灯、儿童拜香等。神像所过,商店咸设香案,新绢巷或设下马饭。

[史料 131] 《吴江文史增刊》 杨继陶《我所走过的音乐之路》

我是生长在吴江县盛泽镇的一个苦孩子,经历了种种曲折而成为一个专业音乐工作者,并在儿童音乐创作方面取得了一些成绩。追忆起来不能不归功于童年家乡民间艺术的潜移默化的影响,是它帮助我确立了正确的艺术观,是它哺育我在艺术道路上取得了成功。不过在当时社会上对从事艺术工作的人是十分歧视的,被看作下三流,把唱戏的叫戏子,敲演奏的叫吹鼓手。不是光彩的职业,甚至死了牌位也不入宗祠,做了鬼也回不转家门。所以父母看我迷恋这些,认为我将来是个"不争气,没出息的儿子"。但不管父母的反对、责骂、告诫,可我始终喜爱它,像中了邪似的,怎么也忘不了它。我童年时在盛泽这样的小镇,终年没有多少艺术演出,但民间丰富多样的艺术活动,已经使我感到分外的高兴,例如每年阴历七月半城隍老爷生日要出庙会,各行各业邻近村镇都要显示一下自己的力量。他们组成各式各样的丝竹乐队赴会,还有台角、彩船等长长的队伍挤满小镇的大街小巷。在那时,我会从南大街跟到北大街,一直跟到他们散会。平时那家里喜事均有请小堂名助兴的风俗,我就不管近邻远亲还是素不相识,都会挤在那里去听个戏。家乡还有很好的传统,不管是书场还是茶楼,对儿童特别关心,即使没有大人带着,都不可以站在座位后面白听书。每届春节前,还会有名角前来会书,那时我不管怎样,总是争着去听,这些事情至今天仍给我留下了美好的回忆。

[史料 132] 乾隆《唐市志》卷上 祠祀

东岳庙:在市南,雍正二年(1724)建。每岁春季,村社诸神朝集之所。

关帝庙二:一在河东中市,一在语廉泾。

灵惠庙:祀宋周孝子容,在河东中市。其在市泽者,为孝子故居,俗名老府,又名隆兴庙。近市乡村,凡百家之聚,里人必立庙以祀,不能具载。娄东张采有碑记。

[史料 133] 光绪《常照合志稿》卷五 市镇志·唐墅

有东岳行宫、武庙、周孝子庙[又有市泽别有一庙,俗称老庙,孝子故里也。亦名隆兴庙。]、增福禅院[在邬丘]、法华庵[在朗城。并见寺庙志]。

[史料 134]　光绪《唐市补志》　杂记

天启间,忽作飞来城隍,遂立庙于唐市。四方来祷者,无虚日。犯之,祸立至。然庙甚小,诸生许彦云男种痘,往与约曰:"男若愈,当起大殿,世奉香火。不然,焚尔像,毁尔庙。"越三日,男死。许持斧,向神额一劈两开,付诸火,立拔其屋而平之,许亦无恙。

[史料 135]　民国《张堰志》卷二　祠庙·城隍庙

在牌楼巷东,初建无考,康熙中修。……大殿上有明顾安卿等所铸钟。神原姓何,讳芳,有天师府敕谕。现姓李,讳宏儒,宛平人,甲午(1714)举人。原任金山县知县,天师府敕谕宁海侯,巡视金山防海城隍司。有别院曰长春道院。(今逸其名,疑即今之寝宫。)乾隆五年(1740),道士朱修一来院主持,募修殿宇,焕然一新。……一在石皮巷北,因纸钁基址,故俗呼纸钁庙。康熙年,天师敕封江浙威灵公。……一在洞桥街北华境,俗称东城隍庙。神姓李,名之安,山东登州府人,为宋嘉兴府知府。宋亡尽忠,明太祖敕封松江府威灵公庙。有明崇祯年,沅江令王廷宰书额。国朝康熙年修,司农王鸿绪有额。……同治年道士夏桂山募建头门大街。

[史料 136]　光绪《枫泾小志》卷二　建置

城隍庙四。一在镇南杏花坊,明万历时建。国朝雍正七年(1729),嘉善知县邵煌倡捐重建。咸丰十年(1860),燬于寇。同治四年(1865),重建头门。……一在镇北高阳坊,明季创。国朝康熙五十一年(1712),增建戏台、大殿、寝宫。……咸丰十年(1860),毁于寇,只存头门。同治四年(1865),须辰珠等募资重建大堂、戏台。……一在二保方家罅。一在三保城隍村。

[史料 137]　乾隆《南汇县志》卷七　祀典志·城隍庙

乡镇有庙七。一在川沙西门内。一在周浦镇,旧为杜浦庙,雍正庚戌(1730)建仓于庙之西,遂为护仓城隍庙。乾隆年间,道士张轩臣募修。一在新场镇。一在拨赐庄,乾隆二十五年(1760)修。本为叶公祠,明万历二十九年(1601)建,祀巡盐御史叶永盛,载前志。今灶民即奉为场境城隍。乾隆四十七年(1782),艖使董详请照祠例,每年给拨厉祭银两。一在杜行,乾隆四十二年(1777)重修。一在王家浜北,明杜献璠建。

[史料 138]　嘉庆《同里志》卷三　祠庙·城隍庙

一在南荒圩,祀唐太宗第十四子,姓李名明。……国朝康熙二十五年(1686),天师奏封广佑王,本镇设建祠庙。雍正初,里人重修。一在北秘圩,国朝雍正年建。嘉庆四年(1799),里人朱光震等募资重建。十四年(1809),里人重建戏台。

[史料 139]　嘉庆《黎里志》卷三　祠庙

昭灵侯庙[一名城隍庙,又名楔湖道院],在楔绺湖中央,祀唐李明[……吴江县城隍之神……],明嘉靖间建。国朝顺治九年道士施奇策重建,康熙五十七年(1718)奉斗里人,公建斗姥坛。雍正十三年(1735),道士卜斗文募建环碧堂、望香亭……

[史料 140]　同治《盛湖志》卷六　祠庙·昭灵侯庙

祀唐曹王李明[……国朝康熙五十年,嗣天师奏请封广佑王……]。一在大适圩白漾北[单称东城隍庙],始建无考,同治四年(1865)修。一在充字圩杨家浜[单称西城隍庙],康熙□十年建,乾隆□十□年建后进,嘉庆元年建西楼,同治十一年(1872)修。

[史料 141]　同治《盛湖志》卷三　风俗

(三月)清明前后数日,扫墓。是日,东西两城隍神、两社庙神赛会,各往厉坛,主祭无祀孤魂。……(八月)初八日,城隍神诞,子女拈青于两城隍庙,或预祝。亦必演剧酬神。十月初一日[俗名十月朔],东西两城隍神、两社庙神赛会,各往厉坛,主祭无祀孤魂。与清明日同。

[史料 142]　嘉庆《贞丰拟乘》上　庙宇

城隍庙,向府县俱在一殿。于嘉庆四年(1799),正殿府城隍公座,西首县城隍公座,东首五方圣贤座……寝浦庙,在陈湖之东。相传宋高宗南渡时,借宿于此,故名寝浦。庙神灵异,有祷必应。后颓废,有含机上人鼎新之。

[史料143]　光绪《周庄镇志》卷四　风俗·四时之俗

十月朔日下元节，府县城隍庙开光演剧，有浸浦城隍来会问。

[史料144]　康熙《吴郡甫里志》卷五　神庙

府城隍庙，万历间建。邑志载，府城隍庙相传为春申君黄歇。康熙五年(1666)，庙复，又建东岳帝殿。[康熙丁巳重修，视旧倍整。]……昆山县城隍庙，在正阳桥东。

[史料145]　光绪《杨舍堡城志稿》卷十三

城隍庙，在城南庙湾街。旧系里社，明季，里人共建。

[史料146]　民国《法华乡志》卷八　遗事

城隍神之封公侯伯也，肇自明初，后易某府州县城隍司之神，而世多以有恩德于民者，或以乡先生之贤者实之。相传周太仆中鈜为奉贤城隍神[……]。他如明秦待制裕伯为上海县城隍神[……]，明沈方伯恩为青浦县城隍神[……]，清娄李邑侯复兴为娄县城隍神[……]。在康熙时，袭封张真人苾松，而邑人请封者也。要之，生为名宦，死为正神，礼固然欤。

[史料148]　道光《黄溪志》

A. 卷二　庙祠·城隍庙

即昭灵侯祠，祀唐苏州刺史李明[吴郡图经……]。国朝康熙中，移建圩之西南。先有西老太庙，祀宋总管金元七[姑苏志……]。顺治十八年(1661)建，遂并为一。

B. 卷八　丛记，"真人府封威灵王敕文"

泰元都省，恭奉玉旨金书敕曰：凡守土之神，宁社福民，宜加敕诏。照得江南苏州府吴江县范阳乡二十五都西依字圩北方金神庙，守土正神，一方保障……兹封尔神为护国佑民威灵王，颁赐恩敕，加增荣封……嘉庆九年(1804)四月　日，正一嗣教五十九代天师大真人臣张珏承诏奉行。

[史料149]　乾隆《奉贤县志》卷四　祠祀·乡土地祠

旧制，各乡皆有土地祠，为民祈报之所。今南庄行、南桥、萧塘、青村港、陶宅、四团等镇，皆建城隍庙。规模宏丽，僭拟邑城，于义无副。宜仍称乡土地祠,名斯正焉。

[**史料**150] **谭贞默"明中议大夫、太仆寺少卿李九疑先生行状"**(《嘉兴谭氏遗书》所收)

呜呼!先生状何容易。……默也疏本嗣君[李肇亨]所述行略,参诸畴昔步趋睹记,仿佛百一,诠次信笥,以备异日碑碣史乘之采录。……李九疑先生,讳日华,字君实,号九疑,别号竹懒……万历十九年辛卯(1591),先生年二十七,举于浙……越春壬辰为进士。……已既授江州司马……五阅岁……甫及最选,为负议监司,所媒忌构,先生俱同败,先生遂特左调。士民赴诉上官,乞留者数万指。……又耆齿数十辈,舣舟鄱湖,将走中丞,乞疏上白。值风雨夜暴,舟绝维,摇曳垂覆。刘姓者跪祝曰:吾侪所不为廉吏触谗祈雪者,原益疾风覆吾舟。俄黝黑中,流火如笼烛者三,其一独大,集桅颠,宛人手缀,舟子得周视揿柂,抵岸无恙。时有作神灯传以志异。……

附 录
浙江省萧山县小城隍庙调查报告
——城隍庙研究纪要(一)

(原载《大阪大学文学部纪要》第39卷,1999年3月)

[译者注] 该附录由滨岛敦俊教授撰写的"甲、前言"和滨岛教授据顾希佳教授实地调查报告(中文)翻译成日文的"乙、采访报告"组成。其中"乙、采访报告"本来准备直接采用顾教授的中文调查报告。但滨岛教授和顾教授两人手上都已找不到中文底稿,在取得顾教授的同意下,译者用滨岛教授翻译的日文稿再行翻译成中文。甲的脚注(①等)是滨岛教授的自注,乙的脚注,是顾教授的自注,乙的尾注是滨岛教授的译注。另外,日文稿附录的照片资料全部省略。

甲 前 言

滨岛敦俊

(一) 序 言

城隍是汉族世界中非常普及的城市守护神①,越南、朝鲜两国也以独特的方式接受其并发展成为非常普遍的神灵。对于考察在东亚、东南亚地区不断拓展居住空间的汉族及近邻诸民族的信仰及社会结合等而言,对城隍庙展开分析将为我们提供一个非常有效的途径。本文是对位于浙江省北部、杭州湾南岸萧山市东郊的"小城隍庙"的调查报告。

1992年夏曾在开往宁波的快车上目睹此庙的我,于1995年亲赴该庙考

---

① 关于城隍神的职能,古典的研究有邓嗣禹1935、那波利贞1934,新近的研究可参考滨岛1988a、1988b、1992。

察。但由于不懂当地方言,所以就想到委托曾在杭州、嘉兴、湖州地区长年收集民间传说并积累有丰富、绵密创见的浙江省民俗学会的顾希佳教授从事该项工作。顾教授是一位考察分布于天目山系的傩文化的非常有名的学者,即便在日本也是广受中国文学、民俗学研究者们的关注。顾教授曾经通过收集、整理现存于浙江省北部农村"神歌手"的招神歌,发表了复原江南三角洲"土神"①阶层性构造的论文(顾1990)。我深刻地受到了该论文启发,此后便与他一直维持着学术的交流关系。1992年,顾教授从浙江省海盐县文化馆研究馆员调任杭州师范学院副教授,预定为该院中文系开讲民俗学的课程。但由于"领导"②的变更,民俗学课程被取消,他现在从事着学报的编辑工作。

1995年夏,我与顾教授在杭州会面,向他说明:(1)萧山市有"小城隍庙";(2)从城隍庙的产生及常熟县小城隍庙的由来进行类推的话,可能会有十分有趣的发现。我还告诉他有碑刻存在,作为外国人去调查会受各种限制,因此要求他协助我,对该庙进行调查。回到日本后,我给爽快答应的顾教授寄去了有关调查事项的设计方案(地点、规模、建立、祭神及灵异传说、庙会、演戏等等),此后顾教授便到实地展开采访并收集相关资料,并于1996年秋寄来了调查报告。以上就是两人合作发表此文的缘由。

(二) 萧山小城隍庙的"发现"

1992年8月,我参加了先后在上海、松江、余姚三地召开的第三届明史国际学术讨论会,从松江乘上了开往宁波的快车,向余姚方向前进。经过浙江省会杭州并跨过钱塘江后,列车在萧山车站临时停车。从该站出发数分钟后,在前进方向的左侧,出现了一座正面很宽的大庙,虽然仅有短短的数秒时间,但透过渐行渐远的车窗,仍然可以看到很多人聚集在那里烧香。在此,我们非常清晰地看到了烟雾缭绕的场景。

这座庙宇基本上位于向东延伸的铁路线的左侧=北侧,中间隔着一条

---

① "土神"是产生于某一特定的地区,多数有着与当地相关联的灵异传说,大体上也在该地受到信仰的地方神的史料用语。

② 像"领导"这种现代中国法制用语,在日本没有相类似、对应的政治体系,故很难翻译。从中央到地方的各级机构首长之上,还存在着行使最终决定权的中国共产党支部委员会,其代表"书记"是各级机构实际上的首长。该领导层(名词)及其行使决定的行为(动词)就叫"领导"。

小河。据目测,相距基本在 50 米左右。庙与铁路并非完全平行,基本上呈 15 度左右的角度,形成 V 字状。正面四扇大门全都敞开,飘浮着烟雾。中央上面的匾额上,可清楚地看到"小城隍庙"的文字。还没来得及取出相机,其场景就远逝了。对我而言,除了文献史料中所确认的常熟之外(参见邓琳撰,道光《虞乡志略》;光绪《常昭合志稿》),这是所遇见的第二座"小城隍庙"。

作为余姚会议的考察活动,在参观完著名的遗址——河姆渡早期稻作遗存之后(1996 年 5 月突逝的浙江省历史研究所教授陈柯云女士,在过"渡口"时站在船头操着摇橹的景象栩栩如生地留在我的脑海中),我们就踏上了从余姚火车站返回上海的归途。我委托同行的东海大学浅井纪教授、国士馆大学奥山宪夫教授在车窗右侧注意该庙。在进入萧山站之前,果然见到了小城隍庙。据我的记忆,这次没有看到什么人,四扇大门中只有中央一扇开在那里。

从那之后,我就一直希望有机会亲临此地进行采访。1995 年 8 月,我在安徽省凤阳召开的第五届明史国际学术会议上作了"朱元璋政权城隍改制考"的报告,论述了长久以来在民间自生的城隍[①],由朱元璋政权统一编入到国家的"礼制"中去,演变成典章制度上的庙(此后刊登在吉林大学《史学集刊》1995 年第 4 期)。会上,我谈到了小城隍庙,指出它不单是在民间信仰、祭祀制度的研究方面,而且也为考察国家与社会,抑或是"理念与现实"的视角,提供了非常有趣的考察材料。会议结束后的同年 9 月,我与浙江省社会科学院合作,进行了嘉兴地区的农村调查。进入调查前,我们去杭州与他们碰头。此后的休息天早上,我与同行的地理学者、神户外国语大学小岛泰雄助教授雇了辆出租车,奔赴萧山。大概一个小时就到了萧山城区,先是购买了最新版的"萧山市地图"。

铁路在距离萧山站不远的地方,其路线就分叉为东上的宁波方向和南

---

① 中国的城=城墙都市,几无例外都指各级衙门治所所在地的行政城市,因而对周边特定的行政区域而言,它们属于处于上位的聚落,正因如此,守护神=城隍,自然被视为与现世地方衙相对应的冥界行政官。朱元璋政权的第二年,这一事实作为国法得到追认。但新任地方官到城隍庙表敬=参拜的习惯在前代就已确立。在 V. Hansen 教授论述宋代土神的形成的专著中,呈现了非常优秀的成果。但其关于城隍庙的认识似有不足,她把《两浙金石志》卷七《越州修城隍庙碑》中的"谒者"译为"those who visit",从上下文来看,这里显然应指历代知州,即应译为"the prefects"。

下的金华、江西方向。上次是在赴余姚途中看到此庙的，所以就认定沿前者线路走，故我们叫驾驶员朝前者方向开。结果浪费了大量的时间，整个上午都找不到该庙。其最重要的原因，是由于铁路在1994年冬，即上一年年末进行了大翻新，1992年所走的线路被改造成了河堤状的公路。同时与在中国各地所见到的那样，驾驶员缺乏读图能力，朝着不可能看见该庙的方向上徘徊，更加剧了时间的浪费。等我们问到此庙的时候，才知道该地属于距县城仅有三公里的东郊。最初朝着完全相反的县城西北方向走（我们把地图给驾驶员看，并提醒他方向不对，但驾驶员却听不进我们的意见），问了路边的老人，却说根本没听说过该庙。而当我们向其所在方向，即县城的东郊方向开时，知道此庙的老人、中年的男女逐渐出现。这一事项与信仰圈的扩展有关联，在此我们可以想象，由于县城的插入，其信仰圈不能向西郊一带扩展。

虽然我们买来了地图，但最终却费了三个小时才到达此庙，同时证实开头谈到的我的记忆是正确的。庙仍然同列车上所看到的情形一模一样。本来，我们是这样计划的：①上午参观小城隍庙；②接着参观水利史及开发史上非常著名的鉴湖遗址；③下午预定去考察近世、近代杭州湾新淤涨地的地貌。由于路上的周折，我们不得不放弃第③项计划。在卫星上天的今天，我们期待中国放弃没有实际意义的地图军事管制，向主权者的人民开放本国的各种地图，普及读图教育，至少让研究人员及驾驶员看懂方向。在研究人员进行的实地历史考察中，如不提供地图，特别是小比例尺的地形图、土地利用图，其所造成的不便，费尽笔舌也说不完。

走进空闲的庙宇，一位名叫姚阿二的老年妇女住在那里，她充满好意地欢迎我们。当我们用普通话跟她打听具体地点、所祭何神、庙的由来及庙会等情况时，虽然她完全能理解我们的话，但全部用当地土话回答，我们根本听不懂。我们虽然把出生在杭州的那位驾驶员从小车上叫过来，他也不太听得懂老太太的话。再次让我们体验了，虽然同属吴语的浙江方言，稍微隔着一定的距离，但却存在着"语言不通"的情况。我们好不容易听懂了其祖父（？）就居住在此，祭神与县城城隍庙相同，但却不能完全听懂"小"城隍的由来，是由于并排所祭的"夫人"与县城隍的夫人有什么不同。庙位于"半爿街"，这一点由老太太的住址及标志中得到确认。一般而言，近世以来，"街"是指城市、市镇的商业区，或者是城市聚落内的商店林立的道路。可以推测，这里原本可能是个商业中心地。找到了几通碑刻，但由于保存状况差，不能在短时间内判读其上的内容。

回到杭州后,我马上约见了顾希佳教授,告诉他萧山小城隍庙(随便提一句,身为浙江省民俗学会的领导者的顾教授也不知道该庙)的事情,并委托他进行实地调查,抄录碑刻。回到日本后,我马上寄给他相关的详细调查项目。

(三) "小城隍庙"到底是什么？——问题的所在

1988年发表的两篇拙稿,考察了明代以来的城隍庙的展开。以此为基础,从以下两个角度出发,我对小城隍庙抱有兴趣。

第一,从大而言,这与传统中国的"国家"与"社会"、"民众",或者说"理念"与"现实"相关。这一视角,是在我碰到方志中所记载的苏州府常熟县的"小城隍庙"时形成的。城隍庙是南北朝时期完全在民间产生的。它替代了一直以来的非人格神＝"社",属于作为人格神而形成的聚落守护神＝"土地"的范畴,可以说是城市版本的聚落守护神。到元代为止,县级以上治所所在地的城市,几无例外都有城隍庙。这些庙中,有很多都拥有王朝授予的爵位、称号或者赐予的匾额。但是,以上这些都是针对个别神、庙授予的东西,并不存在作为国家制度的城隍庙。

洪武二年(1369)正月丙申朔日的诏书中,下达了作为天下的通制,在府、州、县都设置城隍庙并祭祀的命令,并授予统一的爵位、称号。这一新制,在历史上第一次在国家祭祀中确立城隍的位置,但还没有进入到信仰的内容,而是仍然照本采用历代以来民间的习惯。但在次年的洪武三年(1370)六月颁布的诏书中,却全面否定了城隍神的人格神的属性,把城隍视作是与山川、风雨、雷霆相同的自然神,不仅剥夺了所有的称号、爵位,而且还下令彻底毁坏偶像。由国家强制进行了理念上的大变革。如引用我旧作里的话,那就是"二年新制把民间信仰不加变化地吸收到整齐划一的体制内,三年改制则是依靠国家权力对民间信仰的强夺"。(滨岛:1988b)

如果切实按照三年改制的论理(充满着原理主义朱子学的气息)来执行的话,既然城隍神是自然神,与自然的"气"相共存,就应该在露天的坛上祭祀,彻底否定遮拦风雨、阳光的庙屋。三年改制时,虽然毁坏偶像,但却没有毁掉庙屋,不知是何原因？事实上,在洪武二年正月戊申所发布的其他诏书中,就已命令"城隍"作为自然神的"地祇"的一种,与岳镇、海渎、山川一同在

"地祇坛"祭祀。也就是说,在典制上,存在着与城隍庙平行的城隍坛,有关这一点,直到清末为止,在众多方志中都可看到。再者,在三年六月改制时,也赋予了城隍与现世的知事相匹配的"冥界行政官"的职务、权限,并规定其庙制仿照县衙。也就是说,我们可以推定,虽然有"坛",但由于需要行政官厅的建筑物等原因,尽管否定其人格神的属性,但却没有发展到由庙变更为坛的地步。

城隍坛与城隍庙并存,国家典章制度上存在着明显的矛盾,这一现象不禁让人产生出当时权力中枢存在着观念上的对立,形成了不同思想集团的想法。我们可以想象,当时存在着以李善长等胥吏出身的江北人为核心的中书省的"现实派"和以宋濂等江南(特别是浙东)人的正统士大夫的当任"礼官"的"理念派"的对立。常熟小城隍庙就是这种对立的后果。据传说,其建庙历史可以追溯到梁代的城隍庙,由于洪武三年六月突然颁发的一纸诏敕而遭拆除之时,县人悄悄地把神像搬到城外隐藏起来,并继续祭祀。不久,随着极其不现实的三年规定的空洞化,在城内的城隍庙恢复了神像、称号的同时,城外的旧神像也转变成别的城隍神而被祭祀,于是就被称为"小城隍庙"。道光年间私撰方志,曾为20世纪初光绪《常昭合志稿》提供众多材料,并被经常直接引用的邓琳《虞乡志略》说道:

> 社稷城隍庙:在南门外"风云、雷雨、山川、城隍坛"东北。琳按:"社稷坛"在北门外,距庙甚远,不应称为"社稷城隍庙"。旧传明洪武中,诏城隍神只立木主,禁事土、木神像。邑人因将城内城隍神像移至南门外坛斋宿房内,谓之"小城隍庙"。
>
> 后禁稍弛,城内城隍庙新塑神像。而"小城隍庙"之神像遂谓之"社稷城隍"。盖土人误认"风云、雷雨、山川、城隍坛"为"社稷坛"。庙因近坛,故以名之耻。如从"小城隍庙"的封爵称忠安王来看,应该是苏州府城隍神的封爵附会到此。如是这样的话,现在称为小城隍庙,充其量不过是常熟县城隍的行宫。(以上主要参考拙稿1988b)

第二,聚落中心地机能与城隍庙的关系。一个非常有趣的现象是,清代江南三角洲有大量镇城隍庙。城隍庙是有城墙城市的守护神,自明初载入祀典后,应该设置且可能设置的聚落在国家制度中都有规定,县城以下的聚落,不能有城隍庙。严格地说,现存所有的镇城隍庙都不过是属于违反法制的"淫祠"。正像县城以上城市的城隍庙其存在虽没有疑议,但都公开无视禁除偶像和封号的规定一样,江南三角洲的多数大市镇,明末清初都建立了自己的城隍庙。

至于其原因,则在于这些市镇都已具备了经济上,进而是社会上、文化上的中心地的功能。与建立镇城隍庙相并行而产生的惯行是"解钱粮"、"解黄钱"。也就是对于周围村落的村庙=土地庙而言,镇城隍庙居于上位,各土地庙在自己的土地会或镇城隍庙庙会之际,都从自己的领域=庙界所属的各村中,在募集现世的货币作为会费的同时,也征收纸钱、冥钱。这种征收被称为"催钱粮"、"解黄钱"等,它仿效了现世里长征税行为的词句的称呼(解是指上缴的意思)。另外,此时还经常把土地神=土地老爷的神像抬出来(抬老爷),赴镇城隍庙表敬,这一行为拟似地方官到朝廷朝觐,用"朝集"之类的用语来称呼(以上主要参考 1988a)。

也就是说,镇城隍庙是以市镇为核心的农民生活圈="乡脚"的中心地的"中心庙",对乡脚内部的"下位庙"=土地庙而言,居于"上位庙"的地位。毫无疑问,中心庙、上位庙并不一定是城隍庙。在常熟四大巨镇之一的东唐市,建于崇祯年间的城隍庙,因为没有应验当地有权势的人的祈愿(治疗其子的痘疮)而被烧毁,直到清末为止,该镇都不再有镇城隍庙。但东岳庙"每岁春季,村社诸神朝集"(拙稿1993),该镇确实还是存在中心庙、上位庙的。

萧山"小城隍庙"位于离县城有一定距离的农村地带,小地名带有一个"街"字,让人产生该聚落有可能是一个地域范围内的商业中心地的想法。"转坝头"(参照后述顾希佳的报告)的地名也增加了这种推论的可能性。"坝"是指闸门或堰堤,通过这一地名,可以想象,这里曾经是小规模的水运向陆运或大规模水运中转的地方。

(四) 关于顾希佳教授的调查报告

正是基于对上述问题的关注,我们设定了调查项目,委托顾希佳教授去当地采访,后来教授把他的成果邮寄过来。由于顾教授非常希望公开出版,因此由我和顾教授共同合作,发表了该成果(原文是中文,由我翻译成日文)。

正如正文所表明的那样,萧山东郊的小城隍庙到底是怎样产生的,现在还没有定论。但顾教授对当地的采访以及资料的收集,则为萧山小城隍庙带来了值得重视的见解。以下两点是其中值得我们重视的。

第一,对萧山县下属的其他小城隍庙的考察。特别是对西兴镇城隍的介绍非常有意义,为城隍庙历史研究提出了一个新问题。也就是,南北朝时期设立了城隍庙的城市聚落,在明初国家统一制定城隍庙制度时,如果仍然是县级以上的行政中心,那么就不会有问题。但从南北朝时期至明代为止,州、县的废弃并非稀见,过去曾经建有城隍庙的行政城市后来衰退了,丧失了其行政体系中的相应地位(县城改变)的事例并非罕见(但在宋代以来不断开发的江南三角洲低地,这样的现象相对来说少见)。位于这种聚落里的城隍庙,明初以来到底是如何处置的呢?可以说,这为我们考察小城隍庙的产生、存续时提出了新的视角。

第二,民俗学方面颇有成就的顾教授,还提出全国广泛存在着小城隍庙。顾教授所依据的民间传说,即从民间文学工作的角度所收集上来的传说集的记载还过于简单,还有不少余地留待今后的具体考察。总之,顾教授为我们提出城隍庙研究中应该具体解明的诸多事例及课题。

顾教授的采访工作当然是非常有价值的,但我们还是不得不说,他没有充分吸收顾嗣禹(1935)、那波利贞(1934)两位先学以及最近 D Johnson(1985)滨岛(1988)等先行研究的成果(关于此事我当面跟顾教授说过),因此我并非完全同意顾希佳教授展开论述的部分。一位练达的民俗学者所完成的采访记录,为今后的研究提供了资料,正是基于这样的价值判断,所以我们决定公开出版。

另外,顾教授受到这次调查的启发,提出了把考察范围扩大到浙江全省的构想。毫无疑问,对全省进行详细、全面的调查,在现在情况下是几乎不可能的。因此顾教授决定用"通信调查"方法。现在顾教授正准备给活跃在全省范围内的民间文学工作者们寄去调查表。我们非常期待他的成功。

乙 采访报告:萧山小城隍庙调查

顾希佳采访　滨岛敦俊日译
(以下脚注是顾希佳原注,尾注是滨岛敦俊译注)

浙江省萧山市(原为县,20世纪80年代改成县级市)有小城隍庙。旧时各地都有城隍庙,但名称上冠以"小"字则很罕见。之所以称为小城隍庙,关键虽在于规模之大小,但从民俗来看,还是有其形成原因的。

首先,旧时萧山城内另有城隍庙。方志中记载历代帝王曾对其敕封,明清时期的地方官也经常进行修葺。其次,历代城隍庙都造在城内[1],萧山"老城隍庙"也在城内。而此庙却在城外,与其本义有所不合,故称为"小"。从这点来看,对萧山小城隍庙进行民俗学调查,将会促进对旧中国民间城隍信仰的理解。因此笔者(顾希佳,以下同)于1996年5月和8月先后两次赴萧山调查。以下就是这次报告的内容。

(一) 萧山小城隍庙概况

萧山小城隍庙位于现在萧山市城区[2]的东郊。沿着萧绍公路,到达新建的萧山商业城[3]一带,其南侧有一条小弄,向南走一百米左右就到了小城隍庙。小地名叫"半爿街",也名"转坝头"[4]。现在属于城厢镇半爿街村,历史上属裘江乡半爿街村,民国时期属由化乡湖里村。据民间说法,此地距萧山县城"五里路"。县城城墙早已被拆,其遗迹是现在水泥铺设的"环城路"。现代"萧山市区图"上仍可找出旧城墙的位置(附图一),由此可知"小城隍庙"确实在城外。

半爿街是农村,原本以种植水稻为主业,无蚕桑,副业主要有鱼[5]、菱及家庭饲养业。虽称为"半爿街",其实不过沿着河有一条小路而已。街南侧是河,北侧弯弯曲曲地分布着一些民居[6],小城隍庙就混杂在其间。

庙门南向,前门匾额上写着"小城隍庙"四字,当地人也称之为"变城隍庙"。问其理由,回答说是"变猪"、"变狗"的意思,显然这与佛教的"轮回报应"思想有关。

该庙主祀城隍叫"小周明王",封爵是"崇福佑王",这一封号实际上与城内"老城隍庙"相同(后述)。当地人说"这里的城隍神与城内的城隍神以及湖湘里的城隍神,都是一个神"。据庙祝姚阿二说:

> 过去爷爷曾说城隍神住在湖湘里,因被火灾烧毁,搬迁到萧山。城隍老爷是同一个,但他娶了两个老婆,正夫人住在城内的老城隍庙。二夫人住在城外,即这里的小城隍庙[7]。

显然这是民间关于其由来的说法。为了进一步了解传说,我们去问了城内外的不少老人,没能找到其他不同的说法。关于神的出生、显灵传说或者是神的官位升迁等,与其他地方的城隍常常交缠不清,传说通常让人捉摸不定。关于萧山小城隍庙由来的传说,至今还没能采集到。

小城隍庙的规模,正面有六间,深三进,中间有天井(四周被建筑包围的庭园),总面积约在一亩前后(省略土地、丰都、阎魔殿的介绍)。经过道,穿过天井,就是城隍殿。正面中央供着城隍神,前方左右侍立着阴、阳判官,两侧靠壁排立着衙役。天井的右侧,是厨房、斋堂(食堂),供参拜者吃饭用。

1996年5月24日,正好有十多名农妇前来烧香。其中一户农民(夫、妇及小孩一人)委托当地的一名"香灯师傅"唱宝卷——《十报恩忏》,庙中很是热闹。庙祝叫了两位农民,与我们一起座谈。

参加座谈的有:姚阿二,女,66岁,庙祝;王阿多,女,66岁,半爿街村农民;徐金和,男,61岁,螺山杨兴村农民。

关于该庙的创设年代、缘由等不清,他们说只知道祖先世代居住在此。新中国成立后,转用作供销社[8]仓库,小山般堆满了农用资材。此后又用作生产队里的"串毛场"。所谓串毛场,就是用各地收购来的鸡、鸭、鹅等鸟类的羽毛,加工制作成羽毛掸的手工业工厂。当我们问及旧庙的菩萨[9]何时被毁弃时,大家都回答说记不太清。大家共同的记忆是:抗日战争时已开始衰败,20世纪60年代初"农村社会主义教育运动"[10]时,仅剩的数尊菩萨也被破坏。到了20世纪80年代,终于有几位志同道合的人与庙祝商量,捐款修复此庙,并新塑了像,渐渐地达到了现在的规模。

当地人习惯上把"看庙人"称为"庙祝",从事捐款并修庙的人叫"东家人",来庙里烧香的人叫"香客"。这座小城隍庙的香客除了附近的农民外,远的有来自绍兴柯桥、余杭临平[11]的人。阴历每月初一、十五两天,香客特别多,其中也有来许愿的人。许愿时,通常委托民间半职业歌手"香灯师傅"唱一种"佛曲",这叫做"拜忏"。这天我们碰到了叫吴桂珍(女性,58岁,徐河村农民)香灯师傅。她所唱的是类似于宝卷[12]的"十报恩忏"歌曲。

信徒们组成了临时性的叫做"会"的信众组织,有十数人至数十人不等,一起前来烧香。会员拿出适当的金钱,以之购买香、蜡烛、纸元宝等迷信用品,以及中饭费用。通常每人都带些米给庙祝,由庙祝叫帮手准备一些简单的饭菜。香客们整天都在庙里过,结束前为首人制作好记有每个人所付钱款数额及支出细目的"清单",然后在神像前烧香礼拜,并誓言公正,这样就结束了活动。这样的会,并非是固定的组织,参加、退出都是自由的,也无约束。只是形成大体上的群体,按照烧香期日命名,主要有:

龙华会:其主祭神是玉皇大帝,阴历二月、四月、六月、八月的每月初八。

阎王会:主祭神是阎王,每月初九。

月香会：祭土地神，每月初一和十五。

庚申会：庚申、壬申、甲子那天烧香，届时必诵《庚申经》。

圣诞会：城隍神诞辰日。

这些会，有的人只参加其中的一项，有的人则根据自己的兴趣参加数项。或者随时变更，交叉参加。这里城隍神的生日是九月二十三日，到了这一天，附近的香客都聚集到庙里，通宵点灯，从二十二日夜至二十三日，持续烧香念佛，祈求神的保佑。

但是该庙的城隍神并不出巡[13]，也无盛大的庙会，不演戏。观察庙内设备，只有泥塑神像，并无供抬出去巡游用的木像。当我们问庙祝及本地农民时，他们回答说没有戏台，可以说没有地方可供演戏[14]。这是与其他地方大不相同的地方。

据说萧山风俗，城隍神是不出巡的，甚至城内的城隍神也不出巡。萧山出巡的神有关帝、张相公、黄山西南、西施娘娘等。除关帝之外都是地方神，人们把这些神都看作是水神。其出巡，都与求雨、防洪等水利相关。

小城隍庙与当地其他庙宇之间，历史上并无特别的关系。但在观念上，地位上的上下级还是有的，一般认为最高的是东岳庙，接着是城隍庙和小城隍庙，最低的是土地庙。在这座小城隍庙的前殿也设有土地殿。但是大家都说庙跟庙之间并无经济关系，也没有土地庙朝集、解黄钱等现象。

关于庙祝，我们所能了解的情况是，姚阿二的公公汤建川之父是庙祝，他本姓陈，萧山县长山镇农民，八岁时被卖到小城隍庙，当时庙祝姓汤，故改姓汤。老庙祝去世后，建川继承了其职位，1958年84岁时去世。其子张陈坤年轻时当过和尚，后还俗，21年前去世，妻姚阿二即现在庙祝，管理着庙产及庙内事务。

（二）萧山的五座城隍庙

为了了解方志对萧山小城隍庙的记载，笔者查阅了万历、乾隆和民国《萧山县志》。前二者都没有记载小城隍庙。民国三年（1914）《萧山县志稿》卷七"坛庙·城隍庙"项末尾，则简单地谈及了该庙，"东门外五里牌，别有小城隍庙"。

由上述记载可知至晚在民国三年已有此庙的存在。万历、乾隆县志没有关于此庙记载，并不能说明当时不存在此庙。第一，庙里保存的石碑显示该庙由来已久(后述);第二,我们可以这样认为,小城隍庙属于民间祭祀,不具有正统性,与朝廷敕封的庙有别,撰写方志的人把它视作淫祠,因而没有记载,也在情理之中。

所有的方志都记载了城内的城隍庙。民国《萧山县志稿》承接前志,详细进行记载(以下是史料介绍、略)。据此记载,城内城隍庙受朝廷及地方官重视,修葺全由地方官组织。庙的规模及型制与小城隍庙显然有别。老城隍庙现已无存,其遗址上建立了朝晖中学。

另外,庙祝把小城隍庙封号当作"崇福佑王"。据县志记载,"吴越王钱镠奏封崇福侯"。该区方言的发音,"佑"与"侯"很难区分,也许是讹音。如是这样的话,这两处所祭都是同一神。据方志记载,萧山县还有一座城隍庙,叫"西兴城隍庙"。关于该庙,民国《萧山县志稿》卷七"坛庙"作如下记载:

> 西兴城隍庙。(康熙刘志原注:庙号永固王,亦称城隍者,当是吴越时于此建城,故有此称。乾隆志同。按:康熙刘志于邑城隍庙外别标西兴城隍庙,乾隆志则系于邑庙之下,曰:一在西兴镇,窃谓西兴旧有固陵城,其祀城隍宜也。且与邑庙别为一神,今从康熙志。又按:宋潜友《咸淳临安志》,本府城隍神,旧号永固,是不独西兴为然。今改祀越大夫范蠡,不知始于何时?)旧在江塘,邑绅朱懋文徙建大街北。(康熙刘志及乾隆志。按:庙在永兴闸东,庙基下空,为永兴闸通运河处,庙前有亭,皆方石柱,道光三十年启闸泄水,亭圮,咸丰间重建。)咸丰十一年毁,同治初里人重建。一在运河南岸仓桥东,亦祀范蠡,未详创始年月,同治九年重建。

从这一记载可知,西兴原有两处城隍庙,全都祭祀范蠡。

西兴是过去的固陵城,故有城隍,实合情理。萧山县有"先有西兴镇,后有萧山城"的谚语,可知西兴历史的古老。关于固陵城,民国《萧山县志稿》卷九"古迹"载:

> 固陵城(即西陵城,又名敦兵城)。《吴越春秋》:越王勾践与大夫种、范蠡入臣于吴,群臣皆送之浙江之上,临水祖道,军固陵。《越绝》:浙江南路西城者,范蠡敦兵城也。其陵固可守,故谓之固陵。《水经注》:浙江又迳固陵城北,《嘉泰会稽志》:西陵城在萧山县西十二里,五代末吴越武肃王以陵非吉语,改曰西兴(互见"山川"及"市镇",乾隆志)。

该志毫无遗漏地记载了西兴的历史沿革。"敦"字与"屯"字相通,西兴原本是驻军重镇。固陵这一名称,意为固守之地。由于是范蠡驻军地,后人以范蠡为西兴城隍,符合情理。

接下来再去调查西兴城隍庙。据当地老人说①,西兴原有大、小两座城隍庙。大城隍庙现在下街古运河之畔,20世纪90年代初于原址处再建的。再建的庙宇规模甚小,只有一进三间。中央房间祭祀着城隍神和城隍娘娘,左侧房间堆放杂物,右侧祭祀朱天菩萨与观音。据老人回忆,"过去的城隍庙非常气派,共有三进,前面还有凉亭,后面大殿祭祀城隍神及城隍娘娘。每年春秋各有三天演戏。城隍神的生日是正月初十日。过去有一位叫做阿校的庙祝,现已过世,庙现由'念佛'[15]的老太婆管理"。

还有一处小城隍庙在上街,建筑物已无存,遗址处现已成为粮油供给站。据老人回忆:

> 过去这里城隍庙的规模比大城隍庙还大,有三间三进。前殿有四大金刚,中间有石铺天井,后殿祭祀城隍神、朱天菩萨。大门前有戏台,每年七八月连着三天,必定上演绍兴戏。过去由和尚[16]管理,现已过世。

最后是有关湘湖湖畔的大城隍庙。现在已经毁掉,其屋基还残留有石板。20世纪90年代初,当地农民在旧基上建立三间平屋,充作临时的城隍庙,祭祀城隍菩萨。现在当地民间流传着这样的传说:

> 湘湖过去是萧山县的中心,人们称之为"湖心地"。最初萧山县衙门建在此地,不知什么原因,老是坍塌。不得已,只好把县城迁到现在地点。正由于此,过去这里一直有城隍庙,人们称之为大城隍庙。

当地城隍神姓杨名藩,五代时曾割据一地称王,后臣服于吴越王钱镠。该庙周边聚落叫杨家里,全村姓杨。当地传说存有"皇坟",杨藩是杨大老爷,又称黄金大帝,披着黄袍,其子孙免缴皇粮。②

湘湖有大城隍庙一事,前述三种萧山县志中找不到其相关记载。但是乾隆十六年的《萧山县志》卷十五"坛庙"中则可找到如下记载:

> 杨郭二长官祠。《万历府志》:在湘湖滨。《西河水利志》:明洪武丁

---

① 受访者周丙衡,男性,81岁,当地农民。采访现场还有三位分别姓潘、孙、李的中年男子(全是农民)。

② 关于这一传说,参照《钱王传说》(成都科技出版社,1995年)所收的《收服杨藩》。

巳[17]邑宰张懋建杨、赵、顾、郭四公祠于湖滨,名四长官祠,春秋两祭,以报其功。后不知何时忽改为杨顾二长官祠,又以杨顾二公为湘湖土地。既又讹杨顾为杨郭,以其祠移湖滨湫口之净土寺傍。凡民间岁时祷赛,巫师皆得诵其号,如土谷焉。

也许杨、顾二公是该地官员,因兴修水利有功于当地百姓,故死后建祠祀之。后人把他们祭为"湘湖土地",并由"土地"升为"城隍"。这当然是一种推论,无确实证据,故不能断论[18]。

就这样,我们知道旧时萧山县有五座城隍庙。其中两处在城厢镇[19],老城隍庙在城内,小城隍庙在城外。其他两处在西兴镇,有大、小之分。再有一处是大城隍庙,位于湘湖畔。(现在属义桥镇,小地名叫杨寺。)

(三) 小城隍庙的由来及其传说

至此,我们应该探讨一下萧山小城隍庙为何建在城外,什么时候建,以及到底为什么兴建等问题。在现阶段,要想得到完整无缺的问答是不可能的。如前面已述那样,方志记载非常少,虽然看过不少文人的笔记、随笔之类,但至今尚无收获。

尽管如此,小城隍庙内仍然残存着三块石碑,为我们提供了若干资料。由于年月已久,保管不善,加上石质原本就不太坚固,因此石碑风化、脱落得厉害。至今为止的几次修庙,都把石碑切断嵌进墙里。幸运的是,碑面还没完全砌没,现在还可辨认一些内容。我们曾经委托当地文物管理部门进行拓片,但请来的人一看到石碑,就垂头丧气地说已无法拓印。没有别的办法,我们只好请庙祝帮忙洗净石碑以便认读。

第一块碑在天井,嵌在土地殿的墙上,上面刻有"光绪十三年二月",是"绍兴府萧山县正堂"的告示。大意是:"据闸头庄监生倪步香"(接着一连串乡绅[20]的名字)等人"呈程"[21]。"东门外小城隍庙"由于经常遭受无赖棍徒侵扰,县衙给了批示,发出布告,严禁此事。我们可以看到,这里的小城隍庙并不像城内的城隍庙那样正统,并不享受城隍庙应享的待遇。经地方乡绅[22]力争,终于在光绪年间取得地方行政长官的正式公文,宣告得到官府保护,严予取缔无法之徒及闲人随意侵占,决不姑息。石碑上告示的开头,明确写着颁发布告禁止,并刻石以存未来。

另外的两块碑为小城隍庙重建"东岳圣帝殿"和"土谷祠"[23],位于龙图殿的南墙里。

第二块碑立于"道光十二年九月",记有"小城隍庙东岳圣帝殿建造捐款者芳名",刻了"护法弟子莫有长"以下"信士捐钱清单",最后的落款是"募捐住持学明勒石碑记"[24]。

第三块碑刻是立于"光绪四年岁次戊寅正月"的"城隍庙兼土谷祠"的《重建碑记》。落款是"僧静一","历三十年之力成,谨为刊石"。其前有"信士捐募清单",紧接着是三百字、四行半的序文,刻字很难认读,且随处混杂有复杂的别字,很难誊录,其大致意思是:

> 千五百年古庙,创于唐宋,泽恩万姓。频遇刀兵、水火之灾,数度夷为平地。明初建草房,暂厝神像,僧祖广老和尚募建小庙,乾隆间众姓再添土谷祠。道光初年,学修、学明历数年之力,建成东岳圣帝殿。咸丰年间[25]再遭兵乱,庙毁仅剩片瓦。僧静勤俭,历经二十年之劳重建城隍庙。

由此可知,虽然"开创于唐宋"缺乏证据,但萧山小城隍庙的历史还是极其古老的。(中略:与前述意思相同)若与现在城隍庙结构相比照的话,道光年间建立的东岳圣帝殿已无,所祀神灵已被更换。但光绪年间重建的部分,迄今尚基本得到保存。现在的前殿虽称是"土地殿",可能就是当年的"土谷祠",后殿仍是"城隍殿",没有什么变化。

至于小城隍庙建在城外的原因,迄今为止尚未能发现较为满意的回答。如前所述,据我们对庙祝及当地老人的采访,其中说法之一是因湘湖城隍庙被火烧毁而迁移于此;另一种说法是,城内城隍神娶了两位夫人,大夫人居住在城内,小夫人居住在城外。这样的传说当然是无法让人信服的。因此,我们有必要借用别的地方的资料,拓展我们的视野。

城隍庙建在城外的这一民俗事例,并非为萧山所特有,杭州、天津、成都、兴国(位于湖北省)等地均能找到,这些地方还留下了非常生动的传说。

杭州的传说:省城隍原本居住在城隍山[26]。有一年发生大旱灾,巡抚命人抬出城隍像,让城隍老爷与自己一道在烈日下曝晒祈雨。半夜,城隍托梦给巡抚,请求巡抚饶恕自己。巡抚要其告知求雨之法。不得已,城隍说下月初一黎明时到玉皇山[27],可以碰到一位和尚[28],那人实际上是玉皇大帝,向他求雨就行了。巡抚按照他说的那样去做,果然遇到了玉皇大帝,把他抓住不放。玉皇大帝眼见逃不脱,没有办法,就答应传达这一愿望,并询问到底是谁让他们这样做的。巡抚一时兴起,不小心就把城隍给抖搂了出去。

不久就下起大雨。当天夜里,城隍再次显形于巡抚梦中,说玉皇大帝大发雷霆,发配自己到西北边境充军,继任城隍即将到来,他留在杭州的家属没有住处,请求巡抚照应。于是巡抚就在杭州城里羊市街找了三间房子,安置了城隍神的家族,这样人们就把它称为小城隍庙。①

天津静海县传说:静海城隍庙在城里,面向儿童上学的道路。有一天,一个小孩扔雪球到城隍耳朵,并不许化掉。天气转暖,城隍神无奈就把此事告诉了小孩的老师,老师训斥了这个小孩。这个小孩就在纸片上写了"城隍、城隍,免到辽阳"一行字,并把它贴在神像上。城隍神就去了辽阳,但那里没有他的容身之地,不得已又返回,再次托梦老师求助。再次遭到老师训斥的小孩,又贴了张纸条,上面写着"辽阳不住,再回本处",但此时新任城隍神已到,旧城隍神在静海已无安身之地,没有办法,只好托梦给袁门口的袁大乡绅,要求造庙。于是袁家就在城门外造了小城隍庙。②

成都的传说:明朝状元杨升庵年幼时,与同学下赌并向城隍神起誓。城隍神怕惹怒状元公,就让其同学遭灾断了脚踝。杨升庵顿怒,就画了一幅"城隍爷戴枷图"。城隍神托梦给杨的老师求助。但杨升庵并不让步,坚决主张把城隍神放到城外。此后杨升庵成了状元,人们就在成都北门外的金华街造了个城隍庙,城隍神被搬迁到了城外。③

湖北兴国的传说大体类似于成都,只不过主人公换成了卢高。④

这些类似的传说,其共同之处在于:人们把城隍神流放到城外的理由,都说成是由于城隍菩萨犯了过错,被玉皇大帝发配。很多传说没有谈到"令其流放"的玉皇大帝,但通过长大后注定要当大官的小孩所说的话,实现了处罚。在成都该小孩是杨升庵,湖北兴国则是卢高。天津静海的小孩虽然没有留下名字,但城隍庙的小鬼都知道他的事,称他为"都堂",因此之故,那个小孩的玩笑也就肯定会实现。这四个传说,除了杭州的比较特殊之外,三个都属同一类型,可能是由于传说的流播而产生了变异。

但在我们这些从事民俗学的人的眼里,城隍传说永远都不过是城隍信

---

① 顾希佳《菩萨外传》(上海文艺出版社,1989年),页116~121。此故事最早发表在1930年的《民间月刊》。
② 《天津风物传说》(百花文艺出版社,1984年)所收的《静海两城隍》。
③ 《成都的传说》(上海文艺出版社,1987年)所收的《撵城隍》。
④ 《中国民间文学集成·湖北兴国县卷》参照。卢高,顺治九年(1652)进士,曾出任浙江驿盐道,管辖浙江、安徽、江西、湖广四省,民间流传有很多关于他的传说。

仰的派生物,随着城隍信仰的隆盛而形成了传说并流布开来。很多情况下都是先有城隍信仰,然后才形成相应的城隍传说。与这些庙有关的传说,都是先有庙,然后有其相应的传说来说明该庙的由来。因此,这些传说,虽然可以作为风俗史的参考资料,但并不能照本当作历史事实。

　　关于小城隍庙为何造在城外,我们也许可以作如下想象:随着城隍信仰的壮大,以庙祝、和尚等宗教仪能者为首,在当地很多信徒的支持下,通过募捐或随缘乐助,经若干年的准备,终于能在城外某地建立城隍庙。这完全是民间自发的事业,相对于此前城内已有的、得到官府庇护而得到承认的正宗城隍庙,就以小城隍庙自称。我们从萧山小城隍庙的三通碑刻中得到了这样的印象。在小城隍庙建好后,有关的传说就开始在人们之间流播。这应该符合民俗学的一般法则。

　　(关于南北朝以来城隍庙的源流及明初变革的部分,先行研究已谈得很充分,故削除)在小城隍庙形成过程中,地方官往往采取了宽容的态度。其原因之一,可能在于这些新形成的小城隍庙并不会对城内正统的城隍庙构成任何的威胁。在旧中国,真正从心底信仰宗教的虔诚信徒并不太多,绝大部分都是功利主义者,见庙就烧香,遇神就磕头,临时抱佛脚,病急乱投医。所有的一切,都不过是求得精神的慰藉。因此他们大多不会认真考虑庙及神的设置是否符合规范等问题。也许正是在这样的文化背景下,才出现了诸如萧山小城隍庙之类的祠庙。

　　(附记:这次调查中,得到了萧山市文化馆徐士龙、吴桑梓两位同志的热忱帮助,在此特表谢意。)

译注:

　　[1]城隍庙并不一定都在城内。就我所见,浙东余姚县、江南昆山县的城隍庙都在城外的山上。另外,Johnson D.曾经考察过的浙江省南部的台州宁海县的城隍庙同样也位于城外的山岭上。

　　[2]如本报告开头也有的那样,在中国大陆的行政制度上,"市"有三类,在省一级的市、专区一级的下面,还有一类是把原来的"县"改编成"市"。作为最下等的县级市,市下面又分成城区、郊区和诸镇、乡。但郊区也会整合在一个镇,如附城镇、城厢镇等事例。

　　[3]可能是赘言,"城"并不指"城堡",而是指"城市"的意思。

　　[4]可以推定,"半爿街"是聚落名称,其小地名可能是"转坝头",显然与水路有关。据观察,现在庙前方的水面,被铁路(老路)土堤上的堆土截断成池塘的形状,可推定原本可能是条相当宽广的水路。

[5]是养鱼还是捕鱼还不清楚。在此要提醒注意的是,渔民与农民或陆上定居民的信仰特征有着明显区别。

[6]半爿街这一名称,可能来源于店铺仅分布在道路的一侧。名称同商店街形态相关的事例,并不罕见。

[7]原文是"他讨了两个老婆,大老婆住城里……小老婆住城外"。

[8]供销=供给,消费(销费)。供销社=供销合作社。公社化时期,全面负责流通、商业的机构。

[9]与佛教、道教等宗派没有关系,老百姓把寺庙的神像都叫成"菩萨"、"老爷"。

[10]在"大跃进"凄惨的失败之后,毛泽东派与刘少奇派之间展开的政治运动。起先是1963年5月的"毛……前十条",其次是同年九月的"刘……后十条",进而发展到1965年1月"毛……二十三条",成为"文革"的前期阶段。

[11]临平是杭州东边的巨镇(现余杭县城),柯桥是绍兴市所属的名镇。

[12]宝卷是明清时期民间信仰、宗教结社的经典。

[13]城市及农村诸庙庙会,在演戏的同时,抬出神像(抬老爷)巡行一定地理范围的情形是很多的,这种现象叫做"出巡"。

[14]即便顾教授所介绍的县城城隍庙也是有常设戏台的(民国《萧山县志稿》)。据后述老人回忆,西兴镇大城隍庙无常设戏台,西兴镇小城隍庙有常设戏台,都有演戏活动。半爿街的小城隍庙也很可能演戏。这里说没有演戏,很可能是由于老人记忆不太清楚。据费孝通对开弦弓村的著名调查(1935年实施),还有戴不凡有关浙江省建德县的回忆,以及滨岛等对江南农村的调查等可确认,20世纪20年代中期,由于经济萧条引起了庙会、演戏活动的消失,随之出现了收费的演戏活动。从调查的时间点=1996年,60岁出头的老人来看,他们没有记忆也是理所当然的。

[15]这里采用了顾教授的用语"念佛",其意思很可能与日本通常所用的"念佛"含义有所区别。这位老妇女,很可能就是承担前述顾教授所介绍的半爿街小城隍庙的"拜忏",即"委托民间半职业歌手的香灯师傅唱一种佛曲"的宗教仪能者,"念佛"可能就是与拜忏相类似的活动。

[16]和尚并不一定只指僧侣,是一个包含道士在内的概念。根据我们的实地调查经验,农民们用"吃素"(佛僧)和"吃荤"(道士)来区别"和尚"。

[17]洪武十年,1377年。

[18]这位杨姓土神庙宇所在村落的居民都姓杨这一事实,到底反映了什么呢?江南三角洲多数土神有一个共同特征,除了都是有姓有名的人格神之外,都存在着同姓子孙后代。对于这类死后成神被祭祀的人物有着子孙一事,我们应该颠倒过来解释。事实上,存在子孙,他们几无例外是巫师(凭依型 possession type 的萨满 shaman),为了提高他们自己所凭依的神、鬼(亡灵)的权威,把其祖先(自称)锻造成神,并伪造了灵异传说。(以上参照滨岛1993b中的诸土神)杨家里居民中,很可能存在着靠巫业维生的家庭。从这层意义而言,杨姓土神到底是谁,是历史上的哪位人物,并没有多大的意义。

［19］在现代中国行政区划中，县城及其近郊区域被命名为城厢镇的情形是很多的。城，毫无疑问是指城市，厢是指县城近邻的郊区，这是自古以来的史料用语。

［20］在这种情况下，连名顺序通常按照官阶来排。排在前头的是"监生"，可认为不包含举人以上功名或出仕贡生，在江南三角洲被视作是"乡绅"的人。顾教授可能用"乡绅"这一词来称呼地方上有权势的人。这是否恰当，还有待进一步探讨。

［21］并没有"呈程"这样的词语。如果是用来记述请愿事实的话，那只能用"呈称"来表示。

［22］这是顾教授的原话。参照注［20］。

［23］土地庙的雅称，相当于日本的屋敷（建筑物地基）神。

［24］与下文的光绪年间碑记合在一起考虑的话，这个小城隍庙实际上是个佛寺。

［25］指太平天国时期。

［26］现在已经恢复。

［27］位于杭州市南郊的山，其顶上有道观。

［28］参照注［16］。该和尚显然是道士。

附　录　　十　报　恩　忏

吴桂珍口述　吴桑梓采录　1997年5月顾希佳采访

一报田地盖载恩，天覆地载实非轻。
天降甘露普润地，地长萌芽养众生。
持斋念佛明礼仪，报答田地盖载恩。
二报日月照临恩，日月普照大乾坤。
东出西没无暂息，周而复始放光明。
持斋念佛明心性，报答日月照临恩。
三报皇王水土恩，皇王水地养黎民。
君王有道民安乐，报答皇王水土恩。
持斋念佛行公道，报答皇王水土恩。
四报爹娘养育恩，父母恩情大海深。
父是天来娘是地，不敬父母敬何人？
上代古人行大孝，宣扬四海尽留名。
若要儿孙孝顺我，我今先孝二双亲。
持斋念佛行大孝，报答爹娘养育恩。
五报祖师传法恩，普传妙法度众生。
传法深恩难酬报，信心不退报师恩。
六报宗门引进恩，千言万语集成人。
引进之恩难酬报，时时恭敬报师恩。
七报护法护持恩，不将护法法难行。
诸上佛祖亏护法，护法功德永无穷。
八报八方善友恩，相救相拔出苦轮。
善劝诸人行公道，同入西方净土中。
九报人人九祖恩，家家三代共宗亲。
一子持斋千佛喜，九宗七祖尽超升。
十报三教圣人恩，各留经卷度众生。
三教经书言何事？皆因调和一点心。

参考文献

那波利貞　1934　「支那における都市の守護神について」,『支那学』7-3.4

濱島敦俊　1988a　「明清江南城隍考」,唐代史研究会編,『中国都市の歴史的研究』,刀水書房,頁218〜231。

　　　　　1988b　「明初城隍考」,『榎博士頌寿記念東洋史論叢』,汲古書院,頁347〜368。

　　　　　1990　「明清時代、江南農村の'社'と土地廟」,『山根幸夫教授退休記念明代史論叢』,下,汲古書院,頁1325〜1357。

　　　　　1993a　「明清江南城隍考・補考」,唐代史研究会編『中国の都市と農村』,汲古書院,頁499〜527。

　　　　　1993b　「近世江南李王考」,『中国近世の法制と社会』,京都大学人文科学研究所,頁511〜541。

濱島敦俊、片山剛、高橋正

　　　　　1994　『華中・南デルタ農村実地調査報告書』(『大阪大学文学部紀要』第三四巻)

鄧嗣禹　1935　「城隍考」『(燕京大學)史學年報』2-2,頁249〜276。

戴不凡　1983　「浙江家鄉戲劇活動漫憶」,『浙江文史資料選輯』第二十五輯,浙江人民出版社,頁1〜7。

顧希佳　1990　「太湖流域民間信仰中的神靈體系」,『世界宗教研究』1990—4,頁123〜133。

Johnson, David. 1985. "City-god Cults of T'ang and Song China", *Harvard Journal of Asiatic Studies*, Vol. XLV, No2 pp. 363-457.

Hansen, Varelie. 1990. *Changing Gods in Medieval China*, 1127—1276. Princeton, N,J Princeton University Press.

Hamashima, Atsutoshi. 1992. "The City-god Temples (Ch'eng-huang-miao) of Chiangnan in the Ming and Ch'ing Dynasties", *Memoirs of the Research Department of the Toyo Bunko*, No.50, pp.1-27.

自　　跋

　　20多年前,我收到了研文出版社社长山本实出版此书的邀请。1986年商定此书于1990年问世。此后,在山本社长不知厌倦地对我再三鼓励、催促及叱责下,今天本书才总算得以出炉。

　　谁都明白,如要把握一个传统社会的整体面貌,对存在于那里的宗教、祭祀、信仰进行考察是一项必不可少的课题。但我在还没能找到切入该课题的线索的情况下,不得已出版了同样以江南三角洲为对象的前著《明代江南农村社会的研究》(1979年脱稿)。不久后遇到了几则很关键的史料,使得我有可能具体考察该课题。其中之一是,前著已介绍过的同治《双林镇志》中的抗租记载,这则史料让我初次接触了"总管"一词。紧接着是,在我被日本学术振兴会作为第一个派遣到中国大陆的长期访问学者(现在想起来,这是历史上第一次在"互惠平等"的原则下进行的学者"对等"交换)时,在北京图书馆偶然找到了正德《江阴县志》中黄傅对"淫祀"的批判,再次遇到了"总管"(当鬼、巫、神、总管等文字第一次跃入我眼帘的时候,当时我那震撼的激动至今仍历历在目)。那时,我便确立了以萨满为根基的研究方针。第三则史料是,田中正俊先生指导的研究生研讨班中精英分子之一的岸本美绪女士提示给我的久保田文次、小林一美所介绍的郑光祖《一斑录杂述》的抗租记载中已出现了"总管"一词。最后所残留下来的逻辑缺陷,通过钟伟今、顾希佳等浙江省广大民间文学工作者编撰的《浙江风俗简志》及《湖州风俗简志》得以补全了。

　　本书踏入了前人基本未曾涉猎的领域这一略带自负的说法,相信能得到读者诸贤的宽容、理解。在此,我还是要强调并感谢众多的先辈、同辈学者们的研究成果构成了本书的基础。除了这一地区、这一时代外,我还殷切期望华人世界的其他地区、其他时代,对这一课题开展历史学的考察,希望本书能成为其中的铺路石。

已故恩师西嶋定生先生经常教导我们,对人生所有的事象抱着亲切的关怀是历史学者必不可缺少的素质。在东京大学东洋文化研究所、高知大学、北海道大学还有接下来的大阪大学的任职中所学到的本专业及其以外的东西,在本书中得到了充分活用。在京都大学人文科学研究所的研究班上受到了小野和子、梅原郁等;在元典章研究会上受到了田中谦二先生等的赐教,这是我从北海道转移到关西据点后得到的最大荣幸。

1980 年以来,作为师兄来敬仰的森正夫先生,在笔耕、讲学异常繁忙的情况下,负起了查读原稿的辛劳,用他那诚笃的序文,装饰了本书的卷首。

在以中国大陆为首的华人居住地区的实地调查中所获得的知见,构成了本书重要的因子。在此我得到了复旦大学中国历史地理研究所邹逸麟、葛剑雄先生等,湖州市水利局陆鼎言先生等,广东社会科学院叶显恩、陈忠烈先生等,新加坡大学汉学研究中心李卓然先生等外国研究机构、研究者的大力援助。

从 1981 年度的长期访问开始,至 2000 年秋的短期访问为止,日本学术振兴会数次为我提供了在外国从事学术研究的机会。文部省也曾数次支给我从事科学研究的经费。此外三得利文化财团、三菱财团、福武国际学术财团、松下国际财团等也赠予了许多研究经费。如果没有在当地进行文献、口头的调查及观察,是不可能探索民间信仰这一公开出版史籍中很难保留下来的事象的,而正是这些援助才使得我的研究工作得以顺利进行。

本书卷首的相关全图及地图一,是时任大阪大学东洋史研究室助手太田出之作。除此之外,还得到了这位通读原稿的严谨青年学者的诸多帮助。

把生硬的原文提要翻译成流畅的外文提要,英译是出于小林圣心女子学院的村上悠纪子女士、Mark Hunter 先生的好意,中文是当时大阪大学大学院博士后期课程林淑美女士的好意。

在此谨对上述各位表示由衷的感谢。

最后是私事,在我把前著献给老母之时,当时尚年幼的长女天真地说:"妈妈也帮了不少呢!"当即我约定把下一本书献给妻子。现在总算兑现了20年前的约定,我按捺不住由衷的高兴。

滨岛敦俊
日本国立大学三十六年执教生涯隐退之前
2001年1月25日